NOTIZEN
KULTURANTHROPOLOGIE

Die Schriftenreihe des Instituts für
Kulturanthropologie und Europäische Ethnologie
der Universität Frankfurt am Main

Band 33   Juli 1990

Spirituelle Wege und Orte

Untersuchungen zum New Age im urbanen Raum

herausgegeben von

Ina-Maria Greverus
Gisela Welz

Mit Beiträgen von

Klaus Bischoff, Christine Blaser, Martina Ferber,
Christel Gärtner, Holger Greiner, Ina-Maria Greverus
Regina Koy-Redemann, Monika Neuhoff, Cornelia Rohe,
Sven Sauter, Cordula Vennebusch, Birgit Weiß,
Gisela Welz, Katja Werthmann

Redaktion:
Ina-Maria Greverus, Cornelia Rohe, Sven Sauter,
Gisela Welz, Katja Werthmann

Computer-Satz und Gestaltung
Cornelia Rohe, Sven Sauter, Katja Werthmann

Titelbild:
Erich Böhm

Druck:
fm-druck, Karben

© by Institut für Kulturanthropologie und Europäische Ethnologie der Universität Frankfurt, Bettinaplatz 5, 6000 Frankfurt 1
Juli 1990

CIP-Titelaufnahme der Deutschen Bibliothek

Spirituelle Orte und Wege : Untersuchungen zum New Age im urbanen Raum / [Inst. für Kulturanthropologie u. Europ. Ethnologie, Univ. Frankfurt am Main]. Von Ina-Maria Greverus ; Gisela Welz. Mit Beitr. von Klaus Bischoff ... - Frankfurt am Main : Inst. für Kulturanthropologie u. Europ. Ethnologie, 1990
  (Notizen / Institut für Kulturanthropologie und Europäische Ethnologie der Universität Frankfurt am Main ; Bd. 33)
  ISBN 3-923992-31-9
NE: Greverus, Ina-Maria [Hrsg.]; Bischoff, Klaus [Mitverf.]; Institut
  für Kulturanthropologie und Europäische Ethnologie <Frankfurt,
  Main>: Notizen

Inhalt

Gisela Welz 9
Urbanität und Spiritualität:
New Age als städtische Subkultur

Monika Neuhoff 31
"Transformation kennt kein Heimatland"
New Age-Anbieter und ihre
Interaktion mit dem sozialräumlichen Umfeld

Holger Greiner 67
PUEBLO - "Ein Stück Zukunft für eine menschlichere Welt ..."
Ein Tempel des ökologischen Zeitalters

Cordula Vennebusch 99
der hof Niederursel
Eine anthroposophische Raumaneignung

Martina Ferber, Katja Werthmann 123
Teilnehmendes SitZen
Feldforschung im Lotussitz

Christine Blaser 153
"Bist du auch eine Suchende?"

Christel Gärtner, Klaus Bischoff 173
"Es gibt so viele Wege wie Menschen"
Individueller Synkretismus

Cornelia Rohe, Sven Sauter 201
Von Gurus, Schülern und Klienten
Ein Beitrag zur Verstehensproblematik, oder:
warum es manchmal sowohl an Verstehen
als auch an Verständnis mangelt

Ina-Maria Greverus 249
Von verspeisten, ausgespuckten und befreiten Seelen
Über die Schwierigkeit, Seele zu verorten

Dokumentation

Martina Ferber, Monika Neuhoff, Gisela Welz   275
Spirituelle Topographien zweier Städte
Dokumentation und Analyse

Beobachtungsprotokolle

Leere und Fülle   288
Lama Sogyal Rinpoche

Life Energy Therapy   290
Ein Einführungsvortrag in die Wirkungsgesetze der Lebensenergie

Heilung durch Gedankenenergie   298
Vortrag von Heilpraktikerin Liselotte Schür

Loslassen, Loslassen, Loslassen   301
Einführungsabend mit Ruth und Doc Lindwall

Lieben und Freiwerden   305
Ein Abend mit Rickie Moore

Ein Treffen der *Esoterischen Union*   309

Das Wagnis der Wandlung   312
Peter und Eileen Caddy von der Findhorn Community

Dina Rees   316
Gottesdienst der Gebetsgemeinschaft

Einführung in die große Arkana   317
Tarotseminar

Literatur   319

Abbildungsnachweise   330

Gisela Welz

Urbanität und Spiritualität:
New Age als städtische Subkultur

New Age ist ein städtisches Phänomen. Diese religiöse Subkultur, die sich seit Beginn der siebziger Jahre zunächst in den Vereinigten Staaten, dann auch in Westeuropa - insbesondere in der Bundesrepublik - in Form einer sehr heterogenen sozialen Bewegung ausbreitete, läßt sich heute vor allem in Groß- und Mittelstädten beobachten. Meditationszentren, esoterische Fachbuchhandlungen und spirituelle Therapeuten konzentrieren sich im großstädtischen Milieu, wo ein interessiertes und zahlungskräftiges Publikum zu finden ist. Trifft man sie in ländlichen Regionen an, dann handelt es sich nicht selten um Dependancen städtischer Institutionen, die - was Klientenkreis und Informationsvermittlung angeht - nur in engster Verknüpfung mit der Stadt lebensfähig sind.

New Age - um diesen vereinfachenden Sammelbegriff für Ansätze zu verwenden, die zunächst disparat scheinen, aber alle einen Ausweg aus der (post)modernen Sinnkrise durch die *personale Transformation* der Bewußtseinserweiterung verheißen - mißtraut dem Städtischen zutiefst. Die Lebensbedingungen moderner Großstädte werden als eben die Wurzel des Übels angesehen, das es zu therapieren gilt. Anonymität, Vermassung, Naturzerstörung, Entfremdung, Identitätsbeschädigung - was die Stadtkritik des New Age diagnostiziert (vgl. Neuhoff in diesem Band), deckt sich weitgehend mit einem gesamtgesellschaftlich formulierten Unbehagen an der modernen Großstadt, das vor allem in stadtsoziologischen Untersuchungen seit den zwanziger Jahren seine empirische Untermauerung findet.

Das New Age konstruiert jedoch keine Alternative zur Stadt. Bei den Protagonisten dieser spirituellen Bewegung sucht man zumeist vergeblich nach ausgefeilten Gegenmodellen zur existierenden Lebensform der modernen Großstadt. Die in den siebziger und achtziger Jahren führenden Autoren des New Age haben keine Stadtutopien hervorgebracht, wenn man von Theodore Roszaks Leitbild einer von der städtischen Masse leergeräumten Stadt als Intellektuellenreservat (vgl. Roszak 1986) absieht, das von Ina-Maria Greverus zu Recht als außerordentlich elitäres Konzept kritisiert wird (vgl. Greverus 1985, 17). Roszaks Modell ist nicht so sehr utopisch als vielmehr kongruent mit dem urbanistischen Diskurs der Postmoderne, der *Urbanität* - als Produktion und Komsumtion kultureller Werte durch eine städtische Avantgarde - positiv kodiert und in Gegensatz stellt zum *Schreckbild moderne Großstadt* (vgl. Prigge 1988, 228). Die realisierte architektonische Utopie *Arcosanti* in Arizona läßt sich zwar von der Intention des Planers und Erbauers Paolo Soleri her (vgl. Greverus 1985, Greverus 1990) durchaus dem New Age zurechnen, dürfte aber für die Mehrheit spiritueller Heilssucher diesseits und jenseits des Atlantik unbekannt und bedeutungslos sein. Größere Aufmerksamkeit erhielt demgegenüber die Stadtgründung Rajneeshpuram im amerikanischen Bundesstaat Oregon durch den 1981 aus Indien in den Westen gekommenen *spirituellen Meister* Bhagwan Shree Rajneesh. Rajneeshpurams Lebensdauer war jedoch durch die Sprengkraft einer internen Dynamik der Sannyas-Bewegung und die sich krisenhaft zuspitzende Konfrontation mit den amerikanischen Behörden äußerst kurz; das Projekt einer in bisher unbebauter Landschaft fernab städtischer Verdichtungsräume aus dem Boden gestampften *Sektenstadt* endete 1985 mit der Verhaftung und Ausweisung des Stadtgründers (vgl. u.a. Thoden/Schmidt 1987).

Anstelle von Stadtutopien[1], die eine Neuordnung städtischen Lebens, aber unter Beibehaltung des verdichteten Zusammenlebens vieler Menschen in einem geschlossenen Stadtraum, anstreben, bieten die Vordenker des New Age einen Ausweg aus dem Leiden an der Stadt an, der eine Enträumlichung des spirituellen Menschen meint. Die Ablösung von materiellen Verhaftungen und die Auflösung personaler Ego-Identität soll in letzter Konsequenz den konkreten Lebensraum in Richtung Kosmos transzendieren. Für die Realisierung solcher Ziele werden überlokale, ja globale Netzwerke konzipiert, so etwa in Marilyn Fergusons *sanfter Verschwörung*, die an Lewis Mumfords futuristische Vorstellungen der *unsichtbaren Stadt* erinnern, einer durch Informationstechnologie konstituierten Stadt, die gleichzeitig überall und nirgendwo ist (vgl. Ferguson 1982; Mumford 1980).

Immer aber benötigt der Mensch den materiellen Raum, um seine Bedürfnisse zu befriedigen, selbst wenn er sich auf die kosmische Reise

---

[1] In der Bundesrepublik bilden die Überlegungen von Rüdiger Lutz (vgl. u.a. sein Buch "Ökopolis", München 1987) zur ökospirituellen Erneuerung bestehender Großstadtstrukturen eine Ausnahme, bleiben aber trotz der Beachtung, die sie auch in einer weiteren Öffentlichkeit finden, bisher nicht realisierte Gedankenexperimente.

Urbanität und Spiritualität 11

begibt (Greverus 1985, 42), merkt Ina-Maria Greverus an. Auch die Bildschirme, über die die Nachrichten des Netzwerkes sanfter Verschwörer flimmern, müssen irgendwo aufgestellt sein; die Menschen, die sich auf den Weg der spirituellen Enträumlichung begeben, sind nicht aus der Notwendigkeit entlassen, ein Dach über dem Kopf zu haben und ihre materielle Existenz zu sichern. Betrachtet man das New Age aus kulturanthropologischer Perspektive als Handlungsentwurf, so deckt die Konfrontation von gedachter mit tatsächlich gelebter Ordnung (vgl. Greverus 1988) eine brisante Gegenläufigkeit auf: Der Lebensraum Stadt wird angesichts der ins Kosmische zielenden Bewußtseinserweiterungsarbeit für bedeutungslos erklärt, ist aber andererseits nicht nur Rahmen-, sondern sehr konkrete Existenzbedingung einer sich mehr und mehr als spezifisch städtisch erweisenden Subkultur, die zudem - in ihrem kommerziellen Zweig - den Marktgesetzen der postindustriellen Gesellschaften unterworfen ist. Kommerzielle Unternehmen des New Age konzentrieren sich im publizistischen und freizeittherapeutischen bzw. touristischen Bereich. Anders als dies die bisweilen hysterischen Reaktionen auf das Phänomen der *Jugendsekten* in den siebziger Jahren vermuten ließen, kann das New Age heute kaum als jugendliche "Aussteiger"-Subkultur klassifiziert werden. Die Anhängerschaft hat ihre Jugendjahre hinter sich und entstammt vor allem dem Mittelstand; typisch ist der weitgehend in seinen beruflichen und sozialen Zusammenhängen verbleibende Konsument von Freizeit- und Therapieangeboten des New Age, der auf diese Weise die Streßfolgen urbaner Existenz bewältigt, andererseits aber - um Kosten für Therapie und Indienreise aufbringen zu können - gezwungen ist, sich in einem Teufelskreis weiterhin dem Streß entfremdeter Arbeit in der Großstadt auszusetzen und so in der *Diskontinuität zwischen Lebensstilen* (Greverus o.J., 18) zu verharren.

Monika Neuhoff hat in einer Untersuchung über den Umweltbezug spiritueller Therapeuten herausarbeiten können, wie der Diskontinuität zwischen Lebensstilen auf der Klientenseite ein gleichgültiges Disengagement gegenüber den sozialen Problemen der Stadt auf der Anbieterseite von New Age-Therapien entspricht. Der Stadtteil, in dem das Lehr- und Heilungsangebot in Form einer Schule oder einer Praxis angesiedelt ist, wird vom jeweiligen Betreiber - so die Analyse der Interviews - kaum wahrgenommen (vgl. Neuhoff in diesem Band). Die Abhängigkeit des *New Age*-Angebotes vom städtischen Milieu und den Gegebenheiten je spezifischer städtischer Standorte ist jedoch kaum zu leugnen und wird auch - ohne daß dies dem Befund von Monika Neuhoff widersprechen muß

- von seinen Trägern bewußt reflektiert. Ob und wie sich eine spirituelle Szene in einer Stadt entwickelt - so meine These -, wird von ökonomischen und bevölkerungsstrukturellen Faktoren beeinflußt; die Palette der Angebote und ihre Art, sich darzustellen, korrespondiert mit dem Kulturstil einer Stadt.

Überprüft wird diese These im folgenden am Beispiel der spirituellen Szenen von Frankfurt am Main und Freiburg im Breisgau, die seit dem Sommer 1986 Forschungsgegenstand eines dreijährigen Projekts des forschenden Lernens waren, in dem unter dem Thema *Eine spirituelle Topographie des urbanen Raumes* eine studentische ForscherInnengruppe gemeinsam mit Ina-Maria Greverus und mir arbeitete.

Freiburg - *locus occultus*

Mit einer so überschriebenen Reisereportage im 1986 erschienenen Themenheft "Esoterik" des kulturkritischen Magazins "Kursbuch" begründete Albert Sellner den Ruf der Breisgau-Hauptstadt als Zentrum spirituellen Denkens und Handelns. Sellners in einem launig-ironischen Ton gehaltener Bericht zielt als Persiflage auf eine spezifische bundesdeutsche Szene, nämlich die ins New Age-Milieu *abgedrifteten* Veteranen der 68er Bewegung, und enthält gleichzeitig liebevolle Hommagen an den Kulturstil der *Regio*, des südbadischen Dreiländerecks. Sellner läßt den Eindruck beim Leser entstehen, als seien *spirituelle Menschen* in Freiburg stadtbildprägend:

> *Auf den winzigen Rasenflächen zwischen den Universitätsgebäuden hocken sie meditierend. Aus dem Nebel des Schloßbergs kommen einem die ehemaligen Bhagwan-Sannyasins mit immer noch rot getönter Kleidung rudelweise entgegen* (Sellner 1986, 111f.).

Sellner hört spirituelle Zwischentöne in von ihm belauschten Kneipenunterhaltungen und berichtet von Gesprächen mit prominenten Vertretern der Freiburger New Age-Szene, in denen die neue Spiritualität und die Lebensart einer alten Kulturlandschaft eine spezifische und eben nur hier mögliche Verbindung einzugehen scheinen.

Sellners Diagnose ist nicht unbegründet. Die im Anschluß an seine Recherchen in Freiburg von unserer Forschungsgruppe durchgeführte quantitative Erfassung von New Age-Angeboten - Schulungs- und Bildungsstätten, Meditationszentren, Therapiepraxen, Buchläden und Medienunternehmen - zählte immerhin 45 fest ansässige Institutionen dieser Art. Für eine Stadt mit einer Einwohnerzahl von 175000 Menschen ist dies

Urbanität und Spiritualität

ein beachtliches Angebot. Zum Vergleich: Frankfurt, eine Stadt mit mehr als dreifacher Einwohnerzahl, erreicht kaum das Doppelte an derartigen Institutionen. Freiburg ist Sitz von zwei führenden "esoterischen" Fachverlagen, von denen der eine für sein Programm aus dem Bereich östlicher Mystik bekannt ist, der andere neben populären Buchveröffentlichungen vor allem mit einer an jedem Kiosk erhältlichen Zeitschrift und einem expandierenden audiovisuellen Angebot beträchtliche Marktanteile erobern konnte. Freiburg war auch Sitz einer Organisation namens *Agape e.V.* (vgl. Gugenberger/Schweidlenka 1988), die für die Ausrichtung internationaler Kongresse verantwortlich zeichnete, so etwa das Amsterdamer Friedenskongresses (vgl. Greverus 1990), der amerikanische New Age-Autoren und -Therapeuten dem europäischen Publikum präsentierte. Seit 1983 hat das *Forum International* in Freiburg ein vergleichbares Angebotsspektrum. Es organisiert Seminare und Workshops mit hochkarätigen Vertretern der internationalen psychosozialen Therapeutengemeinde, die allerdings fast nie in Freiburg oder Umgebung stattfinden, sondern in Freizeit- und Touristikzentren rund um die Welt. Zudem gilt Freiburg als Zentrum der deutschen Parapsychologe. *Nur weil der bekannte Parapsychologe, Herr Bender, hier lebt, wird aus Freiburg noch lange kein 'locus occultus', wie Albert Sellner meint*, hieß es auf unsere Anfrage aus der Redaktion des Freiburger "Bürgerbuchs" (Schreiben vom 15.9.87). Trotzdem wird die Tatsache, daß die Parapsychologie aufgrund des Engagements von Professor Hans Bender in Freiburg sowohl universitär als auch außeruniversitär verankert ist, allgemein als mitprägend für das *spirituelle Klima* Freiburgs begriffen. Die beiden Institute und die 1989 neugegründete *Parapsychologische Beratungsstelle der Wissenschaftlichen Gesellschaft zur Förderung der Parapsychologie e.V.* (vgl. Tonaufnahme Projekt 12.10.87, vgl. auch Wiesendanger 1989) beschäftigen sich mit *Okkultphänomenen* und tragen damit zu einer atmosphärischen Verdichtung des "locus occultus" bei.

Obwohl die genannten Institutionen Signalcharakter für Freiburgs spirituelle Reputation haben, wird die Szene der Stadt doch hauptsächlich getragen von einer Vielzahl kleinerer Angebote insbesondere in den Bereichen von Körpertherapie, esoterischer Lebensberatung und Meditationspraxis. Sie manifestieren sich in Therapiepraxen, in Vereinen und multifunktionalen Häusern und sind zu wenig spektakulär für eine Erwähnung im Katalog des *locus occultus*-Berichts. Nicht wenige der Anbieter und ihrer Klienten waren oder sind Angehörige der Sannyas-Bewegung, für die Freiburg bis 1985 einen ihrer bundesdeutschen Schwerpunkte darstellte. Der bereits einige Monate vor dem Scheitern des Oregon-Experiments im Herbst 1985 aus finanziellen Gründen geschlossene Freiburger Ashram - der übrigens Anlaß war für die von einem Freiburger Autorenkollektiv verfaßten Streitschrift gegen die *Psychokratie* Bhagwans und ähnlicher *Diktatoren der Freundlichkeit* - (vgl. Initiative Sozialistisches Forum 1984; vgl. Tonaufnahme Projekt 13.10.87) zog Hunderte von Sannyasins aus dem In- und Ausland an, die in der Lebens- und Arbeitsgemeinschaft des Ashrams selbst oder in seinem Umfeld wohnten. Auf die Frage, ob Klagen aus der Freiburger Bevölkerung wegen einer "Überlagerung" durch die Bhagwan-Anhänger damals ihre Berechtigung gehabt hätten, antwortet Swami Shyam vom seit 1986 wieder neu eingerichteten Meditationszentrum der Bewegung:

Das kann ich mir gut vorstellen. Wir waren auch sehr präsent: mit Mala und Rot[2]. Für uns war es etwas sehr Schönes, denn überall in der Stadt traf man "Rote" (Tonaufnahme Projekt 11.10.87).

Während bis 1985 zahlenmäßige Massierung und institutionelle Zentralisierung das Freiburger Sannyas-Milieu kennzeichneten (vgl. Bericht Jugendsekten 1987), so ist die heutige Szene in Freiburg eher dezentral und unauffällig: Zwei Diskotheken, einige Therapie- und Arztpraxen bzw. Meditationsstudios und ein im bundesdeutschen Vergleich eher kleines Meditationszentrum, das sich 1987 in einer Selbstdarstellung im deutschen Organ der Bewegung als *Buddhafeld in Freiburg* (Rajneesh Times 18.9.87) bezeichnete, seitdem in neue Räumlichkeiten umgesiedelt ist und sich den Namen OSHEM (Osho Schule für harmonische Entfaltung und Meditation) zugelegt hat. Insidern bekannt ist auch die noch heute bestehende Konzentration von Sannyasin-Wohngemeinschaften in eben der Straße, in der bis 1985 der Ashram bestand; es handelt sich bei den Bewohnern keineswegs nur um "Übriggebliebene" aus der Blütezeit der Bewegung in Freiburg, sondern auch um Neuzuzüge aus anderen deutschen Städten.

Letztendlich sind für Freiburgs Reputation als *locus occultus* auch Personen und Institutionen bedeutsam, die nicht in Freiburg selbst angesiedelt sind: das von Graf Dürckheim begründete Therapiezentrum Rütte in Todtmoos (vgl. Tonaufnahme Projekt 13.10.87), der Wohnort der Heilerin Dina Rees in Sölden bei Freiburg (vgl. Interviewprotokoll 6.7.87) und - etwas weiter

---

[2] Bis Herbst 1985 war den als Sannyasins initiierten Anhängern des im Januar 1990 verstorbenen indischen Meisters Bhagwan (der sich seit Anfang 1989 Osho nannte) das Tragen roter Kleidung und der Mala - einer Holzperlenkette mit einem Medaillon von Bhagwan - vorgeschrieben (vgl. Blaser in diesem Band).

entfernt - der Hauptsitz der Anthroposophischen Gesellschaft am Goetheanum in Dornach bei Basel (vgl. Tonaufnahme Projekt 14.10.87). Das entspricht einer insgesamt festzustellenden Regionalisierung der New Age-Angebote der Freiburger Szene, die - was Veranstaltungsorte angeht - das Umland stärker einbezieht als dies vergleichsweise in Frankfurt der Fall ist.

Was ist der Grund dafür, daß die sich in der ganzen Bundesrepublik ausbreitende religiöse Subkultur des New Age in Freiburg so gut Fuß fassen konnte, daß diese Stadt den Ruf eines spirituellen Ortes bekommen hat? Sellner spekuliert in seinem zuvor zitierten Artikel, daß die sozioökonomische und die altersmäßige Bevölkerungsstruktur - viele Studenten, viele Pensionäre, ein ausgeprägter Mittelstand - einen fruchtbaren Nährboden für spirituelle "Dienstleistungen" schafft:

Die gutverdienenden Mittelschichtler samt mitkonsumierendem familiären Anhang stellen für die zahlreichen esoterischen Dienstleistungsunternehmen eine stete und effektive Nachfrage bereit (Sellner 1986, 112).

Tatsächlich gilt Freiburg als *Dienstleistungsmetropole* (Bürgerbuch 1987, 27) mit sehr geringer Industriedichte. Mit der schwachen Wachstumsdynamik des eben hier ansässigen Dienstleistungssektors korreliert eine im Baden-Württembergischen Vergleich nur selten erreichte Arbeitslosenrate, wobei eine besonders hohe *Akademikerarbeitslosigkeit* sich statistisch (Bürgerbuch 1987, 29f.) und als Beobachtung im Behördenalltag niederschlägt:

Die Arbeitslosigkeit ist in ganz hohem Maße eine Akademikerarbeitslosigkeit, die insoweit künstlich ist, als daß die Leute, wenn sie weggehen wollten - aber sie wollen ums Verrecken nicht weg! -, auch wieder ins Brot gesetzt werden könnten (mal mit all der Brutalität gesagt, mit der man Leute einfach verschiebt) (Tonaufnahme Projekt 13.10.87).

Es heißt, daß vor allem arbeitslose Lehrer und Diplompsychologen sich auf dem Markt alternativer Angebote und *freier Gruppen* Nischen schaffen, um ihre Existenz in Freiburg sichern zu können. Sicherlich läßt sich auch ein Teil des spezifischen Angebots im New Age-Bereich diesem Phänomen zuordnen. Erklärt wird damit aber noch lange nicht, warum diese Menschen sich dafür entscheiden, in Freiburg zu bleiben und damit Arbeitslosigkeit oder zumindest berufsmäßige Neuorientierung (und häufig niedrige Einkommen) in Kauf nehmen. Offenbar hat Freiburg ihnen etwas zu bieten, das sie auch um den Preis der unsicheren oder ungesicherten Existenz nicht missen wollen. Sind es die atmosphärischen Besonderheiten, ist es der spezifische Kulturstil Freiburgs? In einer von unserer Projektgruppe 1987 durchgeführten Nachlese zu der Interviewserie, die Albert Sellner seinem Artikel zugrundegelegt hatte, fand diese These Bestätigung.

Dieter Schmidt, der ein international weitgespanntes New Age-Angebot managt, nennt die Ausstrahlung des nahen Zentrums Rütte (Tonaufnahme Projekt 15.10.87). Gert Geisler, Chefredakteur eines New Age-Magazins, bezeichnet die Tatsache, daß sich sowohl sein Verlag als auch die Parapsychologie in Freiburg angesiedelt hat, als zunächst zufällig, aber im Laufe der Zeit doch prägend für das hiesige spirituelle Milieu (Tonaufnahme Projekt 12.10.87). Der Verleger Günter Berkau begründet den *locus occultus* kulturhistorisch und geomantisch: Freiburg sei gleichzeitig energetisches Zentrum und Brennpunkt einer jahrtausendealten Kulturlandschaft (Interviewprotokoll 14.10.87). Auch andere, weniger prominente Gesprächspartner nehmen immer wieder Bezug auf die besonderen Qualitäten Freiburgs, das - neben Basel und Straßburg - als einer der Eckpunkte des *Goldenen Dreiecks* gilt und im Diskurs von Regionalplanung, Tourismusförderung und Kulturpolitik als *nördlichste Stadt des Südens* und als *Paradiesgärtle* (Tonaufnahme Projekt 13.10.87) apostrophiert wird. Noch einmal Swami Shyam:

> *Ich habe von vielen gehört, die von woanders zu Besuch kamen, daß sie, wenn sie durch die Stadt gehen, ein Gefühl haben, hier wäre ein immenses Potential, ein Wachstumspotential, auch eine Offenheit da ... Sannyasins kommen aus anderen Großstädten hierher, weil Freiburg eine malerische Stadt ist. Der Rhythmus ist hier einfach anders. Ich hab das Gefühl, daß die Leute hier nicht so gestreßt sind. Hier ist alles viel friedlicher. Es gibt Leute, die sagen, es ist verschlafen - ich weiß es nicht. Vielleicht, daß Leute hier in Freiburg ihren Gefühlen, ihren Träumen mehr Raum lassen* (Tonaufnahme Projekt 11.10.87).

Bhaskar, ein aus Indien stammender, in Freiburg ansässiger Meditationslehrer, der mit seinen Selbsterfahrungsseminaren die ganze Bundesrepublik bereist, entwickelt im Gespräch mit uns eine Freiburg-spezifische Dialektik von Urbanität und Naturnähe, die dem spirituelle Wachstum des einzelnen besonders zuträglich sein soll. (Tonaufnahme Projekt 11.10.87). Für die Organisatoren des Forum International war Freiburg vor allem in der frühen Phase der Konstituierung einer Mitarbeitergruppe aus ganz ähnlichen Gründen der ideale Standort (Tonaufnahme Projekt 15.10.87).

Die Vertreter der New Age-Szene Freiburgs gehen also durchaus konform mit einem Image, das die Stadt und die sie dominierenden Interessengruppen sich gerne selbst verleihen und dessen Qualitäten signalisiert

Urbanität und Spiritualität

werden von *den Bächle³, den Viertele, dem Gutedel, dem Markt und all diesen Klischees*, wie ein Kulturpolitiker mit einiger Bitterkeit bemerkt (Tonaufnahme Projekt 13.10.87). Als diese schöne Fassade zwischenzeitlich Risse zeigte - Freiburg wurde wegen der 1986 und 1987 immer wieder aufflackernden Auseinandersetzungen zwischen einer kleinen, aber aktiven Hausbesetzerszene und der Polizei das *label* der Chaotenstadt verliehen (Bürgerbuch 1987, 11) -, gelang die Wiederherstellung eines harmonischen Gesamtbildes erstaunlich schnell. Die Frage *Gibt es da eine Ursächlichkeit - in einer sich gemütlich gebärdenden Stadt solche Ausbrüche?* (Tonaufnahme Projekt 13.10.87) wurde nicht gestellt; allein die links-alternative Stadtzeitung fühlt sich dem Bild eines "ungemütlichen" Freiburgs verpflichtet. Im Winter 1987/88 eilten den Freiburgern bei ihrer Integrationsleistung solche durchaus unterschiedlichen überregionalen Medien zu Hilfe wie die Frankfurter Allgemeine Zeitung, die Frankfurter Rundschau und die Süddeutsche Zeitung. Zum einen wurden dabei die Auseinandersetzungen zwischen Ordnungskräften und Hausbesetzern als lächerlich und bedeutungslos abqualifiziert - *Sondertheater im deutschen Südwestwinkel, operettenhafte Rangeleien* (zitiert nach Mehrbach/Biber 1988) -, zum anderen wird Freiburg - *klein, kompakt und außerordentlich gut sortiert* - als touristisches Ziel von alternativkulturellem Interesse angepriesen (Betz 1987). Im Katalog der Freiburger Milieus, den die Frankfurter Rundschau in ihrer Wochenendbeilage veröffentlicht, darf denn auch *Esoterik und ein Restbestand von Bhagwan* nicht fehlen. Soziale Gegensätze und kulturelle Brüche werden - entsprechend dem zeitgenössischen postmodernen Diskurs - gerade auch in und für Freiburg als anregend-urbane Milieuvielfalt umdefiniert. Die New Age-Szene Freiburgs läßt sich nicht nur problemlos der Kulturstimmung dieser Stadt zuordnen, sondern es bestätigt diese sogar. Auch als *locus occultus* bleibt Freiburg das *Paradiesgärtle*.

Frankfurt - (k)eine spirituelle Metropole

Das spirituelle Leben Frankfurts ... ist an der Oberfläche kaum bemerkbar, hieß es 1985 in einem esoterischen Stadtportrait der "Neuen Zeitung", das zwei Aktivisten der New Age-Szene Frankfurts verfaßt hatten (Dahlberg/Dahlberg 1985). Im bundesdeutschen Vergleich gilt Frankfurt kaum als Brennpunkt esoterischer Ansätze oder gar als ein Zentrum der

---

³ Freiburgs städtebauliche Besonderheit sind straßenbegleitende, schmale Wassergräben, eben die *Bächle*.

deutschen New Age-Bewegung. Andere Großstädte sind - spirituell gesehen - reichhaltiger: München hat sein "Esoterisches Viertel" rund um den Gärtnerplatz, in Köln wurde von Insidern das Belgische Viertel wegen seiner Konzentration einschlägiger Institutionen gar in *Sannyas City* umgetauft (vgl. UTA 1989). In Frankfurt fehlen solch ausgeprägte spirituelle Stadtteilreputationen.

Die quantitative Erfassung des New Age-Angebotes in Frankfurt konnte im Rahmen unserer Untersuchung aber immerhin 82 fest ansässige Institutionen registrieren (vgl. Ferber/Neuhoff/Welz in diesem Band). In Frankfurt siedeln sich Therapiepraxen, Meditationsschulen, Buchläden und die Hauptquartiere oder Zweigstellen von dem New Age zuzuordnenden Religionsgemeinschaften bevorzugt in räumlicher Nähe zur "Konsummeile" an, also in der Innenstadt selbst und ihren Verlängerungen in den Geschäftsstraßen direkt angelagerter Stadtteile. Sie können somit als weitere Variante des vielfältigen Konsumangebots dieser lange als *Mainhattan* geschmähten, jetzt als urbaner Metropole gelobten Stadt wahrgenommen werden. Wenn es in Frankfurt eine der Freiburger Situation äquivalente Synthese von städtischem Kulturstil und der besonderen Ausprägung der lokalen New Age-Szene gibt, dann ist sie wohl hier - in der Einordnung dieser Subkultur in eine von globalem Informationsaustausch, internationalem Handelsverkehr und Hochfinanz geprägten Stadtkultur - zu lokalisieren.

Frankfurts spirituelle Szene ist insofern unspektakulär, als daß man hier nichts findet, was es nicht auch anderswo gäbe. Präziser formuliert: Auf nationaler oder internationaler Ebene organisierte Religionsgemeinschaften und Bewegungen unterhalten in Frankfurt ebenso wie in anderen Städten gleicher Größenordnung Niederlassungen; prominente Autoren und Heiler der internationalen New Age-Szene machen auf ihren Europa- oder Welttourneen in Frankfurt genau wie in vergleichbaren Großstädten Station, um Vorträge zu halten oder Workshops anzubieten. Aber: Persönlichkeiten oder Einrichtungen mit besonderer Ausstrahlung, wie sie sich in Freiburg zu einem *locus occultus* vernetzen, sucht man in Frankfurt umsonst - mit einer Ausnahme. Diese Ausnahme ist ein - übrigens von Graf Dürckheim inspirierter - Verein, der seit 1969 einen großen Teil des spirituellen Veranstaltungsangebots in Frankfurt organisiert und als Hauptträger der Verbreitung von New Age-Gedankengut im Frankfurt der achtziger Jahre gelten kann, zumal der Vereinsvorsitzende auch ein New Age-Verlagsunternehmen führt.

Sein jährliches Veranstaltungsprogramm umfaßt bis zu 60 *Seminare*, womit Wochenendworkshops gemeint sind, und 30 bis 40 *öffentliche Programme*, zumeist in Form von Vortragsveranstaltungen. Jedes Jahr wird eine mehrtägige Großveranstaltung - in Kongresszentren außerhalb der Stadt - organisiert (Wege 1982/2,2). Der Verein hatte 1986 nahezu 1000 Mitglieder, die aber jeweils nur ein Drittel der Veranstaltungsteilnehmer stellten: die Mehrheit waren also "ungebundene" Interessenten (Interviewprotokoll 3.3.87). Die sprachliche Vermittlung spirituellen Wissens steht nicht nur in diesem Veranstaltungsangebot, sondern insgesamt in der Frankfurter spirituellen Szene im Vordergrund. Demgegenüber - so unsere Aufschlüsselung der Angebotsstruktur (vgl. Ferber/Neuhoff/Welz in diesem Band) - dominieren in Freiburg Therapie - vor allem Körpertherapie - und spirituelle Praxis - also beispielsweise Meditation. Frankfurt ist - als Sitz bedeutender Verlage, Veranstaltungsort der Buchmesse, als Universitätsstadt und als Metropole, in der die Medien- und Werbebranche eine wichtige Rolle spielt - ein Zentrum des gesprochenen und geschriebenen Wortes; die Vorliebe für Vortragsveranstaltungen läßt auch Rückschlüsse zu auf die kulturellen Konsumgewohnheiten bestimmter Teile der Bevölkerung Frankfurts, das sich ja in den letzten Jahren zunehmend als Kulturmetropole zu profilieren versucht.

Bezeichnend für das New Age-Milieu Frankfurts ist vielleicht auch die Tatsache, daß der genannte Verein keine eigenen Räumlichkeiten besitzt, um die von ihm organisierten Veranstaltungen durchzuführen, sondern von Fall zu Fall das öffentliche Raumangebot der Stadt - in Bürgerhäusern, Kulturzentren und Gemeindehäusern - als Mieter nutzt. Die Geschäftsführerin Brita Dahlberg dazu:

> *Das hat den Vorteil der Mobilität und spontanen Veränderung ... Der Nachteil einer solchen Politik ist der erhöhte Organisations- und Energieaufwand und die Schwierigkeit der Darstellung des Vereins nach außen - wir sind gewissermaßen ein "unsichtbares Netzwerk"* (Wege 1989/2,4).

Hier ist es also nicht gelungen, das spirituelle Denken und Handeln permanent zu verorten, ein von spiritueller Symbolik auch architektonisch geprägtes Zentrum fehlt. Statt an einem räumlichen Fixpunktes macht sich die Identitätsbildung der Vereinsmitglieder an einer Veröffentlichung fest, das sich aus einem bloßen Veranstaltungsprogramm zum spirituellen Stadtmagazin namens "Wege" entwickelt hat.

Konkurrenz hat "Wege" seit April 1988 im "Lichtnetz Frankfurt", das sich in seiner Erstausgabe das Ziel gesetzt hat, eine *einfache, praxisorientierte spirituelle Stadtzeitung für das Rhein/Main-Gebiet ..., ein "Graswurzel"-Blatt, mit direktem Kontakt zu den Leuten und Stellen hier* (Lichtnetz April 1988) zu sein. Das "Lichtnetz" finanziert sich als Anzeigenblatt und wird kostenlos verteilt. Es hat bis heute eine beachtliche Entwicklung gezeigt von einer wenige Seiten umfassenden Beilage zu überregionalen Magazinen bis hin zur eigenständigen Zeitschrift mit Artikeln von und Interviews mit prominenten Vertretern des internationalen New Age. "Lichtnetz" genannte Initiativen bestehen auch in anderen Ballungsgebieten der Bundesrepublik; sie wurden zunächst von einem in München ansässigen Verlag gestartet, aber nach wenigen Monaten in die auch finanzielle Eigenverantwortung regionaler Redaktionen entlassen, was zum Entstehen unterschiedlich gestalteter und intendierter Blätter mit dem Titel "Lichtnetz" geführt hat. Dabei ist das "Lichtnetz Frankfurt", trotz anfangs betonter Orientierung auf das gesamte Rhein-Main-Gebiet und trotz Veranstaltungshinweisen für Darmstadt und Wiesbaden, doch vor allem ein Blatt von Frankfurtern für Frankfurter - ganz anders etwa als das Stuttgarter "Lichtnetz", das außerordentlich dezentral den Neckarraum und angrenzende Teile Baden-Württembergs abdeckt (wohl in Ermangelung einer Konzentration spiritueller Institutionen in Stuttgart und näherer Umgebung). Dies nur als weiterer Hinweis darauf, daß Frankfurts New Age-Szene deutlicher stadtzentriert ist als andere, sich regional vernetzende Milieus.

Das "Lichtnetz Frankfurt" versteht den Vernetzungsgedanken zudem - auch das eine Frankfurter Besonderheit - programmatisch als Aufforderung zur Bildung einer sich *Lichtnetzwerk* nennenden Interessengemeinschaft spiritueller Anbieter in Frankfurt. Diese Interessengemeinschaft fungiert - laut Selbstdarstellungen im "Lichtnetz" - nicht nur als Forum des Gedankenaustauschs, sondern hat konkrete Managementfunktionen übernommen. So entstand hieraus die erste Frankfurter Esoterikmesse. Frankfurt holte mit dieser im Juni 1989 in einem Stadtteil-Bürgerhaus - also im kleinen Rahmen - durchgeführten Messe den Vorsprung anderer deutscher und ausländischer Großstädte ein, die bereits wiederholt Ort solcher Produktschauen des New Age-Marktes gewesen waren. Wie die "Lichtnetz"-Schreiber amüsiert bemerkten, geriet die Esoterikmesse den Frankfurter Zeitungen und auch den Kirchen zum bedenklichen Anzeichen für einen plötzlichen *Esoterikboom* in Frankfurt (vgl. Lichtnetz Sept. 1989). Von den Veranstaltern wird die Messe als Erfolg gewertet, eine Wiederholung im Frühjahr 1990 ist bereits geplant.

Urbanität und Spiritualität 21

Das "Lichtnetz", in abgeschwächter Form auch der eingangs vorgestellte Verein, ist ein Unternehmen, das Dienstleistungen für Dienstleistende anbietet. In der jüngeren Diskussion zum Thema *Stadtentwicklung* wird dies mit dem Begriff des quartären Sektors - als Potenzierung des dienstleistenden Tertiärbereichs - belegt (Horx 1988). Daß Frankfurt mit seinen Banken und Versicherungen, Investmentberatungs- und Consultingfirmen, seinen Werbeagenturen und Marktforschungsinstituten über einen ständig expandierenden quartären Sektor verfügt, wird neuerdings als Beweis für die Postindustrialität der Stadt verstanden. *Postindustriell* oder gar *postmodern* sind die Attribute, mit denen Frankfurt in der seit 1987 geführten, sich aber in den Monaten vor der Frankfurter Kommunalwahl im März 1989 aufheizenden und überlokal werdenden *Metropolendiskussion*[4] bedacht wird. Insbesondere bestaunt man den radikalen Wandel von Frankfurts Reputation - innerhalb und außerhalb der Stadt:

> *Im internationalen Stadt-Spiel mit Architekturmodellen und Urbanitätsbildern hat Frankfurt an Boden wettgemacht und weltweite Anerkennung errungen ... Jetzt ist das Schreckbild "Mainhattan" ausgetrieben. Das Schöne hat gesiegt, das Image ist aufgebessert* (Mythos Weltstadt 1988, 18),

spöttelt der den neuen Entwicklungen im Detail durchaus kritisch gegenüberstehende "Pflasterstrand". Der SPIEGEL faßte den Stimmungs-

---

[4] Artikel in lokalen und überlokalen Medien markierten die wichtigsten Positionen der Diskussion darum, ob Frankfurt nun Metropole (geworden) sei, so z.B.
Horx, Matthias: Stadt der unbegrenzten Möglichkeiten, in: DIE ZEIT Nr. 10, 3. März 1989
GEO SPECIAL "Frankfurt", Nr. 5 Oktober 1988, Hamburg 1988.
Keil, Roger/Lieser, Peter: Das Neue Frankfurt - zwischen Zitadelle und Getto, Frankfurter Rundschau 11.7.88 (dieser vieldiskutierte Artikel wurde in überarbeiteter Form sowohl im "Mythos Weltstadt"-Sonderteil des Pflasterstrand abgedruckt als auch in dem Band "Das Neue Frankfurt", Hg. Walter Prigge/Hans-Peter Schwarz, Frankfurt 1988, S. 183-208)
Sonderteil *Mythos Weltstadt-Modernisierungsprozeß und städtische Kultur in Frankfurt*, Konzeption von Walter Prigge mit Frank Herterich und Peter Lieser für die Gruppe *urbi et orbi*, Pflasterstrand 12.5.1988
Weber, Rainer: *Frankfurt - die Hauptstadt der Wende*, in: SPIEGEL Nr. 3, 1988.
Wichtig für den Metropolendiskurs waren auch zahlreiche Diskussionsveranstaltungen, so etwa im November 1987 im Rahmens des vom Deutschen Architekturmuseum veranstalteten Ernst-May-Kolloquiums das Streitgespräch *Das neue Frankfurt-Positionen sozialer Architektur und Urbanität nach der Postmoderne* und im Juni 1988 eine tatsächlich so betitelte "Metropolendiskussion" im Sommerprogramm der Evangelischen Erwachsenenbildung Frankfurt.

wandel lapidar zusammen: *Keine andere Stadt ist in ihrem Image in so kurzer Zeit von ganz unten nach ganz oben gekommen* (Weber 1988, 134).

Spricht man dagegen mit Angehörigen des Frankfurter New Age-Milieus, mit Anbietern spiritueller Therapien und Praxen und deren Klienten, so ist wenig zu spüren von der in den Medien vieldiskutierten Renaissance positiv als Urbanität erfahrbarer städtischer Kultur in Frankfurt. Für "die Spirituellen" ist Frankfurt nicht *von ganz unten nach ganz oben gekommen*; für sie haben die - von den einen gelobten, von den anderen vehement kritisierten - Bereicherungen des kulturellen Angebots von Frankfurt offenbar keine entscheidende Verbesserung der Lebensqualität gebracht. Die Beschwörungen eines *Metropolengefühls*, dessen Faszination sich auch die Kritiker der expansiven Weiterentwicklung Frankfurts zum "headquarter" von internationalem Bankenwesen und Weltmarkt nicht ganz entziehen können, scheinen hier auf taube Ohren zu stoßen. Für sie ist Frankfurt immer noch Schreckbild, immer noch die harte, die kalte, die unmenschliche Stadt. Daß sie nicht unrecht haben, bestätigen kritische Stimmen aus der Stadtsoziologie wie beispielsweise Frank Herterich, der mahnt, daß der *Mythos der prosperierenden Weltstadt* gezielt eingesetzt wird, um zu verdecken, daß der Modernisierungsprozeß der Stadt schonungslos weitergeht und sich dadurch die Lebensbedingungen unterprivilegierter Teile der Stadtbevölkerung eher verschlechtern als verbessern (vgl. Herterich 1988).

Wenn Brita Dahlberg, die bereits eingangs zitierte Frankfurter Expertin, die Frage, ob Spiritualität in der Großstadt lebbar sei, spontan mit *Ja, gerade!* beantwortet (Interviewprotokoll 13.3.87) und damit das Erleben der großstädtischen Umwelt als Chance interpretiert, Spiritualität als Reaktion auf die Großstadt zu entwickeln, dann steht sie mit dieser sicherlich auch aus dem Erfolg ihres "Unternehmens" gewonnenen zuversichtlichen Bewertung in Frankfurt eher allein. Daß die Konfrontation mit einer als hart und kalt empfundenen Stadtkultur die Entfaltung spirituellen Bewußtseins geradezu zwangsläufig nach sich zieht, entspricht nicht der Erfahrung der Mehrheit der Anbieter von spiritueller Therapie und meditativer Praxis in Frankfurt. *In Frankfurt ist es schwer, mit etwas Spirituellem Fuß zu fassen*, meint Swami Karar vom *Kasha*, dem im November 1987 in Frankfurt neugegründeten Meditationszentrum der Sannyas-Bewegung. *Kasha* ist ein Sanskrit-Begriff und bedeutet *brilliant*. Daß dem Zentrum gerade dieser Name verliehen wurde - wie *Kasha*-Mitarbeiter erzählen, meinte Bhagwan, brilliantes, helles Licht sei notwendig *for a tough city like Frankfurt* - hat möglicherweise über die allgemein schwierigen Entfaltungsbedingungen für spirituelle Ansätze in Frankfurt hinaus noch eine andere Begründung. Denn gerade für die Sannyas-Bewegung hatte sich Frankfurt immer schon als schwieriges Pflaster erwiesen. Das 1985 vor dem Zusammenbruch des Stadtgründungsexperiments in Oregon bereits wieder geschlossene Zentrum *Mada* hatte seine Räumlichkeiten im Frankfurter Studentenviertel Bockenheim durch Kontakte zur universitätsnahen "linken Szene" gefunden, aber gerade aus dem Kreis der "Alt-Spontis" um Daniel Cohn-Bendit und das links-alternative Magazin "Pflasterstrand" mußten sich die Sannyasins von Anfang an besonders starke Kritik gefallen lassen (vgl. Heise 1984, 151f.). 1980 kulminierten die Auseinandersetzungen in erbitterten Debatten, nachdem Reimut Reiche anläßlich der umstrittenen, weil unkritischen Präsentation des für Bhagwan Position beziehenden Filmes *Ashram in Poona* in einem alternativen Stadtteilkino im Pflasterstrand einen mit *Poona oder: Der latente Faschismus* betitelten Kommentar geschrieben hatte (Nachdruck in: Initiative Sozialistisches Forum 1984, 37ff.). Daß den Sannyasins in Frankfurt von einer die städtische Gegenkultur stark prägenden Gruppe geradezu der Krieg erklärt worden war, mag ein Grund dafür sein, warum sich diese Bewegung in Frankfurt - im Vergleich zu anderen deutschen Städten vergleichbarer Größenordnung, wo eine Kontinuität und sogar ein expansiver Trend von Institutionen der Bewegung festzustellen ist - sehr gebremst entwickelte. Im Unterschied zu den außerordentlich großzügig gestalteten *Zorba the Buddha*-Diskotheken anderer Städte ist das Frankfurter *Far Out* eher bescheiden; das neue Meditationszentrum wird zwar von einer engagierten Gruppe von Mitarbeitern und Freunden getragen, was aber nicht darüber hinwegtäuschen kann, daß das Zentrum nur aus einem für Meditation und Video-Abende vorbehaltenen Zimmer in einer Wohngemeinschaft besteht. Es läßt sich deswegen kaum - trotz des von Frankfurter Sannyasins hier hergestellten und erfahrenen starken Gefühls von *communitas*[5] - vergleichen mit solchen professionell geführten Unternehmen wie dem Kölner UTA oder dem Münchner TAO, die unter ihrem Dach vielfältige Angebote - Cafeteria, Buchladen, mehrere Räume für Meditationen und Therapien, Gästezimmer, Schlafsaal und Großküche sowie die Büros von Dienstleistungsunternehmen - vereinen.

---

[5] im Sinne der Ritual-Definition von Victor Turner (vgl. Ferber/Werthmann in diesem Band)

Im Sinne des neuen urbanistischen Diskurses ließe sich die Frankfurter New Age-Szene problemlos als weiterer bunter Mosaikstein begreifen, der die Milieuvielfalt der Stadt noch um einiges schillernder macht. Bisher hat aber die Metropolendiskussion noch davor haltgemacht, das lokale spirituelle Milieu für ihr postmodernes Stadtstyling zu vereinnahmen. Wichtiger noch: Die Vertreter der New Age-Szene selbst können und wollen sich diesem neuen Diskurs nicht zuordnen, verstehen sie sich ihrem Selbstbild nach doch eher als diejenigen, die gegen den Strom einer städtischen Realität schwimmen, die - wenn man den Beschwörern des Metropolengefühls Glauben schenkt - eigentlich schon Vergangenheit sein sollte. Deswegen machten es sich die Mitglieder des bereits genannten *Lichtnetzwerks* im Sommer 1988 zum Ziel, *mehr Leben und Aktivität (in spiritueller Sicht) in das relativ 'angstbesetzte', materiell orientierte Frankfurt zu bringen* (Lichtnetz Juli/August 1988).

Schlußfolgerungen: Eine städtische Subkultur.

Lokale New Age-Szene und der spezifische Kulturstil einer Stadt treten in Beziehung zueinander. Daß das jeweilige spirituelle Milieu in seiner Ausprägung aus den besonderen Bedingungen, die eine Stadt bietet, zu erklären ist, zeigen die beiden untersuchten Städte. Während in Freiburg die Orientierung der *spirituellen Menschen* (Sellner 1986) auf ihre Stadt deutlich konvergent ist mit dem Bild Freiburgs, das in einer von aktuellen lokalen Eliten und Interessengruppen der Gegenwart dominierten, aber auch auf städtischen Kulturtraditionen aufbauenden Identitätsarbeit konstruiert wird, treten in Frankfurt Divergenzen zutage. Zwar lassen sich die konkreten Formen, die die Institutionen der New Age-Bewegung hier annehmen, durchaus in Verbindung bringen mit den spezifischen Strukturen der Postindustrialität, die Frankfurt in den letzten Jahren ausbildet, und es überrascht insofern nicht, daß im hiesigen New Age-Milieu analog zur städtischen Ökonomie der kommerzielle Bereich, insbesondere von Informationsvermittlung und Management - auch bereits in Formen des quartären Sektors - eine wichtige Rolle spielt. Die Vertreter des New Age haben aber den Schritt zu einer Umwertung Frankfurts - vom "Schreckbild Mainhattan", das alle Scheußlichkeit der modernen Großstadt auf sich vereint, zur postmodernen, im positiven Sinne "urbanen" Metropole - nicht mitvollzogen. Ihre Wahrnehmung der Stadt als *hart und kalt* mag als Reaktion auf die Repräsentationskultur Frankfurts zu verstehen sein und entspricht damit - so kann man vermuten - den Wahrnehmungen eines

Teils der Frankfurter Bevölkerung, bei dem kein rechtes *Metropolengefühl* aufkommen will.

Die Entwicklung eines städtischen New Age-Milieus korreliert nicht unmittelbar mit der Größe und Komplexität der Stadt. Aus dem Vergleich einer "Weltstadt" mit einer kleiner dimensionierten Großstadt wird deutlich, daß eine plausibel erscheinende Faustregel - je größer die Stadt, desto größer das New Age-Angebot - sich so nicht aufstellen läßt. Eine weitere Spekulation, die die Entwicklung dieser städtischen Subkultur zurückführt auf das Vorhandensein von Universitäten und damit behauptet, daß gerade städtische Intellektuelle vor der postmodernen Sinnkrise in die Spiritualität fliehen, läßt sich auch nicht belegen. Selbst die Sondervariante der kleinen, überschaubaren und "gemütlichen" Universitätsstadt, wie sie Freiburg dem Ruf nach ist, zeigt sich im Vergleich mit ähnlich strukturierten Städten wie Marburg oder Tübingen nicht als durchgängig New Age-trächtig. Mit Bestimmtheit läßt sich aber feststellen, daß die New Age-Bewegung nicht einfach die Städte der Bundesrepublik mit ihren Angeboten überzieht und überall unterschiedslos ihre Anhänger und Klienten findet. Vielmehr kommt es zu einem bisweilen subtilen Wechselspiel dieser städtischen Subkultur mit den wirtschaftlichen und bevölkerungsstrukturellen Gegebenheiten der einzelnen Stadt und insbesondere ihrem Kulturstil, in dem sich gewordene Mentalitätsmuster treffen mit einem aktuellen, vor allem in den Medien ausgetragenen Identitätsmanagement und einer Image-Konstruktion, die nur im Zusammenhang der postmodernen interurbanen Konkurrenz zu verstehen ist.

New Age als städtische Subkultur ist in sich heterogen: Verschiedene Gruppen und Ansätze unterscheiden sich in ihrer Fähigkeit und Bereitschaft, sich in der urbanen Umwelt einzurichten. Man wird dem Phänomen "New Age in der Stadt" keinesfalls gerecht, wenn man es nur als Ableitung der je spezifischen Stadtkultur begreift und Verschiedenheiten innerhalb des spirituellen Milieus vollkommen ausblendet. Ein differenzierender Blick auf das breite Spektrum sich als spirituell begreifender Gruppen und Institutionen zeigt, daß ihr "Erfolg" auch von besonderen Konstellationen - von Persönlichkeiten, Zeiten und Orten - abhängen kann. Das Beispiel der erschwerten Entwicklungsbedingungen der Sannyas-Bewegung in Frankfurt im Kreuzfeuer linker Kritik illustriert dies deutlich. Auch für eine zweite Einschränkung ist das Beispiel der Sannyas-Bewegung hilfreich: Unterschiedliche Bewegungen und Schulen des New Age geben ihren Anhängern ganz verschiedene Möglichkeiten an die Hand, mit der Umwelt der Großstadt umzugehen und sich in ihr einzurichten. Die Sannyas-Bewegung sticht insofern hervor, als daß ihre Anhänger sich *im gewöhnlichen Großstadtalltag und im rauhen Wirtschaftsleben hervorragend zurechtfinden* (Nelles 1985, 88), wie es in einer Untersuchung über mehrere Kommunen und Zentren der Bewegung in der Bundesrepublik der frühen achtziger Jahre heißt. Trotz der Entwicklung gemeinschaftlicher Lebens- und Arbeitsformen in städtischen Ashrams, in den "Rajneesh-Städten" und ähnlichen Kommuneexperimenten in ländlichen Regionen der Bundesrepublik, Italiens, der Schweiz und der Niederlande und der Stadtgründung in den USA wurde und wird die Notwendigkeit gesehen, daß ein großer Teil der Sannyasins zumindest in den Arbeitszusammenhängen der städtischen Ökonomie verbleiben muß. Heute - nach Auflösung dieser bis Mitte der achtziger Jahre bestehenden Lebens- und Arbeitsgemeinschaften - besteht diese Notwendigkeit um so mehr, zumal das Hauptquartier der Bewegung in Poona, in das Bhagwan nach der Ausweisung aus den USA und einer internationalen Odyssee zurückgekehrt war, sich zu einem spirituellen Ferien-, Therapie- und Ausbildungszentrum entwickelt hat, in dem westliche Anhänger ihren Urlaub verbringen oder aber Kurse in Therapeutenausbildung absolvieren, ohne die Möglichkeit zu haben, im Ashram selbst zu leben. Das Geld für diese Aufenthalte wird in der städtischen Ökonomie westlicher Länder verdient. Die hier sich deutlich abzeichnende Diskontinuität zwischen Lebensstilen wird aber in der Lehre des spirituellen Meisters selbst reflektiert, die Hilfen zu der - zumindest kompensatorischen - Bewältigung der Kluft zwischen "In-der-Welt-Sein" und meditativer Innerlichkeit anbietet.

> *Seid einfach integriert. Wenn ich integriert sage, meine ich: nehmt das, was ihr beim Alleinsein empfindet, mit in die Großstadt. Ein Mensch, der ein lebendiges Gleichgewicht, eine lebendige Ruhe sucht, kann auf dem Marktplatz in die Himalayas gehen. Beides. Er wird den Lärm des Marktes ebenso genießen wie die Stille der Berge und im Gleichgewicht zwischen diesen beiden Polen bleiben* (zit. in Heise 1984, 7),

heißt es in einem Auszug aus Bhagwan Shree Rajneeshs "Mein Weg, der Weg der weißen Wolke", den Gabriele Heise (1984, 11f.) einem Band von Interviews mit Sannyasins als Motto voranstellt. Den Idealtypus des erfolgreich-urbanen und doch meditativen Bhagwan-Anhängers hat neben ihr u.a. auch das Autorinnenteam Thoden/Schmidt (1987, 179ff.) herausgearbeitet.

Urbanität und Spiritualität 27

Zum Abschluß sollen die parallelen Analysen von Frankfurt und Freiburg auf einer allgemeineren Ebene aufgeschlüsselt werden. **Die städtische Subkultur des New Age kristallisiert sich um drei Funktionen der Stadt: die städtische Ökonomie, die Funktion der Stadt als Innovations- und Diffusionszentrum und die Freisetzung des Städters von sozialen und räumlichen Bindungen.**

Eine Bedeutung der städtischen Ökonomie für die New Age-Szene liegt auf der Hand:

Ich habe nebenbei gearbeitet. Das geht ja auch im urbanen Milieu. Ich glaube, daß das ein großer Vorteil ist ... Das Problem von spirituellen Kommunen außerhalb des urbanen Milieus ist ja oft, daß sie dann in die Subsistenzwirtschaft fallen und sich auch überfordern, sowohl was die materielle Existenzgrundlage als auch was die Gruppendynamik angeht (Tonaufnahme Projekt 15.10.87),

meint Dieter Schmidt, als er über die Aufbauphase des Freiburger Projekts, an dem er noch heute beteiligt ist, berichtet. Die städtische Ökonomie ermöglicht denjenigen, die sich im New Age-Milieu engagieren, ihre Existenz darüber aber nicht (allein) zu sichern in der Lage sind, ihren Lebensunterhalt in der städtischen Ökonomie zu verdienen. Wenn sich Anbieter von Therapien oder Lebensberatung allein über diese Tätigkeit reproduzieren können, dann nur deswegen, weil ihre Klienten die hohen Kosten eben durch ihr in der städtischen Wirtschaft verdientes Einkommen aufbringen können. Hieraus resultiert die bereits angesprochene *Diskontinuität zwischen Lebensstilen* (Greverus 1985, 18), also ein Auseinanderfallen zwischen einer von spezifischen Rollenerwartungen und Zeitstrukturen bestimmten Berufswelt und einer nur in der Freizeit lebbaren spirituellen Praxis. Diese Diskontinuität zeigt sich deutlich in der sozialräumlichen Ausformung des New Age: Ganzheitlich konzipierte Lebens- und Arbeitsgemeinschaften im Sinne des klösterlichen Modells wird man in dieser neuen religiösen Subkultur - bis auf wenige Ausnahmen - umsonst suchen. Kennzeichnend für das städtische New Age ist vielmehr, daß die sich ihr verbunden fühlenden Städter weit verstreut über das Stadtgebiet leben und das Engagement im New Age häufig unverbunden neben anderen Bereichen des Alltagslebens steht. Meditationszentren, Therapiepraxen und Vortragssäle sind bestenfalls räumliche Kristallisationspunkte, an denen sich diese disperse Anhängerschaft temporär - zu Andachten, Meditationen, Workshops - trifft, um danach wieder auseinanderzugehen. Nur manchmal entstehen über einen längeren Zeitraum hinweg konstante Gruppen, die sich um eine Idee oder Lehre zentrieren und lose Netzwerke ausbilden, die dann auch in den Alltag hineinzureichen vermögen.

Sicherlich scheitern Versuche, kollektives Wohnen und kollektive Existenzsicherung in einer spirituellen Alltagsorganisation zusammenzuführen, auch an den ökonomischen und räumlichen Bedingungen der großstädtischen Umwelt (vgl. Greiner in diesem Band). In ländliche Regionen auszuweichen steht aber gerade für die meisten Anbieter der New Age-Szene außer Frage. Denn *in der Stadt sind wir erreichbar*, meint Brita Dahlberg, und spricht damit die große Bedeutung der Informationszentrale Stadt gerade für das New Age an. New Age ist auch deswegen ein städtisches Phänomen, weil es auf die städtische Funktion, Ausgangspunkt für Innovationen und deren Diffusion in die Gesellschaft zu sein, angewiesen ist. Die Verbreitung von spirituellem Gedankengut geschieht gerade in dieser Bewegung besonders stark über - in der Stadt hergestellte und konsumierte - Medien, und zwar sowohl gedruckte als auch zunehmend audiovisuelle Medien, die die *face-to-face*-Beziehung des spirituellen Lehrer-Schüler-Verhältnisses oder der Übermittlung von spirituellem Wissen in Andacht und Ritual fast unnötig werden lassen. Der als Kennzeichen für die New Age-Subkultur bezeichnete *individuelle Synkretismus* (vgl. Bischoff/Gärtner in diesem Band) ist zudem auf die städtische Bündelung einer spirituellen Angebotsvielfalt angewiesen.

Die Bedeutung, die der städtischen Innovations- und Diffusionsfunktion zugemessen wird, läßt sich auch deutlich ablesen an der Standortwahl von Institutionen im Stadtgebiet. Wie die Aufschlüsselung der spirituellen Topographien (vgl. Ferber/Neuhoff/Welz in diesem Band) von Frankfurt a.M. und Freiburg i.Br. zeigt, konzentrieren sie sich im Innenstadtbereich, dort wo Verkehrslinien und Informationskanäle zusammenlaufen und sich Konsumangebote verdichten. Räumlichkeiten im Innenstadtbereich - auch mit geringer Quadratmeterzahl und hoher Miete - werden größeren und günstigeren Möglichkeiten am Stadtrand oder gar außerhalb fast immer vorgezogen.

Daß die Entlassung des Städters aus sozialen und räumlichen Bindungen für die Subkultur des New Age von Bedeutung ist, liegt auf der Hand. Welche kausale Verknüpfung hier zur Wirkung kommt - die des durch diese Entlassung freigesetzten Potentials kultureller Kreativität, das die Entwicklung und Erprobung neuer Lebens- und Denkweisen möglich macht, oder die der durch die Entlassung bewirkten Orientierungslosigkeit und Identitätsbeschädigung, die nach *Sinnsubstituten* (vgl. Schülein 1982)

Urbanität und Spiritualität

wie eben dem New Age greifen läßt, soll an dieser Stelle nicht entschieden werden. Sicherlich meint Urbanität - als Korrelat des Wegfalls normierender sozialräumlicher Bindungen, wie sie idealtypisch etwa im Dorf vorherrschen - eine kulturelle Komplexität und Vielfalt der Stadt, die dem einzelnen eine Spektrum an Wahlmöglichkeiten der Gruppenzugehörigkeit und Lebensgestaltung geben. Und die Konzentration großer Zahlen von Menschen in der Stadt bringt es mit sich, daß auch Anhänger ungewöhnlicher Gruppenzusammenhänge und Lebenspläne in der Stadt eher die Chance haben, Gleichgesinnte zu finden und ihnen gemäße Angebote wahrzunehmen. Daß dies die Großstadt unter anderem auch zur kongenialen Umgebung für religiöse Sekten macht, hat der Stadtanthropologe Ulf Hannerz erwähnt (Hannerz 1980, 257) - eine Beobachtung, die ebenso Licht wirft auf die Bedeutung der Stadt für das New Age.

Soweit zu den vielfältigen Wechselbeziehungen zwischen Urbanität und Spiritualität. Hierbei darf jedoch nicht in Vergessenheit geraten, daß städtische Kultur allein als Erklärungsmodell für die Entstehung und Entfaltung einer solchen Subkultur nicht tragfähig ist. New Age muß vielmehr eingeordnet werden in gesamtgesellschaftliche, über das großstädtische hinausweisende Zusammenhänge, nämlich als eine von vielen *neuen Suchbewegungen* der postmodernen Risikogesellschaft, wie es Ulrich Beck formuliert hat, der hier Formen der *sozialen Identitätsbildung in enttraditionalisierten, individualisierten Lebenswelten* (Beck 1986, 119f.) diagnostiziert.

Monika Neuhoff

"Transformation kennt kein Heimatland"

New Age-Anbieter und ihre Interaktion mit dem sozialräumlichen Umfeld

Indem wir uns weiter in die achtziger Jahre bewegen, wird uns zunehmend bewußt, daß wir uns in einer tiefgreifenden, weltweiten kulturellen Krise befinden. Es ist eine komplexe, mehrdimensionale Krise, deren Aspekte jeden Bereich unseres Lebens berühren (Capra in Ferguson 1982, 2).

So beginnt das von Fritjof Capra verfaßte Vorwort zu Marylin Fergusons Werk "Die sanfte Verschwörung. Persönliche und gesellschaftliche Transformation im Zeitalter des Wassermanns".

Das Anbrechen eines neuen Zeitalters in einer neuen Welt mit einer neuen Philosophie müsse vorbereitet werden, damit die Menschheit und der Planet Erde gerettet werden, so der ehemalige stellvertretende Generalsekretär der UNO und bekannte New Age-Vertreter Robert Muller. Das *dunkle, gewalttätige Fische-Zeitalter* (Ferguson 1982, 22) der Entfremdung der Menschen von der lebensnotwendigen Einstellung auf die Gesetze der Natur: des Größenwahns wirtschaftlichen und technologischen Wachstums; der Überrüstung; der wachsenden Gewalt; der Umweltverschmutzung - um nur einige der in diesem Zusammenhang genannten Schlagworte zu nennen - sieht nach Ansicht der New Age-Anhänger einer Transformation entgegen, hin zu einer *Ära der Liebe und des Lichtes* (Ferguson 1982, 22) - eben dem *Zeitalter des Wassermanns.*

Das Neue Paradigma, beschreibt Fritjof Capra,

> *ist von einer ganzheitlichen und ökologischen Sicht geprägt. Es umfaßt neue Konzepte von Raum, Zeit und Materie aus der subatomaren Physik; die Systembegriffe des Lebens, des Geistes, des Bewußtseins und der Evolution; den entsprechenden ganzheitlichen Zugang zu Gesundheit und Heilen; die Integration westlicher und östlicher Methoden der Psychologie und Psychotherapie; ein neues Konzept für Wirtschaft und Technologie; und eine ökologische und feministische Betrachtungsweise, die letztlich zutiefst spirituell ist* (Capra 1982, 13).

Auch für ihn ist eine Lösung der bedrohlichen Situation nur zu finden, *wenn die Struktur des Netzes verändert wird, und dies bedingt radikale Transformation unserer gesellschaftlichen Institutionen, Wertbegriffe und Vorstellungen* (Capra 1982, 12).

Zusammenfassend können wir bei der Lektüre der einschlägigen New Age-Autoren einen Konsens darüber feststellen, daß erstens die Menschheit in der bedrohlichsten Periode ihrer bisherigen Existenz und der ihres Planeten steht; zweitens, daß sich die Strukturen und Denkweisen in allen Lebensbereichen ändern müssen und drittens: daß diese *Transformation* in eine qualitativ bessere Zukunft eines *Neuen Zeitalters* führen wird.

Stadtkritik und Stadt als Chance

Der US-amerikanische Historiker, New Age-Interpret und -Anhänger Theodore Roszak, dessen Veröffentlichungen zum *Neuen Zeitalter des Wassermannes* die New Age-Bewegung maßgeblich beeinflußt haben, siedelt die Ursache und Dynamik der globalen Bedrohung in der industriell-urbanen Gesellschaft an. Nach Roszaks Überzeugung ist die destruktive Kraft in der heutigen Gesellschaft *die kollektive Hingabe an 'bigness' als 'way of life'* (Roszak 1986, 242), eines Paradigmas von Supermacht und *Kolossialismus*, das alle Dilemmata der heutigen Lebensbedrohungen schafft, vor allem der industriellen, militärischen und bürokratischen Bereiche. Dieses *(alte) Paradigma* fordert seinen Tribut in der Manipulation, Entfremdung und Dienstbarmachung des Menschen: *das industrielle System schafft entfremdete Identitäten in grimmigem Gehorsam gegenüber seinen Zwängen. Es zerlegt und zerschneidet, um in seine eisernen Notwendigkeiten zu zwingen. Wir sind seine Arbeitskraft, seine Aufseher, sein Massenmarkt* (Roszak 1986, 101).

Hier sieht Roszak die zentrale Bedeutung der Stadt: *Von all den hypertrophierten Institutionen, die unsere Gesellschaft sowohl der Person als auch dem Planeten aufgebürdet hat, ist die Stadt die gewaltsamste* (Roszak 1986, 220). Oder noch stärker: ... *die Stadt ... als imperialistische kulturelle Macht und Trägerin der Krankheit Gigantismus in ihrer ansteckendsten Form ... ; in ihr erfahren all die ausweglosen Widersprüche des Übermaßes ... ihre schärfste Zuspitzung* (Roszak 1986, 219). Sie praktiziere ihr Paradigma nicht nur für sich selbst als *power-house of rapacious energies*, sondern überwuchere und unterdrücke mit ihren destruktiven Energien die gesamte Erde: ... *und die Stadt gewinnt überall die Oberhand* (Roszak 1986, 219).

Allerdings kritisiert Roszak nur die *überbordende* Stadt, d.h. ihren Gigantismus. Befreit von den Massen, die ohnehin nicht fähig seien, eine Kultur der Stadt zu schaffen, könne sie sogar Initiatorin des Paradigmenwechsels sein: *Unsere Städte müssen wieder das werden, was sie einmal waren: kleine Zentren rastlosen Neuerungsgeistes* ... (Roszak 1986, 255).

Der Mensch in der bedrohlichsten Periode seiner Existenz, die Destruktivität der urban-industriellen Gesellschaft und *die Stadt als imperialistische kulturelle Macht und Trägerin der Krankheit Gigantismus, aber gleichwohl Initiatorin der neuen, die Menschheit rettenden Kultur* - dies sind New Age-Thesen und Begriffe, mit denen ich mich zunächst aus kulturanthropologischer Perspektive auseinandersetzen möchte.

Weitgehende Übereinstimmung findet sich zwischen Anthropologen und New Age-Theoretikern in der "Bestandsaufnahme Gesellschaft".
So beschreibt Lewis Mumford in seinem Werk "Die Stadt. Geschichte und Ausblick" unsere Zivilisation in einer *erbarmungslosen Ausweitung und Vergrößerung eines aufs äußerste zentralisierten, überorganisierten Systems*, welches eine *organische Welt* mit lebendigen Organismen - der menschlichen Persönlichkeit gerechtwerdend - verhindert (vgl. Mumford 1980, 662).
Einen zweiten Punkt in der Bestandsaufnahme möchte ich an Richard Sennetts Begriff vom *Verfall des öffentlichen Lebens* darstellen. In seiner Veröffentlichung "Verfall und Ende des öffentlichen Lebens. Die Tyrannei der Intimität" beschreibt er in der heutigen westlichen Gesellschaft das übermäßige Interesse an Personen auf Kosten der gesellschaftlichen Beziehungen, das wie ein Filter das rationale Gesellschaftsverständnis verfärbt (vgl. Sennett 1983, 16). Die Gesellschaft organisiert ihre inneren Ausdrucksprozesse psychologisch und unterminiert damit den *Sinn für sinnvolle soziale Interaktionen außerhalb der Grenzen des einzelnen Selbst* (Sennett 1983, 21). Indem allerdings der öffentliche Raum abstirbt, verliert der Mensch den Impuls und letztlich die Fähigkeit, am politischen Leben mitzuwirken; er wird passiv, wendet sich von der Veränderung der gesellschaftlichen Verhältnisse ab, bzw. stellt sie nicht mehr in Frage: je intimer der Raum, in den er sich zurückzieht, desto mehr nehmen für ihn die bestehenden Machtverhältnisse der Unterdrückung und Ungleichheit scheinbar menschliche Züge an (vgl. Sennett 1983, 295 und 381).
Eine (dritte) Bestandsaufnahme aus kulturökologischer Sicht stellt eine Störung des ökologischen Gleichgewichts fest, die aus der Reduktion der Fähigkeit schöpferisch-gestalterischen Austauschs mit der Umwelt in einem Konsum von Umweltangeboten resultiert (vgl. Greverus 1987, 277). In

ihrem Werk "Kultur und Alltagswelt" fordert Ina-Maria Greverus eine stärkere Berücksichtigung dieser gravierenden Störung der Wechselbeziehung des Menschen mit seiner Umwelt in kulturökologischer Hinsicht (vgl. Greverus 1987, 277). Auch letzteres Phänomen soll für unsere Fragestellung von Bedeutung sein.

Gehen wir also vom gemeinsamen Nenner des New Age und unserer anthropologischen Perspektive aus, daß die heutige westliche Gesellschaft erhebliche Defizite im Umgang des Menschen mit seiner sozialen und materiellen Umwelt aufweist. Halten wir weiterhin das zuoberst ausgeführte Ziel der New Age-Bewegung fest, welches eine Transformation der Defizite der Gesamtgesellschaft beinhaltet. Rücken wir nun den Untersuchungsraum unserer Fragestellung in den Vordergrund der Diskussion, der der urbane Raum, die Großstadt ist. Bevor wir den Umgang der New Age-Bewegung mit diesem Sozialraum - vor allem im Hinblick auf seine Teilräume - betrachten, sollen wiederum deren für unser Thema relevanten Charakteristika aus kulturanthropologischer Sicht analysiert werden. Zentral für unser Thema ist hier die Frage, inwiefern die Stadt einen günstigen Lebensraum für die Herausbildung kleiner Teilräume bietet, die mit ihren eigenständigen und selbstregulierenden Kräften Kontrolle, Initiative und Kreativität ermöglichen.

Diese Teilräume möchte ich als *ökologische Nischen* begreifen, die nach Greverus (vgl. 1984b, 14ff.) in kulturökologischen Termini ein dynamisches Gleichgewicht zwischen Ressourcennutzung und Population ermöglichen. Hierzu gehört die Ausgleichsmöglichkeit der Mitglieder untereinander und mit ihrer Umwelt, die allerdings nur gewährleistet ist, wenn ihre Population eine *kritische Größe* nicht überschreitet. Nur dann sind Wechselseitigkeit von Rechten und Pflichten, Kreativität, Annahme von *Input* und innovative Verarbeitung - kurz: dynamische Selbstregulation - möglich. Erwartet werden kann dann ein Ausgreifen auf die weitere Umwelt, die kritisch hinterfragt wird - motiviert durch das Bedürfnis, *Chaos in Ordnung zu verwandeln.*

Ich nehme an, daß die Stadt keine *Monokultur* darstellt, sondern durchaus einen günstigen Lebensraum für die Herausbildung dieser sich selbst regulierenden Nischen bietet: denn schließlich hält sie ein genügendes Kreativitätspotential bereit, wie folgende Bestandsaufnahmen zum urbanen Raum verdeutlichen.

Zunächst ist die Stadt eine Siedlungsform, die den dynamischen Austausch zwischen einander sich bekannten und fremden Menschen möglich macht.

In ihr haben die BewohnerInnen laut Sennett die Chance, das öffentliche Handeln zu lernen, um ihre Interessen in der Gesellschaft entschlossen und offensiv zu verfolgen: *Die Stadt sollte eine Schule solchen Handelns sein, das Forum, auf dem es sinnvoll wird, anderen Menschen zu begegnen, ohne daß gleich der zwanghafte Wunsch hinzuträte, sie als Person kennenzulernen* (Sennett 1983, 382). In diesem Sinne ist die Stadt wesenhaft *Brennpunkt eines aktiven gesellschaftlichen Lebens, Austragungsort von Interessenkonflikt und -ausgleich und Schauplatz der Entfaltung menschlicher Fähigkeiten und Möglichkeiten* (Sennett 1983, 299). Gerade in der Auseinandersetzung mit dem öffentlichen Leben, auch dem Unbekannten darin, wird der Mensch erwachsen, führt Sennett weiter aus und fordert die ständige Bereitschaft des Städters, sich Anstößen zu innovativer Verarbeitung auszusetzen. Kritik am unpersönlichen, kapitalistischen Urbanismus darf also nicht in einer *lokalen Abwehr der bösen Außenwelt* und Rückzug in ein *intimes Territorium* münden, sondern muß sich kreativ mit der urbanen Umwelt und ihrer Funktionsweise auseinandersetzen (vgl. Sennett 1983, 332). So lebt Urbanität in einem öffentlichen Raum, wächst in der Vielfalt der Stadt, gedeiht in der sozialen Mischung, dem ungleichzeitigen Nebeneinander und ständigem Austausch ihrer Bewohner und Minimalumwelten, wie Eberhard Sens in seinem Artikel *Der Traum von der Metropole. Zur neuen Sehnsucht nach Urbanität* (Sens 1986) ausführt.

Könnten die sozialen Teilräume der Stadt den Forderungen nach Öffentlichkeit und Beteiligung nachkommen? Sind sie in der Lage, der *Ungleichgewichtigkeit der Wechselbeziehungen (wie sie in unserer Gesellschaft vorherrschen) den interaktiven, und das heißt teilnehmenden, sich selbst und die anderen kontrollierenden Austausch von materiellen und immateriellen Ressourcen entgegenzustellen* (Greverus 1984a, 34f.)? Möglichst viele der Beteiligten des Teilraums müßten sich als interdependenten Teil des Ganzen verstehen. Voraussetzung wäre, daß der soziale Raum so klein ist, daß wechselseitiges Einbringen von Rechten und Pflichten möglich ist. Die gebotene Überschaubarkeit des sozialen Raumes möchte ich mit einem Ausdruck umschreiben, den E. F. Schumacher als Titel seines Buches als einen Protest gegen einen ungesunden Zentralismus einsetzte: "Small is beautiful" (Schuhmacher 1973).

Ist *small* wirklich *beautiful*, d.h. hat der Mikroraum Nachbarschaft als Sozialraum wirklich eine realistische Funktion? Die Diskussion um die Begriffe *Stadtteil, Nachbarschaft, Wohnquartier* etc. ist alt und birgt viele unterschiedliche Ansatzpunkte. Ich möchte mich hier auf die Fragestellung beschränken, ob das sozialräumliche Umfeld einer New Age-Gruppe in der Stadt potentiell eine ökologische Nische zur kreativen Auseinandersetzung mit den Auswüchsen des urbanen Gigantismus und innovativen Umsetzung eigener Ideen darstellen könnte.

Der Soziologe Hans-Paul Barth sieht diese Möglichkeit eher skeptisch: In seiner Kategorisierung der vielfältigen Bedeutungen des Begriffes *Nachbarschaft* kann bestenfalls die Erläuterung der Kategorie *neighborhood-unit* unserer Diskussion dienen, da sie im Unterschied zu allen anderen (technischen oder historisch überholten) Kategorien der Schlüsselbegriff eines gesellschafts-reformerischen Konzepts ist (vgl. Barth 1973, 97ff.). Im Hintergrund sieht er die *konservative Großstadtkritik*, die die strukturlos gewordene, die Menschen in Vereinzelung und Vermassung treibende Großstadt in kleine überschaubare Gemeinschaften aufgliedern wollte. Seiner Beobachtung nach haben aber *verschiedene Untersuchungen gezeigt, daß die romantische Klage über die Einsamkeit, Wurzellosigkeit und Vermassung moderner Großstädter weitgehend unbegründet ist* (Barth 1973, 103). Das Konzept *Nachbarschaft* als ökologische Nische muß seiner Meinung nach am inneren Widerspruch scheitern, daß es eine Gemeinschaft postuliert, die Merkmale einer *face-to-face group* besaß - andererseits aber doch eine Menschenzahl vorsieht, die zu groß ist, eine *face-to-face group* zu bilden. Zusammengefaßt kann Barth sich die sozialräumliche Einheit Nachbarschaft bestenfalls als Lückenbüßerin mit ausschließlich subsidiärer Funktion bei Ausfall institutioneller Funktionsträger vorstellen.

Im Gegensatz zu Barths pessimistischer Einschätzung der Nachbarschaft als Aufbau- und Zwischenelement für die Beteiligung an gesellschaftlicher Gestaltung halten die Soziologen Reimer und Marianne Gronemeyer das Interesse an Nachbarschaft für zentral in bezug auf gesellschaftliche Partizipation: *Längst ist die Lage der Urbanisierungszentren faktisch durch so starke Schmälerung des Lebensglücks gekennzeichnet, daß die Kritik an dieser Katastrophe nicht mehr zu verwechseln ist mit rückwärtsgewandter naiver Großstadtkritik* (R. Gronemeyer 1977, 57). Gedacht wird hier an Nachbarschaft im Sinne eines *Ausbaus von Demokratie im Nahbereich, an Durchbrechung parzellierter Ohnmacht und damit auch an der Rekonstruktion von Urbanität, die ja auch ihrerseits von dichter vielfältiger Kommunikation lebt ...* . Die beiden Soziologen, die ihre theoretischen Ausführungen auf der Teilnahme an Nachbarschaftsprojekten stützen, halten den Kampf um Selbstorganisation und Autonomie im Alltag der Urbanisierung für den wichtigsten Meilenstein zur Befreiung aus der zentralisierten Versorgungswelt, die den Menschen zum *homo privatus* verkrüppelt. Die sozialräumliche Einheit der erweiterten Nachbarschaft stellt für sie den Ansatzpunkt für die Dezentralisierung von Entscheidungen und die Blockade des Transfers von Macht und Kontrolle aus überschaubaren Lebensbereichen in institutionalisierte Mega-Strukturen dar. Alles kommt ihrer Meinung darauf an, daß städtische Öffentlichkeit einen Beitrag leistet zur Wiederherstellung eines überschaubaren, erlebbaren und gesellschaftspolitisch kreativen Lebensverbandes: der nachbarschaftliche Nahbereich muß zur kleinen Einheit politischer Öffentlichkeit werden, in dem sich miteinander gegen die gesellschaftlichen Defekte gewehrt werden kann, die in diesem Lebensbereich durchschlagen. So wird Nachbarschaft zur *kleinen Einheit der Machtentfaltung* (M. Gronemeyer 1977, 200).

Small is beautiful ist also durchaus geboten und machbar, wenn es um einen Ansatzpunkt zur Veränderung der gesellschaftlichen Strukturen geht. *Small is beautiful* schreibt auch die New Age-Bewegung auf ihre Fahnen und fordert mit Roszak (1986) die Entmachtung des Gigantismus zugunsten eines *persönlichen Maßes des Lebens*. Auch sie macht sich gesellschaftliche Transformation zum Ziel, auch sie wendet sich den Menschen zu, die unter den Auswüchsen des urban-industriellen Gigantismus leiden. Böte sich da nicht auch für die New Age-Bewegung und ihre Vertreter im urbanen Raum gerade die Nachbarschaft als Verwirklichungsort ihres ideologischen Anspruchs an?

Daß diese Hypothese naheliegt, zeigen andere spirituelle Ausrichtungen, wie zum Beispiel die religiöse Gemeinschaft, der ich selber angehöre. Als relativ junge internationale Ordensgemeinschaft (gegründet 1925 als *Missionsärztliche Schwestern* innerhalb der katholischen Kirche) ist die Veränderung der gesellschaftlichen Verhältnisse, die den Menschen krank machen, ein zentraler Fokus unserer Arbeit. Hier sprechen wir, ebenso wie die New Age-Bewegung, von einer *ganzheitlichen* Perspektive, die den *ganzen* Menschen in seiner seelischen, geistigen und körperlichen Verfaßtheit einbezieht. Von daher ist in unseren Projekten idealtypisch keine Trennung von *spiritueller* und *materieller* Transformation zu finden. Aus der spirituellen Vertiefung und psychischen Heilung erwächst die Zuwendung zu gesellschaftlichen Defiziten, die in wechselseitiger Beziehung zu den seelischen stehen. So sind unsere Mitgliedergruppen weltweit jeweils auch in der Realität ihrer sozialräumlichen Umwelt verortet und versuchen, in Form von Basisorganisation gesellschaftliche Partizipation und Veränderung zu gestalten.

Unter Hinweis auf anthropologische und soziologische Grundlagen möchte ich als zusammenfassende Ausgangsbasis der weiteren Ausführungen und der Darstellung der Empirie folgende Prämissen festschreiben:
Ich halte die *Grundeinheit Nachbarschaft* (Mumford 1951) für das Überprüfen des Transformationsgedankens des New Age für sinnvoll. Laut Welz ist das Viertel einer Großstadt neben der Kleinstadt oder der kleinen Gemeinde eine *typische Bezugsgröße lokaler Öffentlichkeit* (Welz 1986a, 25). Lokale Öffentlichkeit definiert sie als *Handlungs- und Interaktionsfeld, dessen Teilnehmer sich aus einem lokalen Zusammenhang rekrutieren* (Welz 1986a, 26). Unter Aufrechterhaltung einer gewissen, den Kommunikationsformen einer urbanen Öffentlichkeit eigenen Distanz ist es also möglich, mit dem sozialräumlichen Umfeld in Austausch zu treten und am Handlungs- und Interaktionsfeld teilzunehmen. Mit Mumford meine ich weiterhin, daß die Handlungen und Interaktionen innerhalb der lokalen Gemeinde *den natürliche Nährboden für den Geist jeder höheren und weiteren Zusammengehörigkeit, einschließlich der im Rahmen einer Weltorganisation* bildet (Mumford 1981, 177). Vertritt dieser *Geist* - in diesem Falle die Sinnkonstruktion der New Age-Bewegung - den gesellschaftlichen Transformationsgedanken, so dürfte diese Transformation im sozialräumlichen Umfeld beginnen. Keine isolierte Form des Gemeinschaftslebens wird die Anforderungen einer neuen Weltgesellschaft erfüllen können. Im Gegenteil wird gerade die Abwendung von der lokalen Einheit und deren Bestätigung ihrer Verantwortung die herrschenden Strukturen verfestigen.
Anders ausgedrückt: Wenn wir die New Age-Bewegung als Utopie begreifen, die das gesellschaftliche Sosein kritisiert und die *revolutionäre Evolution* einer sich transformierenden Gesellschaft erstrebt, so *ergibt sich der zweite utopische Schritt, der aus der Kritik erst zur Utopie führt: nämlich der utopische Handlungsentwurf, der einen Ordnungsentwurf für eine bessere Gesellschaft darstellt. Die (gebaute) Umwelt ist Bestandteil solcher Neu-Ordnungen* (Greverus 1985, 43).
Mit der nun folgenden Darstellung der Topographie der New Age-Angebote in den Städten Frankfurt a.M. und Freiburg i.Br. soll untersucht werden, welchen Rahmen die New Age-Bewegung durch die Standortwahl im Stadtteil für die *Handlungsvollzüge und Objektivationen der neuen lebensweltlichen Ideen* (vgl. Greverus 1985, 43) bevorzugen.

Topographie

Zunächst ist festzustellen, wie diejenigen Angebote in den Gesamtgebieten der Städte Frankfurt a.M. und Freiburg i.Br. verteilt sind, die wir als *stationär* kategorisierten: hier wird ein Gebäude durchgängig von einer Gruppe bzw. einem Angebot besetzt. Weiterhin ist zu untersuchen, ob Stadtviertel als Standorte von Einzel- und Gruppenanbietern des New Age bevorzugt werden und - wenn ja - um welche Viertel es sich handelt (vgl. Ferber, Neuhoff, Welz).

Eine ganz offensichtlich ungleichgewichtige Verteilung der New Age-Angebote hieße, daß die Anbieter den soziokulturellen und materiellen Strukturen Aufmerksamkeit verleihen. Weiterhin bedeutete dies, daß sie sich im jeweilig gewählten Viertel verorten wollen - in einem Stadtviertel, dessen Anwohner oder Besucher auf das spezielle Angebot, sei es Lektüre, Meditation, Vortrag, Horoskop oder Körpertherapie am ehesten ansprechen.

Sowohl in Frankfurt als auch Freiburg fällt auf, daß die Verteilung der Angebote signifikante Unterschiede im Gesamtgebiet der Städte erfährt. Untersucht man die Struktur der stark sowie schwach besetzten Stadtviertel, so ergibt sich folgende Analyse:

Die weitaus stärkste Besetzung ist in denjenigen Stadtgebieten zu finden, die auch das mit Abstand größte Konsumangebot stellen, in beiden Fällen die Innenstadt und ihre Ausläufer. Neben der Nähe zu kommerziellen Angeboten, die eine Anziehungskraft auf Bewohner der gesamten Stadtgebiete haben, bieten diese Standorte ebenfalls die günstigste Verkehrsanbindung, was die Teilnahme an Angeboten, vor allem auch am Abend stattfindenden Einzelangeboten, erleichtert. Sehr schwach besetzt sind in beiden Untersuchungsstädten ausgesprochene Wohnviertel, vor allem jene, die sich aus einer ursprünglichen Dorfstruktur entwickelt haben und in der Randlage der Städte zu finden sind. Überhaupt kein Angebot befindet sich in ausgesprochenen Arbeiter- bzw. Industriegebieten, es sei denn, sie sind in Innenstadtnähe und zunehmend von Neubauten anderer Bevölkerungsschichten durchmischt. Ausgesprochene *spirituelle Ghettos* sind in keiner der beiden Städte zu finden. Ebenso verschwindend sind die wenigen, unter einer spezifischen New Age-Ausrichtung zusammenwohnenden Lebensgemeinschaften (in den topographischen Karten als solche gekennzeichnet).

Mit der oben ausgeführten Analyse, verdeutlicht durch die graphische Kartendarstellung, falsifiziert sich die Annahme, daß die räumliche

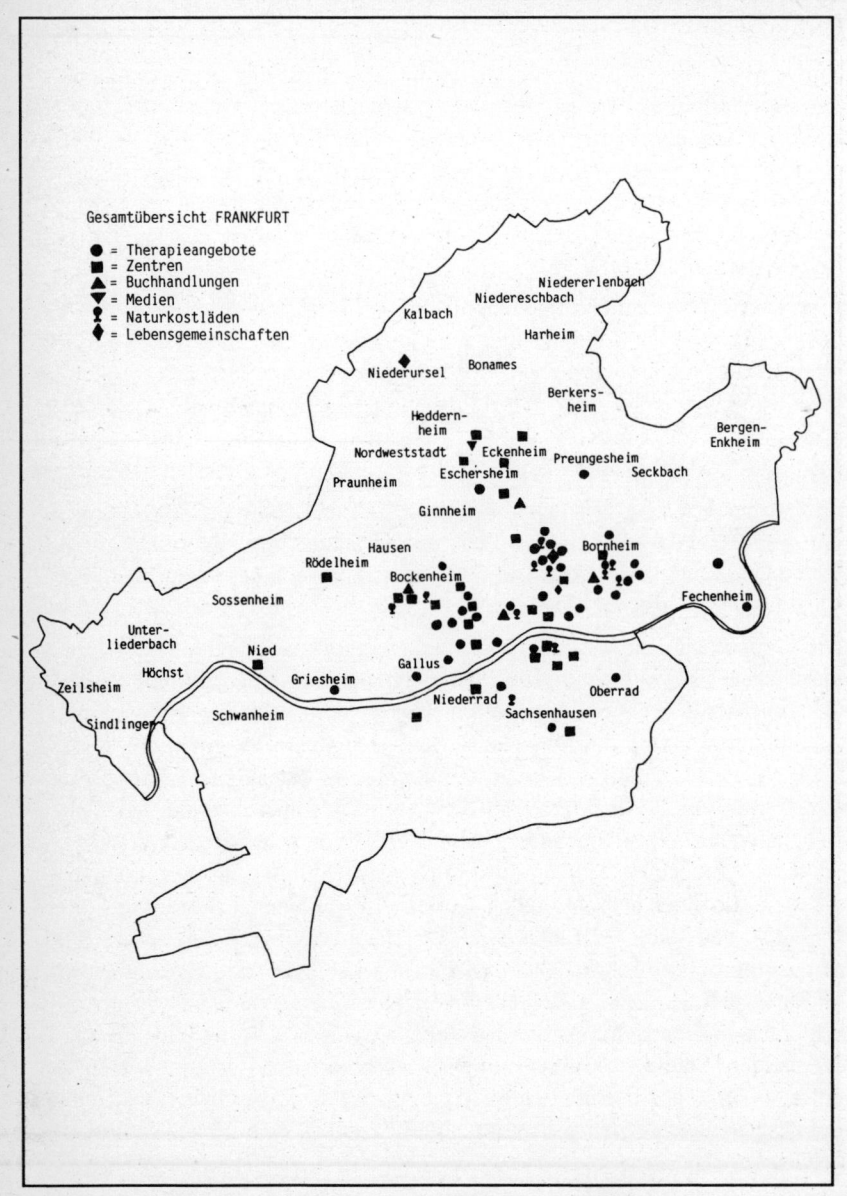

Abb. 1 Gesamtübersicht New Age-Angebote Frankfurt

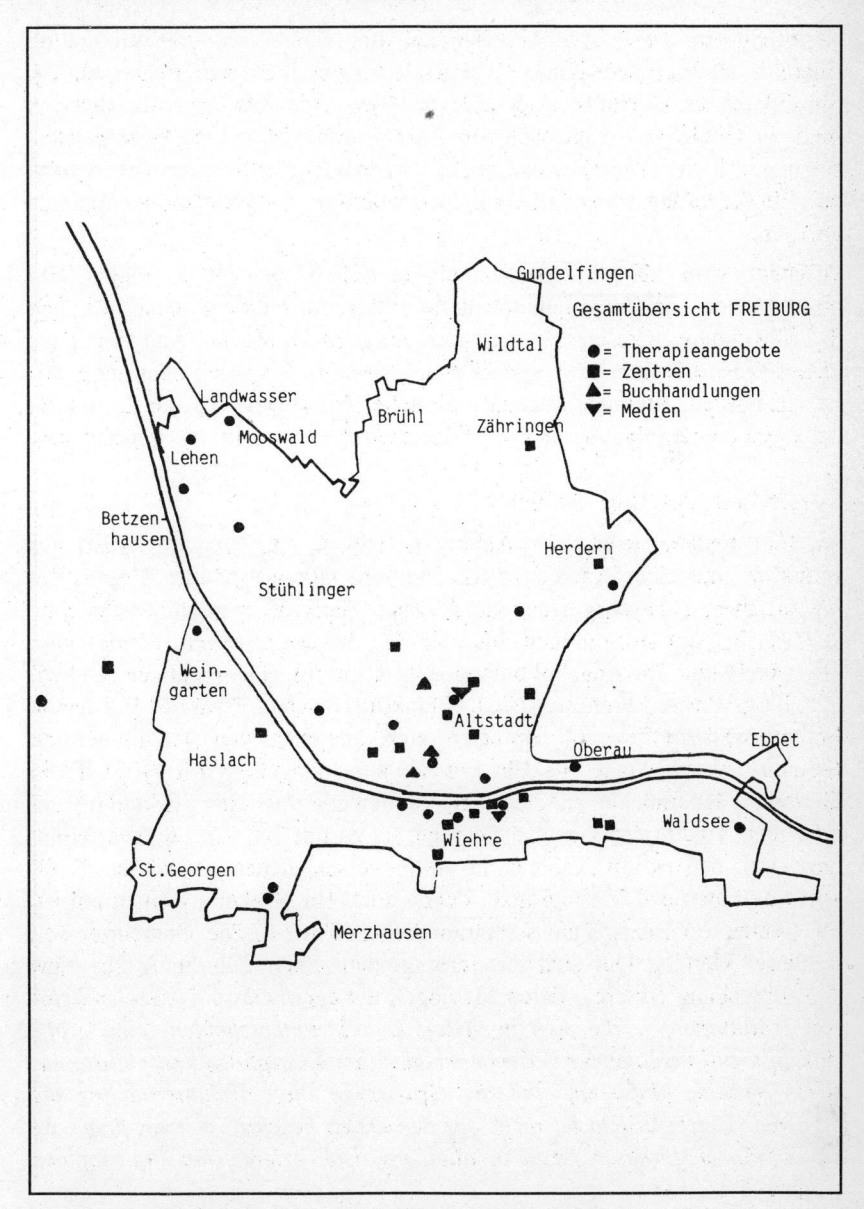

Abb. 2 Gesamtübersicht New Age-Angebote Freiburg

Verortung der New Age-Anbieter auf der Ebene der soziokulturellen Eigenart der Viertelbewohner als potentielles Publikum aufzuschlüsseln ist. Signifikant ist ebenfalls, daß sich die New Age-Anbieter offensichtlich nicht in Gebieten niederlassen, die eine Konfrontation und Auseinandersetzung mit der Wohnbevölkerung in irgendeiner Weise erzwingen bzw. zur Eingliederung oder kritischen Mitgestaltung des gleichen Wohnraums anregen.

Offenbar wird auf die Möglichkeit verzichtet, bewußt in einem klar abgegrenzten, sozialräumlichen Umfeld mit der Idee einer gesellschaftlichen Transformation anzusetzen - sich also möglicherweise im Stadtviertel als *kleine Einheit im großen Netzwerk New Age* aktiv (spirituell oder materiell) zu engagieren. Vielmehr rücken materielle Kategorien wie die Zentralität der Lage und Anbindung an den städtischen Kommerz in den Vordergrund.

Vorstellung der fünf Anbieter

An fünf Fallbeispielen, vier Anbietern (Distler, Ott, Geddert, Aust) aus Frankfurt und einer Anbieterin aus Freiburg (Joerges), sollte die aus der quantitativen Analyse gewonnene Aussage überprüft werden. Es handelte sich hierbei um Institutionen, die sich mit *Schule, Zentrum, Institut* oder *Haus* betitelten. Ihr Angebot befand sich in jeweils einem anderen Stadtteil (Freiburg-Wiehre, Frankfurt-Nied, Frankfurt-Ostend, Frankfurt-Bornheim, Frankfurt-Stadtmitte) und ordneten sich verschiedenen Traditionen zu (Aikido, Assana-Yoga, Tai-Chi, zwei Sammelangebote im Bereich der Esoterik). Ich möchte an dieser Stelle bewußt von einer Erklärung der einzelnen Traditionen Abstand nehmen, da es mir im wesentlichen darauf ankommt, daß es um Anbieter in völlig verschiedenen Angeboten, Sinnkonstruktionen und Vierteln geht, denen doch ein Merkmal gemeinsam ist: ihr (fehlender) Bezug zum sozialräumlichen Umfeld. Die Gemeinsamkeit in dieser Haltung läßt sich aus ihrer gemeinsamen Zuordnung zur New Age-Bewegung erklären, deren Ideologen darlegen: *Obwohl diese (religiösen Traditionen, ... die sich in vielen Details unterscheiden) eine große Anzahl subtil miteinander verwobener geistiger Disziplinen und philosophischer Systeme umfassen, sind die Grundzüge ihrer Weltanschauung die gleichen. Diese Ansicht ist nicht auf den Osten beschränkt, man findet sie bis zu einem gewissen Grad in allen mystisch orientierten Philosophien* (Capra 1977, 15).

Die untersuchten Institutionen waren jeweils geleitet von einer Person, die in der Mehrzahl für das Angebot stand, es z.T. sogar alleine durchführte. Meine Begegnung mit den Anbietern enthielt jeweils eine Teilnahme an einem institutionseigenen Angebot sowie ein Interview mit dem Anbieter bzw. dem Leiter der Veranstaltung. Mein Anliegen war, sowohl über das Wort - mündliche Information und Selbstdarstellung - als auch über das Erleben und Beobachten von symbolhaften Übungen - Bewegungen und Körperstellungen - die Sinnkonstruktion sowie die Haltung gegenüber der nahen Umwelt zu erfassen. Beides sollte in der Frage gebündelt werden: was gilt in bezug auf Transformation und wie wird es umgesetzt?
Selbstverständlicher Bestandteil der Interviews waren folgende Schwerpunkte:
1. pragmatische und ideelle Bezüge zum Viertel,
2. inhaltliche Hauptbotschaft des Angebots, und
3. die direkte Frage nach der Umsetzung dieser "Botschaft" im konkreten Viertel.

Das Viertel spielt keine Rolle
Das Ergebnis der Interviews war so verblüffend wie eindeutig: Aus der Sicht der Anbieter schien das sozialräumliche Umfeld so gut wie unbedeutend, ja fast nicht im Bereich der Wahrnehmung zu sein. Zum einen verbarg sich dahinter, daß der räumliche Standort und dessen Bevölkerungsstruktur im Bewußtsein der Anbieter keine Rolle spielte, so Distler: *... das Viertel hab' ich mir eigentlich gar net ausgesucht.* Und auf die Frage: *und Sie sind, mit anderen Worten nicht hierher gekommen, weil Sie dachten: diese Anwohner dieses Viertels sind potentielle Teilnehmer an ihren Seminaren?* antwortete der Respondent mit einem klaren *Nein!*. Die Teilnehmer kommen, so lautet es übereinstimmend, mindestens vom ganzen Stadtgebiet *von ganz Frankfurt und dann auch Hofheim, vor allem am Wochenende von außerhalb* (Aust), ja, sogar weit darüber hinaus: *aus'm Ausland haben wir und wer weiß wo ... Wir haben hier aus der ganzen Welt Leute* (Joerges).

Es sei sogar ein besonders geringer Zulauf aus dem eigenen Viertel zu verzeichnen: *Der Zuspruch eigentlich aus diesem Gebiet ist eigentlich überhaupt keiner, wenn ich so will ...* (Distler) oder : *... ich weiß nicht, wieviel aus diesem Viertel - glaub' ich, kommen gar nicht so viele* (Joerges).
Dabei lassen viele Äußerungen vermuten, daß die Anbieter ihre Viertelanwohner kaum kennen und von daher auch unter den Teilnehmern nicht

identifizieren können: *Ich kenn garnicht alle Leute, ich halte mich auch viel im Hintergrund* (Joerges). Diese Haltung äußert sich bis hin zu Indifferenz und Desinteresse gegenüber der Teilnahme von Bewohnern des eigenen Viertels: *Nein, Kontakte haben wir hier nicht so sehr, interessiert uns nicht so sehr* (Aust) mit der Begründung durch die Führung jedes Menschen, in die es nicht zu intervenieren gilt, wie Joerges ausdrückt: *... ja, ich laß alles fließen, das Göttliche macht alles selber, wer kommen soll, der kommt, und wer nicht, der kommt eben nicht.* Bei Geddert kommt verstärkend hinzu, daß er nur zu den Veranstaltungen selbst in seine Schule *einfliegt*, ansonsten aber außerhalb der Stadt wohnt. Eine Befragung in nächster Umgebung ergab, daß sowohl sein Name als auch seine Schule von den Anwohnern nicht wahrgenommen werden.

Die Werbung für die Angebote sei grundsätzlich *überregional*, so Ott; einzig Distler machte einen einmaligen Anlauf zur Teilnehmerwerbung im eigenen Viertel: *Ich habe also vor zwei oder drei Jahren, drei Jahre ist es schon her, speziell hier in diesem Gebiet mal die Leute angesprochen.* Doch aufgrund mangelnden Erfolges (... *'ne Ausbeute von 10 bis maximal 20% von denen, die da waren ...*) und aufgrund von mangelnden *entsprechenden Schwingungen* und fehlender *Affinität* habe er es *natürlich hier ganz sein lassen*, denn *das war auch sehr kostenträchtig für mich.*

"Durch Führung kam ich hierhin"

Nun erhebt sich die Frage, aus welchem Grunde - wenn nicht durch die Auswahl anhand von Bevölkerungszusammensetzung, Bedürfnisstruktur der Anwohner oder Hoffnung auf lokales Klientel - die Anbieter ihr Stadtteil gewählt haben. Hier ergibt sich im "Gelten" der Anbieter ebenfalls eine ausnahmslose Übereinstimmung: der Ort ist durch *Führung* zugewiesen worden. So spricht Joerges von *Vision - Gott will es, daß ich das machen soll ... dies ist einfach geführt, daß es DAS Haus werden sollte ... ich sollte keinen Zweifel haben.* Der Gedanke gilt: *Man muß alles in Gottes Hand legen.* Auch Geddert bedenkt vage, *es sollte eben sein*, und Distler faßt zusammen: *Warum ich gerade hier arbeite und wohne, das kann ich Ihnen einfach nicht sagen, das war vielleicht Bestimmung ... Wir haben also auch vor, auf's Land wegzuziehen, aber einfach: es klappt scheinbar nicht. Vielleicht ist meine Berufung, hierzubleiben und von hier aus zu agieren. Nee, ich hab' da also das Feld nicht ausgesucht, daß ich sach', New Age muß ich jetzt hier machen, sondern das hat sich alles so ergeben. Wie alles im Leben sich einfach halt so ergibt. Wir meinen, wir würden was tun, dabei tut sich alles ganz von selbst. Das also zum UMFELD und warum ich hier bin.*

Spirituelle versus materielle Betrachtungsebene
Das, was mit *Vision* (Joerges), *Bestimmung* (Distler), *Seinsollen* (Geddert), *Ergeben* (Ott) und *Zufall* (Aust) als einziger Grund für die Wahl des sozialräumlichen Standorts angegeben wurde, ist sicher auf der Ebene des Geltens unanfechtbar. Aus der pragmatischen Perspektive der Untersuchung ist allerdings ein Kontrast zu diesen spirituellen Begründungen anzunehmen, daß materielle Faktoren, bewußt oder unbewußt ebenso ausschlaggebend für die Wahl des Standorts waren. So gab Distler an, zunächst keine andere materielle Möglichkeit gehabt zu haben: *Die Wohnung hatte 'mer mal gekriegt, als wir einen Sozialstand hatten, und dann ist man halt drin.* Geddert hatte einfach *nichts anderes gefunden,* Ott war die *Nähe zur Zeil* sehr angenehm, Joerges wußte *von Anfang an,* daß es ein Villenhaus sein mußte, das ihren Angeboten Genüge tragen würde, denn sie hatte ... *auch schon ein Haus im kleineren Rahmen, oben im Norden, ... dachte, sie würde in F. gleich wieder ein Haus haben, ... hatte schon ganz F. durchstreift und wußte, ... irgendwo war das wahrscheinlich die Gegend.* Aust gab an, daß sie etwas gesucht hätten und das Haus der Sanyasins freigeworden wäre: *Wir waren ihre Nachfolger - hat aber nichts mit den Bhagwan-Leuten zu tun!* um mit letzterer Aussage gleich der nahe liegenden Vermutung vorzubeugen, sie hätten sich die direkte Übernahme zumindestens eines Teils des Publikums zu ihren Gunsten versprochen.

Wir stellen also fest, daß es zwei Betrachtungsebenen in Bezug auf die Wahl des Standortes gibt, die miteinander kontrastieren:

1. Die tatsächliche Konzentrierung der Angebote in bestimmten Stadtteilen aus kategorisierbaren, pragmatisch-materiellen Gründen wie Finanzierung, Sicherung des Publikums, Infrastruktur und institutionsräumlichen Bedingungen - Gründe, die von den Anbietern offensichtlich ausgeblendet werden.
2. Auf einer anderen Ebene die Gründe, die für die Anbieter von ihrer ideologischen Warte aus "gelten", nämlich die spirituelle Führung, die die Anbieter aus der bewußten Aktion entläßt und eine strategische Argumentation verunmöglicht.

Die Sinnordnung des New Age nach ihren Theoretikern
Wenn nun bei den verschiedenen Anbietern trotz unterschiedlicher Sinnkonstruktionen und Praktiken Übereinstimmung in bezug auf die nicht vorhandene Relevanz des sozialräumlichen Standortes besteht, so ergibt sich die Vermutung, daß der größere Zusammenhang und die Quelle ihrer Haltung in der allgemeinen Sinnordnung der New Age-Bewegung zu finden ist, der sie sich ausnahmslos zuordnen.
Tatsächlich finden wir bei den namhaften Autoren der New Age-Bewegung bzw. Autoren, aus denen sich die Ideologie der New Age-Bewegten speist, Hinweise auf das, was in bezug auf die Interaktion mit dem sozialräumlichen Umfeld gilt.

Ich möchte zunächst drei Punkte herausgreifen, die uns die Bedeutsamkeit der verschiedenen Raumebenen in ihrer Relevanz und Nicht-Relevanz innerhalb der New Age-Ideologie erklären, um dann in einem späteren Kapitel auf den Kern des Transformationsverständnisses mit seinen Implikationen für die Stadtteile als Interaktionsebene vorzustoßen.

"Person und Planet"
In seinem Werk "Erde und Mensch" greift Roszak als große zeitgenössische Entdeckung den Zusammenhang von Mensch und Erde als zentralen Fokus einer Diagnose der Bedrohung heraus: ... *die Verbindung von Person und Planet als Hauptindikator für gesunde ökonomische und ökologische Politik* (Roszak 1986, 52). Hier aber sieht er auch den Knotenpunkt der Lösung des Problems: Durch die Rettung der Person soll auch der Planet gerettet werden, der durch den unpersönlichen Gigantismus gefährdet ist.
Person - Planet; Individuum - Universum; Mensch - Schöpfung; immer wieder wird die überragende Bedeutung dieser zwei Ebenen, die Roszak in Schärfe herausgearbeitet hat, in der New Age-Literatur beschrieben. Bei der Beschäftigung mit diesen Ebenen, so Robert Muller, könne man *sehr viel von den Religionen lernen, die den Menschen seit jeher als Teil des Universums innerhalb der Dimension der Zeit angesehen und seine gesamte materielle, geistige, moralische und spirituelle Kapazität als ein einzigartiges, unwiederholbares Zusammenwirken räumlicher und zeitlicher Unendlichkeit betrachtet haben* (Muller 1985, 140).
Von dieser Warte aus betrachtet, die den Planeten Erde fast wie aus einer Weltraumperspektive her erscheinen läßt, in der kleine Zeit- und Raumeinheiten ins Unwesentliche verkleinert werden, verschwindet die Bedeutung des Mikroraumes "Stadtteil" vollständig.

"Das große Netzwerk"

Wenn Muller die Erde und ihre Bewohner als *einen großen, lebendigen Organismus* (Muller 1985, 160) definiert, so gebraucht Marylin Ferguson einen ähnlichen Vergleich für das riesige, weltweit entstehende Netzwerk, wenn sie vom Bild des *menschlichen Gehirns* spricht:

> *So wie bereits einige Zellen im Gehirn einen Resonanzeffekt in Bewegung setzen können und dabei die Aktivität des Ganzen ordnen, können diese zusammenwirkenden Individuen helfen, jenen Zusammenhang und jene Ordnung zu schaffen, aus der sich eine um fassende Transformation kristallisieren kann* (Ferguson 1982, 472).

Als prophetisches Zeichen zitiert sie den Anspruch einer Konferenzteilnehmerin (es handelt sich um einen in Wien durchgeführten Kongress über die Rolle der Frauen im Rahmen des Weltfriedens), die vorschlug, sich künftig nicht mehr mit der Nationalität auszuweisen: *Ich stehe hier als Weltbürgerin, und diese Probleme sind uns allen gemeinsam.* Und Ferguson selbst faßt es am treffendsten mit folgendem Statement zusammen: *Die Transformation kennt kein Heimatland* (Ferguson 1982, 472).

Die Gefahr, daß der alleinige Blick in den kleinen soziokulturellen Bezug eher als Hindernis als zur Rettung der Schöpfung dient, da letztere einen umfassenden Blick braucht, um *Endfehler* zu vermeiden oder zu beheben, beschreibt auch George Bateson in seinem Buch "Ökologie des Geistes" (Bateson 1981, 623): *Diese Kreisläufe und Gleichgewichte der Natur können nur zu leicht aus den Fugen geraten, ... wenn bestimmte Grundfehler unseres Denkens durch tausende von kulturellen Einzelheiten verstärkt werden.*

Auch hier muß der Ansatz bei einer kleineren sozio-kulturellen Einheit zurückweichen, denn

> *wenn wir in unserer Kultur, in unseren sozialen Bedingungen oder in unseren sozialen Stellungen mehr ein künstliches Gebilde denn eine universelle Gegebenheit sehen, so erweitert sich unser Verwandtschaftsverhältnis. Wir sind nicht länger auf unsere eigene Kultur zentriert, keine Ethnozentriker mehr* (Ferguson 1982, 465).

"Kulturelle Kreativität"

Eine *kulturelle Kreativität* sei - so Roszak (Roszak 1986, 273) geboten, um alte, ja sogar schädlich gewordene bzw. hinderliche Kulturelemente sozialer Organisation zu überwinden. Die Alternative, die er vorschlägt, orientiert sich am Modell des Mönchtums, in dem er Geist und Materie *vermählt* sieht, Erde und Mensch zu *kosmisch-vollendeter Harmonie* finden könnten und eine ökologische Rhythmuseinheit von Arbeit und Stille bzw. Gebet geschaffen würden (vgl. Roszak 1986, 267). Dabei geht es ihm nicht um den Stand des Mönches in den traditionellen Gelübden, sondern um eine *Synthese des Persönlichen und Gemeinschaftlichen, des Praktischen und Spirituellen, des Technologischen und Ökologischen* ... Aufgabe dieser Alternativen ist nach Roszak, Experimente hin zu einer neuen Kultur zu wagen, z.B. der Aufbau *situativer Netzwerke* (vgl. Roszak 1986, 270).

Hier befindet er sich in Einklang mit Ferguson, die die neue Art der Gruppe als *sich selbst organisierend, sich überlappend* und *Koalitionen bildend* definiert (vgl. Ferguson 1982, 472). Roszak räumt allerdings ein, daß diese kulturelle Kreativität nur eine *Domäne von Minderheiten* ist und nicht jeder an der schöpferischen Auflösung der alten Kulturelemente teilnehmen kann (vgl. Roszak 1986, 273).

Das sozialräumliche Modell der Transformation besteht demnach in Gruppen, die *eine spirituelle Heimat bilden* und *inmitten der Entfremdung des heutigen sozialen Milieus ihre eigene Welt aufbauen* (Ferguson 1982, 472). Es handelt sich um sinngebundene, bewußt ausgewählte und überregionale Netzwerkgruppen und nicht etwa Gruppen wie Nachbarschaften und Viertel.

Kein Heimatland im sozialräumlichen Umfeld der Anbieter

Wir haben nun festgestellt, daß ein gemeinsamer Nenner der New Age-Bewegung darin besteht, *kein Heimatland* in einer herkömmlichen sozial-räumlichen Struktur zu haben oder zumindest anzuerkennen. Wir haben außerdem entnehmen können, daß es gilt, *inmitten des sozialen Milieus die eigene Welt aufzubauen*, also eine Alternative, etwas Neues.

Doch wenn wir dem Transformationsgedanken, der in der Einleitung angeschnitten wurde, folgen, so kann es in der New Age-Bewegung nicht nur darum gehen, *inmitten der alten Kulturen neue, auf anderen Kulturen beruhende Kulturen aufzubauen, die mit den alten zusammen existieren,* so ein englisches New Age-Institut, sondern sie muß eine Idee von der aktiven Verwirklichung der Transformation haben.

Dies wirft Fragen auf, die im Interview zu klären waren:

1. Wo setzt die Transformation an?
2. Welche Ebene der Transformation setzt sich gerade der Anbieter von Seminaren, Kursen, Übungen, etc. zum Ziel, von dem wir annehmen

können, daß er als "Profi" diese Transformation besonders bewußt vorantreiben möchte?
3. Wenn wir davon ausgehen können, daß der "New Ageler" das alte Paradigma mit seinen destruktiven Strukturen durchschaut und ablehnt, - bekämpft er diese dann im konkreten Fall, sprich: wenn sie sich im sozial-räumlichen Umfeld manifestieren würden, durch ein dortiges Engagement?

Hierbei möchte ich noch einmal an Roszaks These von der Stadt als Konzentration aller unterdrückerischen und krankmachenden Kräfte der modernen Gesellschaft erinnern (die mit der Anonymität und Entfremdung, des Rollenspiels und der Ausgrenzung, der Dominanz industrieller Forderungen und politischen Machtmißbrauchs, sowie allen anderen destruktiven Auswirkungen des alten Paradigmas, welches die Gesellschaft beherrscht, zu tun haben.).

Exkurs: Die Übung
Hier sei der Bericht einer Aikido-Übung eingeblendet, die ich im Rahmen meiner Befragung in einer der Anbieterinstitutionen miterlebte:

Die Übung, bei der sich zwei Leute gegenüber standen, bestand aus zwei Schritten. Im ersten Teil sollte jeder der beiden Teilnehmer die Füße voreinander in Schrittstellung setzen und ein Teilnehmer die Arme in Richtung des anderen ausstrecken, bzw. dabei die beiden Hände zu einer einzigen Faust schließen. Die Aufgabe des Partners war, mit Kraftanstrengung die entgegengehaltenen Fäuste des Gegenübers wegzuschieben. Dabei erlebten wir, wie trotz aller Kraftaufwendung und Konzentration auf den Gegner die Positionen fast unbeweglich blieben und wir schließlich aus Erschöpfung aufgeben mußten.

Der zweite Teil der Übung stand als Alternative zu der ersten Anstrengung: dieses Mal sollte die Position dessen, der die Fäuste geballt entgegenstreckt, die gleiche bleiben, jedoch die Aktion des Partners verändert werden. Dieser sollte sich ein "positives" Ziel über den Partner hinaus bzw. weit hinter ihm suchen - oder auch denken - und dieses mit den Augen fixieren.

Statt sich auf einen Gegner und ein Bekämpfen des Letzteren einzustellen, ging es darum, ihn sozusagen ignorierend aus dem Weg bzw. vor sich her zu räumen - im Blick auf das zu erreichende und im Mittelpunkt stehende Ziel. Erstaunlicherweise setzte diese Vorstellung diejenigen Kräfte frei, die eine Bewegung und schließlich den "Sieg" möglich machten.

Diese Übung stand - und mit ihr viele andere, wie ich später bei den verschiedenen Angeboten und Anbietern feststellte - für ein weitreichendes Prinzip. Im Interview mit dem Anbieter bzw. Lehrer Geddert übersetzte er selber diese Übung auf die gesellschaftliche Ebene:
Seiner Meinung nach sollte man nicht die kaputte und kaputt-machende Gesellschaft bekämpfen, sondern sich das positive, bessere Ziel, eine Gesellschaft der Harmonie und der Menschlichkeit vornehmen und *antizipierend*, d.h. vorwegnehmend, leben. Er sei nicht daran interessiert, an den Problemen seines Viertels anteilzunehmen und sich zu ihrer Bekämpfung zu engagieren. Er versuche eher im kleinen, mit Gleichgesinnten das zu praktizieren, was das Ersehnte darstelle: *Harmonie, positive Kräfte entfalten, Einheit mit Himmel und Erde, Einheit mit sich selbst*. Dies sei effektiver als das aggressive *Gegen* der 68er-Generation, die letztlich gescheitert sei. Auch er habe damals seine Hoffnung in das Bekämpfen der Strukturen gesetzt - sei aber jetzt zu der Erkenntnis gekommen, daß es *um etwas ganz anderes* ginge.

Diesem *ganz anderen* war auf die Spur zu kommen und begegnete mir tatsächlich - wiederum trotz der Verschiedenheit in den Ausrichtungen - bei allen Interviewpartnern in großer Übereinstimmung. Die Aussagen dazu, die zum großen Teil auch die Interpretation der jeweiligen Übungen miteinbezogen, möchte ich in fünf Sequenzen darlegen:

"Nicht eingreifen!"
Als Prämisse wurde zwar bei allen deutlich, daß sie das gesellschaftliche System im alten Stil ablehnten - *auf alle Fälle! Ganz, ganz klar! Natürlich wünsche ich mir viele Sachen, auch politisch vollkommen anders, von der gesellschaftlichen Ebene her, so viele Dinge ...* (Ott) -, jedoch bestand Übereinstimmung darin, nicht aktiv - weder im kleinen noch im großen - *einzugreifen*.
Gemäß der Übung und Aussage von Geddert solle nichts bekämpft werden, so wie Distler plakativ mit den folgenden Worten herausstellte: *also ich bekämpfe nichts; ich bin nicht GEGEN etwas, ich bin FÜR etwas. Das ist mal generell rausgestellt*.

Bei der fiktiven, von mir angeregten Vorstellung eines Falles, bei dem das Motto *das Negative wahrnehmen, das Positive leben* Grenzen fände, nämlich eine Verletzung der Menschenrechte in unmittelbarer Nachbarschaft, trat zunächst Hilflosigkeit ein: *Ja, ich weiß net genau, wo Sie*

hinauswollen, ... *aber die Frage ist auch sehr geschickt gestellt - und da muß ich aufpassen, wie ich die beantworte ...* (Distler).
Immer wieder wanden sich die InterviewpartnerInnnen aus der fiktiven konkreten Situation bzw. ihrer direkten Beantwortung mit dem Rückgriff auf seine abstrakte Sinnkonstruktion *(Nein - wissen Sie, es gibt da ein Gesetz, das ...)* oder der Darstellung einer exemplarischen Erfahrung. So beantwortete Distler meine Frage mit dem Vergleich zur verfahrenen Familiensituation seiner Tochter: *Es ist IHR Leben. Und da greife ich nicht ein.* Sie habe die Möglichkeit, zu ihm oder seiner Frau zu kommen und mit ihnen zu reden, aber *wir können es nicht bekämpfen, denn DRUCK ERZEUGT GEGENDRUCK. Das steht einwandfrei fest.*

"Gewaltlos weggleiten lassen"
Sollte jedoch der Druck von außen kommen und unfreiwillig einen *Gegner* schaffen, so sei selbst in diesem Falle ein Kampf ausgeschlossen. In verschiedenen Techniken galt es zu üben, wie man Konflikte löst, *ohne einen Besiegten zu produzieren* (Geddert). In gekonnter Weise brachte er mir innerhalb des Trainings bei, einen gegnerischen Angriff anzunehmen, ihn um das eigene Zentrum herumzuführen und ihn mithilfe des Angriffsschwungs ins Leere weggleiten zu lassen: *So wirst du als Angegriffener nicht Objekt.*
Es ginge darum, so Aust, dem Angreifer *in seiner Bewegung nachzugehen*, statt gegen ihn zu wirken. Oberstes Prinzip seiner Technik sei, den anderen nicht Herr über den eigenen Mittelpunkt werden zu lassen, sondern ihn um diese Mitte herumzuführen und ihn dann *gewaltlos weggleiten zu lassen*. Was immer einen bedrücken und bedrohen möchte - *du läßt den Aggressiven nicht Macht über dich gewinnen, du wirst unempfindlich.*
Dieses Prinzip füllte Distler mit einer Erfahrung, die er als Berater in einem seiner Seminare hatte: dort kam eine Studentin auf ihn zu, die sich gegen Neofaschisten engagierte und in ihrer Betroffenheit sagte: *Wenn sie einen Faschisten sehen würde,* so Distler, *könnte sie ihn erschlagen.* Hier deckte er ihr Feindbild auf und riet ihr, den gewaltlosen Weg zu gehen und mit ihm erst einmal *seine Meinung zu ergründen.* Dieses *in-seiner-Bewegung-Nachgehen* sollte schließlich in beidseitigem Frieden münden: *Wenn du dann clever bist, und bringst ihn auf deine Meinung, dann hast du'n Freund gewonnen. Und brauchst'n net zu erschlagen. Denn so kann mer doch im Grunde Krieg vermeiden.*

"Die Leute stabil machen"
Das Vermeiden allerdings sei erst möglich, wenn der Mensch ein festes Fundament habe und wisse, was seine *Mitte* sei.
Dazu sollten auch Otts Angebote dienen: *Mein Ziel ist eigentlich, wirklich die Leute stabil zu machen, ja? und auf der ganzen Linie gesund. Denn meiner Meinung nach ist das größte Problem, das die Menschen haben, mangelndes Selbstwertgefühl, mangelnde Kenntnis, wer sie überhaupt sind, und auch mangelnde Integrität.* Oberstes Prinzip ihrer Sinnordnung sei, *daß man aufhört, andere Menschen für sein Leiden verantwortlich zu machen* und anfängt, *also erstmal ihr Problem und ihren Mißmut zu lokalisieren, zu verbalisieren.*
Absicht dabei sei: *dadurch beseitigst du ja auch die Störungen deines Bewußtseins und kommst dir auch selber auch näher.* Von der Wut auf die Gesellschaft wegzukommen hieße zunächst, alle Probleme in der Alltagsumwelt und den Mißmut darüber auszublenden, um sich auf sich selbst zu konzentrieren und ganz *bei sich* zu sein. Entsprechend war ihre Führung durch die Übung begleitet von beruhigender und sammelnder Musik sowie fast beschwörenden, oft wiederholten Sätzen wie: *wir sind ganz entspannt ... Wir sind ganz harmonisch ... Wir gehen unseren Bedürfnissen nach ... Wir schauen, was uns für Gedanken kommen ...*
Nur wenn wir unseren Mittelpunkt fühlen, so Geddert während einer Übung, wo wir uns zwischen den beiden Polen *Yin* (Erde) und *Yang* (Universum) orteten, *und ganz in uns gegründet sind*, seien wir nicht mehr in Gefahr, uns den aggressiven Einflüssen auszuliefern.
Daß Teilnehmer ihre Mitte finden und sich stabilisieren, konnte Joerges bezeugen: *Daß die dann durch die langen Meditationssachen aufblühten, ja das habe ich gesehen ... also sich wirklich bewußtseinsmäßig sehr entwickelt haben, ich mein, zunächst mal - wenn sie negativ gewesen sind - sich dann zum Positiven entwickelt haben.*

"... indem wir uns selbst verändern"
Hier finden wir die Brücke zwischen der auffallenden Besinnung auf die Belange des Individuums einerseits, und dem Anspruch der gesellschaftlichen Transformation andererseits: die Transformation soll beim einzelnen ansetzen und zieht nach Aussage der Respondenten - ohne daß das Engagement konkret irgendwo an der Gesellschaftsstruktur einhakt - die gesellschaftliche Veränderung nach sich. Ott: *Weißte, wenn der einzelne anders ist, dann wird sich auch im großen Maße was ändern.* Und Distler formuliert noch deutlicher: *Genau. Ja. Nur an sich zu arbeiten, denn wir*

können nur die Umwelt verändern, indem wir uns selbst verändern. Dann passiert das ganz automatisch.
Beispielsweise könnten wir *die Atomkraftwerke nicht abschaffen, aber wir können unsere EINSTELLUNG zu der Sache verändern, dann geschieht schon einiges.* Unsere Gedanken allein seien *Energie*, die Strukturen nährten und es sei wichtig, sie durch veränderte *Einstellung* nicht mehr zum Wachstum der abgelehnten Strukturen und Dinge einzusetzen. So lautet auch Austs Devise: *Das Krankmachende in der Gesellschaft konfrontieren - das heißt, erst BEI SICH SELBST die Harmonie der Energien herzustellen, alles andere kommt von alleine.*

"Jeder muß selber dahinter kommen"
Während der einzelne bei der persönlichen Transformation durch vielfältige Angebote angeleitet wird, wird er nicht animiert, an einer gesellschaftlichen Transformation teilzunehmen.

Nein, ich missioniere nicht, betont Joerges. Distler erläutert: *Es muß jeder selbst dahinter kommen, die Freiheit hat jeder, selbst zu entscheiden, wie weit ist sein Entwicklungsweg ... Wir würden sagen, wir unterliegen hier der Evolution, es ist eine Ethnozone der Bwußtseinserweiterung, und wer eben nicht mitzieht und gegen die Naturgesetze handelt, der kriegt eben Schädigungen in Form von Krankheitssymptomen oder sonstige Unfälle usw., kriegt Hinweise, daß also was nicht stimmt.*

Wenn also nicht durch Diskussionen, Stadtteilaktionen, Bürgerinitiativen oder Demonstrationen aktiv auf Probleme aufmerksam gemacht werden soll, so kann es sich nur um das Vorleben der von Geddert eingangs erwähnten *antizipierten* Ordnung und Harmonie handeln - *einfach nur zu versuchen, so weit wie möglich das zu verwirklichen, was man selber richtig findet, auch einfach als Vorbildfunktion wirken, ne? Und ich bin jetzt auch nicht einer, der den Leuten da 'ne Meinung aufoktroyiert.*
Es nützt nichts, wenn sie schöne Referate halten ... , aber nicht so leben ... Wir können es dann immer nur vorleben, denn das ist Einstellungssache (Distler) und abschließend: *VORLEBEN, wie die Gesellschaft sein soll, und dann WIRD die Gesellschaft auch so.*

Kein Heimatland in der Sichtweise der New Age-Theoretiker?

Aus der Feststellung, daß die New Age-Anbieter offensichtlich *kein Heimatland*, sprich keine Verortung im sozialräumlichen Umfeld haben und dies auch in der Gesamtideologie des New Age nicht impliziert ist, ergibt sich also als logische Konsequenz, daß sich für die Anbieter auch kein Stadtteilengagement, keine materielle, soziale Aufgabe stellt. Transformation, so stellten wir fest, sollte auf der persönlichen Ebene stattfinden, um dann *von selbst* Kreise in die Gesellschaft zu ziehen. Die Tatsache allerdings, daß auf die Frage nach der Verantwortung und dem aktiven Engagement angesichts der zahllosen konkreten urbanen und allgemein-gesellschaftlichen Probleme bei allen Interviewpartnern Befremden, Unsicherheit oder Unreflektiertheit zum Vorschein kamen, wirft Fragen auf: *Ja ... glaub ich schon, also es müßte ja eigentlich so sein. Diese Ferguson, die hat ja auch ein Buch geschrieben, daß sich da weltweit irgendwie doch was tut ...* (Joerges); *Ja, ich weiß net, worauf Sie hinauswollen, da muß ich aufpassen, wie ich die beantworte* (Distler); *Ach nein, da mischen wir uns nicht rein ... wir wissen ja auch nicht richtig genau, wie das ist, was das für Ursachen sind, damit befassen wir uns nicht. Um Gottes Willen, wir sind froh, wenn wir das Programm bewältigt bekommen!* (Aust)

Ist diese begrenzte Auffassung von Transformation der Anbieter konform mit der Sichtweise der New Age-Theoretiker?

Oder gibt es eine Diskrepanz zwischen der Indifferenz der Anbieter gegenüber allem, was außerhalb ihres kleinen *Hauses der Monologe* (Sennett) geschieht, und der engagierten Netzwerkidee der großen Autoren des Wassermannzeitalters?

Individuelle Transformation als Voraussetzung für gesellschaftliche Transformation

Zunächst finden wir die Idee der individuellen Transformation als Voraussetzung für die gesellschaftliche Veränderung tatsächlich in der Literatur aller New Age-Ideologen wieder:

So ist Ferguson der Überzeugung, die größte Revolution der Gegenwart bestehe darin, daß sich die äußeren Aspekte des Lebens durch die Transformation der inneren Geisteshaltung veränderten (vgl. Ferguson 1982, 28/55). Hier sieht George Bateson eine große Aufgabe der Begleiter und Therapeuten. Ein hilfreicher Weg dazu seien die Philosophien aus dem Osten: *Vieles von der orientalischen Philosophie ist gesünder als alles, was der Westen hervorgebracht hat* (vgl. Bateson 1981, 626). Auch Muller glaubt, daß es höchste Zeit sei, *die Menschen zur richtigen EINSTELLUNG zu erziehen,* bevor es zu größeren Katastrophen komme (Muller 1985, 135). Für die *große Sache des Friedens zwischen den Völkern* beispielsweise bedürfe es der *Befreiung, Kultivierung und Ausbildung aller im*

Menschenherzen vorhandenen Friedenskräfte (Muller 1985, 140). Diese neue Einstellung habe eine eminent politische Wirkung, so die Autoren: Bei der Frage des Wettrüstens beispielsweise behauptet Ferguson, sei die Veränderung des *Innersten*, d.h. des Bewußtseins ausschlaggebend (vgl. Ferguson 1982, 475).

Roszak stellt bei der Bewußtseinsänderung die Selbstfindung in den Vordergrund und behauptet, durch die Entdeckung des eigenen Selbstwerts ergäben sich mächtige politische Konsequenzen: *Wer den Ruf der Selbstentdeckung gehört hat und an den Punkt gekommen ist, wo er sagt: "Ich bedeute etwas, ich bin was Besonderes, in mir wartet noch etwas darauf, entdeckt, benannt, befreit zu werden", wird dieses Wort nie mehr zurücknehmen* (Roszak 1986, 43). Unter dem Druck dieses neuen Ich-Bewußtseins der Menschen würden verschiedenste gesellschaftliche Institutionen mit der Pflicht zur Unterordnung nicht mehr fortbestehen können.

Darüber hinaus: gesellschaftlich tätig werden ...
Auch scheint es auf den ersten Blick so, als ob die Persönlichkeiten, welche die New Age-Bewegung inspirieren, den Schritt über die - als Voraussetzung dienende - persönliche Transformation hinaus machten: es gelte eben auch, die veränderte *Einstellung* in ein GESELLSCHAFTLICHES ENGAGEMENT umzumünzen:

Die neuen gesellschaftlichen Bewegungen arbeiten mit ... (diesem) menschlichen Potential: mit dem Glauben, daß Einzelpersonen, sobald sie von der Notwendigkeit einer Änderung zutiefst überzeugt sind, Lösungen hervorbringen können, die sie aus ihrer eigenen Kreativität schöpfen (Ferguson 1982, 476). Sie führt Gruppen von Umweltschützern, Frauengruppen, Friedensgruppen und Menschenrechtsgruppen an, die sich mit den Gefahren der Umweltverschmutzung, der Aufrüstung und vieler anderer Bedrohungen auseinandersetzten. Diese Gruppen nennten Übel der Gesellschaft beim Namen und entwickelten *brauchbare Alternativen zu einer todbringenden, von ihnen verurteilten Kultur* (Ferguson 1982, 427). Ausschließlicher Rückzug in die stille Selbstbesinnung sei nicht gefragt: *Wir können uns gegen die alten, toten Postulate verschwören. Wir können GEGEN sie leben (Ferguson, 1982, 40). Alle sind in das TUN UND HANDELN* miteinbezogen (Ferguson 1982, 42).

Auch Capra stellt die gesellschaftliche Aktion in der New Age-Bewegung heraus, *die sich in Bürgerinitiativen ausdrückt, die sich um gesellschaftliche und Umweltfragen gruppiert, auf die Grenzen des Wachstums hinwei-*

sen, ... Sie sind die Quellen neu entwickelter Gegenmaßnahmen ... (Capra in: Ferguson 1982, 13).

In diesem Sinne sollten die Anhänger der New Age-Bewegung nach Roszaks Auffassung *Propheten* ähnlich werden, deren Amt *die ganze Bedeutung einer auf Selbstendeckung gegründeten Politik umreiße* (Roszak 1986, 121).

Also sind die kleinen Anbieter die einfältigen?

Hier müßten wir folgerichtig zu der Annahme kommen, daß ausschließlich die großen Theoretiker des New Age die Übersicht im gesellschaftlichen und Weltgeschehen haben und darüber hinaus hehre Propheten einer bewußt angestrebten strukturellen Veränderung seien. Da ist von *sozialer Gerechtigkeit* die Rede, von *Umverteilung von Produktion und Wohlstand, Dezentralisation der wirtschaftlichen und politischen Macht, besserem Gleichgewicht zwischen Industriestaaten und der Dritten Welt, Revolution* und von *gemeinschaftlicher Verantwortung.*

Ich selbst zeigte mich bei der Erstellung dieses Aufsatzes zunächst beeindruckt von der Entschiedenheit in der Analyse unserer Gesellschaftsstrukturen und den genannten Lösungsansätzen. Immer im vergleichenden Blick auf die Aussagen und Beobachtungen bei den Anbietern in Frankfurt und Freiburg drängte sich mir selbst die Ansicht auf, letztere seien sozusagen zu einfältig, um ihre Eingebundenheit in das System zu begreifen und aus ihm (das sie ja eigentlich kritisieren) auszubrechen. Weiterhin folgerte ich, daß sie offensichtlich zu bequem seien, sich außerhalb ihres kleinen Reiches der eigenen Institution der von Roszak implizierten *gemeinschaftlichen Verantwortung* zu stellen. So schienen sie mir gut charakterisiert als *Stoßdämpfer eines baufälligen urban-industriellen Systems, ... Müllabfuhr für den menschlichen Abfall unserer Gesellschaft;* als *soziale Helfer,* die sich trotz des Zugeständnisses ihres guten Willens und einer gewissen, aus den Zitaten hervorgehenden Naivität die Frage gefallen lassen müssen: ... *wem "helfen" sie letzten Endes - den herrschenden Mächten oder den Opfern?* ... (Roszak 1986, 37).

Letztere Frage möchte ich bei einem zweiten und kritischen Blick in die Literatur der bekannten New Age-Inspiratoren zurückgeben, denn die Verurteilung der "eigenen Leute", die sich in der täglichen Umsetzung der hehren Ideen abmühen, als *Öl in unserer sozialen Maschinerie* (Roszak 1986, 37), schien mir aus einer Haltung zu stammen, die ich im folgenden näher untersuchen will.

Vereinnahmung anderer sozialer Bewegungen

Bei einer gründlichen Suche nach den konkreten Trägern der propagierten Strukturveränderungen stoßen wir immer und ausschließlich auf Bewegungen und Initiativen, die zunächst außerhalb bzw. unabhängig von der New Age-Bewegung anzusiedeln sind: die Ökologiebewegung, die Frauenbewegung, die Friedensbewegung und viele andere. In einem Atemzug genannt werden sie in die New Age-Bewegung vereinnahmt: *Obgleich diese Bewegungen es manchmal versäumen, miteinander zu kommunizieren und kooperieren, bewegen sie sich doch alle in derselben Richtung. In ihrem Bemühen um soziale Gerechtigkeit, ökologisches Gleichgewicht, Selbstverwirklichung und Spiritualität betonen sie lediglich unterschiedliche Aspekte der sich nach und nach herausbildenden Weltanschauung* (Capra 1987, 463).

Besonders plakativ erscheint diese Vereinnahmung am Beispiel der GRÜNEN als Protagonisten der New Age-Ideologie: *Eine der eindrucksvollsten Bestätigungen ... der aufsteigenden Kultur sind in der Bundesrepublik wohl die GRÜNEN* (Capra 1987, 484), *... der politische Ausdruck eines Prozesses, der aus der Sicht des Paradigmenwechsels zwangsläufig kommen mußte* (Capra 1987, 480).

Wenn die politische Kraft der New Age-Strategen allerdings nur in "Anleihen" bei unfreiwillig vereinnahmten Bewegungen außerhalb ihrer eigenen Reihen zu finden ist, erhebt sich die Frage nach den ureigenenen und eigentlichen Zielen der New Age-Bewegung neu.

Keine Strukturveränderung

Diese Ziele werden hinter den vage formulierten und großangelegten Forderungen nach *Veränderung der Strukturen* erst dann deutlich, wenn wir die Widersprüche innerhalb der Aussagen aufdecken und die tatsächlichen Interessen, die hinter ihnen stehen, herauskristallisieren. So ist ein wesentlicher Bestandteil der New Age-Ideologie, welcher eindeutig GEGEN eine gezielte Veränderung spricht, das Paradigma der "Gleich-Gültigkeit" der Dinge und Verhältnisse, die alle Polaritäten relativiert: Es geht in ihm darum, zu erkennen, daß *Gut und Böse, Lust und Schmerz, Leben und Tod* keine absoluten, zu verschiedenen Kategorien gehörende Erfahrungen sind, sondern nur zwei Seiten derselben Realität. Gerade die Weltanschauungen des Ostens, deren Bestandteile selektiv in die westliche New Age-Bewegung eingeflochten werden, dienen zur philosophischen Untermauerung der Ideologie des "Sich-Heraus-Haltens".

Es wird als Ziel erkannt, den *Mystikern* und *Weisen* nachzustreben, deren Lebensart es sei, auf einer höheren Warte zu stehen, von der aus die Relativität und der polare Zusammenhang aller Gegensätze klar wahrgenommen werden. Dem Recht zu folgen und das Unrecht anzuprangern, zeigt nach Ansicht der New Age-Theoretiker einen Mangel an Weisheit. Die Relativität aller Gegensätze bezieht sich also auch auf soziale Gegensätze, deren Beanstandung nurmehr einem *Unwissenden* verziehen werden kann. Die im New Age-Denken Fortgeschrittenen erkennen hingegen, welch provisorische Rolle die Nation, die soziale Klasse und der Staat hinsichtlich unseres Schicksals und hinsichtlich der Evolution menschlicher Identität spielen (vgl. Roszak 1982, 300). Die Beliebigkeit gilt bis hin zu Gegensatzpaaren wie *Tag-Nacht, Winter-Sommer, Krieg-Frieden und Sattsein-Hunger*. Nicht umsonst finden wir hier die begriffliche Nähe von sozialen Strukturen und Naturphänomenen. Denn *Natur wird als etwas schlechthin Vorgegebenes betrachtet, das nicht mehr Gegenstand eines freien Willens sein kann ...* (Gräser/Huster 1984, 179).

So mündet die Weltanschauung von der "Relativität aller Dinge" in die Rechtfertigung des "Nicht-Handelns": *Durch Nicht-Handeln kann alles getan werden* (Capra 1977, 120). Was Capra als hohe philosophische Tugend apostrophiert, nennt Greverus allerdings irrationales und eskapistisches Umgehen mit der Dinghaftigkeit der Welt, deren Brüche man nicht mehr ertragen könne (vgl. Greverus 1990, 161/191).

Hier werden uns bereits Faktoren aus der Sinnordnung der New Age-Theoretiker deutlich, die ein Sich-Informieren, Sich-Engagieren und Handeln außerhalb des eigenen kleinen Wirkungsfeldes, z.B. im sozialräumlichen Umfeld, völlig ausschließen, ja sogar als noch dem alten Paradigma verhaftet abwerten.

Ebenso zeichnet sich die Gefährlichkeit einer solchen Ideologie des Nicht-Wissens und Nicht-Handelns angesichts von Menschen geschaffenem Unrecht, Armut und Krieg ab - Phänomene, die ja durchaus im Interesse einiger gesellschaftlicher Gruppen stehen. Welche Interessenträger hinter dieser New Age-Ideologie zu finden sind, werden wir an späterer Stelle diskutieren.

Immer wieder steht das Bedürfnis nach einer privaten Sphäre, wo der Einzelne in Ruhe gelassen wird, im Vordergrund; der Wunsch nach verantwortlichem und kompetenten Handeln findet keinen anderen Gegenstand mehr außer seinem Träger. Kapital- und Herrschaftskritik wird von der New Age-Bewegung als Bestandteil der destruktiven Vernunfttradition des Fischezeitalters verurteilt, denn gesellschaftliche Strukturen sind laut Roszak *sekundäre, unbedeutende Randerscheinungen* (1982, 124). Selbst in seinem späteren Werk "Erde und Mensch", in dem er sich mehr der Kritik des urban-industriellen Systems zuwendet, verteidigt er die Konzentration auf die individuelle Entwicklung als einen *reifen Narzißmus*, als *Keim eines andersartigen Realitätsprinzips* (vgl. Roszak 1986, 283).

Wir stellen also als einen weiteren Widerspruch in der New Age-Literatur die Diskrepanz zwischen der allgemeinen und vagen Kritik am herrschenden System mit ihrer Forderung nach einer ganz anders gearteten Gesellschaftsstruktur und der Abwertung der nach außen gerichteten, aktiven Revolution der Strukturen zugunsten eines ausschließlich innerlichen Verständnisses von Revolution.

Ideologie der Wenigen
Ein zweiter Bereich von Widersprüchen, die die Überlegenheit der Chefideologen des New Age vor den an der Basis wirkenden Anbietern unglaubhaft erscheinen läßt, liegt in der Ideologie der *Wenigen*.
Obwohl jedes Individuum eine spirituelle Kraft in sich trage und ein Glied im weltumspannenden Netzwerk New Age darstelle, so wird doch von den Autoren behauptet, nur einige *Wenige* könnten jene Wahrheit lehren, die sie entdeckt haben. Kultur sei das, *was die Wenigen schaffen; und diese machen die übrigen mit ihrer Vision vertraut* (Roszak 1982, 211). Auch Ferguson argumentiert mit der Führungskraft einiger weniger Auserwählter, die sie mit der inneren Struktur eines Magneten vergleicht (vgl. Ferguson 1982, 472).
Nicht nur bemerkenswert, sondern auch wichtig als Indiz auf der Suche nach den dahinter stehenden Interessen, ist die konkrete Füllung der Begriffsverwandten *Wenige, kreative Minderheit, Seher und Weise, Propheten,* derer, die *mit dem Hauch des Außerordentlichen* behaftet sind, *auserwählte Visionäre, Schöpfer,* usw.: Hier handelt es sich um die, die ohnehin die gegenwärtige Macht in Händen halten: *leitende Köpfe in der Geschäftswelt, Wissenschaftler* und *gesetzgebende Ausschüsse*, um nur einige der angeführten Führungspotentiale zu nennen.
Diejenigen, welche den *Standort abseits und WEITER OBEN* (Roszak 1982, 307) von der *Masse,* der *Mehrheit,* den *Ermüdeten, die hinter ihren Ansprüchen zurückbleiben,* den *Vielen,* den *Übrigen, dem gemeinen Volk* einnehmen, sind also nichts anderes als die gesellschaftliche Elite, die auch schon im alten Paradigma bestand.

Allerdings ist den *Wenigen* nicht nur die Führerschaft anerkannt, sondern ihnen wird darüberhinaus die Ausgrenzung derer, die sich mit dem *neuen Paradigma*, dem *neuen Humanismus*, der *neuen Kultur* nicht anfreunden können, zuerkannt. Sehr konkret wird jene Forderung bei Roszaks Vision einer neuen und humanen Kultur des urbanen Raumes, der Stadt also, die bereits zu Anfang in ihrer doppelten Eigenschaft als Unterdrückerin und zugleich potentiellen Retterin der Gesellschaft beschrieben wurde: *Die Kultur der Stadt hat nie mehr gebraucht als eine kleine Gemeinschaft wahrhaft städtischer Geister* (Roszak 1986, 254) - Menschen, die er mit den Attributen der Intellektualität, Rastlosigkeit und Integrationsfähigkeit verschiedener Ideen und Wertvorstellungen versieht.

Entleerung der Städte für die kreative Minderheit, Ausschluß all derer, die der Kultur der Stadt keinen Wert beimessen, Ausstrahlung einer *lebendigen Kultur* aus der der von der Masse gereinigten Stadt - hier ist mit Greverus zu fragen: *Läuft die spirituelle Politik nicht wieder einmal auf das Recht der Wenigen hinaus* (Greverus 1990, 112)? Und weiter: steht nicht hinter diesem elitären Denken eine Arroganz, die die Potentiale der *Masse* verkennt und deren Bedürfnisse ihren eigenen unterwirft, also auch deren Selbstbestimmungsrecht und urbane Gestaltungsfähigkeit?

Hans A. Pestalozzi antwortet in seinem Buch "Die sanfte Verblödung" folgendermaßen: *Liebe New-Age Leute: Kommt von eurem elitären Roß herunter! Das Neue ist nicht der kosmische Bewußtseinssprung. Das Neue ist die harte Auseinandersetzung mit den Leuten, die an der Macht sind* (Pestalozzi 1985, 61).

Stützung der wirtschaftlichen Elite

Die Frage, die sich anschließt, ist: WER sind die, die hinter diesem *Wir* stehen? oder genauer:

Wer hat ein Interesse an der Ideologie des Nicht-Handelns, des Nicht-Wissens auf der einen und der Elite mit ihrem Recht zur Führung und Ausgrenzung der übrigen auf der anderen Seite? Welche Ziele verfolgen sie und wie instrumentalisieren sie spirituelle Elemente der New Age-Weltanschauung, um diese (materiellen) Ziele zu erreichen?

Geradezu grotesk wirkt der Lobeshymnus auf den Unternehmer als *neuer gewaltloser Agent der Veränderung*, dem Ferguson bemerkenswert viel Raum in ihrem Werk "Die sanfte Verschwörung" widmet - eine Spur, die den aufmerksamen Leser viele Widersprüche entschlüsseln läßt. Ich werde versuchen, diese Entschlüsselung im Folgenden unter verschiedenen Stichworten darzulegen:

Zunächst ist festzustellen, daß die zahlreichen Definitionen des Neuen Unternehmers im Zeichen des Wassermanns lediglich das zu *transzendieren* versuchen, was die Tätigkeit des herkömmlichen Unternehmertypus ebenfalls charakterisierte: die Steigerung von Profit. In der Gegenüberstellung der Merkmale des Neuen Wirtschaftsparadigmas gegenüber dem Alten heißt es: *Macht mit anderen. Gewinn/Gewinnorientierung ... Geistige Werte transzendieren materiellen Gewinn und Wohlstand* (Ferguson 1982, 245/381). Der Unternehmer habe dabei die Rolle des *Dichters und Verpackers neuer Ideen*, ein *neuer Typ des Unternehmers, der die Vision durch Dienstleistung und Waren verkörpert* (Ferguson 1982, 410). So sei die Tugend des Neuen Unternehmers, *von einer manipulativen Ich-Es zu einer Ich-Du-Philosophie* übergegangen zu sein. Diese neuen Unternehmenr gingen *auf direktem persönlichen Wege eine Beziehung sowohl zum Verbraucher als auch zur Ware ein. Sie und ihre Kunden sind die stärkste revolutionäre Kraft, die Amerika liefert* (Ferguson 1982, 410).

Das "Neue" an der (alten) Gewinnmaximierung der Unternehmer ist also einzig ihre spirituelle Verbrämung, mit der vor allem Ferguson nicht spart: *Diese neuen Unternehmer werden durch das buddhistische Ideal des Rechten Lebens charakterisiert: Arbeit, die der Gesellschaft dient und der Umwelt nicht schadet ...* (Ferguson 1982, 409), ... *ausgerüstet mit einem stärkeren Gefühl für das Selbst und der inneren Berufung* (Ferguson 1982, 408).

So geht es letztlich doch nicht um den neuen Menschen. Statt dessen müssen wir New Age in diesem Sinne als eine neue Methode der Produktivitätssteigerung in den alten, traditionellen Managementstrukturen begreifen. Von daher ist es nicht verwunderlich - und da kommen wir zu einem nächsten Stichwort -, daß in der New Age-Literatur ein ausgeprägter Wirtschaftsliberalismus propagiert wird. Trotz der plakativen Behauptung: *Wir stehen weder links noch rechts, sondern bewegen uns vorwärts* wird an der *Wiederherstellung der traditionellen Begriffe 'konservativ' und 'liberal'* festgehalten.

Erst die Arbeit mache *ein vollkommenes Leben aus* behauptet Ferguson, und jeder Mensch mit einer *inneren Berufung* fände eine sinnvolle Arbeit, die keinen *Job*, sondern eine *transformative Beziehung* darstelle, eine Behauptung, die mir im Angesicht der gegenwärtig hohen Anzahl Arbeitsloser als elitärer Hohn erscheint. Tatsächlich fällt in der Literatur der New Age-Autoren die Verharmlosung von materieller Not, struktureller Gewalt und Machtlosigkeit auf (vgl. Sauter/Rohe in diesem Band). Hier führt Greverus die Capra'sche Beschreibung seiner Eindrücke Bombays an, die an naiver Beschönigung und überheblicher Verharmlosung keine Grenzen kennt: Das unübersehbare Elend bezeichnet er als in *die Großstadt integriert* und das Leben in diesem *menschlichen Ökosystem ... unglaublich reich* (Greverus 1990, 252). Mit eleganten Ausführungen über *tiefe Ökologie*, die der Situation zugrunde liege, wird die tatsächliche Mangelsituation als Positivität eingeschmuggelt und zementiert so das, was nach Menschenmöglichkeit eigentlich nicht mehr existieren müßte. Von dieser Warte aus ist es nicht überraschend, daß großangelegte New Age-Symposien ohne staatliche Behinderung in Diktaturen wie Südafrika und Chile stattfinden konnten, wie Ferguson stolz anführt (vgl. Ferguson 1982, 472).

Wenn Capra in seinem Buch "Wendezeit" dann behauptet, *die alles entscheidenden Dimensionen der Knappheit im menschlichen Leben seien nicht wirtschaftlicher, sondern existentieller Art* (Capra 1987) (Muße, Kontemplation, Seelenfrieden, Selbstverwirklichung), möchte ich fragen: sind denn die Verknappungen an Recht auf Nahrung, Bildung, politische Selbstbestimmung, Schutz der Menschenwürde, die beispielsweise in Südafrika und Chile bestehen bzw. bestanden, keine *existentiellen Verknappungen*?

Hier möchte ich fragen, ob die Existenz struktureller Gewalt, von Machtstrukturen und -monopolen im Bewußtsein der New Age-Theoretiker keine Rolle spielen - eine Frage, die uns zu den folgenden Stichworten von Macht und Manipulation führen werden.

New Age und Macht
Interessanterweise treffen wir in der New Age-Literatur, wenn es um den Umgang mit Macht und politische Strategien geht, auf den Begriff *Aikido-Politik*, deren Definition verblüffenderweise genau mit der Interpretation der oben beschriebenen Aikidoübung übereinstimmt:
Aikido-Politik anstelle von Konfrontation fordern New Age-Theoretiker und fassen diese neue Art der Politik als Macht auf, die aus der Ausnutzung der Energie des Gegners zum eigenen Vorteil entsteht: der Gegner wird zu *einem Teil der Problemlösung*. Ihm soll *geholfen* werden, einen *Übergang* zu vollziehen, während sich beim frontalen Angriff seine Position verhärtet hätte (vgl. Ferguson 1982, 259/283).

Diese Auffassung von Politik halte ich in zwei Hinsichten tatsächlich für gefährlich:

Zum einen entschuldigt sie das Nicht-Handeln durch die Verurteilung von Konfrontation, die dem Kampf ausweicht. Die bewußte Lähmung einer ohnehin handlungsresignierten Bevölkerung angesichts massiver Probleme ist die eine Seite der Gefahr in der sogenannten *Aikido-Politik*. Zum anderen hat eine solche Politik, die dem Gegner keine offene Konfrontationsfläche bietet, sondern ihn zu einem Teil der Problemlösung macht, totalitäre Züge. Ohne Zweifel ist Ziel dieser Politik die totale Übereinstimmung aller Menschen: Im *Neuen Wirtschaftsparadigma* heißt es beispielsweise: *Transzendiert Polaritäten; gemeinsame Ziele und Werte*; im *Neuen Machtparadigma*: *Überwinden der alten Polaritäten und Streitigkeiten ... 'Radikales Zentrum' ... Eigeninteresse und Interesse der Gemeinschaft ergänzen sich* (Ferguson 1982, 246/381). Geführt werden soll diese in sich geeinte Masse von einer neuen Art von Führungsperson, die die Veränderung inspiriert und durchführen läßt. Ferguson's begeisterter Ausruf: *ALLE MACHT DEM VOLKE* verwirklicht sich - oder besser: kehrt sich um - in der Behauptung: *DER WAHRE FÜHRER SPÜRT UND TRANSZENDIERT DIE BEDÜRFNISSE SEINER GEFOLGSCHAFT. Die beste Führung ist die, unter der die Leute sagen: "wir haben es geschafft"* (Ferguson 1982 234/235).

Diese Facette von New Age-Politik läßt uns noch einmal mehr verstehen, was die Autoren unter *Revolution* verstehen: eine Umgestaltung, die den eigenen Interessen dient. Von daher ist es kein Zufall, daß Ferguson bei der genannten Auffassung von Macht und Politik, Transformation und Revolution, Führung und Gefolge gerade die politische Rechte als das größere transformative Potential beschreibt (Ferguson 1982, 144).

Hier allerdings schließt sich der Kreis zur Frage, warum sich die New Age-Anbieter NICHT außerhalb ihres kleinen Wirkungskreises gesellschaftlich engagieren, bzw. warum sie die Probleme des eigenen sozialen Umfeldes überhaupt nicht interessieren: New Age kann so als subtiles Instrument jener Kreise angesehen werden, die jede Kritik am System und mögliche Anstrengungen zu dessen Veränderung unterlaufen wollen. So bezeichnet Pestalozzi in seiner typischen Polemik treffend die Strategie der Mächtigen, in dem er ihnen in den Mund legt: *Wir Manager, wir Leute an der Macht, wir werden unser Bewußtsein ändern. Es wird alles gut. Überlaßt es uns. Seid ruhig!* (Pestalozzi 1985, 57).

Tatsache ist, daß sich zunehmend die gesellschaftliche und wirtschaftliche (und damit politische) Elite, d.h. Unternehmer, Manager, Wissenschaftler, Verleger, Experten, Menschen in Führungspositionen - um New Age scharen, um von "spirituellen" Techniken zu profitieren. Tatsache ist ebenfalls, daß sogar die "Verteidigungsinstitution" des bestehenden gesellschaftlichen Systems, die Armee, durch New Age-Seminare unterstützt wird, wie Ferguson begeistert berichtet (vgl. Ferguson 1982, 277). Eine weitere Tatsache ist, daß wir nirgendwo innerhalb der New Age-Szene ein Engagement für die fundamentalen Rechte jener Bevölkerungsgruppen finden (etwa der Indianer Nord- und Südamerikas), deren Wissen, Gebräuche, Therapiemethoden, Gebete und spirituellen Gegenstände von New Age in Anspruch genommen und nutzbar gemacht werden. Erschreckend ist dabei die Nähe zu unmenschlichen, weil rein nach ökonomischen Gesichtspunkten ausgerichteten, Praktiken westlicher Unternehmen in der sogenannten Dritten Welt, beispielsweise im Bereich des Kulturtourismus.

Mit anderen Worten, es geht nicht um reales Engagement für Opfer des Systems bzw. gegen Verhältnisse, die ein ganzheitliches gesundes Leben behindern.

Resümee

Wir haben festgestellt, daß die Stadt mit ihrem Gigantismus und der Anhäufung von Defiziten unserer industriell-urbanen Gesellschaft kein *Heimatland* als Satisfaktionsraum bietet - Satisfaktion hier verstanden als Befriedigung territorialer Bedürfnisse. Sie stellt sich nur mangelhaft als Identitäts-, Aktions- und Schutzraum dar. Sie bietet kaum Stimulation - statt dessen überantwortet sie ihre Bewohner einem weitgehend nahtlosen Versorgungssystem und läßt sie so zum "homo privatus" verkümmern. Der Verlust der Öffentlichkeit verhindert sinnvolle soziale Interaktionen außerhalb des *intimen Raumes* und läßt den Städter passiv werden. Die schöpferisch-gestalterische Fähigkeit des Menschen in der Stadt wird zum Konsum von Angeboten reduziert.

Weiterhin wurde uns deutlich, daß die Befriedigung von Identitäts-, und Schutzsuche sowie eine bestimmte Art von Stimulation und Aktion von den New Age-Ideologen und ihren Anhängern zum transkulturellen und transnationalen, also nicht raumgebundenen Ziel erhoben wird. Diese Antwort auf die vielfältige Suche der Menschen wird *persönliche und gesellschaftliche Transformation* genannt.

Die empirische Erhebung zeigte uns allerdings, daß New Age sich nicht sozialräumlich verortet, d.h. kein Heimatland kennt. Anhand der Dokumentenanalyse der New Age-Theoretiker sahen wir, daß keine wirkliche Verortung in den gesellschaftlichen Problemen, geschweige denn Antrengungen zu deren Lösung in der Absicht der New Age-Bewegung stehen:
- Trotz aller Beteuerungen, man sollte das System *nicht nur reformieren, sondern transformieren, also revolutionieren*, glaubt New Age letztlich doch an die bestehenden Strukturen.
- Die Zementierung dieser Strukturen wird über spirituelle Elemente der Sinnordnung legitimiert.
- Vorangetrieben, weil für sie profitabel, wird diese Sinnordnung von denjenigen, die auch vor dem Neuen Zeitalter von den bestehenden Strukturen profitieren, nämlich Machtträger in der Wirtschaft, in der Politik und im gesellschaftlichen Bereich.

Aus diesen - zum einen aus der Sinnkonstruktion des New Age, zum anderen aus machtpolitischen Interessen stammenden - Gründen spielt das sozialräumliche Umfeld im kulturanthropologischen Sinne (lokale Öffentlichkeit, Handlungs- und Interaktionsraum etc.) keine Rolle.
So gesehen sind die Antworten der Respondenten - d.h. der Anbieter des New Age auf Stadtebene - aus dem New Age-Kontext zu verstehen, allerdings muß damit die von mir aufgestellte Hypothese, daß die von der New Age-Bewegung angestrebte *gesellschaftliche Transformation* im Stadtteil ansetzt und von ihm ausgeht, als falsifiziert betrachtet werden.

Die kleinen Anbieter sind wenigstens ehrlich ...
In diesem Sinne meine ich im Hinblick auf die interviewten Anbieter in Freiburg und Frankfurt, daß sie zwar die oben dargelegte Sinnkonstruktion des Nicht-Einmischens, Nicht-Handelns, Nicht-Wissens und der Konfliktvermeidung praktizieren und damit bedauerlicherweise das Gesellschafts- und Wirtschaftssystem, in dem wir leben, tatsächlich eher stützen denn bekämpfen; - auf der anderen Seite erscheinen sie im Gegensatz zu den Chef-Ideologen des New Age, die ihre Erfolge auf den großen Bühnen der Welt feiern, als ehrlicher, indem sie die Ebene der gesellschaftlichen Revolution, die sie nicht praktizieren, auch nicht vorgeben. Sie, die selber zum Teil - wie aus den Interviews hervorging - aus schwierigen Lebenssituationen kamen, versuchen zumindest, mit ihren Möglichkeiten anderen Menschen dieser Gesellschaft zu helfen, die ebenfalls Lebenskrisen erfahren und nach Lösungen für ihre Probleme suchen.

Im Gegensatz zu ihnen halte ich die New Age-"Propaganda" der Ideologen des Neuen Zeitalters in ihren vielfältigen Formen für unglaubhaft und ihre Wirkung für gefährlich, da sie von weltweiter gesellschaftlicher Transformation redet, sie aber in keiner Weise einlöst bzw. einlösen will. Veränderung der bestehenden Strukturen setzt Verheimatung im sozialen Raum voraus, Verheimatung aber bedeutet Verortung in Raum, Zeit und Gesellschaft. Hier liegt der Schlüssel, warum sich trotz des immer noch anhaltenden Booms der New Age-Bewegung im gesamten Bundesgebiet noch keine gesellschaftliche Transformation gezeigt hat. Transformation (im Sinne von New Age) kennt eben kein Heimatland.

Holger Greiner

PUEBLO -
"Ein Stück Zukunft für eine menschlichere Welt ..."

Ein Tempel des ökologischen Zeitalters

Abb. 1 Blick aufs PUEBLO von Süd-West

Was ist denn das...? Mhm, weiß nicht. Das muß irgendwas Ausländisches sein. Vielleicht ein Tempel von irgendeiner Sekte oder sowas ... Das kommt mir irgendwie spanisch vor oder mexikanisch.

Solche und ähnliche Gespräche lassen sich zwischen den Fahrgästen verfolgen, wenn man mit dem Zug oder der S-Bahn den Main bei Frankfurt-Niederrad überquert hat. Schon von weitem sind die Hochhausgiganten der "Bürostadt" zu erkennen. Gebäude der verschiedensten Stile lassen sich hier finden, von Vertretern der mittlerweile schon klassischen Moderne bis hin zu solchen der aktuellen Postmoderne.

Was ist jedoch nun das Objekt der allgemeinen Verwunderung? Direkt am Bahndamm gelegen, fällt dem Betrachter ein Gebäude ins Auge, das nicht recht zu den umstehenden Büropalästen aus Glas und Beton passen will - ein wuchtiger erdfarbener Bau mit abgerundeten, wulstigen Wänden. Erker, unterschiedliche Dachhöhen und Holzverstrebungen lockern die gedrungene Gestalt des Baus etwas auf. Die Bauweise erinnert an die Lehmarchitektur indianischer Pueblos. Hierher stammt auch der Name des Hauses - PUEBLO.

Abb. 2 Wasserfall

Hat man die schwere Holztür des Eingangs durchschritten, wird es erst einmal dunkel. Es dauert eine gewisse Zeit, bis man sich von der Helligkeit der Straße an das gedämpfte Licht im Inneren des Baus gewöhnt hat. Als erstes fällt die Ruhe auf, die in dem Haus herrscht. Nur ein leises Plätschern ist zu vernehmen. Der Blick fällt auf einen grünen Pflanzenlichthof mit einem kleinen Wasserfall, wandert hinüber zu den Theken des Selbstbedienungsrestaurants und dann weiter zu den Eßtischen. Nur wenige Personen haben sich dort niedergelassen und nehmen etwas zu sich. Auch im Inneren zeigen sich die wulstigen Wände, hier aber nicht mehr erdfarben wie die Außenwände, sondern weiß getüncht. An den Wänden hängen Bilder mit tropisch-mexikanischen Motiven. Im Gastronomiebereich findet sich viel Grün durch den Wintergarten an der Süd-West-Ecke des Hauses. Das Interieur besteht weitgehend aus Holz. Auch die Decke zeigt Holzbalken, die den Eindruck von Natürlichkeit und Solidität erwecken, ein Eindruck, der durch die gebrannten Tonplatten des Fußbodens abgerundet wird.

Betrit man das Untergeschoß, kommt man in den Bereich des Freizeitzentrums, der im wesentlichen für sportliche Angebote genutzt wird. Hier befinden sich sechs Squashplätze mit Garderoben und Duschen sowie sechs Kegelbahnen. Man findet auch einen Kiosk, eine Getränkebar und eine Verkaufs- oder Verleihstelle für alle benötigten Sportartikel.

Steigt man hinauf auf die Empore des Erdgeschosses, betritt man die PUEBLO-Bar mit Tanzfläche. Nebenan liegt ein Grillrestaurant. Im ersten Stock befindet sich der größte Teil eines *Dorfbereichs*. Hier gibt es auch eine Bibliothek, Seminarräume, die *Arena* sowie den Gymnastikbereich und den Kreativbereich.

Das zweite Obergeschoß wird hauptsächlich vom Naßbereich eingenommen. Man findet hier die Solarien, Sauna, Massageräume, Duschen, Whirlpool usw. Direkt an den Naßbereich angeschlossen ist der Aufgang zum Dachgeschoß mit Dachgewächshaus und Freibereich.

Im ganzen Haus verteilt befinden sich einige auffallende Objekte wie z.B. Drehspiralen, eine *Riechorgel* oder ein *Strudelmodell*. Diese sollen dem Besucher verschiedenste sinnliche Erfahrungen vermitteln.

Das Freizeitzentrum weist also nicht nur eine andere Architektur auf als andere vergleichbare Freizeitobjekte, sondern auch eine andere Ausstattung und eine andere Angebotsstruktur. Nicht ein Bereich, wie z.B. der Sportbereich dominiert, sondern es wurde versucht, die verschiedensten - normalerweise voneinander getrennten - Freizeitbereiche miteinander zu kombinieren. Diese sollen dann aber nicht nur beziehungslos nebeneinanderstehen, sondern einander ergänzen. Grundlage für dieses Konzept ist eine auf bio-kybernetischen Vorstellungen beruhende Freizeitphilosophie, auf die weiter unten noch ausführlich eingegangen wird.

Kulturelle Sinnordnungen und Philosophien sowie daraus hervorgehende gesellschaftliche Strukturen schlagen sich nieder in gebauten Ordnungen. Die Untersuchung solcher Umsetzungen ist ein Gegenstand kulturanthropologischer Forschung. Auch alternative und spirituellen Sinnordnungen werden in gebaute Umwelt transformiert. Beispiele hierfür sind die Ojai-Foundation in Kalifornien - *Collage als Lebensstil* und damit auch als Baustil, oder in der Wüste Arizonas Soleris "Arcosanti" - die Materialisierung des kosmischen Prinzips der Evolution in Gestalt einer Stadt (vgl. Greverus 1985).

Auch in Europa lassen sich Beispiele dafür finden, wie der "anthroposophische Bauimpuls" Rudolph Steiners (vgl. hierzu auch den Aufsatz von Vennebusch in diesem Band). Aber nicht nur bei derart monumentalen Entwürfen, sondern auch "im Kleinen" werden vorhandene Räume gestaltet bzw. symbolisch überformt.

Abb. 3 Pflanzenlichthof

Dies zeigt sich in Ausstattungsdetails: Bilder von Mandalas werden aufgehängt bzw. aufgestellt oder Kristalle und Pyramiden sowie Objekte, die in den verschiedensten Ritualen Verwendung finden. Sie helfen dabei mit, eine bestimmte - eben spirituelle - Atmosphäre zu erzeugen. Verstärkt werden kann diese noch durch den Einsatz meditativer Musik oder durch die Wirkung einer besonderen Beleuchtung. Sogar Beziehungsmuster oder Hierarchien zwischen den beteiligten Personen, z.B. ausgedrückt durch die Sitzordnung, können den dahinterstehenden Sinn vermitteln. Auch im Falle PUEBLO ist die Architektur nur Teil eines umfassenderen Weltbildes. Der kybernetische Entwurf stellt, wie viele andere Utopien, einen Ordnungsentwurf für eine verbesserte, überlebensfähige Gesellschaft dar. Das Freizeitzentrum wird gebauter Ausdruck dieser Sinnordnung ("Architektur für das Glück", vgl. Posener 1980). Die Umsetzung einer grundlegenden Philosophie in gebaute Ordnung soll nun an diesem Beispiel eingehender untersucht werden, wie auch der Erfolg dieser Umsetzung.

Das Prinzip Vernetzung

Im Herbst 1983 wurde das Freizeitzentrum eingeweiht. Der *Traum einer Synthese von Ökologie und Ökonomie* hatte schließlich 35 Millionen DM gekostet. Initiator und Finanzier war der Industrielle Horst Wüstkamp. Am Anfang stand die Idee:

in der Zukunft eben Sportstätten zu bauen, die aber nicht irgendwo stehen, sondern dort stehen, wo die Menschen leben - in den Ballungszentren als Stadterholungszentren so ein bißchen im Kontrast zu dem, was Club Méditerranée vorbildlich vor etwa 30 Jahren gestartet hat mit seinen Clubdörfern, also diesen kreativen Ferntourismus jetzt auf eine kreative Basis in die Stadt zu holen - also eine kreative Stadterholung zu gestalten (Tonaufnahme: Wüstkamp-Interview).

Es war also anfänglich ein eher kommerziell angelegtes Stadterholungskonzept. Im Verlauf der Entwicklung dieser Konzeption stieß Wüstkamp auf die Werke des Münchener Biokybernetikers Frederic Vester, was dann zur Abänderung der ursprünglichen Pläne führte:

Und da habe ich dann Kontakt geschlossen mit Vester, habe mich mit ihm getroffen, habe ihm meine Vorstellungen kundgetan und er ist natürlich aus allen Wolken gefallen, daß es einen Unternehmer gibt, der in seine Richtung denkt, sozusagen versucht dieses ganzheitliche Konzept - Geist, Körper, Seele - in einer Anlage zu vereinen ... und er hat dann auch bewirkt, durch unsere Dialoge, daß wir das ganze Baukonzept noch einmal in Frage gestellt haben ... (Tonaufnahme: Wüstkamp-Interview).

In vielen seiner Veröffentlichungen zu aktuellen bio-medizinischen und ökologischen Fragestellungen fordert Vester dazu auf, ein *Neuland des Denkens* zu betreten. Die menschlichen Zivilisationssünden (Ausbeutung der letzten Ressourcen, Krise der Ernährung, unbeherrschbare Großtechnologien, Zivilisationskrankheiten) sind für ihn die Folge eines technokratischen, monokausalen, wachstumsorientierten und unökologischen Denkens: *Die Wirklichkeit wird nicht verstanden oder wird falsch verstanden - sonst würde sie nicht immer so völlig anders reagieren, als wir es erwartet hatten* (Vester 1980, 18). Die Wirkungszusammenhänge komplexer Systeme (wie der menschlichen Gesellschaft oder der Biosphäre) würden nicht erkannt. Ansätze für ein besseres Verständnis dieser Systeme lieferten Systemtheorie und Kybernetik (von griech. kybernetes = Steuermann). Systeme bestehen hierbei aus mehreren verschiedenen Teilen, die miteinander in einem bestimmten Aufbau vernetzt sind. Diese Teile können nicht beliebig vertauscht werden, da jedes von ihnen seine spezielle Aufgabe im Gesamtsystem zu erfüllen hat. Hierbei entstehen komplizierte Wirkungsgefüge. Die verschiedenen Komponenten beeinflussen und regulieren sich gegenseitig (wie z.B. die einzelnen Organe innerhalb eines Organismus). Auch Teile eines Systems können in sich selbst wieder Systeme sein (z.B. eine Fabrik in einem Ballungsraum); andererseits können vorher getrennte Systeme, wenn sie in enge Beziehung treten, neue übergeordnete Systeme bilden (Atome bilden Moleküle, Zellen bilden Organe usw.). Mit steigender Komplexität treten zusätzliche, neue Eigenschaften auf, die nicht auf die vorhergehenden Stufen zurückgeführt werden können (Prinzip der funktionalen Integration).

Lebendige Systeme entstehen und erhalten sich von selbst (Selbstorganisation) im Gegensatz zu technischen Systemen, die von außen zusammengesetzt und kontrolliert werden müssen. Die Wechselwirkungen innerhalb eines Systems und zwischen Systemen folgen den Gesetzen der Kybernetik. Die seiner Meinung nach wichtigsten kybernetischen Grundregeln faßt Vester in einer UNESCO-Studie zur Entwicklung des sogenannten Sensitivitätsmodells zusammen:

> Grundlage ist das Regelkreisprinzip. Regelkreise stabilisieren sich durch negative Rückkoppelungen: Wirkung und Rückwirkung sind so miteinander gekoppelt, daß eine Einregulierung auf bestimmte Sollwerte erreicht wird (= Stabilisierung des Systems). Ein klassisches Beispiel für diese Art der Rückkoppelung ist die Regulation der Raumtemperatur durch einen Heizungsthermostaten.
> Die einzelnen Komponenten regulieren sich gegenseitig in ihren Wirkungen ohne zentrale Kommandostelle. Die Funktion eines Systems ist unabhängig von seinem Wachstum. Es herrscht "Funktionsorientierung" statt "Produktorientierung" (kein Verfahren sollte nur für einen Zweck einsetzbar sein). Durch das "Jiu-Jitsu-Prinzip" werden vorhandene Kräfte soweit wie möglich ausgenutzt (z.B. durch Energiekaskaden). Es kommt zur Mehrfachnutzung von Produkten, Funktionen und Organisationsstrukturen und zum Recycling. Die unterschiedlichen Eigenschaften von verschiedenen Systemteilen werden bei der Symbiose zum Vorteil des Gesamtsystems genutzt (Vielfalt in Struktur und Funktion erhöht die Flexibilität von Systemen). Form und Gestalt des Systems müssen *den Gesetzen der Biosphäre entsprechen* (Bio-Design, Organik). (Vgl. dazu Vester 1983, 82)

Diese Eigenschaften von Systemen würden mit dem konventionellen, reduktionistischen Modell nicht erfaßt. Natürliche Zusammenhänge würden durch künstliche Einteilungen in Ressorts zerstört. Wir erführen nichts mehr über die Wirklichkeit selbst, sondern nur noch etwas über ihre Teile.

> *Sobald aber Entscheidungen aus Einzelbereichen getroffen werden, also disziplin-orientiert sind wie in der Wissenschaft, ressort-orientiert wie in den Verwaltungen oder branchen-orientiert wie in der Wirtschaft, können sie, was das Systemverhalten betrifft, zu den größten Fehlern führen* (Vester 1980, 20).

Direkte Eingriffe haben indirekte Wirkungen. Unreflektierte Eingriffe führen zur globalen Krise. Damit verbunden ist der *Glauben an die Unbegrenztheit des technisch Machbaren und auch an die Unbegrenztheit einer alles ausgleichenden Umwelt mit "unendlichen" Reservaten an Luft, Land und Wasser* (Vester 1980, 21). Hinter diesem Glauben stehen der Drang nach Wachstum und das kurzsichtige Streben nach Gewinnmaximierung. Der zu erwartende Kurzzeitprofit macht blind für die Langzeitfolgen, die sich für Umwelt und Lebensqualität als höchst problematisch erweisen (deshalb wendet sich das Konzept auch besonders an Manager in ihrer Steuerfunktion im Wirtschaftssystem).

Grundlagen einer neuen Freizeitphilosophie

Seine wissenschaftlichen Erkenntnisse versucht Vester in den Entwurf für ein neuartiges Freizeitzentrum umzusetzen. Die Grundlagen für diese neue Freizeitphilosophie wurden von Vester zusammen mit der Studiengruppe für Biologie und Umwelt GmbH München im Auftrag der Gesellschaft für moderne Freizeitgestaltung (GMF) entwickelt.

Die gegenwärtige Krise verlange nach einer neuen integrierten Sinngebung des Lebens im Gesamtzusammenhang aller Lebensbereiche - *im Beruf und in der Familie und im Lebensstandard und im Bildungsbereich und in der Freizeit* (PUEBLO-Freizeit-Konzept, 7). Auch der Bereich der Freizeit sollte ein Konzept besitzen, daß sich an der Verbesserung der Überlebenschancen der menschlichen Zivilisation orientiert. Heute stehen sich Berufsstreß (*Fluch des Leistungsdenkens*) mit zunehmender Sinnentleerung der beruflichen Tätigkeit (u.a. durch die zunehmende Fachspezialisierung) und *Freizeitpathologie* gegenüber.

> *Anstatt daß eine sinnvolle Freizeit die Belastungen des Berufs kompensiert, tritt nun anstelle von Arbeitszeit oft nur Freßzeit, Rauchzeit, Trinkzeit und das Mithalten mit ständig neuen Moden, Konsumgewohnheiten und gesellschaftlichen Anforderungen* (PUEBLO-Freizeit-Konzept, 7).

Aufgabe eines modernen Freizeitangebots wäre nun die Kompensation der unbefriedigenden Lebensbedingungen des Alltags. Die Hoffnung der Initiatoren ist, *daß der Einzelne durch diese Kompensation genügend Kraft gewinnen mag, um dann auch in jener Berufswelt die längst nötige Evolution in deren Zielen, aber auch in ihrer Struktur und Organisation mit zu tragen* (PUEBLO-Freizeit-Konzept, 8). Eine moderne Freizeitphilosophie müßte dementsprechend eine Art *Trimm-dich-Programm für Körper, Seele und Geist* anbieten. Die Freizeit sollte aktiv gestaltet werden, statt sie passiv zu erleiden: *Gerade der durchgedrehte Städter wird sich nur dann echt erholen, wenn er in der Freizeit geistige und körperliche Aktivität entfaltet* (Vester 1976, 259). Freizeitzentren dürften auch nicht mehr nur rein oberflächlichen Zielen wie Sport und Vergnügen dienen. *Auch die körperliche Leistung darf nicht sinnlose Arbeit sein* (PUEBLO-Freizeit-Konzept, 17), sondern könnte zum Beispiel mit einem Erfolgserlebnis oder mit der Herstellung eines Produktes verbunden sein: *Statt mit dem Trimm-dich-Fahrrad stupide vor einer Kellerwand zu strampeln, kann diese Tätigkeit - ohne daß man deshalb mehr tun müßte - mit einem Dynamo gekoppelt sein, der Strom für einen lustigen Video-Film erzeugt oder einem auf dem Bildschirm eine Tour de France-Fahrt simuliert* (Beschreibung der

PUEBLO-Angebote). Auch die kreative Freizeitbeschäftigung könne statt zur Erzeugung von *oft scheußlichen Dekorationsobjekten* zu erlebnis- und lehrreicher Teamarbeit genutzt werden mit der Herstellung von nützlichen Endprodukten (z.B. in der Alternativtechnik). Das Ganze soll sich in entspannter Atmosphäre, ohne die herkömmliche Weisungshierarchie abspielen *(Ratschläge vom 'Untergebenen' zum 'Chef'* sollen möglich sein.). Auch Angebote mit stressender Turnieratmosphäre seien fehl am Platze.
Kernpunkte der Freizeitphilosophie Vesters sind eine erweiterte, ganzheitliche Auffassung von Krankheit und Gesundheit (i.B. bezogen auf die Ernährung), ein anderes Verhältnis zur Technik und ein allgemeiner Bewußtseinswandel.

Unsere Gesundheit hängt nicht nur vom reibungslosen Funktionieren unserer inneren Körpervorgänge ab oder von den direkten äußeren Einwirkungen wie Bakterien, Viren, Giftstoffe und Unfälle. Sie ist vielmehr im großen Maße auch Ausdruck des ständigen vielfachen Wechselspiels mit unserer Umwelt (Vester 1980, 174).

Die Streßbelastungen im Beruf müssen durch gesunde Verhaltensweisen in der Freizeit ausgeglichen werden. Eine *Medizin der Selbstregulation* unterstützt im Gegensatz zur totalen Medikamentierung die Selbstheilungskräfte des Organismus. Hierzu zählt Vester solche Angebote wie Akupunktur und Homöopathie, aber auch eher psychotherapeutisch orientierte Formen wie Yoga, Meditation oder Bio-Feedback. Unter den Betreuern sollten sich allerdings keine *mit einer ideologisierten, religiös-fanatischen oder Guru-Mentalität* (PUEBLO-Freizeit-Konzept, 28) befinden.
Die Nahrung als *innere Umwelt* spielt eine besondere Rolle. Der Körper soll auf adäquate Weise mit Nährstoffen versorgt werden, die ihn nicht belasten. Die Tendenzen zu immer weiterer Technisierung bei Beschaffung und Zubereitung von Nahrung sollen in der Freizeit nicht fortgesetzt werden. Vester fordert eine Umstellung der Ernährungsgewohnheiten auf eine den Produktionsmöglichkeiten der Erde angemessene Nahrung. Das bedeutet eine Abkürzung der Nahrungskette - zunehmende Ernährung aus pflanzlichen Produkten und Erschließung neuer Nahrungsquellen (Mikroorganismen, Nahrung aus Abfall). Für die Gastronomie des Freizeitzentrums heißt das dann frisch zubereitete Naturkost oder Soja-Nahrung.
Zur Technik soll ein neues Verhältnis gefunden werden. Das Freizeitzentrum hat: *Eine Technik nach Menschenmaß nahezubringen, die Entfremdung zu überbrücken, die dazu geführt hat, uns entweder jener technischen Umwelt zu unterwerfen oder aber - je nach Typus, nach geistig seelischer*

Struktur sie grundsätzlich als feindlichen Gegner abzulehnen (PUEBLO-Freizeit-Konzept, 20). Technik und Natur müßten aber nicht notwendigerweise im Gegensatz zueinander stehen, sofern die Technik sich nach bionischen Kriterien richtet. Die Natur ist sogar, laut Vester, die *Quelle aller Technik.* Die *Bionik* will die in der Natur vorhandenen Technologien für den Menschen nutzbar machen. Die bisherigen menschlichen Technologien betrachtet Vester als zu grob und ineffizient, isoliert und nicht zu Ende gedacht. Natürliche Technologien erweisen sich als sehr viel effizienter. Zur Bionik gehört nicht nur das Studium biologischer Strukturen sondern auch das der Organisation von biologischen Vorgängen, was Hinweise geben kann für die effizientere Organisation menschlicher Systeme. Vermittelt werden könne dies durch die Demonstration alternativer Technologien (z.B. in der Haustechnik des Freizeitzentrums) oder durch Beschäftigung mit ihnen in Seminaren oder beim Selbstbau im Kreativbereich.

Um aber die globale Krise zu meistern, sei nicht zuletzt ein tiefgreifender Bewußtseinswandel nötig. Die erforderlichen Verhaltensänderungen setzen eine neue Beweglichkeit des Denkens voraus, die nur durch neue Formen des Lernens erzeugt werden könne: *Statt nur mit Begriffen, mit Symbolen von Dingen, sollten wir beim Lernvorgang auch mit den Dingen selbst arbeiten, mit ihrer Beziehung zur Umwelt* (Vester 1980, 475). Die rigide Trennung in Geistiges und Körperliches sollte durch Einbeziehung von haptischem oder motorischem Lernen überwunden werden. Im Lernprozeß soll der Übergang von der Vermittlung eines statischen Wissensgebäudes zu einem *dynamischen Wissen* stattfinden. Außerdem erteilt er dem Einzelkämpfer eine Absage - Teamarbeit wird favorisiert. Als Vorbilder hierfür nennt Vester die anthroposophische Waldorfpädagogik oder das Montessori-Modell.

Zusammengefaßt sollen in diesem neuen Typus eines Freizeitzentrums alle Bereiche des Menschen angesprochen werden.

> *Es wird darin gespielt und gelernt, sich ausgeruht, kontemplativ verweilt oder Sport getrieben, etwas für die Körperpflege getan, Kunst ausgeübt und genossen, gesund und gut gegessen, sich in Wasser, Hitze und Kälte getummelt, Kontakt mit Pflanzen, Erde und vielleicht Tieren geboten und vor allem Begegnungen mit anderen Menschen ermöglicht* (PUEBLO-Freizeit-Konzept, 253).

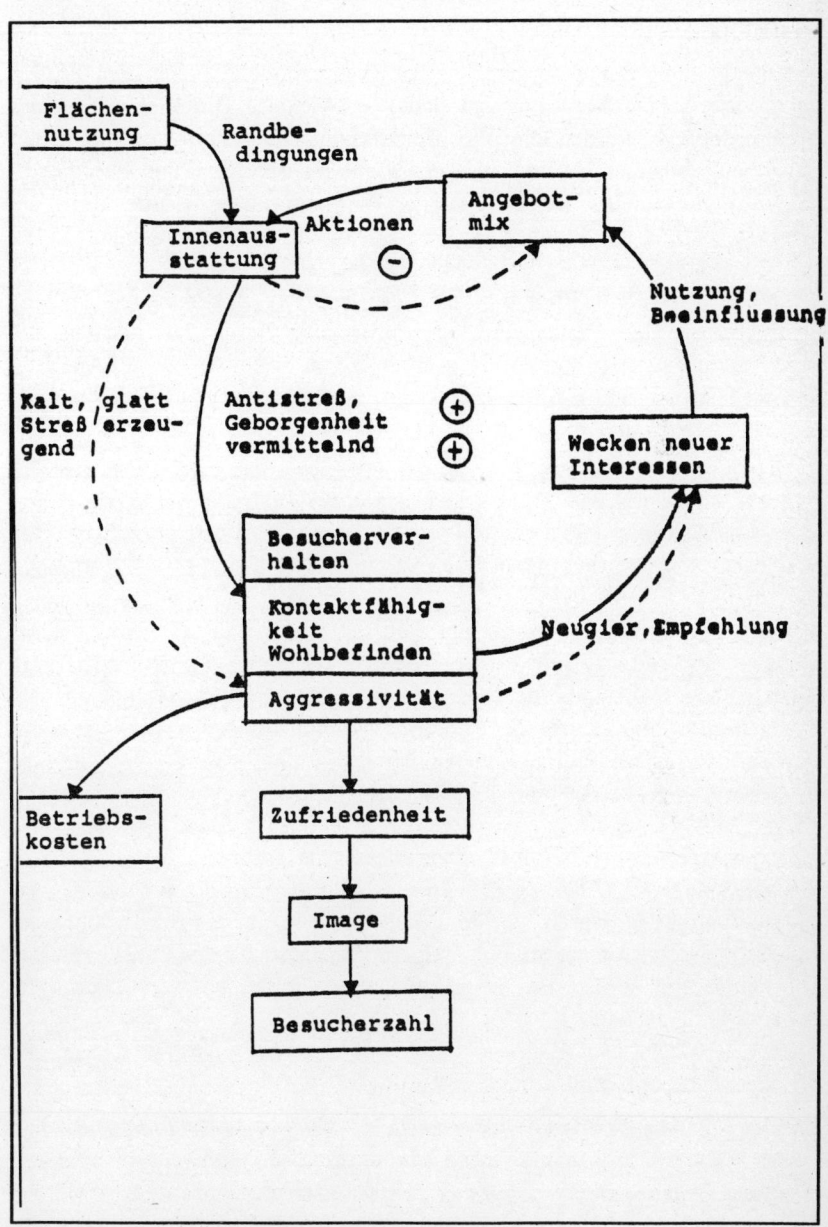

Abb. 4 Innenausstattung und Besucherverhalten

Systemmodelle

Für die Planung des Zentrums wurden Systemmodelle (nach dem Prinzip des Vester'schen Sensitivitätsmodells) entwickelt. Durch ein *externes Wirkungsgefüge* wurden die Wechselwirkungen des Projektes mit seiner Umgebung (soziales Umfeld, wirtschaftliche Konstellation und Energieversorgung) dargestellt. Dieses externe Wirkungsgefüge wurde dann im weiteren Verlauf der Planung für die Aufstellung des Angebotmix und bei der Konzeption des Baukörpers herangezogen.

Nach dem gleichen Prinzip wurde ein *internes Systemmodell* für die Betriebsphase des Freizeitzentrums entwickelt. Durch die Analyse der potentiellen internen Kreisläufe sollten die Anforderungen an Angebot, Innenausstattung und Bauweise (in dieser noch offenen Phase der Planung) festgestellt werden:

> *Die Ausrichtung des Modells auf den Betriebszustand zeigt dafür um so deutlicher, wieviel von Ablauf und Funktion des FZ später durch irreversible Einflußgrößen festgelegt ist und wie um so wichtiger deshalb in der Planungszeit die Nutzung der Steuermöglichkeit für diese Größen ist* (PUEBLO-Freizeit-Konzept, 171).

Oberste Ziele waren hierbei: Selbstregulation, Flexibilität, biologisches Design und Symbiose mit den umgebenden Systemen. Enthalten waren in diesem Modell die kybernetischen Grundregeln, die Voraussetzungen der Freizeitphilosophie, sowie die Erkenntnisse über die Streßwirkung und das Lernverhalten. Das Freizeitzentrum wurde aufgefaßt als Ökosystem oder Systemteil, welches alleine nicht lebensfähig und somit abhängig von seiner Umwelt ist. Es könne nur existieren in einer ... *Symbiose zwischen nicht lebensfähigem Systemteil und übergeordnetem Teilsystem* ... (PUEBLO-Freizeit-Konzept, 172). Stabil würde es nur durch ein Angebotmix, so glaubten seine Initiatoren, das den Besucher in seiner ganzen Existenz anspricht und seine Lebensqualität steigert. Abhängig sei das Freizeitzentrum aber auch von seinen Betreibern, für die es eine besondere Form der Sinnerfüllung bedeute.

Angebotmix und bauliche Umsetzung

Das Angebotmix bestimmt Flächennutzung und Innenausstattung, und erst diese wiederum bestimmen dann die Gestalt des Baukörpers und der zweckmäßigsten Außengestaltung (PUEBLO-Freizeit-Konzept, 251). Mit der Außengestaltung des Baus würde auch sein Innenleben festgelegt, deshalb mußte das Gebäude, das war bei der Vielzahl der angestrebten Angebote unvermeidlich, eine variable Mehrfachnutzung der verschiedenen Gebäudeteile ermöglichen. Die Ergebnisse der Systemstudie sollten soweit wie möglich berücksichtigt und Verbindungen zwischen den verschiedenen Bereichen nicht abgeschnitten werden. Angestrebt war eine *kleinräumige, dennoch übersichtliche Flächeneinteilung*, die Geborgenheit vermitteln und Aggressionen hemmen sollte. Der Bau mußte in Einklang stehen mit dem ökologischen Grundkonzept im Hinblick auf die verwendeten Materialien, die Energieseite, die Baubiologie und die Baupsychologie. Die *ungekonnte Architektur unserer Städte* sollte in der Freizeit ein Gegengewicht erfahren: *Das Gebäude sollte sich - ganz im Sinne des Kompensationsgedankens - von seiner trostlosen Umgebung also wohltuend abheben* (PUEBLO-Freizeit-Konzept, 242). Angestrebt war eine Verminderung der auch in der Freizeit auftretenden Umweltstressoren: einerseits durch Lärmreduktion und die Nutzung der entspannenden Wirkung von Klängen und Rhythmen, andererseits durch den Abbau von optischem Streß (gleißende Lichter, schreiende Farben), durch biologisches Design und die Verwendung von Erd- und Pflanzenfarben.

Das bauliche Gesamtkonzept wurde umgesetzt vom Architekten Dipl.Ing. Helmut Siegert (Sprendlingen-Buchschlag). Vom *Gestaltungsphilosophen* und Designer Hugo Kükelhaus (Soest) stammen die Phän-Objekte und das dynamische Beleuchtungskonzept. Für den weiteren Ausbau der einzelnen Bereiche konnte ein Team internationaler Spezialisten gewonnen werden. Das tragende Gerüst für das Gebäude bildet - *als äußerstes Zugeständnis der Baubiologie* - ein Stahlbetonskelett, was dann aber eine freiere Grundrißgestaltung ermöglicht.

Man hat da natürlich weitgehend baubiologische Materialien zu verwenden, angefangen vom Fußboden. Aber alleine die Decke können sie schon nicht baubiologisch machen. Da müssen sie Stahlbeton nehmen, denn die muß feuerbeständig sein (...) sonst kriegen sie so ein Freizeitzentrum überhaupt nicht behördlich genehmigt. Und um überhaupt eine Flexibilität hineinzubekommen, müssen sie es rasterförmig machen d.h. sie müssen ein Raster machen in das verschiedene Dinge hineinpassen und da brauchen sie Stahlbetonstützen ... (Tonaufnahme: Siegert-Interview).

Bei dem Versuch, alle diese sich teilweise auch widersprechenden Anforderungen, ungünstige Randbedingungen (Form und Lage des Grundstücks, die nur eine blockförmige Bebauung und eine Orientierung des Baus nach innen zuließen) und behördliche Auflagen zu integrieren -

- *kristallisierte sich überraschenderweise - und ohne daß an der einen oder anderen Seite schwerwiegende Abstriche nötig waren - fast von selbst eine einfache, den Gesamttypus prägende Lösung heraus, die zudem von einer ganz neuen Seite aus das Angebotmix unterstreicht und zudem eine dem Freizeitkonzept sehr nahekommende werbewirksame Namensgebung suggeriert, die dem Ganzen das noch fehlende durchschlagende Image verleiht: DIE KONZEPTION EINES FREIZEITPUEBLO* (PUEBLO-Freizeit-Konzept, 379).

Hieraus ergab sich für die Initiatoren, sofort eine Vielzahl von baulichen Assoziationen (Felscharakter, Gänge und Höhlen, dicke Mauern etc.) und Umweltassoziationen (Pflanzen, Naturverbundenheit, Licht und Sonne etc.). Auch geistig-psychische Assoziationen durch Analogien der neuen Freizeitphilosophie mit der sogenannten *Indianerphilosophie* (PUEBLO-Freizeit-Konzept, 383: der Mensch als Teil des Kosmos, nicht sein Beherrscher, Brüderlichkeit aller Lebewesen) traten auf. Diese Assoziationen hatten großen Einfluß auf die weitere Ausgestaltung des Baus.

Das Zentrum gliedert sich in neun verschiedene Bereiche, die untereinander entsprechend dem Systemmodell vernetzt sind, sich überlappen und in die die verschiedenen Angebote eingebettet sind. Einige Bereiche (z.B. der Dorfbereich) erstrecken sich über mehrere Stockwerke. In diesem Rahmen können jedoch nur einige markante Räumlichkeiten und Ausstattungsteile eingehender beschrieben werden.

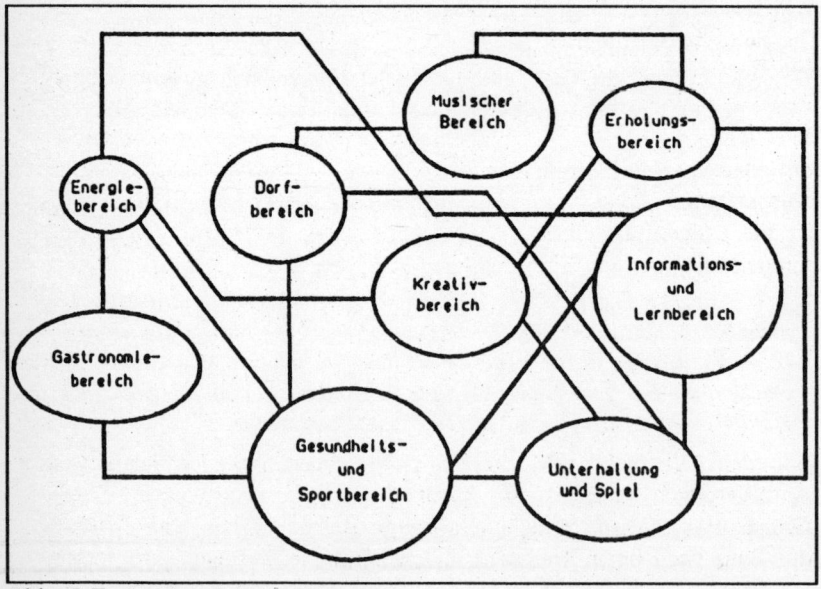

Abb. 5 Freizeitbereiche im Pueblo

Im Eingangsbereich *wird die Überleitung von der Außenwelt zum Freizeitpueblo in verbindender Weise vollzogen* (Beschreibung der PUEBLO-Angebote). Dieser Bereich ist nicht als Kassenbereich mit Sperrfunktion konzipiert, sondern als Schleuse oder Ventil. Durch die Ausstrahlung von Geborgenheit und Vertrautheit soll Schwellenangst vermieden und ein allererster Eindruck der Angebote vermittelt werden.
Der Erholungsbereich erstreckt sich eigentlich über das ganze Haus. Seine Hauptaufgabe: *Kontakte, Begegnungen, Plaudern, Flirten - und einfach Muße* (Beschreibung der PUEBLO-Angebote).
Der Gastronomiebereich umfaßt das in die Grünzone des Wintergartens eingebettete *Free-Flow*-(Selbstbedienungs-) Restaurant im Erdgeschoß, mit seinem Angebot an Vollwertkost, die *Keglerklause* im Untergeschoß, sowie PUEBLO-Grill und PUEBLO-Bar auf der Empore.
Zum Sport- und Gesundheitsbereich zählen die konventionellen Angebote wie Squash und Kegeln im Keller, die Gymnastikräume im ersten Stock (für Gymnastikkurse und Bewegungsspiele ebenso wie für Jazztanz, *primitive dance*, Aikido, Judo, Yoga oder Übungen aus Eutonie oder Bioenergetik) und außerdem Sauna und Naßbereich (mit Solarien und Whirlpools) im zweiten Obergeschoß bzw. im Dachbiotop.
Die Freiflächen im Sport- und Gesundheitsbereich werden zur Überlappung mit den anderen Bereichen genutzt. Die PUEBLO-*Expo* ist der direkteste Verweis auf die anderen Bereiche des Freizeitzentrums. Bilder, Keramik, Kunsthandwerk, Solartechniken und andere Objekte, die im Kreativbereich entstanden sind sollen dem eher *sportlichen Untergeschoß* einen gewissen *künstlerischen Touch* verleihen und bei den Sporttreibenden das Interesse für die anderen Bereiche wecken (hausinterne Werbung), aber auch die Ausstellenden an den Sportbereich heranführen.

Legende

Erdgeschoß
1 Eingang
2 Empfang
3 Wasserbeck
4 SB-Zone
5 Grünzone
6 Restaurants
7 Bar
8 Grill
9 Kinderland

Obergeschoß
1 Arena
2 Klangraum
3 Schalltoter Raum
4 Kreativbere
5 Riechorgel
6 Seminarräu
7 Gymnastikräume

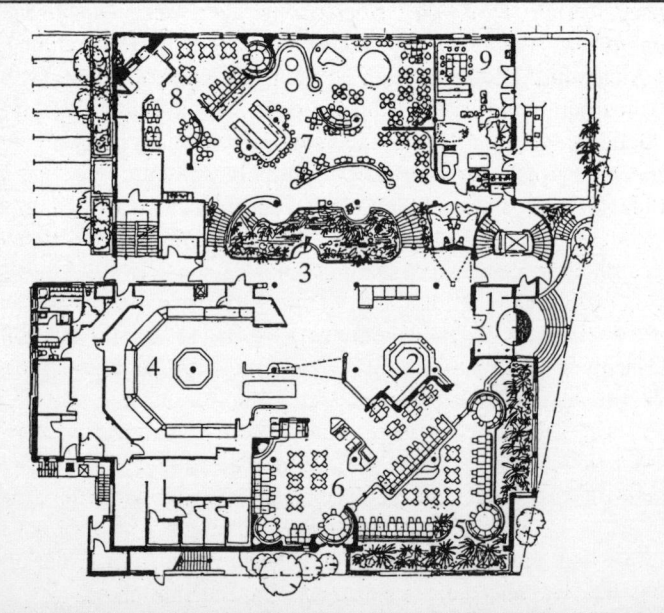

Abb. 6 Modelle und *Abb. 7* Pläne für Erdgeschoß und Obergeschoß

---

[1] Für die freundliche Überlassung der Pläne vom PUEBLO bedanke ich mich ganz herzlich beim Architekten Helmut Siegert.

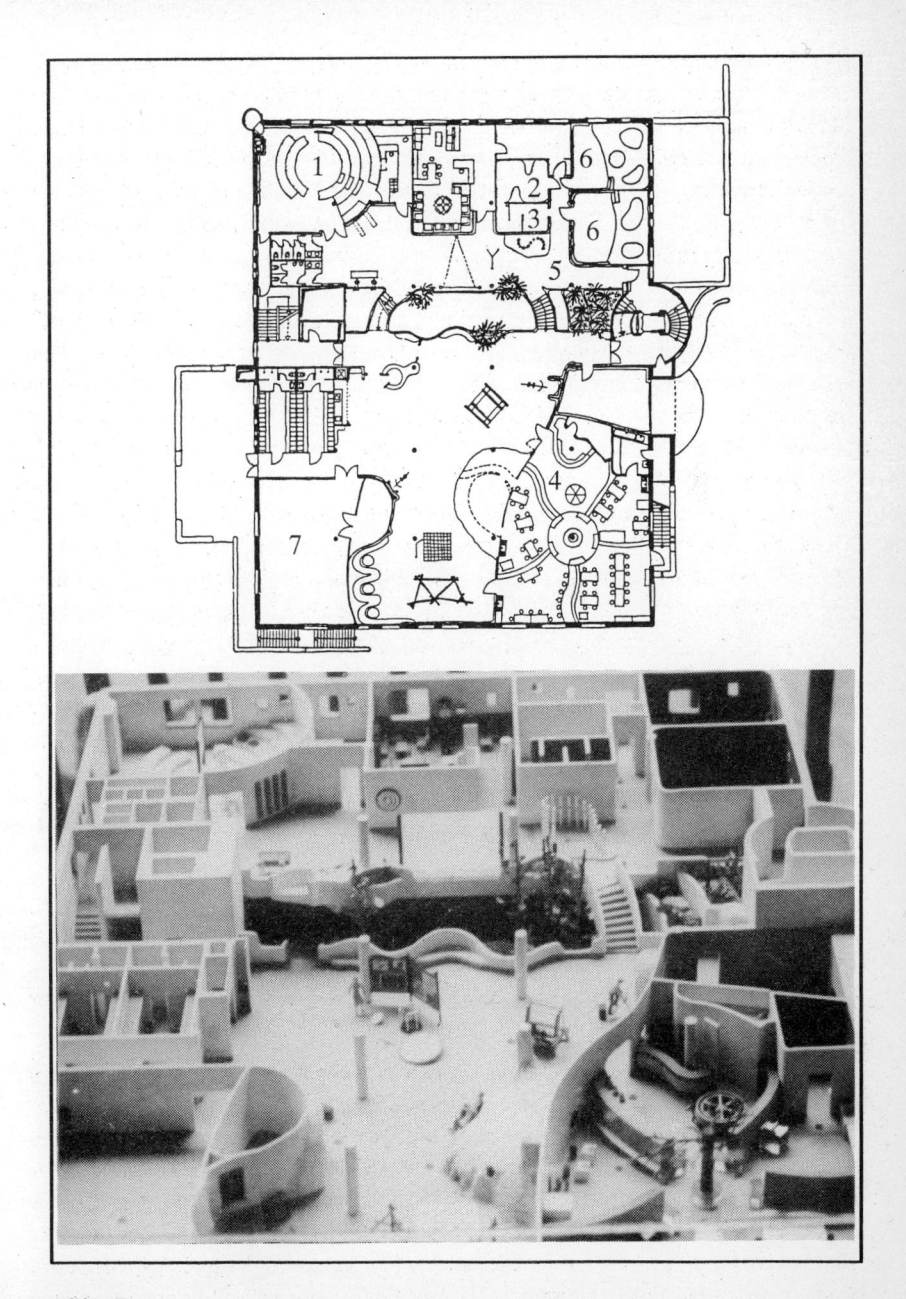

Abb. 7

Der Kreativbereich im 1. Obergeschoß gliedert sich in fünf verschiedene Zonen: Zone I umfaßt Töpfern und Gießen. Im Kreativbereich II wird mit Textilien und Metallen gearbeitet. Im Bereich Nr. III können Malen und Modellbau (auch Herstellung von Geräten der Alternativtechnologie) betrieben werden. Zone IV umfaßt Drucken und Flechten. Im Kreativraum V ist ein vollständiges Fotolabor eingerichtet. Die fünf Teilbereiche stehen über einen zentralen Raum miteinander in Verbindung, der als Treffpunkt, Besprechungs- und Ausstellungsfläche dient. Die Grenzen zwischen den einzelnen Bereichen sind nicht starr, sondern nach Bedarf flexibel; so können die halbhohen Regalwände zu diesem Zweck verschoben werden. An den Kreativbereich schließt sich der musische Bereich an. Im schalltoten Raum werden mit Hilfe einer schallschluckenden Wand fast alle Geräusche eliminiert (es wird ein Gefühl des Unwohlseins erzeugt), um die Erfahrung des Einklangraums, der nachfolgt, um so intensiver werden zu lassen. Die Schönheit von Einton-Klängen soll mit Hilfe von Gongs, Klangsteinen und Klangrohren empfunden werden. Dem passiven Musikerleben ist der (in Analogie zur anthroposophischen Farblehre) in entspannenden Grüntönen gehaltene Musikraum vorbehalten. Der Besucher kann sich in *Sitzkuhlen* niederlassen, Kopfhörer aufsetzen und Musik nach Wunsch hören. Der Musikraum kann aber auch für Seminare genutzt werden in Verbindung mit dem angrenzenden Seminarraum. Hier überlappen sich der musische und der kreative Bereich sehr stark mit dem Lernbereich. Die Innenausstattung des Seminarraums ähnelt der des Musikraums: stoffbezogene Wände, nur herrschen hier aktivierende Rottöne vor. *Hier erfolgen Spitzenseminare eines gänzlich neuen Typs über vernetztes Lernen, kybernetisches Management, Gruppendynamik und Kommunikation - eng gekoppelt mit dem Entspannungs-, Sport- und Kreativbereich* (Beschreibung der PUEBLO-Angebote). Die *Arena* dient *als Auditorium, für Zusammenkünfte, Vorführungen, Kammerkonzerte, Theater, Diskussionen, Lichtbildvorträge und die Plenarveranstaltungen der Seminare* (Beschreibung der PUEBLO-Angebote).

Eng miteinander verbunden sind Unterhaltungs- und Spielbereich sowie der *Dorfbereich. Der Dorfbereich zieht sich selbstverständlich durch die Verbindungstreppen, über Gänge und Kontakträume aller Geschosse hindurch; allerdings zum Unter- und zum Obergeschoß hin nur noch andeutungsweise* (Beschreibung der PUEBLO-Angebote). Er ist gedacht als *Spielplatz für Erwachsene.* Hier finden sich Spielangebote wie Boule, Bodenschach, Spiel- und Lernflipper oder auch ein Horoskop-Computer. Die Spiele sollen in entspannter Atmosphäre - zwanglos über *sachbezogene*

Zusammenhänge Kontaktmöglichkeiten für die Besucher schaffen, denn: *Spiele sind Kommunikation* (PUEBLO-Freizeit-Konzept, 266). Der Schwerpunkt des *Dorfbereichs* befindet sich im ersten Obergeschoß (große Teile davon waren zum Zeitpunkt der Untersuchung nicht mehr zugänglich oder abgebaut).
Hier fließen auch die Ideen und Objekte des 1909 geborenen Gestaltungstheoretikers Hugo Kükelhaus ein. Seine Phän-Objekte sollen der *Entfaltung der Sinne* (vgl. Kükelhaus/zur Lippe 1984) dienen, die Betätigungswünsche unserer Sinne berücksichtigen und diese aus der Abstumpfung des Alltags herausholen. Alle Sinnesorgane werden durch sie angesprochen (optische, akustische, haptische, olfaktorische Wahrnehmung sowie der Gleichgewichtssinn). Kükelhaus' Ziel ist der Bau von *Stätten der Wahrnehmung.* Zu nennen sind hier u.a die Riechorgel (zur Förderung der Geruchswahrnehmung), die Taumelscheiben (zur Schulung des Gleichgewichtssinns - die Besucher sollen versuchen, allein oder in der Gruppe durch Balancieren einen Gleichgewichtszustand zu erreichen und zu halten), die Tastecke (verschiedene Oberflächenformen und -strukturen sollen nur durch Betasten bestimmt werden), die Drehspiralen (je nach Drehrichtung ergeben sich verschiedene optische Eindrücke - entweder in die Weite zu streben oder in die Scheibe hineingezogen zu werden) und der *Lincoln* (zur Demonstration von Leistungen der Mustererkennung im Gehirn).
Weitere Erlebnis-Objekte sind über das ganze Haus verteilt. Am *Strudelmodell* kann der Besucher einfache oder komplizierte Schlieren und Wirbel erzeugen. Auf daneben angebrachten Tafeln werden ihm analoge Naturstrukturen präsentiert. Er soll daran das Wirken kybernetischer Prinzipien in der Natur erkennen, ein Zweck, dem auch Makrophotos dienen, die die komplexen Systeme lebender Organismen zeigen. Beim Umgang mit all diesen Objekten sollen sich Spielen, Lernen und meditative Erfahrung in einem einzigen Prozeß vereinen.
Auf einige von diesen Objekten wird bei der nun folgenden Darstellung der *Wahrnehmungsspaziergänge* noch einmal näher eingegangen.

Wahrnehmungsspaziergänge

Wahrnehmungsspaziergänge wurden von mir mit vier Probanden durchgeführt, um zumindest ansatzweise zu überprüfen, ob die baupsychologischen Intentionen der Planer des Freizeitzentrums erfüllt wurden. Dies geschah in Anlehnung an das Modell des amerikanischen Stadtplaners Kevin Lynch, der davon ausgeht, daß die Ablesbarkeit und die Klarheit der gebauten Umwelt von besonderer Bedeutung für die Lebensqualität einer Stadt sind.

Qualitäten wie Farbe, Form, Geruch, Geräusche, Lichtpolarisationen u.ä. dienen der Gliederung der Umwelt. Erst eine gegliederte Umwelt ermöglicht die Orientierung in ihr. Aber eine geordnete, einprägsame Umgebung kann noch mehr bewirken als nur Orientierung: ... *sie kann eine breite Basis für Beziehungen bilden, sie kann Aktivität oder Anschauungen oder Erkenntnisse fördern* (Lynch 1965/1975, 14). Die Umgebung kann gefühlsmäßige Sicherheit vermitteln und somit eine harmonische Verbindung zwischen dem Individuum und der Außenwelt *(wohliges Heimatgefühl)* schaffen. Ein einprägsamer Raum müßte daher wohlgeformt, ausgeprägt und bemerkenswert sein, sowie die Sinne zu größerer Aufmerksamkeit und Teilnahme anregen.

Die Methode Lynchs wurde in der kulturanthropologischen Forschung schon häufiger (in modifizierter Form) angewandt, u.a. auch bei einer Untersuchung des Frankfurter Stadtteils Bergen-Enkheim durch das Institut für Kulturanthropologie und Europäische Ethnologie (vgl. Greverus/Schilling 1982). Im Gegensatz zu jener Studie wird in der vorliegenden Arbeit Lynchs Modell vom Stadtraum auf ein Einzelgebäude übertragen. Die Methode wurde weiterhin dahingehend abgewandelt, daß im Unterschied zu den Wahrnehmungsspaziergängen bei Lynch nicht "Bewohner" oder Nutzer die Spaziergänger waren, sondern Studenten der Psychologie sowie der Architektur, die allerdings mit dem grundlegenden Konzept des Freizeitzentrums nicht vertraut gewesen sind. Diese sollten durch ihr Expertenwissen besonders für die baupsychologisch relevanten Aspekte des Gebäudes sensibilisiert sein, so daß aus ihren Äußerungen Rückschlüsse auf deren Wirkungen gezogen werden könnten. Vier Spaziergänge wurden durchgeführt. Bei dieser Anzahl läßt sich natürlich nicht von Repräsentativität sprechen. Aber es ergeben sich doch zumindest Hinweise auf die Wirkungen der untersuchten Phänomene.

Eine Schwierigkeit entstand dadurch, daß der ursprünglich angestrebte Systemzusammenhang der verschiedenen Komponenten des PUEBLO nicht mehr, oder nur noch ansatzweise, vorzufinden war. Große Teile des Baus, besonders im Kreativbereich, waren nicht mehr zugänglich und einige Teile der Innenausstattung waren sogar abgebaut, so daß nicht mehr alle der ursprünglich angestrebten Wirkungen von Architektur und Ausstattung auch wirklich erlebbar waren.

Die Route verlief über den Eingangsbereich und das Erdgeschoß zunächst in den Keller, dann wieder hinauf über die Empore des Erdgeschosses ins erste Obergeschoß. Hier wurden u.a. die noch verbliebenen Erlebnisobjekte ausprobiert. Die abgesperrten Bereiche, wie z.B. der Klangraum, konnten

leider nicht besichtigt werden. Dann ging es hinauf in das obere Stockwerk, in die Außenbezirke des Naßbereiches. Dach- und Dachgewächshaus waren ebenfalls nicht zugänglich.
Die Spaziergänger beurteilten das Gebäude nach baulich architektonischen Kriterien sowie nach solchen der Nutzungs- und Erlebnisqualität. Der Eindruck vom Obergeschoß des Gebäudes war im allgemeinen sehr positiv. Hier Ausschnitte:

Wenn man reinkommt, fühlt man sich wohl. Es sind angenehme Farben. Es wirkt harmonisch so ... es wirkt irgendwie beruhigend (Tonaufnahme Wahrnehmungsspaziergang 1).

Von außen gesehen macht das Gebäude einen guten Eindruck. Das hat mir schon gut gefallen. Es macht einen gemütlichen, wirklich sehr guten Eindruck. Es ist alles relativ gut eingerichtet. Man fühlt sich ... man könnte sich da wohlfühlen (Tonaufnahme Wahrnehmungsspaziergang 2).

Es wirkt einladend, stellenweise gemütlich, aber viel zu wenig Leute, also keine Atmosphäre, hm, ganz schnuckelig gebaut so mit den verwinkelten Sitzecken (Tonaufnahme Wahrnehmungsspaziergang 3).

Es ist eine sehr ruhige Atmosphäre. Als ich da reingekommen bin, ist mir aufgefallen, hab' ich mir sehr stark Gedanken gemacht wie ich meinen Tag rumkrieg'. Ich hab' ein Riesenprogramm. Von daher habe ich eher Wert auf Eile gelegt. In dem Moment, wo ich jetzt hier bin, hab' ich gemerkt, daß sich das in den letzten 10 Minuten, Viertelstunde etwas beruhigt hat (Tonaufnahme Wahrnehmungsspaziergang 4).

Der Bau als solcher hat offenbar tatsächlich eine einladende und entstressende Wirkung. Im folgenden soll versucht werden zu beleuchten, welche architektonischen Faktoren hierzu beitragen. Besonders positiv wurden von den "Spaziergängern" die organische Formensprache des Gebäudes bewertet:

Diese organischen Formen, das finde ich nicht schlecht (Tonaufnahme Wahrnehmungsspaziergang 1).

Die Mauerwerke sind nicht scharfkantig, ganz rund, weiß gestrichen. Die Übergänge sind ganz, na ja, ganz gut zusammengekoppelt irgendwie (Tonaufnahme Wahrnehmungsspaziergang 2).

Was ich als sehr angenehm empfinde ist, daß es hier eigentlich kaum Ecken gibt - also sehr auf rund konstruiert. Das gefällt mir also sehr gut (Tonaufnahme Wahrnehmungsspaziergang 4).

Die "Ablesbarkeit" der Räume wurde im allgemeinen als sehr hoch eingeschätzt:

Kein Raum gleicht hier dem anderen (Tonaufnahme Wahrnehmungspaziergang 4).

Auch die verwendeten Baustoffe, das Material, die Farbgebung und die Gestaltung mit Pflanzen erweckten überwiegend positive Assoziationen:

Die Pflanzen wirken beruhigend, find' ich. Und wie gesagt, das Wasser da vorne, wenn man da sitzt und guckt da zu ... (Tonaufnahme Wahrnehmungspaziergang 1).

Ich glaube, das soll ein Wintergarten sein, wo wir eben sind. Man fühlt sich fast wie im Palmengarten. Beruhigend wirken die weißgestrichenen Wände und die Pflanzen, jetzt hört man die Wasserfälle - das beruhigt auch ein bißchen ... Glas, Holz und weißgestrichene Wände, das verträgt sich schon und viel Grünes und viele kleine Nischen, Eckchen, wo man sich in aller Ruhe hinsetzen kann und sich ausruhen (Tonaufnahme Wahrnehmungspaziergang 2).

... find' ich schön durch das Holz, da strahlt es doch Wärme aus (Tonaufnahme Wahrnehmungspaziergang 3).

Die Beleuchtungssituation des Hause wurde individuell unterschiedlich bewertet:

Es ist vor allen Dingen nicht so grell hier. Es mag zur Atmosphäre beitragen, daß das Licht hier doch sehr gedämpft ist (Tonaufnahme Wahrnehmungspaziergang 4).

Die Raumhöhe ist niedrig genug, um das so höhlenartig wirken zu lassen, aber auch hoch genug, daß man noch genug Luftraum hat und daß man nicht das Gefühl hat, man wird hier eingedrückt (Tonaufnahme Wahrnehmungspaziergang 1).

Wurde auf der einen Seite das gedämpfte Licht eher als beruhigend empfunden, so konnte es im Zusammenhang mit der höhlenartigen Architektur auch bedrückend wirken:

Es kommt so wenig richtiges Licht rein. Das künstliche irgendwie schafft doch auch so ein, wiederum, so ein drückendes Gefühl, so ein Eingesperrtsein ... Das höhlenartige Gebäude bzw. die Decken - ziemlich niedrig - wirkt ein wenig erdrückend (Tonaufnahme Wahrnehmungspaziergang 3).

Die (noch) vorhandenen Phän- oder Erlebnisobjekte wurden kaum wahrgenommen, und wenn das der Fall war, erweckten sie zumeist nur anfängliches Interesse, wirkten dann aber eher befremdend oder sogar unpassend. Der *Lincoln*, ein grobes Computer-Raster eines Photos von Abraham Lincoln, das erst aus großer Entfernung erkennbar wird (mit dem das Prinzip der Mustererkennung, d.h. wie die visuellen Wahrnehmungsfel-

der des Gehirns bruchstückhafte Informationen vernetzen und zu eindeutigen Bildern zusammensetzen können, verdeutlicht werden soll) z.B. fiel keinem der Spaziergänger sofort auf.
Die typischen Reaktionen der Besucher zeigten sich besonders deutlich bei der *Riechorgel*, einem der auffälligsten Objekte im ganzen Bau. Hier sind 16 Orgelpfeifen in einer S-Form angeordnet. Jede besitzt eine Öffnung, die normalerweise durch eine Metallkappe verschlossen ist. Werden diese Kappen hochgeschoben, so kann der Besucher verschiedenste Geruchseindrücke wahrnehmen. Zwischen einem höchsten "Geruchspol" - dem Ätzend-Stechenden und einem tiefsten Geruchspol - dem Fauligen sind verschiedenste Möglichkeiten vergleichend erfahrbar (vgl. Kükelhaus/zur Lippe 1982, 137). Assoziationen mit persönlichen Erinnerungen, aber auch mit anderen Sinneseindrücken sollen beim Besucher entstehen.

Interessant, kenn' ich irgendwoher. Ich weiß nicht, was das eigentlich soll. (Tonaufnahme Wahrnehmungsspaziergang 3).

Find' ich originell ... nur warum so 'ne Riesenanordnung, nur um was zu riechen? Hätt' man das nicht auch kleiner anordnen können ... Nur um eine Riechwahrnehmung zu machen, ist das etwas groß geraten, das Ding (Tonaufnahme Wahrnehmungsspaziergang 1).

Ein Geruchsempfindungsgerät - das paßt für mich eigentlich nicht dazu ... Es bringt etwas für denjenigen, der sich dafür interessiert. Im allgemeinen bringt das nichts (Tonaufnahme Wahrnehmungsspaziergang 2).

Aber auch hier zeigten sich wie bei der Raumwahrnehmung individuelle Unterschiede:

Das wird hochgeschoben, was ... Ich hab' mal gefischt, da sind wir durch so ein dunkles Rohr durch, da drin hats genauso gestunken ... Das ist ne Sache, wo man drei Stunden dabei bleiben könnte, vielleicht weniger weil ich mit den Gerüchen was verbinden kann, sondern weil sie mich faszinieren. Immerhin kriegst du die in der Intensität nicht jeden Tag (Tonaufnahme Wahrnehmungsspaziergang 4).

Ähnlich war auch das Urteil über die *Drehspirale*. Je nach Drehrichtung wird bei dieser Konstruktion der Eindruck erweckt, in die Weite zu streben oder in die Scheibe quasi hineingezogen zu werden (Analogie zu Ausatmen und Einatmen). Sie war auch im Rahmen des Kursangebots z.B. als Meditationsübung vorgesehen.

Da kommste in andere Dimensionen. Das sind so neumodische Gags, das machste einmal und dann hast du keine Lust mehr. Und auch so die Bildung schult das keineswegs, also daß man da angeregt wird, irgendwie

Abb. 8 Riechorgel

> *weiter zu machen oder sein Wissen zu vertiefen, würde ich nicht sagen* (Tonaufnahme Wahrnehmungsspaziergang 3).
>
> *Die drehenden Bildtafeln finde ich sehr interessant. Aber sie sollten sich ständig drehen, mit Motor ...* (Tonaufnahme Wahrnehmungspaziergang 2).

Die Phän-Objekte wurden teilweise zwar als interessant bzw. "originell" bewertet, aber im Gesamteindruck wirkten sie doch eher unpassend. Die Spaziergänger kamen sich vor wie im Museum oder auf einem Spielplatz. Als sehr anregend oder kreativitätsförderlich wurden sie nicht empfunden:

> *Es ist typisch wie bei Kinderspielplätzen, die oft so vorgefertigt sind und dann keinen Spieltrieb anregen* (Tonaufnahme Wahrnehmungsspaziergang 3).
>
> *Also das erinnert mich ein bißchen ans Deutsche Museum, so diese Versuchsanordnungen, weil da kann man auch alles ausprobieren* (Tonaufnahme Wahrnehmungsspaziergang 1).

Aus diesen Wahrnehmungsspaziergängen läßt sich schließen, daß die Architektur die bau- und architekturpsychologischen Intentionen der Erbauer erfüllt. Eine beruhigende und entspannende Wirkung ist durchaus feststellbar. Hauptsächlich wird das bewirkt durch die organische Formensprache,

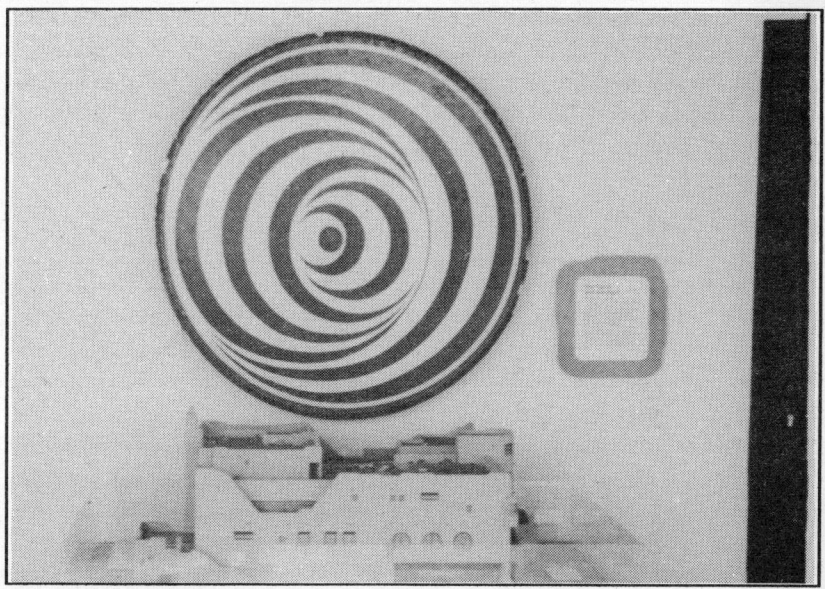

Abb. 9 Drehspirale

die verwendeten Baustoffe, das gedämpfte Licht, die beruhigende Farbgebung und die Ausstattung mit Pflanzen. Die Architektur hat also eine entstressende Funktion erfüllen und gefühlsmäßige Sicherheit vermitteln können. Bemängelt wurde höchstens der "künstliche Charakter". Damit wären die architektonischen Voraussetzungen gegeben, ein lernfreundliches Umfeld zu erzeugen, um Anschauungen und Erkenntnisse zu fördern. Die Phän-Objekte und Erlebnisobjekte können dagegen nicht die ihnen zugeschriebenen Aufgaben im Kontext des Freizeitzentrums erfüllen, d.h. die angestrebten ganzheitlich-systemischen Erfahrungen vermitteln. Ihr Sinn wird kaum verstanden, sie wecken kein großes Interesse und werden als eher unpassend empfunden. Die Intentionen der Planer, daß sich hierbei Spielen, Lernen und meditative Erfahrung in einem Prozeß vereinen sollen haben sich dabei nicht erfüllt.

Versuch einer Kritik und ein Ausblick

Vester schreibt: *Ob das Vorhaben Erfolg hat, wird davon abhängen, inwieweit die Erbauer und Betreiber das zugrundeliegende Konzept befolgen - obgleich es eine Reihe von Kompromissen vertragen kann* (Vester 1983, 121).

Es läßt sich feststellen, daß der Bau in vielen Teilen vom breiten Publikum nicht akzeptiert worden ist: *Damit das Paradies mit seinen 40 Angestellten - 30 andere wurden in den zwei Jahren nach der Eröffnung sukzessive hinausrationalisiert - sich trägt, müssen 1500 Besucher täglich durch die 5000 Quadratmeter Ökobau streichen - und jeder müßte im Schnitt 25 Mark ausgeben ... Schwarze Zahlen schreibt allein die Sauna im obersten Stockwerk ... Zwei, drei Stockwerke, fast die Hälfte des Baus sind menschenlos, geschlossen, defekt - der Kreativbereich* (Horx in: Zeit 18.10.1985).

Gerade die neuartigen Kreativangebote wurden, seit der Eröffnung, so gut wie gar nicht angenommen. Stark genutzt wurden die konventionellen Bereiche: Sportbereich, Naßbereich mit Sauna und Teile der Gastronomie. Der Ansatz, diese Angebote innerhalb eines neuen Konzeptes mit solchen für kreatives Lernen oder für Bewußtseinserweiterung zu verknüpfen, hat offensichtlich nicht gegriffen. Die Angebote für den Konsum wurden akzeptiert, das dahinterstehende Konzept und der Sinn sind im wahrsten Sinne des Wortes beim Publikum nicht angekommen.

Woran kann die nun mangelnde Akzeptanz der Verknüpfung von an sich positiven Ansätzen wie ökologischem Denken; ganzheitlicher Gesundheit; vorbildlicher, entstressender Architektur und Raumgestaltung; spielerischem Lernen und sozialer Gemeinschaft gelegen haben? Sind hier Fehler schon im Konzept angelegt, oder wurde es nur nicht richtig angewandt? Sind die Besucher durch das umfassende Angebot mit seinem ganzheitlichen Anspruch schlichtweg überfordert oder wurde der Standort einfach nur falsch gewählt? Ist das hinter der Freizeitphilosophie stehende Menschenbild unzutreffend - wurde das Haus am Menschen vorbeigeplant - oder wurde nur eine falsche Zielgruppe angesprochen?

Als erstes stellt sich die Frage nach dem Standort als wichtigstem äußeren Faktor. War das Umfeld des PUEBLO ansprechend genug? *Gegenmodelle bedürfen einer spezifischen Landschaft ... Das neue Leben kann nur in einer "freien" und außergewöhnlichen - alternativträchtigen - Landschaft entfaltet werden* (vgl. Greverus 1985). Von *Alternativträchtigkeit* kann aber angesichts des Umfeldes der Bürostadt Niederrad kaum die Rede sein. Hier zeigt sich das Modell der Moderne von der Stadt als Maschine - mit räumlicher und funktionaler Spezialisierung der Stadtteile - noch in Reinkultur (allerdings mittlerweile ästhetisch "überzuckert" mit einem Hauch von Postmoderne). Ein Mitarbeiter erklärt auf die Frage nach der Anziehungskraft des Hauses für alternative oder spirituelle Gruppen:

> Kommen diese Gruppen hierher, dann stören die die Züge. Du kannst das Fenster hier nicht aufmachen. Die wollen raus; die brauchen die Natur. Für die ist das Haus nicht stimmig (Tonaufnahme: Mitarbeiter-Interview).

Auch Architekt Siegert konnte sich mit dem Standort nicht recht anfreunden:

> Das fängt ja schon alleine damit an, daß der Standort falsch ist. Der Standort, die Standortanalysen sind da etwas geschönt worden, weil nun mal das Grundstück da war. Ein anderes Grundstück hätte leider nicht zur Verfügung gestanden ... (Tonaufnahme: Siegert-Interview).

Auch nimmt der Bau kaum Rücksicht auf das gegebene sozialräumliche Umfeld von Alt-Niederrad. Eine Verbindung zwischen den angrenzenden Wohnquartieren und dem PUEBLO konnte nicht hergestellt werden. Die angestrebte Fremdheit des Baus (die eine gewisse Urlaubsstimmung erzeugen sollte) erzeugt Distanz - der Bau bleibt ein Fremdkörper im Stadtteil, der sich eben nicht organisch einfügt (vgl. dazu auch den Aufsatz von Neuhoff in diesem Band).

Es stellt sich auch die Frage, ob hier überhaupt das richtige Zielpublikum angesprochen worden ist? Wenn Vester schreibt, daß sich die Teilnahmegebühren für einzelne Seminare durchaus zwischen DM 400,- bis DM 1200,- (vgl. Vester: Beschreibung der Angebote S.134) bewegen dürfen, können dann noch Menschen z.B. aus dem alternativen Milieu angesprochen werden, die mit einem aufgeschlossenem Bewußtsein dem Konzept des Freizeitzentrums begegnen würden, oder bleiben dann nur noch Manager, die solchen Philosophien eher distanziert gegenüberstehen? In einem Interview mit NGZ SERVICE MANAGER erklärt auch Horst Wüstkamp:

> Die Kurse haben wir schon vor zwei Jahren einstellen müssen, da nur eine ganz kleine Gruppe von Menschen diese ganzheitliche Idee nachvollziehen kann. Die Hemmschwelle, unser Haus zu betreten, war durch das anspruchsvolle Angebot viel zu hoch.

Hier zeigt sich ganz deutlich der Grundkonflikt, dem der Bau mit seinem Versuch einer Synthese von Ökologie und Ökonomie und dem Anspruch, eine gehobene Mittelschicht anzusprechen, ausgesetzt ist. Auch Horx diagnostiziert: *Doch das PUEBLO hängt hilflos zwischen den Schichten: Die leitenden Angestellten bleiben aus, weil es ihnen zu alternativ ist, die Alternativen kommen nicht, weil sie es zu kommerziell finden ...* (Horx in: ZEIT 18.10.85).

Eine Annäherung der verschiedenen Lebensstile: des alternativen Lebensstils und der "Yuppie-Kultur" hat nicht stattgefunden. Eine reelle ökonomische Basis für das Freizeitzentrum, um in der Konkurrenz mit ähnlich strukturierten Angeboten aus dem alternativ-spirituellen Bereich sowie auch staatlich subventionierten (z.B. den Volkshochschulen) bestehen zu können, war somit nicht gegeben.

Ein ähnlicher Zwiespalt ergibt sich auch beim Personal, da das Freizeitzentrum einerseits, um rentabel zu sein, nach ökonomischen Grundsätzen geführt werden muß, die Mitarbeiter sich aber andererseits mit dem Haus identifizieren, das PUEBLO als ihr Haus akzeptieren und selbstbestimmt darin arbeiten sollen.

Das ist ein Hauptproblem gewesen, daß sich Menschen diesem Organismus zugefügt haben, die das als Job betrachtet haben und die nicht hinter dieser geistigen Einstellung gestanden haben (Tonaufnahme: Wüstkamp-Interview).

Von einer *organischen* oder *systemischen* Entwicklung - nach kybernetischen Grundsätzen - kann beim gesamten PUEBLO-Projekt nicht die Rede sein, da ein Konzept dieser Größenordnung und mit dieser kommerziellen Zielsetzung sowohl strikte Planung als auch stringente Durchführung dieser Planung zur Voraussetzung hat und somit von vornherein den Prinzipien der Selbstorganisation zuwiderlaufen muß:

Aber wenn man das für die mittlere Bürgerschicht mit Tendenz nach oben konzipiert, geht es so nicht. Dann muß man was fertig hinstellen und das muß auch schnell gebaut werden ... und dann muß es irgendwann fertig sein ... Auf meiner heutigen Erfahrung aufbauend, würde ich überhaupt nichts mehr anderes machen, als es wachsen lassen, aus einer kleinen Zelle heraus und immer mehr und immer mehr und Menschen finden, die das mittragen, die auch geistig dahinter stehen (Tonaufnahme: Wüstkamp-Interview).

Bei einer inhaltlichen Kritik erscheint das dem Konzept zugrundeliegende Bild der Freizeit und von den Möglichkeiten von Freizeit zumindest diskussionswürdig. Läßt sich Gesellschaft, wie von Vester beabsichtigt, über die Freizeit ändern oder ist die Freizeit, gerade in ihrer kommerzialisierten Form, nur der verlängerte Arm der herrschenden Verhältnisse? Ist das bestehende antiökologische Wirtschaftssystem (über seine Repräsentanten - sprich die als Zielpublikum angesprochenen Manager) durch ein solches ebenfalls gewinnorientiertes Konzept veränderbar oder tritt nicht gerade ein gegenteiliger Effekt durch die Vermarktung alternativen und spirituellen Gedankenguts auf?

In der sozialwissenschaftlichen Diskussion werden die Möglichkeiten von Freizeit nicht so eindeutig positiv bewertet wie durch Vester. Es besteht hier ein Konflikt zwischen den Vertretern der sogenannten "Kreativitäts-" und solchen der "Kompensations-" Hypothese: *Ist für die einen Freizeit Raum für Selbstverwirklichung, Kreativität und Produktivität und die Nichterfüllung Verschwendung der Möglichkeiten (Blücher 1962), so ist sie für die anderen nur in der Komplementärfunktion zur Arbeitswelt zu sehen (Habermas 1958): Freizeit ist regenerativ, kompensativ und suspensiv und der je einzelne ist zur Befriedigung dieser Ausgleichsbedürfnisse auf die Angebote einer profitorientierten Freizeitindustrie angewiesen* (Greverus 1978, 105).

Geht ein solches Konzept von Freizeit nicht schon von vornherein an den realen Freizeit-Bedürfnissen eines potentiellen Publikums vorbei? Welches Publikum wird sich die Ausgestaltung seiner Freizeit in dieser Form vorschreiben lassen? Und wie ist es bei einem Publikum, das eine solche Form von geplanter Freizeit konsumiert, um die Kreativität bestellt? Kann Kreativität, die im Alltagsleben ständig verschüttet wird, mit Hilfe eines solchen Ansatzes in der Freizeit einfach wieder gelernt werden? Die Bevorzugung der kommerziellen Angebote vor den Kreativangeboten durch die Nutzer des PUEBLO läßt da auf große Defizite schließen und es erscheint fraglich - die Äußerungen der "Spaziergänger" deuten ebenfalls darauf hin - ob die vorstrukturierte Art des Angebots, die kaum Freiräume zu spielerischen Entfaltung von Kreativität bietet, hier etwas verändern kann. Der Spiel- und Erlebniswert der Objekte wurde wohl stark überschätzt, dagegen gewisse Hemmschwellen beim Besucher (z.B. vor dem Spielen in der Öffentlichkeit) unterschätzt. Ist es außerdem realistisch anzunehmen, daß sich die Besucher eines solchen Freizeitzentrums in ihrer Freizeit in der gewünschten Form belehren bzw. auf den rechten ökologischen Pfad bringen lassen wollen? Und besteht tatsächlich die Möglichkeit, auf solche Weise ein kritisch-ökologisches Bewußtsein erzeugen, oder ist nicht gerade dieses Bewußtsein Voraussetzung dafür, die vorhandenen ganzheitlichen Angebote des Freizeitzentrums wahrnehmen und würdigen zu können? Doch ein Publikum, daß diesem Gedankengut aufgeschlossener gegenübergestanden hätte (etwa aus dem alternativen Milieu), konnte, wie schon festgestellt, durch die kommerzielle Form des Freizeitzentrums nicht angesprochen werden, was aber wohl auch gar nicht beabsichtigt war.

Dann stellt sich die Frage nach dem Umgang mit der fremden Kultur. Lassen sich Elemente oder Ideologien aus exotischen kulturellen Zusammenhängen, wie z.B. bei der sogenannten *Indianerphilosophie* (eine Begrifflichkeit, die auf eine sehr grob vereinfachte Vorstellung von indianischen Kulturen schließen läßt) oder aus einer romantisierten

Vergangenheit, wie u.a. beim *Dorfbereich* (mit der Vorstellung: Dorf = gelebte Gemeinschaft), einfach unhinterfragt in den völlig andersgearteten soziokulturellen Kontext unserer Gesellschaft übertragen und so wiederbeleben? Hier wird eine Tendenz zu einem kulturellem Synkretismus sichtbar, wie sie bei verschiedensten Ansätzen im New Age-Kontext auftritt (vgl. dazu auch den Aufsatz von Bischof und Gärtner in diesem Band).
Es genügt hierbei aber scheinbar nicht, einfach nur gewisse räumliche Strukturen vorzugeben (und seien sie auch noch so vorbildlich gestaltet) und dann zu erwarten, daß sich dort - außerhalb des ursprünglichen, komplexen dörflichen Beziehungsmusters - dieselbe Form von Gemeinschaftsleben entwickelt (ein Beispiel für das Mißlingen eines solchen Unterfangens ist auch der *Meerpaal* im niederländischen Dronten, bei dem das Prinzip der klassisch-griechischen *Agora* auf ein modernes Gemeindezentrum übertragen werden sollte, vgl. Bloedner 1976). In diesem Zusammenhang wird die Frage nach der Planbarkeit sozialer Modelle im Bereich der Freizeit, wie auch allgemein, aufgeworfen.
Traten viele Probleme beim PUEBLO nicht gerade auch deshalb auf, weil Prinzipien der naturwissenschaftlichen Ökologie bzw. der Biokybernetik unhinterfragt auf soziokulturelle Strukturen und Prozesse, die sich eben nicht vollständig auf biologische Eigenschaften reduzieren lassen (Prinzip der funktionalen Integration), übertragen wurden und man so kultur(!)ökologische Faktoren vernachlässigt hat? Die Chancen, die sich durch die Konvergenz natur- sowie geistes- und sozialwissenschaftlicher Erkenntnisse ergeben können, wurden so leider nur ansatzweise genutzt.
Lassen sich soziale Prozesse einfach nach dem Prinzip der Selbstorganisation und nach natürlichen Kreislaufmodellen interpretieren und sogar steuern? Sind gewisse Rückkoppelungen und Regelkreise bei sozio-kulturellen Strukturen und Prozessen einfach zu postulieren, oder sollte eine Betrachtung solcher Phänomene nicht eher *empirisch und nicht a priori definitorisch* (vgl. Bargatzky 1986, 93) erfolgen? Die im vorliegenden Fall als Planungsgrundlage dienenden Systemmodelle scheinen die spätere Realität des Freizeitzentrums gerade in seinem sozialen Umfeld nur sehr unvollkommen dargestellt zu haben. Gerade dem Faktor Selbstorganisation scheint hier zu wenig Gewicht beigemessen worden zu sein.
Auf eine allgemeine Gefahr des Mißbrauchs kybernetischer Modelle bei deren unhinterfragter Übertragung auf die Gesellschaft sei in diesem Zusammenhang ebenfalls noch hingewiesen: die Unterbewertung ökonomischer und politischer Aspekte. Es muß aber, wie Keim in seinem Aufsatz zur ökologischen Stadtentwicklung schreibt: *die Umweltkrise als politisch--*

soziales Problem begriffen werden, als Eigenschaft der Produktionsverhältnisse - und nicht als natürlich-technisches Manko der Produktivkräfte* (Keim 1988, 111).
Modelle wie das der Homöostase können argumentativ auch (was Vester hier nicht unterstellt werden soll!) zur Festigung eines gesellschaftlichen Status quo und Nicht-Mobilisierung von Menschen eingesetzt werden. Aber gerade *wer mit der ökologischen Denkweise gesellschaftliche Praxis verbindet, muß die Gegenstände seiner Aktivitäten in einen politischen Zusammenhang stellen!* (Keim 1988, 111), ein Faktor, der bei der Konzeption eines solchen Freizeitzentrums zu kurz kommt und bei der angesprochenen Zielgruppe wohl auch von vornherein zwangsläufig zu kurz kommen muß.

Abschließend noch einmal zurück zum PUEBLO selbst, dessen Zukunft lange Zeit völlig ungeklärt schien. Nach einem Umbau war zunächst eine Straffung des Angebots vorgesehen, durch Konzentration auf die Bereiche Gastronomie (Vollwerternährung) und Fitneß. Außerdem sollten durch Ansiedlung eines Hotels auf einem benachbarten Grundstück dem Haus neue Kunden zugeführt werden. Unterdessen war das Objekt jedoch - nach dem Konkurs im Jahre 1988 - zum Preis von 4,5 Millionen DM (vergl. die Errichtungskosten von 35 Millionen DM) - übergegangen in den Besitz einer Immobiliengruppe, die allerdings mit dem unrentablen Freizeitobjekt auch nichts rechtes anzufangen wußte. So war für die neuen Besitzer, selbst ein Abriß des PUEBLO und die Errichtung eines Bürokomplexes an seiner Stelle nicht mehr ausgeschlossen, um wenigstens den teuren Baugrund in der Bürostadt möglichst effektiv nutzen zu können.
Zuletzt ergaben sich jedoch noch einmal neue Perspektiven für das Freizeitzentrum, da mittlerweile die Stadt Frankfurt, schon seit einiger Zeit Mieter des Freizeitzentrums, sich dazu bereit erklärt hat, das ehemalige Erlebnisobjekt für 11,4 Millionen DM aufzukaufen und unter einer neuen Konzeption zu betreiben. Hierbei erfahren die ursprünglichen Vorstellungen für die Umgestaltung des Freizeitzentrums eine Renaissance:

> *Freilich will die rot-grüne Koalition nun zusätzlich über 7,7 Millionen Mark Steuergelder ausgeben, um das Gebäude mit seiner imitierten indianischen Lehmbauweise zu einem konventionellen Fitneß-Center umzurüsten - statt der ökologischen Anti-Streß-Philosophie Frederic Vesters mit biologischem Restaurant, Tastecke und Riechorgel sind ein Grillokal und ein Billard-Café vorgesehen sowie reichlich Platz für Squash und Sauna* (aus Frankfurter Rundschau vom 15. Feb. 1990).

Aber auch in Zukunft wird die Freizeitanlage wohl kaum ohne städtische Zuschüsse auskommen können. Das Zentrum wird zum *Erlebnis für den Steuerzahler*. Ein Vertrags-Passus wird die Stadt Frankfurt dazu verpflichten, das Objekt nicht vor dem Jahr 1995 wieder zu veräußern oder doch noch abzureißen. Zumindest bis dahin scheint die Zukunft des PUEBLO gesichert.

Cordula Vennebusch

der hof Niederursel -
eine anthroposophische Raumaneignung

Einführung

Frankfurt Hauptwache: Einkaufszone, menschengefülltes Zentrum der Stadt, Verkehrsknotenpunkt der S- und U-Bahnlinien.
Begibt man sich die Rolltreppen hinab zu den Bahnsteigen der Linien U 1, 2, 3, 6 oder 7, führt der Weg vorbei an einem großen, freistehenden Glasschaukasten, der zweigeteilt ist und in dem sich zwei verschiedene Stile des Einrichtens präsentieren. In der einen Hälfte wirbt ein modernes Möbelgeschäft mit seinen avantgardistischen Design-Produkten, auf der anderen Seite wird den Passanten mit Baubiologie und Naturmaterialien eine *menschengerechte* (Wohn-)Raumgestaltung angeboten. Eine Tafel weist aus: *Gesund Wohnen* in *der hof* Niederursel.
Folgt man der Wegbeschreibung, steigt in die U 3 ein und nach ungefähr 20 Minuten in Niederursel wieder aus, hat man beinahe eine Reise von einer Welt in die andere, von der Mainmetropole zum mittlerweile längst eingemeindeten Dorf hinter sich. Hinweisschilder begleiten das kurze Stück Fußweg entlang des Urselbaches und des Hauptverkehrsflusses, dann geht es rechts ab in die Alt-Niederurselstraße mit ihren Fachwerkhäusern und (teils noch betriebenen) Hofreiten, bis zu den beiden Kerngehöften des *hofes*.
der hof, in dem heute ca. 50-60 Menschen beschäftigt sind, umfaßt verschiedene Kultur- und Werkstattinitiativen, die sich mit ihren jeweiligen Angeboten nach außen richten.
Dazu zählen im Kulturbereich ein Waldorfkindergarten, eine Bildungsstätte, die neben Kursen und Seminaren Theater- und Konzertveranstaltungen organisiert und im Zusammenhang mit den Werkstätten ein sogenanntes berufspraktisches Jahr als Orientierungshilfe für junge Menschen bietet. Als Begegnungsstätte gedacht existiert die *Teescheune*, der eine Bibliothek angegliedert ist. Zur Versorgung von Gästen und Mitarbeitern mit Mittagessen und selbstgebackenem Brot steht eine Küche bereit, sechs Gästezimmer stehen im Zusammenhang mit den Kursen und darüberhinaus zum Anmieten zur Verfügung.

Zum Werkstattbereich, dessen Betriebe in sich geschlossene Einheiten bilden, gehören eine Handweberei, ein Atelier für Gestaltung, eine Schreinerei, eine Töpferei, ein Naturkostladen samt Gartenbetrieb und der bereits erwähnte Laden *Gesund Wohnen*.

Die Mitwirkenden verstehen *den hof* als Gemeinschaftsprojekt, dessen die verschiedenen Arbeitsbereiche umfassende Grundlage die Anthroposophie bildet:

> *Wir sind eine Gemeinschaft von Menschen unterschiedlichster Altersstufen, aber verbunden durch eine zündende Idee: Wir wollen die sozialen und pädagogischen Impulse von Dr. Rudolf Steiner in praktische Taten umsetzen. Auf der Grundlage seiner Anthroposophie wollen wir mithelfen, eine menschenwürdigere Gesellschaft zu schaffen, eine seelische Kultur, in der der Mensch, bei Wahrung seiner Individualität, den Mitmenschen wahrnimmt und achtet* (Werkstattbericht *der hof* 1979, 2).

Wie diese Ziele angegangen und verwirklicht wurden, soll hier unter besonderer Berücksichtigung der räumlichen Gestaltung, die ihre Rahmenbedingungen in einem vorgefundenen Gehöft inmitten von relikthaften dörflichen Strukturen gefunden hat, untersucht werden.

Die Umsetzung und Entwicklung der eigenen Ideen bis zur heutigen Gestalt des *hofes* geht Hand in Hand mit der formenden Aneignung eines gegebenen Raumes. Dieser Raum ist seinerseits Träger von Gehalten, von Bedeutungen, die sich aus der Vergangenheit, aus der früheren Nutzung und Gestaltung herleiten und im Erscheinungsbild sozusagen mitgeliefert werden. Es ergibt sich also eine Spannung zwischen dem, was dieser Raum einmal war, und dem, was er nun sein soll. In welcher Weise die Gemeischaft des *hofes* diese impliziten Gehalte vorgestellt und begriffen und in Bezug zu ihren eigenen Idealen gesetzt hat, somit diesen Hof zu ihrem *hof* gemacht hat, möchte ich zeigen.

Anthroposophie - spirituelles Weltbild

Ausgangspunkt und ideelles Rückgrat für die Initiative findet sich in der Anthroposophie, die von Rudolf Steiner (1861-1925) als *Geisteswissenschaft* und *Erkenntnisweg* begründet wurde:

> *Unter Anthroposophie verstehe ich eine wissenschaftliche Erforschung der geistigen Welt, welche die Einseitigkeiten einer bloßen Natur-Erkenntnis ebenso wie diejenigen der gewöhnlichen Mystik durchschaut, und die, bevor sie den Versuch macht, in die übersinnliche Welt einzudringen, in der erkennenden Seele erst die im gewöhnlichen Bewußtsein und in der*

gewöhnlichen Wissenschaft noch nicht tätigen Kräfte entwickelt, welche ein solches Eindringen ermöglicht (Steiner 1983, 46).

Indem sich ihr Erkenntnisinteresse der übersinnlichen Welt zuwendet, verläßt die Anthroposophie den Boden der herkömmlichen Wissenschaften und kann dann auch von Theodore Roszak als *okkulte Wissenschaft* (Roszak 1985, 154) jenen *Grenzbereichen der Aquarier* (ebd. 42f.) zugerechnet werden, die für ihn maßgeblich an der gegenwärtigen *interplanetaren Mutation des menschlichen Geistes* (ebd. 14), somit am heraufziehenden New Age, beteiligt sind.

Ein wesentlicher Unterschied zu anderen Bereichen, die eine spirituelle Bewußtseinserweiterung anstreben, dürfte, neben der von anthroposophischer Seite immer wieder eingeklagten Zugangsweise durch das Denken, in den Konsequenzen des Handelns und gesellschaftlichen Wirkens liegen, die in den verschiedenen *Arbeitsfeldern der Anthroposophie* (Rieche/ Schuchhardt 1981) offensichtlich werden und die im Gegensatz zu den Privatisierungs- und Individualisierungstendenzen anderer spiritueller Strömungen stehen. Diese Arbeitsfelder umfassen die verschiedensten Lebensbereiche, Wissenschaften und Künste wie z.B. *philosophische Weltanschauung, Christologie, Poetik, Dramaturgie, Architektur, Sozialphilosophie, Pädagogik, Medizin, Pharmazie, Psychotherapie, Heilpädagogik, Landwirtschaft und Ökonomie* (Ullrich 1986, 80).

Sie resultieren einerseits aus ganz konkreten Anregungen, die Steiner für bestimmte Handlungsfelder in seinen zahlreichen Vorträgen und Schriften (angestrebte Gesamtausgabe ca. 330 Bände) gegeben hat. Andererseits stellt sich aber die Frage, inwiefern eine solche Breitenwirkung bereits im System einer Weltanschauung angelegt ist, die eine einheitliche Welterklärung, *eine Deutung der Wirklichkeit im Ganzen anbietet* (Scherer 1987, 10). Das Arbeiten an und in den Einzelteilen dieses Ganzen ist konkret vollzogene Konsequenz dieser Weltsicht, die schließlich in die *Hoffnung auf neue Kultur* (Rieche/Schuchhardt 1981, 7; vgl. dazu Rittelmeyer München 1921). einmündet.

Wie diese ganzheitliche Sinnordnung sich in allen Einzelheiten darstellt, kann hier nicht gezeigt, sondern nur angerissen werden[1], da dies als Hintergrund für das Verstehen einer solchen Initiative wie des *hofes* und seiner Gestalt unerläßlich ist.

---

[1] Zur Einführung siehe auch: Becker/Hiebel/Schreiner 1983

Steiner geht von einer monistischen Weltsicht aus, in der das Individuum in die Welt und den Kosmos integriert ist und nur durch seine mangelhafte Wahrnehmung sich als von der Welt getrennt erlebt. Durch den Akt des Denkens kann diese scheinbare Kluft überwunden werden.[2] Voraussetzung für das Erkennen ist in der Anthroposophie der Gedanke, *daß der Mensch, indem er sich auf der Ebene bewegt, die man das "reine" Denken nennt, über das rein Subjektive hinausgelangt, also das Wesen der objektiven Welt erlebt* (Kugler 1979, 39).

Diese für das Erkennen konstituierte mögliche Einheit von Subjekt und Objekt wird in der vorgestellten Einheit von Mensch und Erde fortgeführt:

Durch seine mineralische Daseinsform ist der Mensch verwandt mit allem Sichtbaren, durch seine tierische mit allen, die ihre Umgebung wahrnehmen und aufgrund äußerer Eindrücke innere Erlebnisse haben (Steiner 1986, 24f.).

Das Spezifische am Menschen, das Ich, ist hingegen mit dem Göttlichen verwandt: *Wie der Tropfen sich zum Meere verhält, so verhält sich das Ich zum Göttlichen* (Steiner 1983, 124).

Neben dieser substantiellen Verbundenheit sowohl mit der irdischen als auch göttlichen Welt besteht noch eine genealogische, in der Menschwerdung - sowohl die individuelle als auch die der Gattung - eng mit kosmischem Geschehen verwoben vorgestellt wird (vgl. Steiner 1985, 103ff.).

Der Mensch stellt sich dar in Leib, Seele und Geist gegliedert, dem als analoge grundsätzliche Lebensäußerungen Wollen (Handeln), Fühlen und Denken gegeben sind. Dem Geistigen kommt dabei die Aufgabe zu, die anderen Bereiche zu durchdringen und gleichsam zu veredeln. So stellt sich neben das Prinzip der Einheit und wiederholt gleicher Strukturierungen das der dynamischen Entwicklung, die in der geistigen Dimension ihren Ursprung und ihr Ziel findet.

Individuelle Entwicklung innerhalb eines Lebens, wie auch Entwicklung durch Reinkarnation über mehrere Leben, ist verknüpft mit der Menschheitsgeschichte - dadurch nimmt der einzelne innerhalb dieser einen festen Platz ein.[3]

---

[2] Siehe Steiner 1977. Insbesondere das Kapitel: *Die Konsequenzen des Monismus*

[3] Zur philosophischen Auseinandersetzung mit diesen geschilderten Gedankengängen siehe Scherer 1987.

Wenn sich hier im spirituellen Weltbild ein integriertes System zeigt, in dem die Einzelteile sich zusammenfügen, gegenseitig durchdringen und insgesamt getragen werden vom Geistigen, gilt ähnliches für das gesellschaftliche Weltbild. Analog zur Einordnung in kosmische Zusammenhänge geschieht hier die Einordnung des freien, da göttlich-geistigen Individuums ins Soziale.

Sozialimpuls

Die freie Individualität des einzelnen, *denn als geistiger Mensch ist eben jeder eine eigene Gattung*, und sein freies Handeln innerhalb der Bedürfnisse eines Gemeinwesens führt Steiner in einem *ethischen Individualismus* zusammen, welcher auf die gemeinsamen Grundlagen verweist:

> *Der Unterschied zwischen mir und meinem Mitmenschen liegt durchaus nicht darin, das wir in zwei ganz verschiedenen Geisteswelten leben, sondern daß er aus der uns gemeinsamen Ideenwelt andere Intuitionen empfängt als ich. Er will seine Intuitionen ausleben, ich die meinigen. Wenn wir beide wirklich aus der Idee schöpfen und keinen äußeren ... Antrieben folgen, so können wir uns nur in dem gleichen Streben, in denselben Intuitionen begegnen. ... Läge nicht in der menschlichen Wesenheit der Urgrund zur Verträglichkeit, man würde sie ihr durch keine äußeren Gesetze einimpfen! Nur weil die menschlichen Individuen eines Geistes sind, können sie sich auch nebeneinander ausleben* (Steiner, zit.n. Becker/Hiebel/Schreiner 1983, 107).

In der Ausarbeitung der *Sozialen Frage* nimmt nun die Idee der *Dreigliederung des sozialen Organismus* in Geistesleben, Rechtsleben und Wirtschaftsleben eine zentrale Stellung ein. Steiner entwickelte sie anhand der Dreigliederung des menschlichen Organismus (Nerven- und Kopfsystem; rhythmisches System; Stoffwechsel) und versteht sie als solche auch menschgemäß. Diese Struktur wird unter der Hinzuziehung der Ideale der Französischen Revolution gestaltendes Prinzip:

> *Daher wird man zu einer Erfassung des Lebens des sozialen Organismus kommen, wenn man imstande ist, die wirklichkeitsgemäße Gestaltung dieses sozialen Organismus im Bezug auf Brüderlichkeit, Gleichheit und Freiheit zu durchschauen. Dann wird man erkennen, daß das Zusammenwirken der Menschen im Wirtschaftsleben auf derjenigen Brüderlichkeit ruhen muß, die aus den Assoziationen heraus entsteht. In dem zweiten Gliede, dem System des öffentlichen Rechts, wo man zu tun hat mit dem rein menschlichen Verhältnis von Person zu Person, hat man zu erstreben die Verwirklichung der Idee der Gleichheit. Und auf dem geistigen Gebiete, das in relativer*

Selbständigkeit im sozialen Organismus steht, hat man es zu tun mit der Verwirklichung des Impulses der Freiheit (Steiner 1973, 71f.).

Anwendungsbereich eines solchen Modells sei nicht nur auf der Makro-Ebene eines Staatswesens zu sehen, sondern auch im Meso-Bereich von Gruppen, Verbänden, Institutionen und schließlich auf der Mikro-Ebene sozialer Interaktion von Familie, zwischenmenschlicher Beziehungen (vgl. Brüll 1984, 191ff.). Um die Dreigliederung gruppieren sich verschiedene Ziele und Ansätze, die sich als Beitrag zur *Neugestaltung des sozialen Organismus* verstehen, so z.B. Selbstverwaltung, Trennung von Lohn und Arbeit, assoziatives Wirtschaften, neues Bodeneigentumsrecht, neues Geldverständnis.

Nachdem die praktische Umsetzung des Sozialimpulses nach den noch von Steiner selbst initiierten Anfängen in den zwanziger Jahren (Gründung des *Bundes für Dreigliederung des sozialen Organismus*; *AG Kommender Tag*; Gründung der ersten Waldorfschule) zunächst stagnierte und ihm eher ein "Winkeldasein" innerhalb der anthroposophischen Bewegung zugesprochen wird[4], ist an anderer Stelle von einem in den letzten Jahren stattfindenden *Innovationsschub*, von einer erneuten Hinwendung zum *sozialen Auftrag der Anthroposophie* die Rede.[5]

der hof nun ist eben aus der Beschäftigung mit gesellschaftlichen Problemen hervorgegangen. Er versteht sich als *eine Begegnungsstätte für Menschen, die zur Lösung der vielfältigen sozialen Probleme der Gegenwart und Zukunft einen praktischen Beitrag leisten wollen* (Werkstattbericht April 1979, 3).

Daß dieser Schwerpunkt mit der daraus folgenden Öffnung nach außen (immer noch?) aus dem anthroposophischen Rahmen fällt, macht der Kommentar eines anthroposophischen Therapeuten aus Freiburg deutlich: *der hof* sei gar keine typische anthroposophische Einrichtung, das seien einfach sozial engagierte Menschen (Gesprächsprotokoll 16.10.1987, Künstlerisches Therapeutikum Freiburg).

---

[4] So versucht Dieter Brüll (1984) im letzten Kapitel seines Buches "Der anthroposopische Sozialimpuls" den Fragen nach der unzureichenden Fortentwicklung dieses Impulses nachzugehen.

[5] Vgl. Limbacher/Pathé 1984, Seite 168ff. Eine neue Ausrichtung dieser Dreigliederungsbewegung ist auch neuerdings im Zusammenhang mit der Entwicklung in der DDR festzustellen. Siehe hierzu *Info3* - Extra 4/ 1989 und *Info3* 1/1990.

der hof - Ideen und Entwicklung

In den Unruhen der '68er sahen sich zwei befreundete Ehepaare vor die Frage und Aufgabe gestellt, wie man an dem sozialen Geschehen der Zeit mitarbeiten könne, wie Wege aus der gesellschaftlichen Mißlage zu finden seien. Man diskutierte zunächst im privaten Bereich *über Probleme der Geisteswissenschaft, des Rechts und der Weltwirtschaft* (Werkstattbericht Oktober 1975, 3) auf der Grundlage der Anthroposophie. Die private Sphäre verwandelte sich in einen umfassenderen Arbeitskreis und man zog um in einen ausgebauten Kellerraum.

1971 entstand aus der Gruppe heraus der Verein *Freie Verbraucher Frankfurt*, der auf Steiners Entwurf des assoziativen Wirtschaftens Bezug nahm, *womit die Hoffnung und Absicht verbunden war, daß der Gedanke assoziativen Verhaltens von Produzenten, Händlern und Konsumenten neu ergriffen werden würde* (ebd. 3).

Nach diesem ersten öffentlichen Schritt folgten zwei weitere Vereine 1973: *Verein zur Pflege der Waldorfpädagogik Ffm.* und die *Gesellschaft zur Jugendförderung und Erwachsenenbildung Ffm.* Das Ziel, gesellschaftlich wirken zu wollen, findet hier seinen Ansatz in der Bildung und Erziehung des Individuums, in konkreter individueller Lebenshilfe, die den einzelnen wieder rückbezieht auf die ihn umgebenden Ordnungen:

> *Mit der Waldorfpädagogik werden im Kindergarten die Grundlagen gelegt für eine Menschenentwickelung, die zu dem führen soll, was bei den Treffpunkten und Werkstätten die Mitarbeiter und Teilnehmer motiviert: ihre individuellen Antriebe und Fähigkeiten frei zu entfalten und aus eigener Entscheidung sinnvoll in den sozialen Zusammenhang einzubringen. So kann bei voller Wahrung der Freiheit die damit verbundene Verantwortung in dreifacher Hinsicht erfahren werden: Gegenüber der sozialen Umwelt ..., gegenüber der Natur als der materiellen Grundlage unserer Existenz ..., und gegenüber der Geschichte ...* (Werkstattbericht April 1979, 3f.).

Da Mensch und Welt sich in einem Mikro-Makro-Verhältnis gegenseitig spiegeln, kann die Macht zur Veränderung gesellschaftlicher Verhältnisse auf das Individuum hin zentriert werden, von ihm gehen Wirkungen aus. Von diesem Verständnis geht der *hof* seine Arbeit an: *Im Mittelpunkt steht der Mensch* (Titel der Selbstdarstellung des *hofes* im Trigonal Juni 1988).

Da aber *nur ein gesunder Mensch auch gesunde soziale Verhältnisse schaffen kann* (Interview 8.6.88) gilt es, zunächst einmal den dreigliedrigen Menschen zu stärken. So versteht die *Gesellschaft zur Jugendförderung und Erwachsenenbildung* ihr Angebot:

Dieser Verein vertritt die Kurse, Seminare und Werkstätten. Heute kann man bei uns töpfern, schnitzen, weben, und schmieden und vieles andere. Es geht uns dabei nicht um Hobby- oder Freizeitbeschäftigung. Das kann eine Volkshochschule auch, zumal solche Einrichtungen materiell und personell besser ausgerüstet sind als solche auf privater Basis. Wir aber wünschen uns, daß neben der Freude und Entspannung beim handwerklichen - künstlerischen Tun zugleich Fähigkeiten entwickelt und/oder neu erworben werden. Eine solche Entdeckung stärkt das Selbstwertgefühl (Werkstattbericht April 1975, 5).

Heilung des nicht mehr voll selbstverständlichen, voll handlungsfähigen Individuums ist somit das Etappenziel, damit dieses seiner sozialen Verantwortung nachkommen kann.

Soziale Verantwortung ist aber unter den heutigen Lebensumständen meist anderen Gefühlen gewichen wie, *Verdrängung, Resignation, Abstumpfung, Passivität. Dies alles sind Bewußtseinszustände des durch eigene Schwäche und äußere Einwirkung seiner Würde entfremdeten Menschen* (Werkstattbericht Oktober 1975, 7f.).

Bei der Suche nach geeigneten Räumlichkeiten orientierte man sich zunächst in die Innenstadt Frankfurts, von wo aus man sich am ehesten versprach, direkt in das soziale Leben der Stadt wirken zu können. Dies blieb jedoch erfolglos, und als sich Ende 1973 die Möglichkeit bot, in Niederursel ansässig zu werden, nutzte man sie.

Am 1.3.1974 wurde der Mietvertrag über das bäuerliche Anwesen Alt-Niederursel 42 mit der Stadt Frankfurt abgeschlossen. Anmietung und Herrichtung des Gebäudekomplexes waren möglich dadurch, daß die Vereine (*die ... mit viel Idealismus, aber mit wenig Geld ins Leben gerufen worden sind*) auf freiwillige Unterstützung finanzieller als auch handwerklicher Art ihres Umfeldes bauen konnten. Nach fünf Monaten Renovierungsarbeiten konnte die erste Kindergartengruppe in das ehemalige Wohnhaus ziehen, *der hof* wurde feierlich eröffnet, Werkstätten, Seminare und die Teescheune konnten mit der praktischen Arbeit beginnen.

Als *konsequente Weiterführung ursprünglicher Zielvorstellungen und Absichten* gründeten Mitglieder der Gemeinschaft 1977 den Verein *Bildungsstätte Niederursel*, welcher kurz darauf Eigentümer des schräg gegenüberliegenden *Dröserhofes* wurde. Durch die auch hier praktizierte Ansprechung des *ganzen dreigliedrigen Menschen* stellt das Kursangebot eine Begleitung durch die verschiedenen Lebensabschnitte dar: bei der Schwangerschaft angefangen, übergehend zur Säuglingspflege und Waldorfpädagogik, zur Freizeitschule und zu den Jugendveranstaltungen, dem Berufspraktischen Jahr als Orientierungshilfe im Übergang zum Erwachsenenalter, bis zu den Kursen für Erwachsene. Die *Initiative zur Gründung einer Waldorfschule Niederursel* rundet das Bild ab und bestätigt den Ansatz, den ganzen Menschen - auch in seiner zeitlichen Kontinuität - zu erfassen, andererseits auch die ganze Gemeinschaft in ihrer Zusammensetzung aus verschiedenen Altersstufen. Das Erleben dessen gilt als Voraussetzung sozialer, aber auch geschichtlicher Verantwortung:

> *Gegenüber der sozialen Umwelt: Durch das freiwillige Zusammenwirken von Menschen aller Altersstufen und in der Aufgeschlossenheit der verschiedenen Altersstufen füreinander wird das eigene Selbstgefühl nicht auf Kosten des Mitmenschen gewonnen, sondern gerade erst durch dessen volle Würdigung als eines gleichwertigen Partners ...*
>
> *Gegenüber der Geschichte: Wenn die verschiedenen Altersgruppen zusammenkommen, werden die Entwickelungsstufen des Menschenlebens als realer Prozeß erlebt. Dieser scheint dann in jeder Phase als sinnvoll und schafft Verständnis für die Tatsache, daß gegenwärtige Verhältnisse bedingt sind durch ganz anders geartete der Vergangenheit und daß in der Gegenwart selbst die Voraussetzungen geschaffen werden für Möglichkeiten in der Zukunft* (Werkstattbericht April 1975, 8).

Neben diesen soziokulturellen Einrichtungen haben sich im Laufe der Zeit auch wirtschaftliche gebildet. Mit der Bildungsstätte und ihrem Ziel, jungen Menschen eine Berufsorientierung zu bieten, wurden weitere Werkstätten gegründet. Zu der bereits bestehenden Tischlerei und der Küche gesellten sich Töpferei, Gartenbau und Weberei. Zur pädagogischen Motivation kam die wirtschaftliche, mußte doch die Bildungseinrichtung finanziell unterstützt werden. Mit Hilfe eines Zivildienstleistenden, der bereits eine Töpferlehre hinter sich hatte, entstand aus der Töpferwerkstatt eine Kachelproduktion für Kachelöfen, somit eine Produktions- und Vertriebsgesellschaft, die die Grundlage für den Laden *Gesund Wohnen* bildete. Auch die Schreinerei gründete auf die selbständige Initiative eines Zivildienstleistenden, der aus einem Handwerksarbeitsplatz für anfallende Tischlerarbeiten am *hof* einen eigenständigen Betrieb machte, zunächst auch im Hinblick auf das Berufspraktische Jahr. Auf der Grundlage von Eigeninitiative entwickelten sich dann auch die übrigen Betriebe (Handweberei, Atelier für Gestaltung, Naturkostladen, Teescheune und Gästezimmervermietung), die, in individueller Selbsteinschätzung, den *hof* mit versorgen.

Sie stützen aber nicht nur im Hinblick auf ihre wirtschaftliche Funktion die im *hof* angestrebten anthroposophischen Kultur-Ideale, sondern stellen ihre eigene Arbeit ebenso unter diesen Gesichtspunkt. Wiederum als Einheit verstanden, werden die darin enthaltenen verschiedenen Bereiche gleichermaßen ideell überformt und am anthroposophischen Menschen- und Gesellschaftsbild orientiert. Dies gilt für die Ausrichtung der Produkte auf individuelle, menschliche und naturverträgliche Aspekte hin:

1. Bedürfnisorientierte Produktion
Die Betriebe wollen nur herstellen oder verkaufen, was die Kunden wirklich wünschen. Dies beginnt mit einer Beratung, die der Entscheidungsbildung des Kunden dient und zugleich seine Freiheit berücksichtigt und endet in dem Bemühen, soweit wie möglich den Wünschen und Vorstellungen des Kunden entgegenzukommen.

2. Menschen- und erdengerechte Produkte
Vieles, was an Gebrauchsgegenständen auf dem Markt erscheint, ist profit- und maschinengerecht gestaltet, aber nicht menschengerecht. In der künstlerischen Gestaltung eines Gebrauchsgegenstandes sehen wir eine wichtigen kulturelle Aufgabe. Diese Gestaltung beginnt mit der Materialwahl. Hierbei sind wir bemüht, ausschließlich ungiftige, natürliche Stoffe aus regenerierbaren Quellen zu verwenden und diese so zu verwandeln, daß das Produkt über seine praktische Funktion hinaus auch eine seelisch belebende Aufgabe erfüllt (aus dem Faltblatt: Die Atelier- und Werkstättengemeinschaft im der hof. Kunst und Handwerk mit neuen Zielen).

Das gilt ferner für die Verwendung des geldlichen Überschusses, der in den Dienst des sozio-kulturellen Lebens gestellt werden soll:

3. Vergesellschaftung der Gewinne
Erlöse aus den Produktions- und Handelsaktivitäten wollen wir nicht privatisieren. Auf der Basis individueller Entscheidungsfreiheit wollen wir damit die Kultur-Einrichtungen mitfinanzieren helfen, Praktikanten das Orientierungsjahr bezahlen oder neue Initiativen fördern (ebd.).

Und auch die Arbeit als solche wird, gemäß des Sozialimpulses, als Selbstverwirklichungsakt des dreigliedrigen Menschen in und mit der Sozietät, für die gearbeitet wird, statt als Unterhaltserwerb betrachtet:

4. Menschenwürdigere Arbeitsformen
Eine wichtige Bedingung dazu ist, daß Arbeit ihren Arbeitscharakter verliert. Wir arbeiten aus Liebe und Verantwortung zur Sache und den Kunden gegenüber. Wir zahlen keinen leistungsorientierten Lohn, sondern fragen nach den Bedürfnissen des Mitarbeiters. Der Mensch steht nicht nur als dienende Arbeitskraft im Betrieb, sondern auch und vor allem als Wesen mit Ideen, Gefühlen und Willensimpulsen. In den Arbeitsbesprechungen wird gemeinsam auf das Ziel geschaut, partnerschaftlich die Arbeit geteilt, aber

auch zwischenmenschliche Fragen angeschaut. Gemeinsame Erkenntnisarbeit auf den Fachgebieten, aber auch allgemeine Lebensfragen betreffend, sowie künstlerische Betätigung sind nicht schönes Beiwerk, sondern sinngebendes Kernstück (ebd.).

Die Tatsache, daß in den Betrieben nicht mehr als zehn Menschen beschäftigt und sie Handwerksbetriebe sind, sind weitere Aspekte einer Orientierung auf ein - spezifisch verstandenes - menschliches Maß hin.

Die Produkte dieser Werkstätten zielen primär auf die umfassende Versorgung von Haushalten, somit auch auf eine möglichst geschlossene Selbstversorgung des *hofes*, auf eine autarke, vollständige Institution.

In der Struktur von Bildungsstätte, Begegnungsstätte und Wirtschaftsbetrieben wird er von der Gemeinschaft bereits so begriffen, wie er von den Anfängen her angelegt war, und wie es der soziale Impuls der Anthroposophie vorsieht: Als *Sozialer Organismus*, dessen Einheit sich in der Dreigliederung konstituiert. Dies in Analogie zum menschlichen Organismus, analog zur menschlichen *Wesensstruktur* (Leib-Seele-Geist), welche wiederum auf das dahinterstehende monistisch-spirituelle Weltkonzept verweist. Die Analogie mündet in dem Verstehen dieses Organismus als einer selbständigen Individualität.[6]

der hof ist eine *freiwillige Kommunität* (vgl. Greverus 1988), deren *communitas* sich in diesem Fall nicht primär durch den lokalen Zusammenschluß im gemeinsamen Vollzug des Wohnens und miteinander Lebens ausdrückt. Die Mitglieder der Gemeinschaft praktizieren unterschiedliche, individuelle Wohnformen, die von Privatwohnungen bzw. Wohngemeinschaften in den *hof*-Gebäuden über das Wohnen in Niederursel bis zu Wohnsitzen in der weiteren Umgebung reichen. Sie verstehen sich als Arbeits-, nicht als Lebensgemeinschaft, die Gemeinschaft verwirklicht sich durch die gemeinsame Arbeit für eine Idee, welche rückwirkend die Gemeinschaft strukturiert.

So zielt die Arbeit in zwei Richtungen. Zunächst als ein Wirken nach außen, als ein Angebot für Menschen außerhalb der eigenen Gemeinschaft konzipiert, arbeitet man gleichzeitig an sich selbst, wird die Verwirklichung der eigenen Ideale zur eigenen Aufgabe: *Wir sind eine eine Gemeinschaft von Lernenden* (Werkstattbericht Oktober 1975, 9).

---

[6] Vgl. mit dem Selbsverständnis eines anthroposophischen Landwirtschaftsbetriebes in dem Aufsatz: Und dann entsteht eine Hofindividualität. Blaser/Blaser 1984.

Die Grenzen zwischen innen und außen sind dabei fließend. Feste Mitarbeiter, zeitweilige Mitarbeiter wie Praktikanten als die eigentliche Arbeitsgemeinschaft, Vereinsmitglieder wie die Kindergarteneltern, Mitglieder aus Solidarität und Freunde des *hofes* sind vereint im mehr oder weniger verantwortlichen Mitwirken am *hof*-Geschehen. Dies zeigt sich auch in den Eigentumsverhältnissen, sind doch die jeweiligen Vereine Besitzer der Grundstücke.

Darüberhinaus wird rechtliche und wirtschaftliche Eigenständigkeit der einzelnen Initiativen, ganz im Sinne der sozialen Dreigliederung angestrebt, weiß man doch die Gemeinschaft im Ideellen und dem sich darauf beziehenden individuellen, einsichtigen Handeln verankert. Selbstverwaltung und individuelle Lohneinschätzung zielen in dieselbe Richtung.

Man versteht sich als Gemeinschaftsprojekt mit einer *wichtigen Forschungsaufgabe im Sozialen,* die auf der Ebene einer selbstgeschaffenen Institution das ausprobiert, was im Modell Allgemeingültigkeit beansprucht:

> *Es muß untersucht und im Lebensvollzug erprobt werden, wie geistig-kulturelle Bestrebungen mit Betrieben zur wirtschaftlichen Bedürfnisbefriedigung von Menschen im Umkreis so mit einer neuen rechtlichen Gestaltung verbunden werden können, daß ein lebendiger sozialer Organismus als gesellschaftliche Keimzelle entsteht und dadurch anregend auf seine Umgebung wirkt* (Vorschau Freie Bildungsstätte, 1. Halbjahr 1988, 2).

Aneignung des Raumes

Das Dorf

Die beiden Gehöfte, auf die ich später eingehe, sind zeitlich gesehen Ausgangspunkt der *hof*-Entwicklung und bilden den sozialen Mittelpunkt. Über das Dorf verteilt finden sich weitere Gebäude und Grundstücke, die vom *hof* besetzt werden, rechtliche Träger sind hierbei die Vereine, die an die einzelnen Teilbereiche weitervermieten.

Außerhalb befinden sich:

- Gartenbetrieb bei den Dorfwiesen,
- Töpferei in der ehemaligen Mühle,
- Atelier für Gestaltung ebenfalls dort,
- Schreinerei in der ehemaligen Dorfschmiede,
- Wohnhaus, ehemaliges Frankfurter Rathaus.

Hier zeigt sich bereits, daß für das Dorf Niederursel ehemals sozial wichtige Funktions- und Bedeutungseinheiten wie z.B. die Schmiede, die Mühle, das Rathaus und die Gärten besetzt, bzw. mitbesetzt werden.

der hof

Obwohl die Gemeinschaft sich auf den Bereich der Arbeit gründet, und das Wohnen individuell gehandhabt werden kann und auch wird, läßt sich bei einem Dorfrundgang doch auch feststellen, daß die Ansiedlung sich nicht nur auf die Institution beschränkt, sondern auch auf privater Basis betrieben wird. So fanden sich fünf Häuser allein im alten Ortskern, die von Mitarbeitern und weitere vier, die von Kindergarteneltern bewohnt wurden, weitere Ansiedlungen im übrigen Niederursel nicht mitgerechnet. In den Vorschauen der Bildungsstätte findet sich des weiteren ein Verweis auf mit dem *hof* befreundete Initiativen, darunter eine anthroposophische Agentur und ein anthroposophischer Verlag, beide in Gebäuden im alten Ortskern untergebracht.

Diese Durchdringung des Dorfes mit bekannten, befreundeten, vertrauten Menschen und Einrichtungen trägt über den *hof* hinaus dazu bei, daß das Dorf zum Dorf der Gruppe wird. Gehört zum Identifikationsfaktor Raum nicht nur das Erkennen, sondern auch das Erkannt-Werden dazu, ist hier eine Dorf-Identität im Entstehen. Hier sei auch auf die Namensgebung, die Niederursel miteinschließt, hingewiesen; ferner auf die angestrebte Waldorfschule und auf die Tatsache, daß immer noch von *Wachstum* die Rede ist, der auch im Laufe des Projektes an einigen Veränderungen wahrzunehmen war: ganztägige Öffnung der Teescheune, Umzug der Schreinerei, Ausweitung des Gemüseverkaufs in einen Naturkostladen, Beginn der Gästezimmervermietung. Das Wort vom *hof* als *Keimzelle des sozialen Lebens* darf somit auch ganz wörtlich genommen werden. Durch die Dorfvereinnahmung seitens der anthroposopischen Initiative, wie sie bereits im Besetzen ehemals zentraler Dorfeinrichtungen deutlich wird, entsteht Konfliktpotential mit der einheimischen Bevölkerung. Diesbezüglich haben sich die ansässigen Dorfbewohner auch dem Ankauf von weiteren Häusern entgegengestellt.

Symbolische Raumorientierung

Es wird im folgenden um die Frage gehen, wie sich Ideen und Sinnordnung der Gemeinschaft in der Gestaltung der Räumlichkeiten, in der formenden Aneignung der beiden zentralen Gehöfte, auf die ich mich konzentrieren möchte, niedergeschlagen haben. Dabei gehe ich davon aus, daß geistige Gehalte sich im Raum spiegeln: *Die gebaute Umwelt wird Ausdruck dieser Handlungsentwürfe und -vollzüge* (Greverus 1984, 7).

So läßt sich neben Orientierungen des Menschen/der Gruppen im Raum, die sich auf ökonomische Existenzsicherung (*instrumentale*) beziehen, die die Kontrolle des Raumes anstreben (*kontrollierende*), die soziale Interaktionsmöglichkeiten schaffen (*soziokulturelle*) auch insbesondere von einer *symbolischen* Ausrichtung sprechen (vgl. Greverus 1987, 275f.). Sie bezeichnet eben das Sichtbarmachen und -werden, den Ausdruck der eigenen Werte, des eigenen Selbstverständnisses, der eigenen Weltsicht in der Umwelt.

Da aber *Symbolfähigkeit die Grundlage der Kultur* ist, lassen sich die anderen Orientierungen in ihren spezifischen Ausformungen auf sie zurückführen:

> *Nicht nur die sogenannten geistigen Produkte, sondern auch die Gestaltung des sozialen Daseins, auch Technologie und wirtschaftliche Organisation beruhen auf der Symbolfähigkeit des Menschen. In symbolischer Raumorientierung als umwelttransformierendem Prozeß werden kontrollierende, instrumentale und soziokulturelle Raumorientierung nur spezifisch intentionale Setzungen* (Greverus 1984, 6).

Inwiefern am *hof* eine solche ideelle Durchformung der nicht-geistigen Bereiche an Bedeutung gewinnt und bewußt gesetzt wird, wurde bereits angesprochen.

Für spirituell fundierte Gegenmodelle stellt Greverus nun die umgesetzte Dominanz der symbolischen Dimension fest, Konsequenz des ausdrücklichen *Primat des Geistes*:

> *Nirgendwo sonst in unserer gegenwärtigen Welt ist mir die Zentralität der symbolischen Raumorientierung so deutlich geworden, wie durch die utopischen Handlungsentwürfe und Handlungsvollzüge ganzheitlich orientierter Alternativen. Haben wir im Zusammenhang der Dorferneuerung noch mühsam nach Merkzeichen der symbolischen Raumorientierung gesucht, so wurde sie hier umfassendes Merkzeichen schlechthin* (Greverus 1984, 5).

Die symbolischen Implikationen der Raumgestaltung am *hof*, Über- und Neuformungen sowie die Adaption und Konnotation des vorgefundenen Gebäudekomplexes sollen nun näher untersucht werden.

Aneignung der Geschichte - Bau und Ort
Der *hof*-Initiative war es nicht möglich gewesen, den in einem Interview geäußerten Wunsch in die Tat umzusetzen und neu zu bauen, wie es die *Anthroposophische Gesellschaft Frankfurt* mit dem 1986 neu eröffneten Gebäudekomplex Rudolf-Steiner-Haus und Haus Aja-Textor-Goethe und wie es Steiner selbst für konsequentes und erfolgreiches *geisteswissenschaftliches Wirken* gefordert hatte und in den Goetheanum-Bauten in Dornach (vgl. Bockemühl 1985) auch eingelöst hatte:

der hof

> *Die spirituelle Stömung wird erst die neue Kultur, die sie zu bringen berufen ist, heraufführen können, wenn es ihr vergönnt sein wird zu wirken bis hinein in das rein physische Gestalten, selbst der Mauern, die uns umgeben. Und anders wird spirituelles Leben wirken, wenn es hinausfließt aus Räumen, deren Maße Geisteswissenschaft bestimmt, deren Formen aus Geisteswissenschaft erwachsen ...* (Steiner 1911, zit. n. *Stil*, Johanni 1986/87, 4).

Man fand sich wieder in einem alten Bauerngehöft, gelegen in einem ebenfalls durch altes, renoviertes Fachwerk gekennzeichneten Dorfkern. Existenzgrundlage dieses Dorfes blieb bis 1968 die Landwirtschaft, die zwar seit der Jahrhundertwende stetig bis zur Hälfte abgenommen hatte, aber erst mit dem Bau einer Frankfurter Satellitenstadt, der Nordweststadt (1961-1968), endgültig ihre Dominanz verlor. Die bis dahin zum größten Teil von Niederurseler Bauern landwirtschaftlich genutzte Fläche wurde Bauland. Der Heimatchroniker Gerner stellt hierzu fest, daß erst zu diesem Zeitpunkt der *Wechsel von der dörflich-landwirtschaftlichen Struktur in einen Stadtteil mit weitgehend städtischem Gefüge unter Beibehaltung einer Reihe von Hofreiten im alten Kern* (Gerner 1976, 8) stattfand.

Das Ansiedeln auf dieser Insel des noch dörflich belebten oder zumindest dies signalisierenden Kerns, kann zunächst einmal im Zusammenhang gesehen werden mit den Vorzügen einer *alternativträchtigen Landschaft*, welche als eine Voraussetzung für die Entfaltung kultureller Gegenmodelle betrachtet werden kann (vgl. Greverus 1984, 4):

> *Diese Suche nach einem Stil des Lebensvollzugs im Alltag hat zahlreiche Gruppen ergriffen und zu einer neuen Vielfalt von "Bräuchen" geführt. Auffällig ist der Rückgriff auf Historisches, auf Traditionen der eigenen Kultur und der Ausgriff auf Elemente fremder Kulturen, die als noch stilvoll und sinnerfüllt betrachtet werden* (Greverus 1987, 145).

Der hier gemeinte Rückgriff läßt sich in diesem Falle eher als das Aufgreifen einer Lebensordnung verstehen, die mit der eigenen, bereits gefundenen, in wesentlichen Punkten als übereinstimmend gedacht wird. Die Adaption von Räumlichkeiten, die früher schon ein Ausdruck dessen gewesen sein sollen, was die Menschen heute, in transformierter Form, wieder etablieren wollen, ist somit gut möglich: *Die historische Bauweise läßt noch heute erkennen, wie früher von der Hofanlage bis zu den sozialen Einrichtungen das Dorf um den Menschen gruppiert war* (Selbstdarstellung *der hof*, Trigonal 1988, 6).

Die Identifizierung dessen, was das alte Bauerngehöft für die Gruppe symbolisiert, mit dem eigenen Weltbild, ein integriertes System mit dem

Zentrum Mensch, spricht sich klar und deutlich in der Selbstbenennung aus: *der hof* Niederursel. Doch als ein Zurück wird dies nicht verstanden, gilt es doch, die früher mit dem Preis der Freiheit bezahlte Einheit mit der gegenwärtigen Stufe des Bewußtseins, das sich freiwillig zur Ganzheit bekennt, zu vereinen: *Die alte dörfliche Gebundenheit hat der moderne Mensch zum Glück überwunden, die Ausrichtung aller Lebenseinrichtungen auf das Wesen des Menschen als eine Ganzheit ging damit verloren* (ebd. 6).

Auch in den Seminaren wird die vorausgesetzte innere Wahrheit des bäuerlichen Lebensvollzugs, indem dieser sich nach den Lebensgesetzen richtet, Anschauungsobjekt, an dem sich zu erkennende Ziele ableiten lassen, so z.B. die Rhythmik im Tages-, Wochen-, Jahresablauf.

Die Tradition im Gebauten hat aber nicht nur eine Bedeutung für die Initiative, sondern auch für die Gäste, indem sie vertrauensstiftend wirkt und dadurch den *hof* für Außenstehende leichter zugänglich macht. Die Offenheit des *hofes*, Konsequenz seines sozialen Anliegens und Sendungsbewußtseins (volkspädagogische Initiative), wird für Erstbesucher, und das sind einer Angabe zufolge ein Drittel aller Seminarbesucher, räumlich dadurch erfahrbar, daß ein Bauernhof Bestandteil der eigenen Geschichte ist. Man wird nicht in der ersten Begegnung durch die Konfrontation mit einem "fremden" Baustil zur Auseinandersetzung aufgefordert, wie dies bei der anthroposophischen Architektur des Rudolf-Steiner-Hauses Frankfurt der Fall ist. Der Zugang vollzieht sich durch das Anknüpfen an eine im kollektiven Gedächtnis vorhandene Tradition.
Äußerliche Modifizierungen dessen, wie die pastose Farbgebung oder die typisch anthroposophischen Abschrägungen, etwa an Tür- und Fensterrahmen, machen in ihren möglichen "abschreckenden" Wirkungen nicht mehr den Haupteindruck aus. Klar anthroposophisch durchgestaltet wirken dagegen der Kindergarten und die beiden Säle. Der kleine Eurythmiesaal und der Holdersaal lassen am wenigsten ihre Herkunft als Fachwerkinnenräume erkennen, sie zielen als zentrale Innenräume auf das, was hier zu sich selbst kommen soll: anthroposophische Kultur.

Wenn für die *hof*-Mitglieder die Aneignung der Gebäude über eine spezifische Identifizierung - deren symbolischer Gehalt mit den eigenen Vorstellungen verknüpft ist - läuft, wäre andersherum zu fragen, inwiefern der Zugang zu den Ideen des *hofes*, zur Anthroposophie, nicht auch über das Zwischenglied der im Gebauten signalisierten heilen Welt stattfindet. Daß also auf seiten der Teilnehmer und Gäste, welche sich ja möglicherweise auf *der Suche nach einem Lebensstil* befinden, zunächst auf die *sinnerfüllte Tradition* zurückgegriffen wird (vgl. Greverus 1987, 125ff.).

Daß der *hof* sich mit einer darauf reduzierten Sicht seiner selbst auseinanderzusetzen hat, wird deutlich:

> *Dieses Ziel des "hofes" will keine "Aussteiger - Oase" in atmosphärisch wieder errichteten Bauernhäusern erreichen, sondern die Mitarbeiter verstehen sich als volkspädagogische Initiative, die als Keimzelle gesellschaftlich erneuernd wirken will* (Trigonal Juni 1988, 6).

So wurde bei einer Führung durch den Kindergarten ebenso vorsorglich daraufhingewiesen, daß diese kleine, heile Welt mit der Anthroposophie und ihrem Lebens- und Kulturerneuerungsanspruch zusammengesehen werden müsse: man könne den Apfel nicht ohne den Apfelbaum haben.

Die gedankliche Aneignung dieser historischen Gebäude (das hintere Gehöft steht unter Denkmalschutz) seitens der Initiative geht aber noch tiefer in die spezifische, ihnen eigene Geschichte hinein.

So findet sich in den Werkstattberichten eine Aufarbeitung dieser Geschichte des Hofes Niederursel, in der der Verfasser anhand der Lage des Hofes innerhalb eines *Viergassengeviertes* herausarbeitet, daß schon für die Gründungszeit des Dorfes durch Alemannen bzw. Franken eine zentrale Stellung des (heute geteilten) Gebäudekomplexes, dessen eine Hälfte zum *hof* gehört, anzunehmen ist: *Wäre dies der Fall, dann wäre hier, am vornehmsten Platz des Ortes, der Sitz des Hundertschaftsführers bzw. eines alemannischen oder fränkischen Großen zu suchen* (Werkstattbericht April 1975, 4). Die Eigenschaft als Mittelpunkt innerhalb der jeweiligen gesellschaftlichen Verhältnisse wird den Ausführungen zufolge durch die Jahrhunderte beibehalten, in Form eines frühmittelalterlichen Herren- oder Fronhofes bzw. später als Landsitz einer Frankfurter Patrizierfamilie.

Im Bewußtsein ihrer Verantwortung gegenüber der Geschichte, die einhergeht mit der *Verpflichtung, dieses kulturelle Erbe zu wahren und fortzuentwickeln* (ebd., 6), begreift die Gemeinschaft ihren Raum:

> *Mit einem ausgeprägten Sinn für die Einheit der im Gassengeviert sich darstellenden Gebäudekomplexe zogen die neuen Mieter am 1. März 1974 in den bescheideneren westlichen Teil des Hofes ein. ... Sie nannten ihr Höfchen "der hof", womit ungewußt ein Bogen gespannt wurde von einer ereignisreichen Vergangenheit bis zu dieser Veranlagung neuer Keime in der Gegenwart* (ebd. Vorbemerkung).

Das Selbstverständnis als Keimzelle neuer sozialer Entwicklungen kann somit auch symbolisch anknüpfen an die zentrale Rolle, die dem Raum innerhalb der Genese des Dorfes zugeschrieben wird.

In kleinerem Maßstab findet die Aufgabe der Transformation vergangener Sozialformen ihren konkreten Ausdruck in der bedeutsamen Gestaltung der Teescheune. Der Werkstattbericht erklärt die im kollektiven Gedächtnis verwahrte Erinnerung an diesen Platz folgendermaßen:

Weiter hinten befindet sich auf diesem aufschlußreichen Areal und zwar auf dem hinteren Anwesen von "der hof" eine Scheune, die im Volksmund die "Zehntscheune" heißt. Es handelt sich um die kleinere der beiden Hofscheunen mit den beiden Anbauten, die etwas rechts in der Blickrichtung des Hoftores liegt. Hier lieferten die dem grundherrschaftlichen Eigentümer des Geviertanwesens Zinspflichtigen ihre Naturalabgaben ab. Da die Zehntscheune ein nachmittelalterlicher Bau ist, muß sich irgendein Nachklang des frühmittelalterlichen Herren- oder Fronhofes noch jahrhundertelang gehalten haben (ebd., 5).

Dieser Ort bekommt nun eine neue, gleichermaßen soziale Funktion zugeteilt:

Die Bestimmung, Aufgabe und zukünftige Funktion unserer Zehntscheune stand von Anfang an fest: Sie sollte einmal "Treffpunkt" für uns und unsere Gäste werden, wo man sich zusammenfindet zu Gesprächen und zur Kommunikation, ein Ort aber auch für kulturelle Veranstaltungen und Unterhaltung bei Kuchen und ... Tee! (Werkstattbericht November 1977, 2).

War die Scheune früher ein Spiegel der sozialen (feudalen) Verhältnisse, so sollte damit für heute - indem sie Raum für Begegnung von Menschen und Ideen, auch Erfahrungsraum von sozialem Miteinander bietet - ein Zeichen für die Möglichkeit neuer Sozialgestaltung gesetzt werden (Interviewprotokoll E.G., 13.1.1987).

In welcher Weise dieses Zeichen eines neuen sozialen Lebensvollzugs in der Gestaltung angelegt ist, darauf möchte ich näher eingehen.

Sozialer Raum
Küche wie Teescheune sind Betriebe, die der leiblichen Versorgung dienen. Gemeinsam Essen und Trinken stiftet aber auch immer Gemeinschaft. Dieser Aspekt ist in der Teescheune gegenüber üblichen Cafes in den Vordergrund gerückt und weist auf die ideellen Ziele hin.
So nimmt der auf das leibliche Wohl gerichtete Teescheunenbetrieb im Raum keine überragende Stellung ein, sondern gliedert sich ein.

Zwischen Küchenzugang und Scheuneneingang befindet sich ein großer runder Tisch, der einzige dieser Art im Raum. Er wird sowohl von den Mitarbeitern der Teescheune, als auch der anderen Initiativen sowie von Gästen und Freunden benutzt und bietet sich durch seine Nähe zum Eingang als erste Anlaufstelle an. Die in die Form hineingelegte Symbolik des Zusammenkommens bestätigt sich somit in der Nutzung.
Die anderen Tische der unteren Ebene sind entlang der Wand gestellt, so daß ein großer Mittelraum freibleibt. Dieser wird nun von den Kindern zum Spielen genutzt, fest verankert ist diese Funktion in einem Spielhaus, von dem die Verteilung des bereitgestellten Spielzeugs ausgeht. Das Geschehen in der Teescheune ist somit meist ein Generationen übergreifendes, sowohl die Mitarbeiter als auch die Gäste und Kursteilnehmer betreffendes und weist auf den Ansatz zurück, soziales Miteinander und sich daraus ableitende Verantwortung im Einklang mit persönlicher Selbstverwirklichung zu erfahren.
Ein anderer Aspekt des zu vermittelnden und zu erprobenden Sozialimpulses wird hier auf kleinem Raum erfahrbar gemacht, nämlich das Ineinanderwirken der wirtschaftlichen, sozialen und geistigen Ebene. Die Teescheune ist nicht nur Begegnungsstätte, sondern auch Ausstellungsort, und ihr gliedert sich im oberen Stock eine Bibliothek an. Von der Bibliothek aus ist wiederum der Laden zu erreichen. So kommen nicht nur die Nutzer der verschiedenen Bereiche in der Teescheune zusammen, sondern die mögliche Orientierung des einzelnen wird ebenfalls so strukturiert.
Die Bewußtmachung dieser Struktur als eine im persönlichen Leben existente wird als Aufgabe betrachtet; in einer partnerschaftlichen Lebensgemeinschaft von heute würden Brüderlichkeit im wirtschaftlichen Haushalt, Gleichberechtigung untereinander und Freiheit in den eigenen Anschauungen bereits als selbstverständliche Werte gelten (Interview 8.6.88). Mit der individuellen Erkenntnis dessen werde somit die Grundlage geschaffen für das Begreifen der gesellschaftlichen Zusammenhänge in ebensolcher Struktur.
Symbolisch findet die Erinnerung des Individuums an mögliche Sozialformen auch im Kindergartenbüro statt. Dort, wo auch persönliche Beratungen abgehalten werden, Privates erläutert wird, hängt das *Soziale Hauptgesetz* Steiners an der Wand, welches besagt:

Das Heil einer Gesamtheit von zusammenarbeitenden Menschen ist um so größer, je weniger der einzelne die Erträgnisse seiner Leistungen für sich beansprucht, das heißt, je mehr er von diesen Erträgnissen an seine

Mitarbeiter abgibt und je mehr seine Bedürfnisse nicht aus seinen Leistungen, sondern aus den Leistungen der anderen befriedigt werden.

Das Zusammentreffen verschiedener sozialer Aspekte im Innenraum Teescheune ist für die eigentlichen Höfe der beiden Gehöfte ebenfalls festzustellen. Sie sind Verteiler und Sammelpunkt in einem, von hier aus sind die verschiedenen Bereiche zugehbar, hier treffen die Teilnehmer dieser zusammen.

der hof	*Holderhof*
Kindergarten	Praktikantenwohnhaus
Schreinereiwerkstatt	Weberei
kl. Eurythmiesaal	Werkstätten
Teescheune	Holdersaal
Bibliothek	Gästezimmer
Laden *Gesund Wohnen*	Privatwohnung
Kindergartenbüro	Seminarräume
Seminarräume	Büro der Bildungsstätte
Kinderräume	Küche
	Naturkostladen

Sitzgelegenheiten geben Möglichkeiten zum Aufenthalt, zur sozialen Begegnung. Die Höfe werden zum Bindeglied, sie schaffen Einheit in der Vielfalt. Auch darauf nimmt der Name *der hof* im Zusammenhang mit der traditionellen Bedeutung Bezug.

Natur

Mit der Umbenennung des früheren *Dröserhofes* in *Holderhof* wurde ein sich auf dem Grundstück befindender Holunderstrauch zum Namensgeber gemacht. Dies geschieht zunächst als Zeichen der Teilnahme an einem geschichtlichen Prozeß, welcher den Menschen heute zu einem auf sich selbst gestellten Wesen macht:

> *Früher zählte ein solcher Strauch zum Inventar eines jeden Bauernhauses. Im alten Volksglauben war er Sitz eines guten Hausgeistes, dem die Bewohner zu Dank verpflichtet waren. Für uns Menschen von heute mag bewußtes tätiges Interesse den Segen bewirken* (Werkstattbericht, Zur Namensgebung *Holderhof*).

Wenn der Mensch sich heute nicht mehr auf die Natur als seinen geistigen Segensspender verlassen kann, so doch als materieller Segensspender und

als Ausdruck der Ordnung, die ihn umgibt und der er in Verantwortung verpflichtet ist, woran ebenfalls im Namen erinnert wird.
Erfahrbar gemacht wird diese Verantwortung den Kindern bereits im Kindergarten. Dort tritt mit der Pflege und Versorgung eines eigenen kleinen Gartens dieser symbolische Aspekt gegenüber der Abdeckung des Ernährungsbedarfs in den Vordergrund. Die Gärtnerei demgegenüber ist primär ein Wirtschaftsbetrieb. Doch auch hier bekommt der Akt der Bebauung eine symbolische Wendung, wie sie im biologisch-dynamischen Anbau angelegt ist. Ist die herkömmliche Landwirtschaftsindustrie lediglich auf maximalen Gewinn aus, erfolgt hier eine qualitative Verbesserung, die sich in der (geistigen) Veredelung des Bodens ausdrückt: *so folgt der biologisch-dynamische Landwirt der Maxime, das 'Erdige' zu beleben* (Limbacher 1986, 170).
Aus der Verantwortung resultiert der *Dienst am Boden*, welcher dort praktiziert wird, wo das Dienstverhältnis von der Funktion *Boden dient der Ernährung des Menschen* her eigentlich umgekehrt ist.
Innerhalb der Höfe finden sich nun kleine Blumenbeete, Sträucher und Bäume längs der Mauern. Im *Holderhof* bildet eine so umrahmte Grünfläche den Mittelpunkt, im anderen Hof ist es ein kleines Pflanzenbeet samt Brunnen. Jenseits einer nur ästhetischen Verschönerung kann dies als veranschaulichter Bezug des Menschen auf die Natur verstanden werden. In dem vom Menschen geschaffenen Raum wird ihr ein zentraler Platz eingeräumt. In den Innenräumen wird diese Vergegenwärtigung der Natur fortgeführt: kein Raum, kein Tisch ohne Blumenstrauß.
Daß es sich bei den Pflanzen nicht in der Hauptsache um immergrüne Exoten handelt, hat zweierlei Konsequenzen. Zum einen wird damit auf den eigenen Lebensraum verwiesen, zum anderen wird durch das ständige Wechseln der Blumen und Gewächse in den Vasen der Wandel in der Natur, der Jahresrhythmus, symbolisch mitvollzogen.
In konzentrierter Form drückt sich dies im sogenannten *Jahreszeitenfesttisch*[7] im Kindergarten aus. Die Teilnahme am zeitlichen Wandel der Natur durch Blumen o.ä. erscheint hier im Zusammenhang mit den christlichen Jahresfesten, die durch ein Bild, eventuell entsprechendes Spielgerät, dargestellt sind. Die natürliche, zeitliche Ordnung wird somit durchdrungen von der geistigen, in letzter Konsequenz ist sie Ausdruck dessen.
Wenn sich zu den Pflanzen noch Steine, Muscheln oder Vogeleier gesellen, sich insgesamt die Dinge als Stellvertreter der irdischen Daseinsformen Mineralisches, Pflanzliches, Tierisches begreifen lassen, führt dies wieder

---

[7] Siehe auch Barz 1987, insbesondere das Kapitel: *Grundelemente der Festgestaltung*.

zum substantiellen Eins-Sein des Menschen mit der Welt, mit dem Kosmos, zurück.
Der Natur kommt in ihrer Eigenschaft, Ausdruck geistiger Gesetzmäßigkeiten und Wahrheiten zu sein, noch eine weitere Bedeutung zu: sie wird Erkenntnisinstrument (vgl. die Herleitung des sozialen Organismus aus dem natürlichen).
So drückt die Anwesenheit von Natürlichem im kulturellen Raum Haus/Hof nicht nur deren Anwesenheit im Bewußtsein der Menschen aus, sondern sie wird auch exemplarischer Gegenstand des geistigen Handelns. In den Seminaren wurden auch Naturgegenstände zu Erkenntnisübungen herangezogen, wie zum Beispiel bei einem Einführungsseminar in die Waldorfpädagogik im Sommer '87. Es begann mit der Verteilung von Sonnenblumenkernen an die Teilnehmer. Mit Bezug auf das sich in der Tischmitte befindende Sonnenblumengesteck wurden die wesentlichen Voraussetzungen dafür, daß aus dem Kern sich die in ihm enthaltene Blume entfalten kann, abgeleitet und auf die Kindererziehung übertragen. Wesentliches kann hier über die Ordnung Natur, über das Erkennen der ihr zu Grunde liegenden geistigen Gesetze begriffen werden.

Das Haus
Abschließend möchte ich die Betrachtungen über die symbolischen Implikationen des Räumlichen, indem ich zum zentralen Bild des *hofes* zurückkehre, dem Haus bzw. Hof als Inbegriff von Ganzheitlichkeit und Einheit. Verschiedene Aspekte dieser Bedeutung sind schon angesprochen worden, so das spezifische Verständnis eines sozialen Systems als dreigliedriger Organismus, auch die soziale Verantwortung der Individuen untereinander und gegenüber der sie tragenden Ordnung sowie der Weltordnung, wie sie im Mikrokosmos "Haus" symbolisiert wird.
Das Haus und der menschliche Haushalt als *Ort des Gleichgewichts* wurde aber auch Sinnbild und neuer Maßstab in den humanökologischen, kulturökologischen Wissenschaften, die der *drohenden Gleichgewichtsstörung in allen Bereichen des täglichen Lebens* (Greverus 1979, 89) damit eine neue Orientierung entgegensetzen:

> *Leitbild für eine praxisbezogene Umsetzung ist der Idealtypus des Oikos als Lebensraum, in dem das Prinzip der Gegenseitigkeit des Handelns ... wieder als konstituierendes Moment betrachtet und über die sozialen Wechselbeziehungen hinaus auch auf den bewohnten Raum als solchen und seine Kulturgestalt ausgedehnt wird* (Greverus 1979, 89).

Auch für die *hof*-Initiative ist ein solcher *oikos*, das heißt Haus-Leitbid festzustellen, welches zum einen in der zugrunde liegenden Weltsicht verankert ist, und gleichzeitig zum anderen ein traditionelles *oikos*-Gefüge,

der hof

wie Bauernhof und Dorf als gegebenen Handlungsraum neu aufgreifen kann.
Das Symbol "Haus" gewinnt in der *hof*-Initiative seine Bedeutung durch die Aneignung eines traditionellen Bauerngehöftes, an welches die eigenen Ideen eines ganzheitlichen, auf den Menschen zentrierten Systems anknüpfen.
Die Gemeinschaft stellt aber keine Lebensgemeinschaft dar, wie dies doch wesentliches Merkmal der verwendeten Bezugssysteme "Haus", "Bauernhof", "Dorf" ist, sondern sie bildet vor allem eine Arbeitsgemeinschaft. Als solche arbeitet sie, in Selbsterprobung, für die Verbreitung einer auf Ganzheit und Einheit angelegten Idee. Die in der Gestaltung sich niederschlagenden Ideale dieser Arbeitsgemeinschaft können von daher primär nicht als Ausdruck eines Lebensvollzugs, sondern eines Entwurfs verstanden werden. Es wird damit in der bezeichnenden Gestaltung das vorweggenommen und vorgeschickt, was in der Realität noch weiter zu verwirklichen ist, was weiterhin werden soll.
Wenn das Emblem des *hofes* den Namen eingebettet in ein Haus zeigt, Haus und Hof die Stätte sozialen Lebens sind, weist dies auf den hier insbesondere gesetzten Sollwert, sowohl für die Gemeinschaft als auch für die Gesellschaft Geltung beanspruchend, hin: neue Formen des sozialen Lebens sollen erprobt und vermittelt werden.
Das Haus wird so Sinnbild der Idee einer neuen Sozialgestaltung, in deren Sinne die Menschen hier wirken. So könnte auch der von der Gruppe vorgefundene und mitübernommene Hausspruch verstanden werden, der da lautet:

Dies Haus ist mein -
und doch nicht mein.
Beim zweiten wird es auch so sein.
Dem dritten wird es übergeben
und der wird auch nicht ewig leben.
Der vierte zieht hinein - hinaus.
Nun sag mein Freund
Wem gehört dies Haus?

Das Haus gehört somit den sozialen Ideen, die von den Menschen hier belebt und getragen werden.
Geistige Heimat ist die Anthroposophie.

Martina Ferber, Katja Werthmann

Teilnehmendes SitZen
Feldforschung im Lotussitz

Es ist ganz still. Kaum höre ich das Atmen der anderen. Ich versuche, mich auf meine eigene Atmung zu konzentrieren, und gerate für kurze Zeit in einen Zustand, in dem ich meine Arme und Beine nicht mehr spüre.
Dann aber werden die Schmerzen in den Beinen unerträglich. Während ich anfangs noch versucht habe, nichts zu denken, ist mir jetzt hauptsächlich der Schmerz und der Wunsch, daß die Sitzung bald aufhören möge, bewußt.
Da ertönt der Gong. Ich zucke zusammen, öffne die Augen wieder ganz und schiele nach meinem Nebenmann. Er verbeugt sich zur Wand, steht dann auf und dreht sich rechtsum zur Mitte hin. Ich mache ihm alles nach, aber beim Aufstehen falle ich fast wieder hin, da meine Beine völlig eingeschlafen sind ...
So verlief eine *teilnehmende Beobachtung* in einer Zen-Gruppe für eine meditationsungeübte Studentin.
Teilnehmende Beobachtung ist ein Hauptinstrument empirischer Forschung der Kulturanthropologie. Seit ihr "Schöpfer", der Sozialanthropologe Bronislaw Malinowski, zu Anfang dieses Jahrhunderts ungefähr zwei Jahre lang auf den Trobriand-Inseln (Melanesien) zubrachte, bedeutet teilnehmende Beobachtung, daß Forschende über einen längeren Zeitraum mit und in der von ihnen zu untersuchenden Gruppe leben, um zu einer Beschreibung einer Kultur "von innen" zu gelangen.
Teilnehmende Beobachtung meint, daß die Forschenden nicht nur zusehen und fragen, sondern an einer fremden Alltagswelt teilhaben (vgl. Greverus 1978, 20ff.; Streck u.a. 1987, 50ff).[1] Diese Methode kann aber auch in einem kleineren Rahmen nutzbar gemacht werden.

---

[1] Man hat hier auch von einer *zweiten Sozialisation* gesprochen, da die Forschenden, ähnlich wie Kinder, in der ihnen unbekannten Kultur zunächst auch die simpelsten Verhaltensweisen und Vorstellungen erlernen, sich *enkulturieren* müssen, wobei es bei den Forschenden nicht selten zu inneren Konflikten bzw. einer Infragestellung der Normen und Werte der eigenen Kultur kommt (vgl. Hirschberg u.a. 1988, 148 ff.).

So war unsere teilnehmende Beobachtung in Zen-Gruppen zeitlich begrenzt und verfolgte nicht das Ziel, "Zen-Kultur" zu beschreiben, sondern einen bestimmten Aspekt von Meditationspraxis zu untersuchen. Es war nicht unsere Intention, längere Zeit an einer Zen-Meditationsgruppe teilzunehmen, sondern eine bestimmte Art der Meditation selbst zu erfahren.
Nicht immer kann man zwischen Teilnehmen und Beobachten eine klare Grenze ziehen. So antwortete eine von uns nach einer Meditation auf die Frage "Haben Sie da nun Feldforschung gemacht oder meditiert?" spontan "Meditiert natürlich!", was der eindrucksvollen Stimmung während der Meditation entsprach, der wir uns nicht entziehen konnten.

Ritualtheorien

Im Verlauf unserer Projektforschung stellten wir immer wieder fest, daß Rituale und ritualisierte Verhaltensweisen in den meisten spirituellen Gruppen eine wichtige Rolle spielen. Sie schaffen eine Verbindung der Teilnehmenden untereinander und dienen dazu, eine bestimmte Sinnordnung durch verbale und nonverbale Handlungen zu vermitteln. Das Spektrum reicht von einer bestimmten Art der Begrüßung über gemeinsames Singen oder Tanzen bis hin zu streng formalisierten Handlungsabläufen wie die Zen-Meditation, um die es in diesem Artikel gehen soll.
Der belgische Ethnologe und Volkskundler Arnold van Gennep gliederte 1908 anhand von sog. *rites de passage* erstmals Rituale in drei Stufen und schuf so ein universales Modell, das sich sowohl auf religiöse wie auch auf säkulare Rituale anwenden läßt. Er unterschied *séparation*, die Ablösung vom Alltag bzw. das Verlassen eines status quo, *marge*, die mittlere Phase, in deren Verlauf sich die zentralen rituellen Handlungen ereignen und *agrégation*, die Neu- bzw. Wiedereingliederung in das Alltägliche (van Gennep, 1986).
In traditionellen Gesellschaften greifen Rituale oft in Krisensituationen ein, die als besonders gefährlich oder gefährdend angesehen werden; auf eine Gruppe bezogen sind das z.B. Situationen, in denen die interne Solidarität in Frage gestellt scheint, im Lebenslauf Einzelner besonders Übergänge von einer sozialen Position in eine andere, z.B. Eheschließungen.
Rituale haben eine integrative Funktion: im *social drama*, (eine Konfliktsituation einer Gruppe, die sich in die Stufen Bruch, Krise, wiederherstellende Handlung und Reintegration unterteilt, vgl. Turner 1969), werden Konflikte symbolisch inszeniert und bearbeitet, um eine angespannte Lage

Teilnehmendes SitZen

aufzulösen; in Initiationen bewirken sie eine Umwandlung, z.B. vom Mädchen zur Frau oder vom Nichtwissenden zum Eingeweihten. Diese Umwandlung erfolgt in der mittleren, *liminalen* Phase (von lat. limen=Schwelle), auf die sich der amerikanische Sozialanthropologe Victor Turner seit den sechziger Jahren in mehreren Arbeiten konzentrierte. Die liminale Phase als Phase der Transformation stellt oft eine *verkehrte Welt* dar und ist von einer Tod- und Wiedergeburtssymbolik begleitet. Die Initianden gelten als *strukturell unsichtbar*, da sie aus allen Kategorien fallen; sie sind weder Kinder noch Erwachsene, weder tot noch lebendig. Dies wird symbolisch dargestellt, indem sie beispielsweise für eine Zeit lang an einen abgelegenen Ort gebracht werden, nicht oder nur in einer unverständlichen Sprache sprechen dürfen, in der Farbe der Ahnen bemalt werden etc. Innerhalb der liminalen Phase entsteht zwischen den am Ritual Teilnehmenden *communitas*. Communitas bezeichnet eine fundamentale Bindung zwischen totalen, d.h. nicht durch Rollenhierarchien differenzierten Individuen innerhalb einer *zeitlosen Zeit*.[2]

In den siebziger Jahren erstellten die amerikanischen Anthropologinnen Barbara Myerhoff und Sally Moore acht zentrale Merkmale für Rituale: *Wiederholung* (der Gelegenheit, des Inhalts, der Form etc.); *Darstellen* (Einnehmen einer rituellen Rolle, keine spontanen Handlungen); *Stilisierung* (Handhabung von symbolischen Objekten und Äußerungen); *Ordnung* (zeitlich-räumlich festgelegte Strukturierung); *Inszenierung* (Manipulation von Objekten und sensorischen stimuli, um erhöhte Konzentration zu erreichen); *kollektive Dimension* (soziale Bedeutung bzw. Botschaft) (Myerhoff/Moore 1977, 7f.).

Ronald L. Grimes, ein kanadischer Kulturwissenschaftler, bezieht sich in seinem Buch "Beginnings in Ritual Studies" direkt auf Zen-Meditationen.

---

[2] Turner unterscheidet drei Typen von communitas:
- existentielle oder spontane communitas: die Erfahrung des unmittelbaren Ich-Du-Verhältnisses (nach Martin Buber), die sich dort ereignet, wo sozialer Raum und soziale Zeit temporär aufgehoben sind, *a moment in and out of time*, Voraussetzung zur Rezeption esoterischen Wissens.
- normative communitas: die Verfestigung und Perpetuierung der spontanen communitas durch Bildung eines darauf beruhenden sozialen Systems
- ideologische communitas: utopische Gesellschaftsmodelle, die auf der Erfahrung existentieller communitas beruhen (Turner 1969).

Er entwirft eine Reihe von ritologischen Aspekten bzw. *modes of ritual sensibilities*, die im folgenden kurz referiert werden:[3]

Unter *ritualization* versteht Grimes ähnlich den Ethologen ein psychobiologisch definiertes, instinkthaftes Verhalten, das allen bewußten, kontrollierten Ritualisierungen zugrunde liegt.

Decorum meint konventionalisierte Verhaltensweisen, die hauptsächlich in direkten sozialen Kontakten von Bedeutung sind, z.B. Begrüßungsfloskeln, die zwar inhaltlich leer erscheinen ("Guten Morgen. Schönes Wetter heute, nicht?"), aber dennoch einen entscheidenden Beitrag zur Aufrechterhaltung von Kommunikationsstrukturen leisten.

Mit *ceremony* meint Grimes rituelle Handlungen, die sich auf die Etablierung und Bestätigung von Gruppen beziehen und häufig in Zusammenhang mit öffentlichen Feierlichkeiten vorkommen (z.B. Aufstehen für die Nationalhymne).

Magic uses a transcendent frame of reference to effect change in the ordinary reality of social interaction (46). Wenn Gesten des Zen-Rituals gebraucht werden, um etwas zu erreichen, das außerhalb des Rituals liegt, spricht Grimes von Magie.

Unter *liturgy* versteht Grimes nicht nur den Ablauf eines (christlichen) Gottesdienstes, sondern in erweitertem Sinn *any ritual action with an ultimate frame of reference and the doing of which is felt to be of cosmic necessity* (43), also den zentralen Bestandteil eines Rituals.

Anhand von drei Beispielen für Zen-Meditation aus unserer teilnehmenden Beobachtung in verschiedenen Meditationsgruppen in Freiburg und Frankfurt versuchen wir nun darzustellen, in welcher Weise eine fernöstliche Art der Meditation von westeuropäischen Gruppen übernommen wird und inwieweit wir die Ritualkategorien auf Meditationen anwenden können. Dazu wollen wir den Ablauf der Meditationen beschreiben und Aussagen der Teilnehmer darstellen, wobei die Meditationsgruppe in Frankfurt den breitesten Raum einnehmen wird. Zunächst aber eine kurze Einleitung über Zen.

---

[3] Die folgenden Zitate beziehen sich auf das Buch von Ronald L. Grimes: "Beginnings in ritual studies", Washington 1982

Geschichte: von den Anfängen bis zu "Zen und die Kunst des ..."
Rinzai, Soto, Zazen

Historisch ist Zen eine Richtung des Buddhismus, die sich aus dem indischen Mahayana-Buddhismus entwickelte und etwa im sechsten Jahrhundert n.Chr. nach China kam, von wo aus sie sich über Südostasien, Korea und Japan verbreitete. Dort etablierten sich ab dem 12. Jahrhundert neben anderen Richtungen die beiden größten Zen-Schulen *rinzai* und *soto*.

Das Wort Zen stammt aus dem indischen Wort dhyana (sanskrit) und bedeutet Versenkung. Die Meditationsform des Zen nennt man *zazen*, was Sitzmeditation heißt, "Zen-Sitzen".

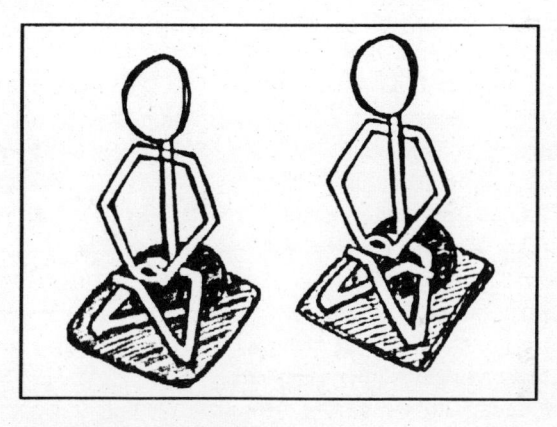

Abb. 1 Schema des Zazen-Sitzes
links: halber Lotussitz, rechts: voller Lotussitz

Die Grundlagen für *zazen* sind die Körperhaltung, die Atmung und die innere Haltung. Zazen ist eine gegenstandslose Meditation, jede Ich-gelenkte Tätigkeit wird eingestellt.

Beim *zazen* sitzt man auf einem runden, harten Kissen, das auf einer Decke liegt. Dabei wird der rechte Fuß auf den linken Oberschenkel und der linke Fuß auf den rechten Oberschenkel gelegt (Lotussitz). Der Oberkörper wird senkrecht gehalten, der Kopf bildet mit dem Rücken eine gerade Linie. Die Hände liegen mit den Handrücken nach unten flach aufeinander, wobei sich die Daumen leicht berühren. Die Augen sind halbgeöffnet, auf einen etwa einen Meter entfernten Punkt am Boden gerichtet. Die Konzentration auf Körperhaltung und Atmung dienen dazu, einen

Zustand zu erreichen, in dem man *ohne Begriffe und ohne Gedanken* ist (Enomiya-Lassalle 1986, 30).
Der Jesuit Dumoulin, der einige wichtige Bücher zu Zen verfaßte, zitiert hierzu Dogen, den bedeutendsten Meister der *soto*-Schule:

Wenn du die Erleuchtung zu erlangen wünschst, so übe eilends Zazen. Für das Zazen ist ein stilles Zimmer gut, Speise und Trank seien mäßig. Wirf alle Bindungen von dir, beruhige die zehntausend Dinge, denk nicht an Gut und Böse, urteile nicht über richtig und falsch, halte den Lauf des Bewußtseins an, mach die Tätigkeit des Wünschens, Vorstellens, Urteilens aufhören, sinne nicht darauf, ein Buddha zu werden! ... Das Zazen ist das Dharmator der großen Ruhe und Freude (Dumoulin 1959, 164).

Die *rinzai*-Schule unterscheidet sich von der *soto*-Schule vor allem dadurch, daß die Meditation auf ein *koan* bezogen ist, d.i. ein paradoxer Ausspruch oder ein Rätsel, das nicht durch rationale Reflexion zu lösen ist. Eines der bekanntesten *koan* ist die Frage: *Wenn man mit beiden Händen klatscht, hört man einen Ton - welches ist der Ton einer Hand?*
Die *soto*-Schule praktiziert *shikantaza*, das reine Sitzen in Versenkung. Hierbei sitzen die Meditierenden mit dem Gesicht zur Wand, während im *rinzai* die Meditierenden dem Raum zugewandt sind.

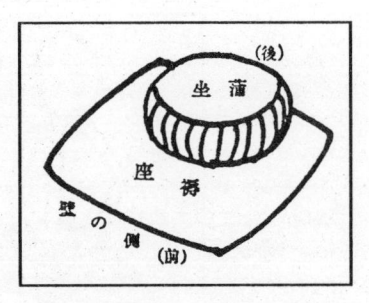

Abb. 2 Zafu (Kissen) und Zaniku (gepolsterte Matte) zur Zazen-Übung

In Japan gibt es sowohl Zen-Klöster, in denen ein Meister mit seinen Mönchen lebt, als auch Laiengemeinschaften, in denen man sich in den Privaträumen eines Meisters zum *zazen* trifft. In den Klöstern herrscht ein streng strukturierter Tagesablauf: nicht nur die Meditationszeiten und deren innerer Rhythmus sind festgelegt, sondern alle Tätigkeiten von Arbeiten, traditionellen Bittgängen, Essen, Schlafen, bis hin zu Waschen und Entleerung unterliegen verbindlichen Vorschriften[4]. In Laiengemeinschaften sind

---

[4] *In der Klostersatzung sind die Anlage der zugehörigen Gebäude, die Rangstufen der Ämter, die besonderen asketischen Übungen im Jahreslauf, auch die Strafen für Friedensstörer und Regelübertreter bestimmt. Ferner ist das Tagewerk der Mönche vom frühen Morgen bis zum späten Abend im einzelnen festgelegt. Meditationsübung, kultischer Dienst und Handarbeit wechseln ab. Zur Zeit der asketischen Übungen*

Teilnehmendes SitZen 129

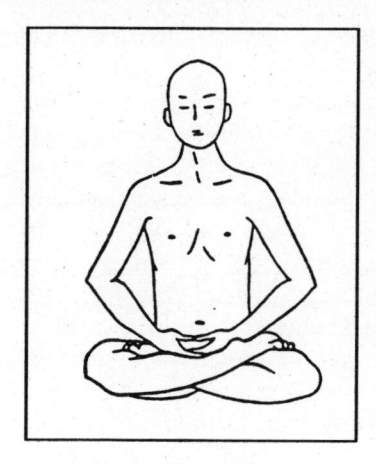

Abb. 3 Kekka (voller Lotussitz)

die Meditationszeiten ebenfalls festgelegt; die Meditationshalle befindet sich im Haus des Meisters. Seine Schüler gehen bürgerlichen Berufen nach und nehmen daneben ein- oder mehrmals täglich am *zazen* teil. Wie in Klöstern finden auch in privaten Meditationshallen jeden Monat mehrtägige *zazen-sesshin* (intensive Sitzungen, Exerzitien) statt. Übrigens ist es Laien auch in Klöstern gestattet, zu bestimmten Zeiten an den Meditationen teilzunehmen.

In Japan wurde nicht nur die Zen-Meditation kulturell prägend, sondern auch die Zen-beeinflußten "Wege" (von jap. *do-* =Weg) wie die Kampfkünste Judo, Aikido, Kendo und andere, die Teezeremonie (*chado*), die Kunst des Blumensteckens, des Bogenschießens usw. In all diesen Übungen, die heute auch in der westlichen Welt losgelöst von ihrem Ursprung weiterexistieren (z.B. die rein technische Vermittlung der Kampfsportarten in Polizeischulen), war ursprünglich der *Geist des Zen* wirksam, eine Haltung der Achtsamkeit und Ehrfurcht gegenüber allen Dingen und Kreaturen, in denen gleichermaßen die *Buddhanatur* wahrgenommen wird.[5]

"Zen-Snobismus"

Was ist Zen? fragt der Jesuitenpater H.M. Enomiya-Lassalle in seinem Buch "Zen und christliche Mystik" und zählt verschiedene damit assoziierte Begriffe auf: Religion, Philosophie, Stoizismus, Therapie, Hypnotismus,

---

schlafen die Mönche in der Zen-Halle, wo jeder auf dem ihm angewiesenen Platz vom Ausmaß einer Strohmatte die Meditation hält und nach bestimmtem Ritus die Mahlzeit einnimmt (Dumoulin, 10 f.).

[5] In einer bestimmten Epoche war Zen in Japan besonders im Rittertum, bei den Samurai, beliebt, weil es für sie eine Methode war, *sich selbst zum Schwert zu machen,* und durch das *intuitive Erfassen der Gleichheit von Leben und Tod alle Furcht vor dem Tode zu bannen* (Lassalle, 223). Dumoulin spricht von *männlicher Zucht* und *todesmutiger Selbstverachtung.*
Eine Parallele zu diesem Aspekt besteht nach Aussage eines japanischen Meisters darin, daß auch heute noch viele Laien aus dem Militär stammen: *Die meisten sind aus der Kriegsmarine. Sie bringen den Drill mit, unermüdlich Zazen zu üben* (Schüttler 1974, 124).

Askese, Mystik, praktische Lebensphilosophie ... (Enomiya-Lassalle 1986, 21). Daisetz Teitaro Suzuki, ein Professor für buddhistische Philosophie, der seit den zwanziger Jahren durch Übersetzungen buddhistischer Texte und eigener Schriften über Zen in einer für Amerikaner bzw. Westeuropäer verständlichen Sprache wesentlich zur Verbreitung von Zen beigetragen hat, grenzte es dahingehend negativ ab, daß es weder eine Religion, noch eine Philosophie noch eine Metaphysik sei (Suzuki 1947, 51ff.), zu denen Zen gleichwohl Parallelen aufweist, wie auch zur Tiefenpsychologie. Dieser Aspekt wurde u.a. von Suzuki, Erich Fromm und auch Alan Watts aufgegriffen, einem Engländer, der schon mit 19 sein erstes Buch über Buddhismus publizierte und später in den USA durch weitere Veröffentlichungen und Seminare über Zen ein bedeutender Anreger (aber auch Kritiker) der *beat generation* wurde.

In der umfangreichen Literatur über Zen werden je nach den Prioritäten der einzelnen Autoren verschiedene Aspekte betont. So spricht z.B. der Schriftsteller Jean Gebser von einer *arationalen Realisationsweise*, die das *mental-rationale* abendländische Denken überwindet (Huang-Po 1983, Vorwort). Der Jesuit Dumoulin definiert Zen als *Mystik, aber nicht in Weltflucht und Passivität, sondern in dynamischem Aufbruch der Tiefenschichten der Seele zu bedeutenden Werken befähigend* (Dumoulin 1959, 5). Für andere ist Zen vor allem eine innere Haltung, die nicht nur in der Meditation, sondern in allen Lebensbereichen wirksam ist. Hier wäre beispielsweise das Kultbuch "Zen und die Kunst, ein Motorrad zu warten" von R.M. Pirsig zu nennen.

In Westeuropa und den USA begann eine Beschäftigung mit Zen im Gegensatz zu anderen buddhistischen Richtungen erst im 20. Jahrhundert. In Deutschland kann man zwei Rezeptionsstränge verfolgen. Einmal die Auseinandersetzung mit Zen bei Religionswissenschaftlern, Theologen und Philosophen zu Beginn dieses Jahrhunderts, die Manfred Bergler (nach Meister Eckhart) in *Lesemeister* und *Lebemeister* trennt (Bergler 1981).

Ein Lebemeister z.B. war der Philosoph Eugen Herrigel, dessen Buch "Zen und die Kunst des Bogenschießens" seine Erfahrungen bei einem Zen-Meister beschrieb; sowie vor allem Karlfried Graf Dürckheim, der nach dem Zweiten Weltkrieg zusammen mit der Psychotherapeutin Maria Hippius eine "Existentialpsychologische Bildungs und Begegnungsstätte" in Todtmoos/Rütte gründete, wo Zen-Übungen innerhalb eines therapeutischen Konzepts (*Initiatische Therapie*) eine große Rolle spielen.

Zum anderen wurden in den fünfziger Jahren die Veröffentlichungen von D.T. Suzuki und Alan Watts von Autoren der Beat-Generation wie z.B. Jack Kerouac ("Gammler, Zen und Hohe Berge", 1971) aufgenommen und fanden durch ihre literarische Verarbeitung Eingang in ein subkulturelles Milieu, was in den sechziger und siebziger Jahren auch in Deutschland eine Art "Zen-Boom" auslöste.

Die Beatniks waren fasziniert von der Vorliebe des Zen für paradoxe Formulierungen und Rätselfragen (Koans) sowie für seine Hochschätzung des Konkreten und Natürlichen. Die freie, künstlerische Adaption des Zen kommt bei Jack Kerouac, dem Chronisten der Beat-Generation, schön zum Ausdruck ...: "Ich habe eine Vision von einer großen Rucksackrevolution, Tausende oder sogar Millionen junger Amerikaner, die mit Rucksäcken 'rumwandern, auf Berge gehen, um zu beten ... junge Mädchen glücklich machen ..., als Zen-Besessene, die 'rumlaufen und Gedichte schreiben ... und die durch Freundlichkeit und auch durch seltsame, unerwartete Handlungen ständig jedermann und jeder lebenden Kreatur die Vision ewiger Freiheit vermitteln". Das hatte mit der strengen Zucht, die japanische Roshis bald auch in westlichen Zen-Zentren walten ließen, nur wenig zu tun (Hummel 1980, 198).

Die Verwestlichung und Säkularisierung von Zen bezeichnet der Religionswissenschaftler Ernst Benz als *Zen-Snobismus*, dessen Grundvoraussetzung die Trennung des Zen-Buddhismus von der Zen-Meditation ist (Benz 1962). Diese Voraussetzung machte es z.B. möglich, daß von vielen Christen, die sich auf die Veröffentlichungen des Jesuitenpaters Lassalle berufen können, Zen-Meditation als eine christliche Meditation praktiziert werden kann.

Nicht nur von Autoren wie Lassalle und Dumoulin wird immer wieder die Parallelität zwischen *satori* - dem Erleuchtungserlebnis im Zen - und den Erfahrungen christlicher Mystiker hervorgehoben.

Im *satori* ist die Dualität, d.h. der Gegensatz zwischen Subjekt und Objekt, zwischen Innen und Außen aufgehoben.

Die Erleuchtung ist eine überwältigende innere Erfahrung, die plötzlich kommt. Der Mensch fühlt sich mit einem Male frei und stark im Weltall, erhaben und groß. Der Atem des Alls durchkreist ihn, er ist nicht mehr ein kleines selbstisches Ich, sondern völlig offen und wie durchsichtig, verbunden mit allem, in der Einheit. Die Erleuchtung wird im Zazen erlangt, aber sie bleibt wirksam in allen Handlungen und Lebenslagen des Menschen (Dumoulin 1959, 273).

In der Umdeutung wird Zen-Meditation für Christen ein Weg zu Gott; der traditionelle Zen-Buddhismus dagegen hat keinen Gottesbegriff. Zwar spielt die Beschäftigung mit buddhistischen Schriften, Sutren und den Lehren großer Meister in Klöstern eine Rolle, sie sind aber nicht zentral, ebensowenig wie die rituelle Verehrung Buddhas. Auf intellektuelle Fragen ihrer Schüler antworten die Meister mit paradoxen Erwiderungen.

Ein Mönch fragte Chao-Chou: "Die zehntausend Dharma kehren in das Eine zurück. Wohin kehrt das Eine zurück?" Der Meister sprach: "Als ich in Chi'ing-Chou weilte, verfertigte ich ein Gewand, das sieben Pfund wog (zit. nach Benz 1962, 91).[6]

"German Zen"

Auch in den USA und in Europa gibt es mittlerweile sowohl Zen-Klöster als auch Zen-Gruppen, welche eher mit den traditionellen Laiengemeinschaften zu vergleichen sind, mit dem Unterschied, daß diese Gruppen oft keinen ständig anwesenden Meister haben.

Etliche Zen-Adepten sind dennoch Schüler eines Meisters oder einer Meisterin, zu denen sie von Zeit zu Zeit hinreisen. Außerdem besuchen asiatische, amerikanische und europäische Zen-MeisterInnen europäische Zen-Gruppen.

Teppich und Tee

Im "Haus der Stille" in Freiburg, ein Zentrum für unterschiedliche spirituelle Gruppen und Vereine, trifft sich einmal pro Woche abends eine Zen-Meditationsgruppe, die von einem katholischen Theologen angeleitet wird und eine *rinzai*-beeinflußte Form von Zen-Meditation praktiziert.

Der Boden des Meditationsraums ist mit weichen Teppichen bedeckt, darauf liegen entlang der Wand Meditationskissen. Im hinteren Teil des Raumes befindet sich in einer Fensternische ein Altar mit Buddhafigur, Räucherstäbchen etc. An den Wänden hängen Kalligraphien. Der Raum wird nur von Kerzen beleuchtet.

---

[6] Benz ist der Ansicht, Zen dürfe trotz der fehlenden Dogmatisierung nicht dahingehend mißverstanden werden, es sei überhaupt keine Schriftenkenntnis notwendig: *Insofern ist es von Suzuki zum mindesten unvorsichtig zu sagen: "Alle buddhistischen Lehren, wie sie in den Sutras und Sastras auseinandergesetzt werden, sind für das Zen wertloses Papier, das zu nichts Besserem nutze ist, als den Abfall des Intellekts aufzuwischen". Ein solches Wort kann nur ein Mann aussprechen, der siebzig Jahre lang unablässig die Sutren und Sastras studiert hat, der Jahrzehnte als Zen-Priester täglich die Sutren rezitiert und der unzählige Vorträge und Vorlesungen über buddhistische Sutren gehalten hat. Diese Worte sind selber Ausdruck jener souveränen Ironie, deren derjenige allein fähig ist, der selber die große Befreiung erlebt hat* (Benz 1962, 34).

Teilnehmendes SitZen 133

Abb. 4 Meditationsraum im Haus der Stille

Der Meditationsleiter spricht zunächst einige einleitende Worte für diejenigen, die zum erstenmal kommen und bittet sie, genau darauf zu achten, was die anderen tun.

Zunächst rezitiert die Gruppe in einer Art Singsang gemeinsam eine Sutra (klassischer buddhistischer Text) auf Japanisch, wie es auch in traditionellen Klöstern üblich ist. Danach wird mit einem Glockenschlag die Meditation eingeläutet.

Sie erstreckt sich über drei je halbstündige Sitzphasen, wobei während der ersten Phase der Meditationsleiter herumgeht und die Haltung der Meditierenden korrigiert. Nach dieser ersten Phase verbeugt man sich im Sitzen mit zusammengelegten Händen und darf dann etwa fünf Minuten lang die Beine ausstrecken; dabei wird der Raum gelüftet. Im Anschluß an die zweite Sitzung erfolgen zwei Runden *kinhin* (meditatives Gehen); während der ersten Runde wird wiederum die Haltung korrigiert, z.B. der Hände, die vor der Brust aufeinandergelegt werden mit den Innenflächen zum Boden.

Abb. 5 Haltung der Hände beim Kinhin

Im Anschluß an eine drittes halbstündiges Sitzen folgt eine Teezeremonie, die wie die Meditation schweigend durchgeführt wird. Ein "Assistent" verläßt den Raum und bringt zunächst Teeschalen und Plätzchen, dann eine Thermoskanne, wobei er sich jedesmal bei Verlassen und Betreten des Raumes zum Rauminneren verbeugt. Ebenso verbeugt er sich beim Austeilen von Tee und Plätzchen vor den Sitzenden, die die Verbeugung erwidern. Die Meditation wird mit einer nochmaligen Rezitation und Verbeugung abgeschlossen. N., der Meditationsleiter, erzählt in einem Gespräch, er selbst würde eine andere Form der Raumgestaltung (Holz- oder Parkettfußboden, keine überladenen Altäre) und die *soto*-Form bevorzugen, aber die Gruppe hat sich dafür entschieden, die von einer Japanerin, welche die Gruppe gegründet hatte, eingeführte Form samt Rezitation und Teezeremonie beizubehalten. Das gehöre zwar nicht unbedingt dazu, aber *wenn man das längere Zeit macht, fühlt man, wie Traditionen wachsen.* Im Grun-

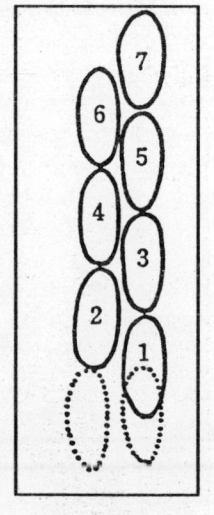

Abb. 6 Schreiten beim Kinhin

de diene ja das Rezitieren von Sutras, wie auch beispielsweise der *tonus rectus*[7] dazu, *eine innere Öffnung der Seele für die Meditation* herbeizuführen: man wird dabei *freier, stärker,* fühlt sich *leichter* und wird eingestimmt auf das *Dasein in der Stille vor dem Göttlichen.*
N. als katholischer Christ sieht keinen Widerspruch zwischen Christentum und Zen-Meditation, wobei er sich auf Lassalle bezieht. Er erwähnt Übereinstimmungen zwischen der Bibel und Zen, beispielsweise *das Moment der Entäußerung*[8].
Seit etwa zehn Jahren praktiziert er Zen-Meditation. Vorher hatte er Yoga gemacht, da er eine Übung suchte, um besser meditieren zu können. Für ihn ist Zen im wesentlichen eine Praxis, eine innere Haltung, die im Alltag weiterwirken müsse (wobei er auf Pirsig verweist).
Er sagt, daß die Meditationsgruppe im Prinzip für jeden offen sei, außer für Drogenabhängige[9] und Sannyasins. Letztere seien nicht bereit, reine Zen-Meditation im Rinzai-Stil zu betreiben und reden seiner Meinung nach zuviel, vor allem über sich selbst (was er *Selbstbeschwörung* nennt).

Körper, Liebe, Energie

Es sind aber gerade auch die Sannyasins, bei denen Zen-Meditation nach Jahren der Praxis von eher ekstatischen und körperbetonten Meditationstechniken (wie z.B. die Kundalini-Meditation, die mit dem traditionellen Kundalini-Yoga nicht mehr viel zu tun hat und aus vier je fünfzehnminütigen Phasen des Körperschüttelns, Tanzens, Sitzen und Liegens besteht) im Moment in Mode ist. Ebenfalls in Freiburg gibt es ein kleines Meditationszentrum, das von einem Sannyasin geleitet wird, der hier allerdings seinen bürgerlichen Namen benutzt und neben anderen Meditationsformen auch Zen-Meditation anbietet (für DM 5.- pro Sitzung und unter dem Motto:

---

[7] Benediktinische Rezitation des Chorgebets

[8] Philipper 2.5-8: *Ein jeglicher sei gesinnt, wie Jesus Christus auch war: welcher, ob er wohl in göttlicher Gestalt war, hielt er's nicht für einen Raub, Gott gleich sein, sondern entäußerte sich selbst und nahm Knechtsgestalt an, ward gleich wie ein anderer Mensch und an Gebärden als ein Mensch gefunden; er erniedrigte sich selbst und ward gehorsam bis zum Tode, ja zum Tode am Kreuz.* Dieses Zitat weist eine starke Ähnlichkeit zum buddhistischen Bodhisattva-Ideal auf; ein Bodhisattva ist ein Erleuchter, der nicht ins Nirvana eingeht, bevor alle Wesen erleuchtet sind (Vgl. Dumoulin 1959, 29).

[9] Nach seiner Erfahrung, die durch Gespräche mit Experten und ehemaligen Drogenabhängigen bestätigt wurde, kann Meditationspraxis eine bestehende Suchtproblematik verstärken, wofür er nicht die Verantwortung übernehmen wollte und konnte.

Meditation ist ein Schlüssel, um tiefer in das Geheimnis der Seele zu blicken).
Sein Meditationsraum ist mit Holzboden und Holzwänden ausgestattet. An einer Wand hängt eine Kalligraphie. Vor Beginn der Meditation "präpariert" J. den Raum: er zieht die weißen, langen Vorhänge vor die Fenster, schließt den Vorhang, der einen hinteren Teil des Raumes abschließt und bittet uns, unsere Taschen, die noch auf der Heizung liegen, auch in den Vorraum zu bringen.
Der Raum, in dem man meditiert, sollte ganz klar sein, erklärt er uns, *das schafft dann auch so eine Klarheit in einem selbst.*
Wir setzen uns (im halben Lotussitz). J. leitet uns zunächst an, auf unseren Körper zu achten. Wir sollen genau die Unterlage fühlen, auf der wir sitzen und uns auf jede Körperstelle konzentrieren, die die Unterlage berührt. Dann sollen wir auf unsere Atmung achten.

Die Meditation beginnt mit drei Gongschlägen, deren Klang wir hinterherlauschen sollen.
Nach einer Weile beginnt J. zu sprechen: wenn wir uns nicht mehr konzentrieren könnten, sollten wir den Atem zählen, falls wir Schmerzen spüren, sollten wir uns direkt hineinbegeben, *hineinatmen.* Störende Gedanken sollten wir zulassen. Nach ca. zwanzig Minuten ertönt wieder ein Gongschlag. J. weist uns an, langsam die Augen zu öffnen und das Licht hereinzulassen. Dann sollen wir die Hände heben und uns das Gesicht massieren, dabei genau auf die Wärme der Hände achten, *beim Meditieren wird eine besondere Energie frei, die ist ganz kostbar.*

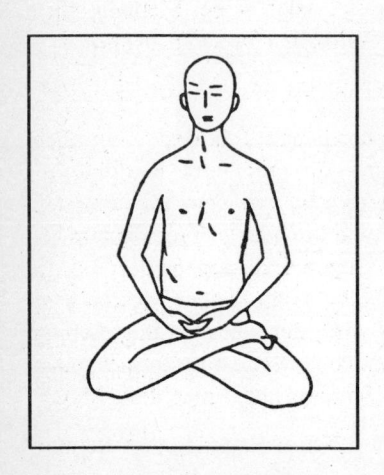

Abb. 7 Hanka (Halber Lotussitz)

Wir könnten uns auch über andere Körperstellen streichen, wo es gut tut, *überhaupt: immer wenn was weh tut, legt die Hände drauf!.*
Nun folgt ein meditativer Gang. Wir stellen uns hintereinander auf. J. zeigt uns, wie man die Hände übereinander legt, eine aufs Herz, die andere darüber. Dann gehen wir langsam hintereinander her, wobei J. erläutert, es komme darauf an, ganz bewußt einen Fuß nach dem anderen auf die Erde zu setzen, den Kontakt zum Boden zu spüren. Das sei eine Übung, die man überall machen könne. Wir gehen etwa zweieinhalb Runden, dann

Teilnehmendes SitZen

hört er auf, als er vor seinem Platz steht. Wir gehen ein paar Schritte zurück zu unseren Plätzen. Er sagt: *Eigentlich hättet ihr jetzt noch einmal rumgehen müssen, weil man beim Zen immer vorwärts und immer im rechten Winkel geht, aber das ist ja nur eine Form, es kommt nicht so drauf an.*
Es folgt eine weitere Sitzung, die wiederum mit Gongschlägen eingeleitet und beendet wird.
Im Anschluß daran zeigt J. uns noch eine *buddhistische Meditation der All-Liebe und All-Güte*. Wir sollen uns auf unser *Herz-Chakra* konzentrieren, die Liebe in uns fühlen und zu uns selbst sagen *Ich hab mich ganz lieb*, denn es sei *unheimlich wichtig*, sich selbst zu lieben. Dann sollten wir diese Liebe auf die Menschen im Raum ausdehnen, anschließend auf alle, denen wir nahe stehen und schließlich auch auf die, mit denen wir Schwierigkeiten haben. Wir sollen uns *ganz mit diesem Liebesgefühl anfüllen*.
Später antwortet J. auf die Frage, was er mit *nur eine Form* gemeint hat, daß es im Grunde nicht auf die Form ankäme; bei Erleuchteten käme es oft vor, daß die Form *gedropt* wird. Er zieht die *rinzai*-Form vor, bei der es auf das Einander-Gegenübersitzen ankomme. Ihm liegt Zen-Meditation mehr als andere Formen der Meditation, die in ekstatische Zustände münden.

Abb. 8 Kekka (voller Lotussitz)

Seine Form von Zen-Meditation entspricht nur noch teilweise der traditionellen Form. Übernommen wird die Körperhaltung und die Strukturierung der Meditation in Phasen des Sitzens und Gehens. Stark abweichend ist die verbale Anleitung, die während der Meditation erfolgt und sich auf körperliche Wahrnehmungen bezieht, außerdem werden bestimmte "Bhagwan-spezifische" Ideologismen eingebracht; überhaupt ist die synkretistische Aneignung und Überformung ganz verschiedener Meditationen und Philosophien typisch für die Sannaysin-Szene.

Keller, Kissen, Kyosaku
In Frankfurt existiert eine Zen-Gruppe, die sich zum gemeinsamen Meditieren im Untergeschoß eines Altbaus trifft. Die Gruppe bzw. ein harter

Kern existiert schon seit ca. 15 Jahren und wurde ursprünglich von Dr. F. A. Viallet begründet, der selber Zen-Mönch war und über Zen publizierte.
Von Dienstag bis Freitag finden abendliche Sitzungen statt, außerdem auch Halbtages*sesshin* am Wochenende, von Zeit zu Zeit auch Ganztages*sesshin* oder Wochen*sesshin*, wenn ein Meister die Gruppe besucht.
Die Treppe nach unten endet an einer Garderobe, dort ist auch eine Toilette. Dann kommt man in einen Raum, in dem sich eine Teeküche, ein schwarzes Brett, ein Tisch mit Informationsmaterial und Sitzgelegenheiten befinden. Hier findet einmal im Monat eine Einführung statt, die für alle, die an den Meditationen teilnehmen wollen, verbindlich ist, auch wenn sie schon anderswo *zazen* praktiziert haben.

Die Meditationsform dieser Gruppe ist an die *soto*-Form angelehnt, d.h. die Meditierenden sitzen der Wand gegenüber und meditieren ohne *koan*.
In der Einführung, die im Vorraum auf Meditationskissen stattfindet, wird der korrekte Sitz gezeigt, wobei es wie in japanischen Klöstern (vgl. Ital, 1987) mehrere Möglichkeiten gibt: den halben (*hanka*) oder ganzen Lotussitz (*kekka*) und *suwari*, d.h. Sitzen auf den Oberschenkeln, wobei man auch ein Kissen oder Bänkchen zuhilfe nehmen kann.[10]
Die Haltung wird vom jeweiligen Meditationsleiter korrigiert, wobei der Holzstock,

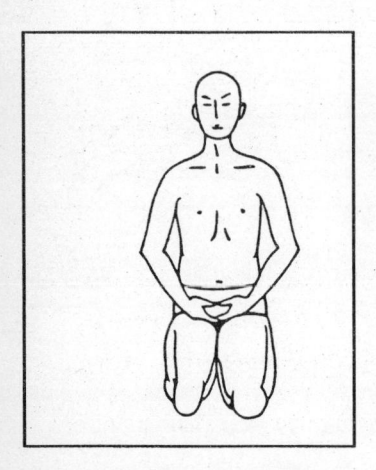

Abb. 9 Suwari (normaler jap. Sitz)

der in der traditionellen Zen-Meditation zum Schlagen dient, als Meßlatte ans Rückgrat angelegt wird, um zu überprüfen, ob man gerade sitzt.
H., der die Einführung leitet, erklärt uns die korrekte Weise, den Meditationsraum zu betreten:
Man geht mit dem linken Fuß zuerst hinein, verbeugt sich mit zusammengelegten Händen zur gegenüberliegenden Wand. Dort steht ein Holztisch-

---

[10] Im japanischen Zen ist nach Angaben von Ital der Lotussitz am üblichsten, er ist allerdings traditionellerweise Frauen nicht gestattet, die im suwari meditieren, was auch viele Laien tun, da diese Haltung die alltägliche Sitzhaltung ist und von daher weniger schmerzhaft (Ital 1987).

Teilnehmendes SitZen

chen mit einer kleinen hölzernen Buddhafigur, einem Blumengesteck, Kerzen und einer Schale mit Räucherstäbchen. H. erwähnt, sie hätten jahrelang keinen Buddha gehabt, dieser sei ein Geschenk des japanischen Meisters Harada Roshi. Dann geht man immer im Uhrzeigersinn, und indem man die Ecken ausläuft, zu seinem Platz, verbeugt sich zum Kissen hin und setzt sich dann. Drei Gongschläge läuten den Beginn der Meditation ein. Nach dem dritten Gongschlag muß man in der korrekten Haltung sitzen und sollte sich möglichst nicht mehr bewegen. Gesessen wird 40 Minuten lang, dann ertönen zwei Gongschläge. Man verbeugt sich im Sitzen zur Wand, steht dann auf, dreht sich rechtsum, bis man zur Mitte steht und verbeugt sich mit allen gemeinsam einmal zur Mitte. Dann dreht man sich wieder nach rechts, so daß alle zum zehnminütigen *kinhin* in einer Reihe gehen. In dieser Zeit kann man den Raum verlassen, um aufs Klo zu gehen oder wenn man nur 40 Minuten sitzen kann. Vor der zweiten Sitzperiode verbeugt man sich wieder zur Mitte, dann zum Kissen. Es folgt ein weiteres 40minütiges Sitzen. Mit einem Gongschlag wird die Meditation beendet. Wiederum Verbeugung zur Wand, Aufstehen, Verbeugung zur Mitte. Dann geht man (immer im Uhrzeigersinn) zum Ausgang, der Raum wird mit dem rechten Fuß zuerst verlassen.

Die Form, die ein Mitglied der Gruppe als *strukturierten Rhythmus* bezeichnet, ist zwar nicht absolut, da sie auch modifiziert werden kann, aber verbindlich für die Gruppe. H. sagt, beim Zen übe man Achtsamkeit und alles was man tut, solle man bewußt tun. Auch wenn man bestimmte Dinge nicht tun könne, sich z.B. als Christ vor der Buddhafigur zu verbeugen, könne man es zwar lassen, solle aber auch dies bewußt tun. Im Lauf der Zeit würde man auch die Notwendigkeit einer Einhaltung der Form verstehen. *First do it, then understand it.*
Die Form wird auf den Mitgliederversammlungen der Gruppe gemeinsam besprochen und festgelegt. Das sieht dann in einem Protokoll der Gruppe so aus:

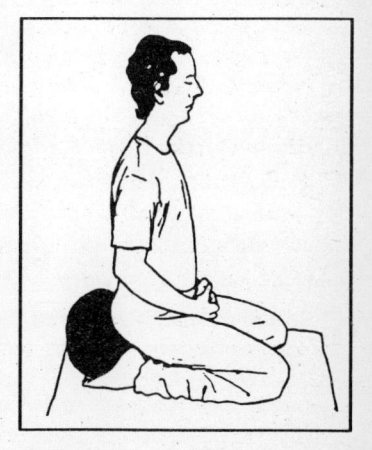

Abb. 10 Seiza (auf Kissen oder Bänkchen)

Rezitation/Herzsutra zu Beginn des Halbtages/Tagessesshins in chinesisch mit japanischer Aussprache

Die Erfahrungen mit der Rezitation erwiesen sich als unterschiedlich. Die Bewertung reichte von starker Zustimmung bis zur Ablehnung (um die Form nicht noch mehr zu erweitern). Es wurde jedoch festgestellt, daß die bestehende Form des Rezitierens niemanden direkt in seiner Übung stört.

Beschluß: Die Form der Rezitation wird beibehalten, es besteht jedoch keine persönliche Verpflichtung zur Einhaltung. Die Frage der Geschwindigkeit und Häufigkeit der Rezitation wird direkt vor dem Sesshin abgesprochen.

(...) Die Häufigkeit und Qualität der Störungen während des Sitzens hat in der letzten Zeit stark zugenommen. Festgestellt wurden: lautes Gähnen, Seufzen, Schnarchen, Zähneknirschen, Schniefen, Laufen quer durch den Raum, zu langsame Gehmeditation, Schlurfen beim Gehen uva. Die Gründe hierfür sind vielfältiger Art und reichen von Unwissenheit über die Form bis zur Nachlässigkeit und Unkonzentriertheit.

Es besteht Übereinstimmung, daß es nicht zur Übung gehört, jede Form von Störungen miteinzuschließen. Die Wahrung der Zen-Gemeinschaftsform wird als wichtig und verbindlich angesehen.

Beschluß: Der jeweilige Leiter des Sitzens spricht störende Personen direkt nach dem Sitzen oder auch während der Übung an und verweist auf die gemeinsame Form. Diese Möglichkeit hat grundsätzlich jede/r Sitzende, wenn die Form in grober Weise verletzt wird. Die Anwendung von handgreiflicher Gewalt bei eklatanten Verstößen und Widerständen wird nicht ausgeschlossen.

Im traditionellen Zen ist es ein Stock mit abgeflachtem Ende, der *kyosaku*, der in traditionellen Zen-Klöstern vom Meister oder einem ihn vertretenden Mönch dazu benutzt wird, die Mönche zum unermüdlichen Üben anzuhalten oder Eingenickte zu wecken.

Andonnern und Stockschläge charakterisieren den Erleuchtungsweg, auf dem Lin-chi (jap. Rinzai) seine zahlreichen Jünger zur letzten Seinserfahrung führt. Er prügelt und ohrfeigt sie, brüllt sie an, weil er am eigenen Leib erprobt hat, daß solch harte Berührung mit der festen Wirklichkeit rascher und sicherer als Lehrreden und Disputieren zur Wesenserfahrung verhilft (Dumoulin 1959, 124).

Wenn die Schüler dabei zur Erleuchtung gelangen, hauen sie auch zurück, was zur Entstehung zahlreicher Anekdoten über "spritzige Begegnungen" zwischen Meistern und Schülern geführt hat.

Teilnehmendes SitZen

In der Zen-Gruppe in Frankfurt wird der Stock prinzipiell nicht zum Schlagen gebraucht, da es keinen Meister bzw. einen von einem Meister autorisierten "Schläger" gibt; bei Bedarf aber übernimmt jemand bei Tages*sesshin* diese Aufgabe. Geschlagen wird, wer durch Verbeugung darum bittet, wie es auch in der traditionellen Form praktiziert wird; es kommt aber in der Gruppe nur selten vor. Als während eines *sesshin* auch ohne vorherige Bitte geschlagen wurde, war die Reaktion eher negativ.

Die Gruppenmitglieder erwähnen in diesem Zusammenhang, daß oft die *westlichen Formen* der Zen-Meditation abgemildert seien. Europäer hätten beispielsweise oft Schwierigkeiten mit dem Geschlagenwerden, da es mit Strafe und Demütigung assoziiert wird.

"zen-people"

Die einzelnen Mitglieder kommen aus ganz unterschiedlichen Gründen zur Zen-Meditation. Es sind nach Aussage eines Mitglieds Christen, Buddhisten und solche, die Zen für eine *ganz interessante mentale Technik halten*. Einige haben Meister - zwei beispielsweise eine Meisterin, die in den USA lebt - andere halten das *Meisterprinzip* für sekundär. Sie räumen ein, daß es auf der einen Seite problematisch ist, ohne ständig anwesenden Meister zu üben, auf der anderen Seite aber auch Vorteile hat. Manchen fehlt die Anleitung eines Meisters, aber Gruppen mit Meister seien oft um diesen herum angeordnet, alle Beziehungen liefen über ihn und es gebe Konkurrenz und Rivalitäten, da sei die Zen-Gruppe freier und auch *echter*.

Die Funktion, die ein Meister im traditionellen Kontext hat, wird in der Zen-Gruppe auf mehrere Leute verteilt, indem

Abb. 11 Burmesische Meditationshaltung

z.B. die abendlichen Sitzungen immer abwechselnd angeleitet werden. Andere Aufgaben eines Meisters fallen weg, wie das *dokusan*, ein Gespräch mit dem Meister, in dem der Schüler über seine Meditation berichtet, beispielsweise über *makyo*-Erlebnisse, Zustände der Bewußtseinsveränderung, die halluzinatorischen Charakter haben können. Der Meister erkennt daran, daß der Schüler in eine tiefere Versenkung gelangt ist und hält ihn dazu an, diese Zustände zu ignorieren, da sie in bezug auf *satori* keine Bedeutung haben und auch nicht damit verwechselt werden dürfen. Die Mitglieder der Zen-Gruppe in Frankfurt erzählen, daß es in der Meditation oft zu emotionalen Erregungen kommt. *Bei Tagessesshins wird viel geheult,* was zu verarbeiten jedem allein überlassen bleibt. M. sagt, daß sie aufgrund ihrer Erfahrungen in verschiedenen therapeutischen Gruppen damit umgehen könne, anderen falle das schwerer.

Die Gruppe ist für alle eine Gelegenheit, gemeinsam zu meditieren, aber kein *emotionales Kissen.* Die Kontakte untereinander werden als *freundlich* und *vorsichtig* bezeichnet.

Die Zugangswege zum Zen sind unterschiedlich. D. beispielsweise kam Ende der sechziger, Anfang der siebziger Jahre im Zusammenhang mit der Drogenszene mit Zen in Kontakt, als *die Leute mit anderen Formen von Realitäten in Berührung* kamen. Er las D.T. Suzuki, probierte verschiedene Meditatonen aus und praktizierte jahrelang alleine *zazen.* Außer Zen macht er auch Yoga-Übungen, und zwar am liebsten vor dem Sitzen, *Bewegung als Ausgleich zur Ruhe* und zur Lockerung, sowohl des Körpers als auch des Geistes. Vor ca. anderthalb Jahren kam er zur Zen-Gruppe, weil er Kontakt zu anderen Meditierenden suchte. Er findet es angenehm, daß die Zen-Gruppe undogmatisch ist, z.B. keine Kleiderordnung hat. In manchen anderen Gruppen ist dunkle Kleidung vorgeschrieben, damit man nicht durch helle Farben abgelenkt wird.

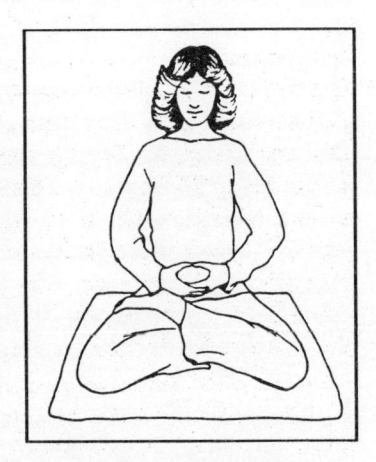

Abb. 12 Hanka (halber Lotussitz)

H. las zehn Jahre lang Zen-Literatur, aber erst in einer Lebenkrise fing er an zu *sitzen.* Vorher habe er immer das Argument vorgeschoben, er hätte keine Zeit dazu, aber in jener Zeit habe er sich gedacht, *da kann ich mich auch vor die weiße Wand setzen.* Nach einer Weile kam er dann in Kontakt zur Vorgängergruppe der jetzigen. Er kommt einmal in der Woche als Meditationsleiter nach Frankfurt und leitet die Einführungen. Zuhause sitzt er einmal täglich frühmorgens, außerdem macht er 108 *Verbeugungen,* das sind Niederwerfungen. 108 sei eine Zahl, die noch aus dem indischen Buddhismus stamme, *die haben ja alles gezählt.* Die Zahl beziehe sich auf die Leidenschaften und Triebe.

Teilnehmendes SitZen

Er sagt, daß ihre Generation (ca. 40-45jährige) generell eher über Lesen zur Zen-Meditation kam; jüngere Leute kämen naiver, zum Ausprobieren. Im Zuge der New Age-Bewegung hat der Zulauf zur Zen-Gruppe auf jeden Fall zugenommen. Es kommen mehr junge Leute, die aber oft nach ein bis zwei Sitzungen wieder wegbleiben, ... *weil im Zen auf die Schnelle keine Erfolge zu erzielen sind, da es harte Arbeit ist.*
Zur New Age-Bewegung rechnet sich die Gruppe nicht. H. erzählt, seine erste Reaktion gegenüber New Age sei der Gedanke gewesen: *Hoffentlich ist das bald vorbei* (als Mode). Er bezeichnet New Age als Etikett, das er sich nicht ankleben würde.

Unsere Gesprächspartner verstehen ihren *Zen-Weg* auch als ein Wirken in die Gesellschaft, z.B. für die Erhaltung des Friedens. *Wenn du mit dir selbst in Frieden lebst, gibst du auch keine Aggression nach draußen, würde jeder friedlich sein, gäbe es auch weniger Unrecht.* M. erwähnt, daß Meister ein *Ort des Friedens* sein können und daß man selber auch *praktisch sozial wirken* sollte. Ihr Privatleben habe sich durch Zen verändert. Sie sagt, man merke an sich selber, daß man anders mit Konflikten umgehe und besser darauf reagieren könne. *Ich hab das Gefühl, daß meine Wirkung auf andere anders geworden ist, positiver ...* .

Auf unsere Frage nach der Bedeutung von *satori* für die Mitglieder der Zen-Gruppe entsteht peinliches Schweigen und verlegenes Lachen. D. greift das mit den Worten *gute Frage* auf, und erzählt, daß über Erleuchtung in der Gruppe überhaupt kein Austausch existiert, *wer sie hat, spricht nicht darüber.* Alle drei drücken sich vage aus. H. meint aber, daß das unbedingte Streben nach *satori* vielleicht auch oft ein typisch europäisches Leistungsdenken ist. Vielleicht wäre es gar nicht so wichtig[11].

Die unterschiedlichen Einstellungen zu Zen kommen bei einer Mitgliederversammlung deutlich zum Ausdruck, als es um das gemeinsame Saubermachen, *samu*, nach den sonntäglichen Halbtages*sesshin* geht.
W., der in einem anderen Gespräch, bei dem er nicht dabei war, als eine Art indirekter Meister bezeichnet wurde, bemängelte, daß *samu* bei den letzten beiden Malen, an denen er teilnahm, entfallen war. Es stellte sich heraus, daß nicht allen Leuten klar war, ob man sich darauf geeinigt hatte,

---

[11] Hierzu kann man anmerken, daß die Rinzai-Richtung, die von einer plötzlichen Erleuchtung ausgeht, hauptsächlich bei westlichen Gruppen verbreitet ist, während die Soto-Schule, die von einer stufenweisen Erleuchtung ausgeht und sie auch weniger ins Zentrum rückt, in Japan eine weit größere Verbreitung hatte als die Rinzai-Schule.

es jede Woche oder nur alle vierzehn Tage zu machen. Ein Teil der Gruppe plädierte nun dafür, es jede Woche durchzuführen, wobei damit argumentiert wurde, daß *samu* zur Übung gehöre und daher auch, wie *zazen*, von allen gemeinsam gemacht werden solle. Außerdem gebe es schließlich jede Woche etwas sauberzumachen, z.B. die Kissen abzubürsten. Die Länge bzw. der Umfang könne ja von der ganzen Gruppe festgelegt werden. Arbeiten und Sitzen wäre im Zen gleichwertig.
Von P. kam das Gegenargument: *Ein sauberes Fenster putz' ich nicht* woraufhin ihn W. darauf hinwies, daß er das Putzen nicht nur funktional betrachten könne, sondern auch als eine Form von Demut.
Ein zweckrationales Argument für das Putzen kam von L., die sagte, ihr wäre es auch ein Bedürfnis, sauberzumachen, denn sie wolle ja auch, das alles hygienisch sei und fühle sich deswegen dafür verantwortlich.
P. wiederholte, daß er nichts Sinnloses tun wolle, er würde es höchstens tun, um die Gruppe nicht zu stören. W. antwortete, P. habe insoweit recht, als er nicht einem formalen Gehorsam nachgebe, denn *formaler Gehorsam ist ein Scheißgehorsam, weil er militaristisch ist*. Auf der anderen Seite sei es aber auch nicht sinnvoll, zwölf Stunden gegen eine Wand zu sitzen. Das sei im Grunde irrational. Er brachte eine Zen-Anekdote ein: in einem Kloster bekam ein Schüler den Auftrag, Kohlköpfe verkehrt herum in die Erde zu stecken. Er steckte sie aber alle richtig herum ein und wurde aus dem Kloster geworfen. Hier wandte eine Frau ein: *Wir sind ja keine Mönche und Nonne*n.
W. betonte nochmals, daß Zen ja gerade *jenseits der binären Logik* liege, es sei *nicht rational bzw. zweckrational*.
Eine Frau erzählte daraufhin, daß sie früher bestimmte Hausarbeiten nur sehr ungern und bei dringender Notwendigkeit getan habe. Nun war sie bei einem *sesshin* gewesen, wo man sie immer genau zu diesen Arbeiten eingeteilt habe, vielleicht auch mit Absicht. Am Anfang mußte sie sich dazu überwinden, aber am Ende habe sie einige Arbeiten *regelrecht geliebt*. Sie sagt, das sei jetzt *zuhause auch samu*. Auf unsere Frage nach der Bedeutung von *samu* in der traditionellen Form erklärt M., in Klöstern seien das ganztätige Arbeitsphasen, bei *sesshin* nur kurzes Saubermachen. Es sei eine Art Übergang zum Alltag.
Die Gruppe einigt sich schließlich auf wöchentliches *samu*.

Diese Episode zeigt die Problematik einer Gruppe, die weder einen Meister bzw. "von oben" verordnete verbindliche Regeln sowie keinen gemeinsamen Alltag (wie Mönche in einem Kloster) hat. Die qualitativ ganz unterschiedlichen Argumentationen verweisen auf die individuellen

Zugangswege und Einstellungen zu Zen. So vertritt in dieser Situation W. die Position eines Meisters, indem er auf die Arationalität von Zen sowie indirekt auf die "hohe Lehre" verweist, d.h. der Zen-Geist oder die Buddhanatur, die in allem enthalten ist. Seine Argumente ähneln der Auffassung von David Steindl-Rast, einem Benediktiner-Mönch, der auch Zen praktiziert. Für ihn bedeutet Demut ursprünglich ... *Mut zum Dienen, Dienmut. Das strahlt dann aus, nicht nur auf die Knie zu fallen und Gott zu danken oder dem Leben oder dem Schicksal, sondern der Welt zu dienen* (Steindl-Rast 1984, 255/56). In der Zen-Gruppe bleibt es jedem Mitglied selbst überlassen, ob es den Begriff der Demut in diesem Sinne verstehen und umsetzen will, und man kann an den Argumenten gut ablesen, wie unterschiedlich hier die Auffassungen sind.

Zazen als Ritual

Obgleich die von uns beobachteten Zen-Meditationen gegenüber den traditionellen Formen in der einen oder anderen Weise modifiziert worden sind, erkennt man dennoch die Ähnlichkeit zu den in der einschlägigen Literatur beschriebenen klassischen Formen. So wird beispielsweise in allen Fällen die Geometrisierung des Raumes und der Bewegungen beibehalten. Die *rinzai*- bzw. *soto*-Meditation, die als Muster dient, ist erkennbar und in ihren wesentlichsten Teilen, z.B. der Sitzhaltung, unverändert.
In den von uns beobachteten Gruppen einigt man sich auf eine Form, die dann verbindlich ist.
Bestimmte traditionelle Elemente, besonders was die Meister-Schüler-Beziehung angeht, müssen entfallen: z.B. das *dokusan*, ein Gespräch, in dem der Meister die Fortschritte der Schüler prüft, oder Ansprachen (*teisho*) über Sutren bzw. Aspekte des Zen, die vom Meister gehalten werden.

In allen Meditationen kann man den strukturierten Ablauf erkennen, der Rituale kennzeichnet (vgl. Myerhoff/Moore-Kriterien, S. 3 dieses Aufsatzes):
Meditiert wird zu festgesetzten Zeiten an dafür hergerichteten Orten, die japanischen Meditationsräumen nachempfunden sind. So fanden wir z.B. in jeder Gruppe die gleichen Meditationskissen. Die Sitzungen wiederholen sich in ihrem Ablauf. Zeitabschnitte sind festgelegt und werden durch Klangsignale markiert (Wiederholung, Ordnung). Alle Bewegungen unterliegen einer Art Choreographie: das Betreten des Raumes, die Verbeugungen, das Sitzen, das Schreiten; spontane Handlungen sind nicht vorgesehen (Darstellen, Inszenierung). Instruktion spielt eine Rolle und wird durch

Handhabung eines symbolischen Objekts vermittelt (der *kyosaku*) (Stilisierung).

Ebenfalls erkennbar ist ein dreistufiger Aufbau (Schwelle, liminale Phase, Reintegration). Zunächst die Ablösung vom Alltag beispielsweise durch Umkleiden, d.h. die Insignien des alltäglichen Lebens werden (symbolisch) abgelegt. Auch dort, wo das Umkleiden nicht gefordert wird, werden zumindest die Schuhe abgelegt, was auch in Japan fester Bestandteil der Eintrittsregeln ist, ebenso wie Verbeugungen beim Betreten und Verlassen des Raumes.

Das Sitzen selbst stellt sich uns als die liminale Phase dar. Die Meditierenden verharren in einem quasi-leblosen Zustand, der der symbolisch dargestellten Leichenähnlichkeit von Initianden in vielen Initiationsritualen traditioneller Gesellschaften nahe kommt: sie sitzen unbewegt, schweigen und sollen, wie dies im Protokoll der Zen-Gruppe in Frankfurt explizit zum Ausdruck kommt, (geräuschvolle) Lebensäußerungen möglichst vermeiden.

Wenn wir unsere Zen-Meditations-Beispiele anhand der von Turner erstellten charakteristischen Merkmale für Liminalität (1969) betrachten, können wir Übereinstimmungen feststellen. Turner nennt:

Übergang, Totalität, Homogenität, Communitas, Egalität, Anonymität, Abwesenheit von statusdifferenzierenden Merkmalen (soziale Position, Eigentum, Geschlecht), Gehorsam (gegenüber der Autorität der Regeln), Stille, Simplizität, Demut, Selbstlosigkeit, Heiligkeit, sakrale Instruktion, Akzeptanz von Schmerz etc. (Turner 1969, 106/7).

Während der Meditation spielen Rang-, Alters- oder Geschlechtsunterschiede keine Rolle. Alle Meditierenden ordnen sich in die von einem Meister oder der Gruppe selbst aufgestellten Regeln ein, was auch *Akzeptanz von Schmerzen*, z.B. in bezug auf die Sitzhaltung, einschließt.

Die Reintegration ist durch eine sukzessive Angliederung an den Alltag gekennzeichnet, z.B. das *kinhin*, während dem man beispielsweise in der Frankfurter Gruppe den Raum verlassen darf. Der Wiedereintritt in den Alltag erfolgt durch Verlassen des Meditationsraumes und Wiederankleiden, manchmal auch durch ein weiteres Übergangsritual wie die Teezeremonie im Haus der Stille, die Meditation der *All-Liebe und Allgüte* bei J. oder das gemeinsame Saubermachen in der Zen-Gruppe in Frankfurt nach einem Halbtages*sesshi*n, das auch explizit als Übergang zum Alltag bezeichnet wurde.

Teilnehmendes SitZen 147

Im folgenden wollen wir die ritologischen Aspekte von Grimes wieder aufgreifen und darstellen, wie er sie anhand seiner Feldforschung in kanadischen und amerikanischen Zen-Klöstern illustriert.
Er sagt zunächst, daß man in Zen-Klöstern in der Regel auf Fragen nach den zentralen rituellen Handlungen mit *exegetical silence* reagiert, und zwar nicht deswegen, weil die Antwort nur Spezialisten oder gar niemandem bekannt ist, sondern *sometimes there is really nothing to say* (Grimes 1982, 103). Im Zen bedeuten die Handlungen, auch wenn sie stilisiert sind, nichts, was darüber hinausgeht; Sitzen ist nur Sitzen.

> *Zen people seldom speak of Zen "ritual" or "ceremony"; they speak of "practice". ... The term "practice" does not connote in Zen circles something preliminary to something else, as the terms "baseball practice" or "piano practice" do. These suggest actions that precede public playing. In Zen the practice is the play* (Grimes 1982, 103).

Grimes geht nun die zentralen rituellen Handlungen des Zen anhand seiner Typologie durch (vgl. S. 126 dieses Aufsatzes):

Atmen: Zen-Ritualisierung
In der Zen-Meditation spielt das Zählen des Atmens, besonders bei Anfängern, eine große Rolle. So geht im Zen das Rhythmische des Atmens in den Rhythmus des Rituals ein. Diese Verbindung einer unbewußten Körperfunktion mit dem kontrollierten Ritual nennt Grimes *cultivated naturalness*.

Verbeugung: Zen-Dekorum
Dekorum drückt sich im Zen-Ritual in der Verbeugung mit zusammengelegten Händen (*gassho*) aus. Es ist eine der wichtigsten Handlungen, die in unterschiedlichen Kontexten erfolgt: man verbeugt sich vor dem Meister, vor einer Buddhafigur, zum Kissen und zu anderen Meditierenden hin, als Aufforderung zum bzw. Dank für das Geschlagenwerden etc. Manchmal haben "Westler" Schwierigkeiten mit dem Verbeugen, weil es für sie eher eine Geste der Unterwerfung darstellt oder auch mit christlicher Frömmigkeit assoziiert wird ("betende Hände").
Grimes interpretiert die Verbeugung folgendermaßen:

> *When the two palms meet and the head or upper trunk bends, what were two becomes one. We are no longer different from one another. Yet, if the feeling 'This is bowing to idols' persists, we remain separate and apart. So body and mind must learn together. If I am split, you and I are alienated. This is the Zen view* (Grimes 1982, 106).

Dieser *Zen view* entspricht auch den Aussagen von H., der zu so kräftigen Worten fand wie: *Die Form ist für'n Arsch*, aber auch *first do it, then understand it*, und auch er betonte wie Grimes, daß es darauf ankommt, auch "leere" Gesten bewußt auszuführen. *I ought not contemplate the gesture's meaning, but neither ought I be absent from my own action* (Grimes 1982, 107).
Im rituellen Kontext markieren *gassho* Beginn und Ende von Zeitabschnitten.

Schlagen: Zen-Zeremonie

> Ceremony establishes, with varying degrees of hardness and softness, we/they distinctions, and few religions are without them - even those that insist on the fundamental unity of all people (Grimes 1982, 107).

Als Beispiel führt er die Hierarchie von Meister und Schüler an, die sich in der Handhabung des *kyosaku* ausdrückt. In Zen-Klöstern sind es vom Meister autorisierte Mönche, die ihn benutzen. Auch in US-amerikanischen Zen-Klöstern, die in "demokratischerer" Weise funktionieren, bleibt diese Art der Ausübung von Autorität den Meistern und ihren Vertretern vorbehalten.

Haften: Zen-Magie

Eine der (magischen) Geisteshaltungen, die Zen-Schülern von ihren Meistern immer wieder ausgetrieben werden müssen, ist das Kleben (clinging) an der Idee, man meditiere, um zu *satori* zu gelangen. *Sitting because I desire to be enlightened is ultimately a form of makyo (illusion)* (Grimes 1982, 109).

Auf der Ebene des rituellen Verhaltens ist es das *kinhin* (meditatives Gehen), das als Zwischenstadium zwischen Sitzen und Wiedereintreten in die alltägliche Welt am ehesten Gefahr läuft, im "magischen" Sinne mißverstanden zu werden:

> Kinhin symbolizes what I think is becoming the most distinctively Western contribution, and danger, to Zen practice, an emphasis on moving Zen. Ritologically considered, a gestural-postural path leads from sitting through walking to the various "arts of" - motorcycle maintainence, archery, running, seeing. The list goes on (Grimes 1982, 111).

Sitzen: Zen-Liturgie

Der grundlegende liturgische Akt im Zen-Ritual ist das Sitzen, *zazen*. Die Meditierenden nehmen eine statische, trianguläre Haltung ein, innerhalb dieser bewegen sich Blutkreislauf und Atem: eine Verkörperung von Struk-

tur und Prozess in einem. *If I just sit there, neither inside myself in introversion nor outside myself in fantasy or thought, I am liturgically empty. Since the nature of things, in the Buddhist view, is emptiness, I am in accord with my true nature. To be in accord is the essence of liturgy* (Grimes 1982, 112).
Das Sitzen ist die paradigmatische Haltung des Zen, die auch in allen modifizierten Formen beibehalten wird, ... *the generative gesture, the matrix of all others in the Zen ritual system. It is the last one Zen people would give up. It is sacred* (Grimes 1982, 112).

Sakraler Raum

Wir können nun anhand von Eliades Definition des Heiligen feststellen, daß das rituelle Verhalten in der Zen-Meditation dem Verhalten gegenüber dem sakralen Raum entspricht. Dieser stellt einen außeralltäglichen Bereich dar, der nur in vorgeschriebener Weise betreten wird.
Es sprach der Herr zu Mose: leg deine Schuhe ab, denn der Ort, wo du stehst, ist heiliger Boden (zit. nach Eliade 1957).

In der Zen-Meditation unterliegt das rituelle Verhalten einer formalen Strukturierung, bei der sowohl im traditionellen wie im übernommenen Kontext Verbeugungen eine große Rolle spielen.
Wie Verbeugungen interpretiert werden und welche Funktion sie für eine "innere" Strukturierung haben, verdeutlicht ein Zitat eines Mitarbeiters in Graf Dürckheims Therapiezentrum in Todtmoos/Rütte:

> *... ich mach auch noch Schwertarbeit. Und mir ist es vor jeder Schwertübung sehr wichtig, ein Ritual zu machen, dieses Ritual aus dem Zen der Ehrerbietung vor dem Partner, daß ich mich vor dem Partner und dem Schwert verbeuge. Und zwar hat das Ritual dort für mich den Sinn, zu sagen, daß es um den inneren Kampf, den inneren Krieg geht, nicht um Mord und Totschlag, nicht um das Ausleben von Aggressionen. Das Ritual ist für mich wie ein Gefäß, das mir diesen Weg weist, oder erleichtert. ... mir wurde das Ritual je länger, je mehr zu einem Anliegen, weil das irgendeine Form bringt. Es darf nicht Selbstzweck sein und es darf nicht das Ziel sein. Aber ich habe jetzt ein paarmal die Erfahrung gemacht, wie ein Ritual einen Raum bereiten kann, damit eine Erfahrung im Gespräch oder sonstwie etwas stattfinden kann. Und dort seh ich die Notwendigkeit des Rituals für mich persönlich* (Interview in Todtmoos/Rütte am 13.10.1987).

Die *Bereitung* sowohl des ideellen wie auch des materiellens Raumes in unseren Beispielen entpricht dem Akt der Weltschaffung, die Trennung von Chaos und Kosmos, die bei Eliade zentral für die Raumorientierung des religiösen Menschen ist (wobei er davon ausgeht, daß es überhaupt keinen völlig *profanen* Menschen gibt). *Für den religiösen Menschen ist der Raum nicht homogen*, sondern er weist qualitativ unterschiedliche Bereiche auf, *wobei im Zentrum die Orte der Hierophanie, der Manifestation des Heiligen, stehen, die als Mittelachse für jede Orientierung dienen* (Eliade 1957, 7ff.). In den von uns beobachteten Gruppen erfüllt der Meditationsraum die Funktion eines sakralen Raumes, auch wenn ihn die Meditierenden nicht so bezeichnen würden. Obwohl für *zazen* nicht unbedingt eine besondere Umgebung nötig ist, nutzt man die Möglichkeit des gemeinsamen Meditierens in einem, in der Gestaltung dem traditionellen japanischen Meditationsraum nachempfundenen Raum, der als eine Art spirituelles Zentrum geschaffen wird, wo sich die Mitglieder der Gruppen in einem außeralltäglichen Rahmen begegnen.

Peak, Flow, Communitas

Wenn auch in den von uns beschriebenen Gruppen *zazen* in einer modifizierten, bzw. "gemilderten" Form praktiziert wird, ist es dennoch eine Meditation, die dem einzelnen eine relativ strenge Disziplin abverlangt. Man wird zwar in westlichen Gruppen nicht durch Schläge und Beschimpfungen zu *satori* getrieben, aber die Einhaltung der Form, deren zentrales und unverändert übernommenes Element die Sitzhaltung ist, erfordert zunächst große Selbstbeherrschung.

Im Laufe unserer Beschäftigung mit der Zen-Meditation und besonders durch die Gespräche mit "Zen-Leuten" begannen wir uns zunehmend für die Frage zu interessieren, warum man diese Art der Meditation wählt und welche Erwartungen damit verbunden sind. Dieser Frage nach der Motivation konnten wir im Rahmen unserer ritologisch orientierten Forschung nicht weiter nachgehen. Dennoch möchten wir am Schluß unseres Aufsatzes einen Aspekt der Meditation darstellen, der die Frage nach der Motivation beleuchtet.

Dafür möchten wir noch einmal den communitas-Begriff aufnehmen. Communitas ist an sich kein Gefühl (Turner betont, daß man sie nicht mit Emotionen verwechseln soll, die z.B. bei einer guten Party zwischen den Anwesenden entstehen), ruft aber angenehme Gefühle hervor, unter anderem *the feeling of endless power*. Turner sagt: *Spontaneous communitas has something 'magical' about it* und hier kommen wir vielleicht einem weiteren Aspekt von Magie im Zen-Ritual näher.

Teilnehmendes SitZen

Der Psychopathologe G. Schüttler hat in einer Untersuchung japanische Zen-Meister und -Mönche über ihre Erlebnisse während der Meditation und *satori* befragt und herausgefunden, daß in der Meditation eine Veränderung von Raum-, Zeit-und Körpergefühl erfolgt, wie wir es auch selbst ansatzweise erlebt haben.
Im *satori* schließlich erlebt man die Auflösung der Körpergrenzen.

> *Bei Meditationserlebnissen und in der mystischen Ekstase lösen sich die Ich-Grenzen im Gegensatz zu Außen und Anderen auf, die erlebte Trennung von Subjekt und Objekt schwindet. Bei eingeengtem, aber wachem Bewußtsein erlebt das Ich ein extensives und intensives Wachstum. Das Ich erlebt sich größer, gehoben, geweitet, schöner, edler, beglückt, unter der Tendenz, sich selbst aufzulösen* (Schüttler 1974, 109).

Es gibt keine Grenze mehr zwischen Selbst und Welt.
Im Zen sind solche Erlebnisse das Ergebnis einer intensiven Konzentration, die durch *zazen* erreicht wird.
Diese Erlebnisse treten aber auch bei Menschen, die nicht meditieren, spontan auf. Steindl-Rast bezieht sich in einem Artikel auf die von Maslow an *psychisch gesunden* Menschen erforschten *Peak-Experiences*.

> *... ich fand, daß diese Menschen häufig berichteten, so etwas wie mystische Erlebnisse gehabt zu haben, Momente von tiefer Ehrfurcht, Momente intensivsten Glücks oder sogar der Verzückung, Ekstase oder Seligkeit. ... Jedes Getrenntsein und jede Distanz von der Welt waren verschwunden, als sie sich eins mit der Welt fühlten, mit ihr verschmolzen, ihr wirklich zugehörig, statt außerhalb zu stehen und hinein zu schauen* (Maslow, zit.n. Steindl-Rast 1984, 196).

Und Steindl-Rast fährt fort:

> *Ich glaube, wir haben alle diese Erfahrung gemacht, die Erfahrung eines Augenblicks, in dem wir uns wirklich in der Welt zuhause fühlen* (Steindl-Rast 1984, 196).

Ein den *peak-experiences* ähnliches Phänomen hat der u.a. von Turner angeregte ungarisch-amerikanische Soziologe M. Csikszentmihalyi in seiner Studie über das *flow-Erlebnis* beschrieben. Hierbei handelt es sich um eine intensive Form inneren Erlebens bzw. *erhöhter Bewußtheit*, das bei sog. *autotelischen* Aktivitäten auftritt, d.h. Tätigkeiten, die um ihrer selbst willen ausgeführt werden und nicht, um materiellen oder Prestigegewinn zu erlangen, z.B. Sport und Spiel.

> *Im flow-Zustand folgt Handlung auf Handlung, und zwar nach einer inneren Logik, welche kein bewußtes Eingreifen von Seiten des*

Handelnden zu erfordern scheint. Er erlebt den Prozeß als ein einheitliches Fließen von einem Augenblick zum nächsten, wobei er Meister seines Handelns ist und kaum eine Trennung zwischen sich und der Umwelt, zwischen Stimulus und Reaktion, oder zwischen Vergangenheit, Gegenwart und Zukunft verspürt (Csikszentmihalyi 1987, 59).

Csikszentmihalyi verweist explizit auf das Auftreten von flow-Erlebnissen in Ritualen als *Aktivitäten mit klar festgelegten Handlungsregeln*. Er betont, daß das, was gewöhnlich im *flow* verlorengeht, ... *nicht die Bewußtheit des eigenen Körpers oder der Körperfunktionen [ist], sondern das Selbst-Konstrukt* (Csikszentmihalyi 1987, 67), eine Formulierung, wie man sie ähnlich in vielen Publikationen über Zen finden kann.

So schreibt beispielsweise der japanische Philosophieprofessor Toshihiko Izutsu:

Die Vernichtung des empirischen Ichs, sowie es im Zen-Buddhismus verstanden wird, kann nicht erreicht werden durch die völlige Annihilation des Bewußtseins. ... Anstelle des Bewußtseins des empirischen Ichs finden wir hier jedoch die Aktualisierung der absoluten Bewußtheit ... Fern davon, "Nichts" im negativen Sinne des Wortes zu sein, ist es ein äußerst intensives Bewußtsein, fürwahr so intensiv, daß es das "Bewußt-Sein" übersteigt (Izutsu 1979, 34f.).

Der amerikanische Zen-Lehrer Robert Aitken zieht explizit Beispiele intensiven Erlebens im Alltag als Parallelen zu *zazen* heran, wobei er den Aspekt der *Selbstvergessenheit* betont.

Wenn wir an einem Motor herumbasteln, wenn wir uns mit einem Kind befassen oder wenn wir einen Film anschauen, bei all diesen Tätigkeiten transzendieren wir bisweilen den Zustand der Konzentration. Unser Bewußtsein ausschließlich auf einen Gegenstand zu richten beinhaltet zweierlei: uns selbst und den betreffenden Gegenstand. Aber unsere Alltagserfahrung zeigt uns, daß, sofern wir wirklich von unserer Tätigkeit gefangengenommen sind, die beiden Pole verschwinden und daß "nicht einmal eines" übrig bleibt, wie Yamada Roshi gerne sagt (Aitken 1988, 27).

Ein ausschlaggebender Grund für das Üben der Zen-Meditation könnte ein Mangel an Erfahrungen wie Selbstvergessenheit und Intensität sein; die alltägliche *Zersplitterung* (Aitken 1988, 32) aller Lebensvollzüge kann durch flow-Erlebnisse, wie sie auch in und durch *zazen* entstehen, aufgehoben werden, um sich *in der Welt zuhause* zu fühlen.

Christine Blaser

"Bist du auch eine Suchende?"

An der Wand des Meditationsraumes der Brahma Kumaris in Freiburg leuchtet eine ovale Plastikhülle. Sie ist rot, zwölf Strahlen gehen von einer hellen Öffnung in der Mitte aus. Solche Beleuchtungskörper findet man auch andernorts in den Räumlichkeiten von Gemeinschaften der "Brahma Kumaris World Spiritual University", ebenso wie das gleiche Symbol ihre Schriften ziert. Die Brahma Kumari D. erklärt, die helle Öffnung in der Mitte bedeute das in der Meditation zu durchschreitende Nadelöhr zur spirituellen Wirklichkeit als der einzigen Wirklichkeit. Die Beleuchtung dient der Gruppe also als Symbol.

Mühlmann schreibt:

Der Mensch verleiht den wahrgenommenen Wirklichkeiten da draußen etwas aus "sich selbst", etwas, was die Dinge an sich nicht besitzen (Mühlmann 1962, 118).

Mühlmann unterscheidet zwischen der wahrgenommenen Dingwelt und der Welt der Fiktionen, in der die Umwelt symbolisch wird. Der rote, ovale Beleuchtungskörper gehört zur Dingwelt, die unser Auge wahrnimmt. Die Bedeutung des durchschreitbaren Nadelöhrs zur Spiritualität ist erst durch Kenntnis der jeweiligen Ideologie ersichtlich. Zum Sehen der zweiten Welt gehört das *Wissen* um die jeweilige Wertordnung. Das *Wissen*, das man braucht, um die symbolische Bedeutung eines solchen Gegenstandes zu kennen, ist das eines Insiders.

Als Insider möchte ich im Rahmen meines Beitrags diejenigen definieren, die einer sozialen Gruppe angehören und deren kulturellen Code verstehen und teilen. Insider ist das Mitglied, der Dazugehörende, der Wissende, der Eingeweihte, der Initiierte. Outsider gehören nicht dazu, sie kennen den kulturellen Code nicht, sie mögen auch Neulinge, Nichteingeweihte oder Anwärter auf die Initiation sein. Die Initiation - die rituelle Aufnahme in eine geschlossene Gruppe - ist der Prozeß, den der Outsider durchlaufen muß, um zum Insider zu werden.

Wie ich in meiner Feldforschung feststellen mußte, können aber auch Insider wieder zu Outsidern werden, zu marginalen Mitgliedern der sozialen Gruppe, zu Kritikern und Nichtanerkannten.

Zählen Sie sich zur New Age Bewegung?

Obwohl der Brahma Kumari N. eine Gemeinsamkeit, die sich unter diesem Begriff verbirgt, aufzeigt: *Wenn ich also New Age vom Wort her definiere: als Neues Zeitalter - und auf jeden Fall ist unsere Bestrebung auch eine gesellschaftliche totale Verwandlung* (Tonbandaufnahme) wurde jedoch bei den von uns durchgeführten Interviews die Distanzierung vieler Gesprächspartner vom New Age als Begriff, der mittlerweile negativ besetzt ist, deutlich. Das gemeinsame Ziel, am Übertritt in ein neues Zeitalter zu arbeiten und ein neues Bewußtsein durch Transformation zu erlangen, wurde jedoch von allen Befragten als gemeinsame Grundtendenz anerkannt.

In einer "spirituellen Stadtzeitung" wird dies so beschrieben:

> *Es sind dabei sicherlich sehr viele sich voneinander teilweise stark unterscheidende Formen und Techniken, Denkweisen und Glaubensrichtungen vertreten, aber letztendlich haben doch alle nur eines zum Ziel: das Einswerden mit Gott, dem Universum, der Schöpfung und sich selbst* (Lichtnetz 1988 Nr. 4, S. 1).

Die gleiche Zeitschrift sieht den Begriff des New Age durchaus positiv:

> *für die Sucher, Sympathisanten und Neugierigen, für die es "in", neu, anders, hilfreich, wachstumsfördernd oder befriedigend ist, sich mit dem dort Angebotenen zu befassen und abwertend für alle ewig besser wissenden, durchblickenden und festgefahrenen Materialisten. Dabei ist der Begriff an sich neutral und weist auf eine gemeinsame aber trotzdem vielfältige Vision eines "Neuen Zeitalter" hin* (Lichtnetz 1988 Nr. 2, S. 1).

Die Wege sind verschieden

Innerhalb der Masse von Angeboten und Gruppen des New Age, die wir in der Forschung vorfanden, sind diejenigen, die einer Organisation bzw. einer religiösen Gemeinschaft angehören, äußerst gering. Während unserer Forschungen ergab sich, daß überwiegend therapeutische Angebote, die sich auf Einzelanbieter beziehen, darunter zu finden sind. Sie ordnen sich keiner bestimmten Organisation zu, obgleich sie in ihrem synkretistischen Angebot durchaus spezifischen Richtungen bzw. einer spirituell-therapeutischen Leitfigur zuzurechnen sind. Die Zuordnung zu dem Begriff des New Age kann über eine ganz bestimmte Definition des Ziels erfolgen: der Transformation in ein neues Zeitalter. Demzufolge ist unter dem Begriff eigentlich keine festgefügte soziale Gruppe, keine in sich einheitliche soziale Bewegung zu verstehen, sondern es sind verschiedenste Einzelpersonen und Gruppierungen.

Religionsgemeinschaften wie die Brahma Kumaris oder Sannyasins, die dem New Age zugerechnet werden können, bilden dagegen festgefügte Gruppen mit formalen Kriterien der Mitgliedschaft und werden auch von der Außenwelt als solche wahrgenommen. Diese beiden Gruppen habe ich als Beispiel gewählt, da ich an ihnen am deutlichsten das herausarbeiten kann, worauf es mir ankommt: nämlich die symbolischen Codes und Initiationen, die die Kriterien der Mitgliedschaft definieren, aufzuzeigen. Zur Wahl dieser beiden Gruppen trug weiterhin bei, daß sie sowohl in Frankfurt als auch in Freiburg zu finden sind. Sowohl die Brahma Kumaris als auch die Sannyasins werden häufig als *Jugendreligionen* bzw. *-sekten* bezeichnet. J. Geppert rechnet die Brahma Kumaris den Jugendreligionen zu, deren Bedeutung er in der Bundesrepublik jedoch als gering ansieht (Geppert 1985, 270). Die Bedeutung und Ausbreitung der Sannyasins im Westen ist jedoch unbestritten, wie eine Fülle von Berichten und Schriften über sie zeigt. Das Ministerium für Kultus und Sport Baden-Württemberg hat einen Bericht *über Aufbau und Tätigkeit der sogenannten Jugendsekten* veröffentlicht, der sich auch mit der *Neo-Sannyas-Bewegung*[1] beschäftigt. In diesem Bericht wird herausgestellt, daß das Wort *Jugend* zwar zu Beginn der 70er Jahre in die Definition aufgenommen wurde, daß aber in erster Linie volljährige junge, aber auch ältere Menschen angesprochen werden. Der Begriff der Jugendsekte ist allgemein umstritten. Gegen die Bezeichnung *Jugendsekten* bzw. *Jugendreligion* hat sich die Transzendentale Meditation (TM) gewandt. Daraufhin hält das Oberverwaltungsgericht Münster die Verwendung des Begriffs Jugendsekte im Hinblick auf Art. 4 GG für unzulässig, denn: *Mit diesem Begriff werde ein Bündel negativ bewerteter Assoziationen, nämlich die Vorstellung pseudoreligiöser, obskurer und destruktiver Praktiken verbunden* (Jugendsekten 1987, 7).

Während der Verwaltungsgerichtshof Baden-Württemberg in einem Verfahren der Bhagwan[2]-Bewegung gegen das Land Baden-Württemberg feststellte:

---

[1] Sannyasin steht für einen hinduistischen Mönch; da Bhagwan seine "Jünger" jedoch von diesen abgrenzt, hat er sie *Neo-Sannyasins* genannt. Üblicherweise wird jedoch weiterhin von Sannyasins gesprochen.

[2] Bhagwan änderte bis zu seinem Tod in 1990 häufiger seinen Namen, zuletzt nannte er sich Osho (Lehrer). Ich möchte in diesem Beitrag an dem wohl bekanntesten Namen, nämlich Bhagwan, festhalten.

Ob, wie die Antragsteller unter Hinweis auf eine von ihnen vorgelegte Entscheidung des OVG NRW meinen, bereits dem Begriff "Jugendsekte" eine negative Intention innewohnt, ist fraglich. Denn dieser Begriff wird in verschiedenen Zusammenhängen auch ohne inhaltliche Wertung benutzt (Beschluß vom 23.9.1985 1 S 712/85) (Jugendsekten 1987, 7).

Die Begriffsverwendung *Sekten* ist folglich nicht eindeutig zu klären. Diese Bezeichnung wird auch deshalb angegriffen, da sie Gemeinschaften definiert, die sich von den großen klassischen Religionsgemeinschaften abgetrennt haben, was bei den hier angesprochenen Gruppen nicht zutrifft.

Im folgenden wird die kritische Bezeichnung der *Jugendsekte* deswegen nicht aufgegriffen. Ich ordne beide Gruppen den auf ein *Neues Zeitalter* und Transformation hinarbeitenden Religionsgemeinschaften des New Age zu. Das entspricht im weitesten Sinne der Selbstzuordnung dieser Gruppen; die Brahma Kumaris bereiten sich auf das *Goldene Zeitalter* vor, während Bhagwan den *Neuen Menschen* anstrebte. Eine kurze Einführung in das jeweilige Konzept erachte ich für weitere Ausführungen als notwendig.

Brahma Kumaris

Der Gründer der Brahma Kumaris World Spiritual University (BKWSU) ist Deda Lekhraj Kriplani (1876 - 1969), später Prajapita Brahma (auch Baba) genannt. Prajapita heißt übersetzt *Vater der Menschheit* und Brahma ist gleichbedeutend mit *Adam*. Er war ein wohlhabender Diamantenhändler, der diese Institution 1937 in Karachi gründete. Im Alter von 60 Jahren wurden ihm eine Reihe von Visionen zuteil. Er sah Gott als unendlich kleinen Punkt von strahlendem Licht und geistiger Kraft. Dann soll Gott durch ihn gesprochen und seinen Körper als Medium benutzt haben. Daraufhin verkaufte er seinen Besitz und stellte sich die Aufgabe, zur geistigen Erneuerung der Menschheit beizutragen.

> *Brahma gründete unter der Verwaltung von älteren Schwestern im Jahre 1937 die göttliche Gemeinschaft in Karachi/Pakistan, wo eine Gruppe von 350 Seelen in völliger Abgeschlossenheit für fünfzehn Jahre das göttliche Wissen, täglich durch Brahma gesprochen, studierte, verinnerlichte und praktizierte* (Adam der Vater der Menschheit Prajapita Brahma, 4).

1952 wurde der Sitz der Brahma Kumaris World Spiritual University nach Mount Abu im indischen Bundesstaat Rajasthan verlegt. Inzwischen gibt es 1650 Lehrinstitute in 48 Ländern mit 150000 regelmäßig "Studierenden". Es heißt, daß der technisch-naturwissenschaftliche Materialismus Europas die Welt in eine schwere Existenzkrise gestürzt hat und dies gilt als Zeichen dafür, daß Indien in eine geistige Führungsrolle hineinwächst. Die Intention der Brahma Kumaris World Spiritual University ist es, zum Übertritt ins *goldene Zeitalter* beizutragen. Das Mittel hierzu soll Meditation sein, vor allem Raja Yoga, das die geistige Verbindung zur *höchsten Seele* herstellen soll.

Solange ich mich mit dem physikalischen Teil von mir, meinem Körper identifiziere, sind alle Handlungen in irgendeiner Form von diesem Aspekt negativ beeinflußt. Und solange mir meine wirkliche Identität nicht bewußt war, ich sie nicht kannte, war ich nicht in der Lage, auch nur irgend etwas an meinem negativen karmischen Konto zu reduzieren (Om Shanti, 56f.).

Diese Aussage beinhaltet eine körperfeindliche Haltung, den Glauben an das Karma sowie die eigene Schuldzuschreibung: Du bist selbst Schuld an Krankheit, Leiden, an allem Negativem.

Während der Meditationen sitzen Frauen und Männer möglichst getrennt.

Ich bin nicht der Körper aus Fleisch und Knochen.
Ich bin ein Lichtpunkt, die Seele.
Sobald ich den Körper betrete, bin ich ein Mensch.
Ich sitze in der Mitte des Kopfes, auf der Achse zwischen den Augen
(Spirituelles Malbuch).

Einmal im Monat wird eine Weltmeditationsstunde gehalten, in der alle Brahma Kumaris auf der ganzen Welt zur gleichen Stunde für den Weltfrieden meditieren. Die Schwingungen, die angeblich dadurch entstehen, sollen die Umwelt positiv beeinflussen und somit zum Frieden beitragen. Die Brahma Kumaris existieren von Spenden ihrer Mitglieder und sind als gemeinnützig anerkannt.

Sannyas-Bewegung

Der Gründer der *Sannyas-Bewegung* war der Inder Rajneesh Chandra Mohan, genannt *Bhagwan*, was im Hinduismus soviel bedeutet wie *einer, der sich als Gott erkannt hat.* Er war Dozent für Philosophie an der Jabalpur-Universität, bevor er öffentliche Vortragstätigkeiten aufnahm und 1969 in Bombay seine ersten "Suchenden" in Sannyas initiierte. Der Begriff des Sannyas steht für die Weltabgewandtheit des hinduistischen Mönchs, der der materiellen Welt entsagt. Die ersten "Suchenden" aus dem Westen kamen 1970. 1974 zog Bhagwan nach Poona, wo innerhalb weniger Jahre ein großer Ashram und ein "Mammut-Therapieunternehmen" entstand, durch das angeblich bis zur Auflösung des Ashrams 1981 200 000 bis 300 000 "Suchende" geschleust wurden. Inzwischen wurde in Oregon (USA) begonnen,

> ein neues großes Zentrum aufzubauen. Standen in der "Poona-Zeit" westliche Gruppentherapieformen, Meditationen und Selbsterfahrung im Vordergrund, so sind die Anhänger Bhagwans nach dem Umzug des Meisters nach Oregon angehalten zu arbeiten, denn Arbeit sei Meditation. Ein beträchtlicher Anteil der Einnahmen (aus Diskotheken, Lokalen, Geschäften usw.) wird nach Oregon abgeführt (Klosinski 1985, 18).

Ende 1985 löste sich die *Commune* in den USA auf. Bhagwan ging wieder nach Indien. Durch die Auflösung der Landkommune Rajneeshpuram in Oregon und die Verhaftung Bhagwans sowie die Pressekampagne, die daraufhin erfolgte (vgl. *Kein Thron im Knast*, Der Spiegel 45/1985), wurde die Bewegung erschüttert. Es war nun nicht mehr gefordert, rote Kleidung und *Mala* (eine Kette mit 108 Holzperlen und dem Bildnis des Meisters) zu tragen, auch wurde nicht mehr von Bhagwan selbst initiiert. Wegen der Aids-Gefahr sind die Anhänger angehalten, die frühere "Freizügigkeit" einzuschränken.

Bhagwans Lehre ist so konzeptlos, daß es möglich ist, zu sagen: es war sein Konzept, kein Konzept zu haben.

Bhagwan betitelte sich selbst als Anti-Guru-Guru, da er verlangte, keinem Guru Folge zu leisten. Er sagte: *Ich bin gekommen, um Euch zu verwirren* (Rajneesh Newsletter, deutsche Ausgabe 3/1981). Er wollte, daß man über ihn lacht. Nicht die Worte oder *das Gesagte*, sondern die Atmosphäre sei wichtig.

Bhagwan sah eine grundlegende Entfremdung insbesondere der westlichen Menschen von ihrem wahren Selbst. *Sein ursprüngliches Wesen zu finden*, versuchte er durch unterschiedlichste Meditationsarten zu bewirken, wobei er verschiedenste Therapiemethoden sowie Körpererfahrungen anwandte. "Östliche Weisheitslehren" wurden mit den Erkenntnissen westlicher Psychologie verknüpft.

Phänomene der Grenzziehung

Meine Fragestellung bezieht sich darauf, ob bzw. inwieweit eine Grenzziehung zwischen Insidern und Outsidern in der New-Age Bewegung

"Bist du auch eine Suchende"

symbolisch markiert wird. Dies stelle ich anhand meiner beiden Fallbeispiele - Brahma Kumaris und Sannyasins - dar.
Bei meiner Befragung der Betroffenen nach einem Abgrenzungsverhalten wurde dies sowohl bei der Brahma Kumari D. als auch bei dem Sannyasin A. deutlich verbal verneint. Der weitere Verlauf der Interviews zeigt jedoch eine Widersprüchlichkeit zu diesen Aussagen auf.
Anhand der vier Ebenen, die in diesem Beitrag beschrieben werden, nämlich:

- Übergangsrituale
- Kleidungssymbole
- Räumliche Symbole
- Sprachliche Codes

wird meine Fragestellung weitergehend ausgeführt.

Übergang (Initiation)

Auf meine Frage nach Outsidern oder Nichtdazugehörigen bekam ich von A., der seit fünf Jahren Sannyasin ist, die Antworten:

Jeder gehört eigentlich von Anfang an total dazu. Wenn du hundertprozentig deine Energie reingibst, gehst du total darinnen auf. Es liegt auch an jedem selber, wie er sich einbringt. Also wenn er sich einbringt und wholeheartedly ist, dann ist er einfach dazugehörig. Es kommt nie die Frage auf, daß er nicht dazugehört, hab ich so das Gefühl (Tonbandaufnahme).

Oder die Aussage von D., einer Brahma Kumari:

Das Ziel von Brahma Kumaris ist z.B., die Weltgrenzen aufzuheben und zusammenzuführen, das heißt, daß das Bewußtsein der Menschen offen ist für jeden (Tonbandaufnahme).

Aufgrund dieser Aussagen wird ersichtlich, daß eigentlich niemand ausgeschlossen wird. Laut dieser Behauptungen der Gruppenmitglieder kann jeder Insider werden! Trotz der verbalen Aussage, daß niemand Outsider bleiben muß, zeigt der Verlauf des Interviews eine Widersprüchlichkeit: es gelten natürlich gewisse Zugangsvoraussetzungen. So sagt die gleiche Brahma Kumari D.: *Man muß den Wunsch haben nach Wahrheit, nach Reinheit, und man muß den Menschen helfen wollen* (Tonbandaufnahme). Dies sollte als Grundeinstellung für einen Brahma Kumari vorhanden sein.

Vor den Interviews oder während der Gespräche wurde mir häufig die Frage gestellt: *Bist du auch eine Suchende?* Diese Frage dient hier als Voraussetzung bzw. Einstieg, als erster Schritt der Dazugehörigkeit. Mit dieser Frage will man sehen, ob das Gegenüber ein potentielles Mitglied ist, und dessen Konversionsbereitschaft feststellen - obwohl ich mich als Kulturanthropologie-Studentin darstellte und damit meine Forschungsintention heraushob (während eines Forschungsinterviews mit einer Landfrau wäre diese Frage eher unwahrscheinlich).
Der Forschungsintention nachzugehen widerspricht der Konversionsaufforderung, trotzdem stehen wir vor der Schwierigkeit, die gleiche Ebene wie der Befragte einzunehmen.[3]

Die Suche, die meist auf einer gesellschaftlichen Unzufriedenheit beruht, ist Voraussetzung für die Aufgabe der vorherigen Werte. Denn für eine Zugehörigkeit ist vor allem die Bereitschaft wichtig, den Materialismus, den Namen, die vorherige Identität aufzugeben. Eine Suchende zu sein sowie die Bedingung, das Vorgegebene kritiklos anzuerkennen, sind Voraussetzungen und werden gefordert.
Zu der Initiation der Brahma Kumaris gehört es, zuerst die *acht Lektionen* zu erlernen und wirklich zu verstehen, um sie dann in der Meditation zu praktizieren.
Für weitere Zugehörigkeit sind die Voraussetzungen:

> *das Verstehen des Faches und die Liebe dafür. Wenn man merkt, ein Student begreift sofort, folgt sofort den Prinzipien, befolgt einfach alles, was gelehrt wird. Daß hier nicht geraucht wird, daß kein Alkohol getrunken wird, keine Drogenabhängigen, daß man aufpassen muß, wenn mentale Störungen bei einem Menschen vorliegen, daß man andere davor schützt und versucht, sie etwas separat zu halten ... ansonsten gibt es viele andere Reinheitsprinzipien, was mit Wäsche zu tun hat, mit Waschen, mit Essen, vegetarisch Essen ... Das sind so Voraussetzungen dafür, das sind die Prinzipien* (Tonbandaufnahme).

Einen wichtigen Schritt zur Mitgliedschaft stellt die morgendliche Meditation vor der Arbeit dar, in der Texte aus Mount Abu gelesen werden.

---

[3] Diese unterschiedlichen Ebenen, die sich für uns als Problem während der Gespräche herausstellten, werden im Beitrag *Von Gurus, Schülern und Klienten* näher erörtert.

Es kommen auch nicht alle jeden Tag. So manchmal nur einmal in der Woche. Die würde ich so als Mitglieder der Brahma Kumaris bezeichnen und andere als Freunde, andere als Besucher. Es gibt aber keine Rangstufen hier, wie das in spirituellen Organisationen ist (Tonbandaufnahme).

Auch bei den Sannyasins ist es theoretisch möglich, bloß *Freund* oder *Besucher* zu sein. Trotzdem gehen die meisten Interessenten den formellen Schritt der "Einweihung" oder *Sannyasnahme*. Gunther Klosinski schreibt in *Warum Bhagwan?*, daß die rational erklärtenInitiationsmotive, die zum Entschluß der Einweihung führen, u.a. folgendermaßen begründet werden: *Um besser in die Gruppen integriert zu sein, um aus der Außenseiterposition des Noch-nicht-Initiierten herauszukommen* (Klosinski 1985, S. 65).

Bei den Sannyasins ist es zur Zeit Voraussetzung, einen Antrag nach Poona zu stellen, um *Sannyas zu nehmen*. Auf meine Frage nach diesem Antrag: *... ich weiß nicht, das war mehr so formhalber - der Antrag. Also fast wie so auf dem Amt, wenn du einen Antrag ... auf dem Einwohnermeldeamt. Also so habe ich das in Erinnerung* (Tonbandaufnahme).

Dieser bürokratische Vorgang gilt für diejenigen, die nicht die Möglichkeit haben, in Poona durch eine Mitarbeiterin Bhagwans *Sannyas zu nehmen*. Auch in Poona initiierte der *Meister* zuletzt nicht mehr selbst, angeblich aus gesundheitlichen Gründen. In Oregon und im *ersten* Poona fand die Initiation noch durch Bhagwan selbst im *Sannyas-Darshan* statt. Als weitere Bedingung können vier Wochen Meditation gestellt werden. *Es gab Zeiten in Oregon, daß der Antrag nicht so angenommen worden ist, und da mußte man noch vier Wochen meditieren* (Tonbandaufnahme).

Dann wurde früher immer eine *Sannyascelebration* gehalten. Jetzt ist diese, falls es ein Initiand wünscht, nur noch in Poona, München oder Köln möglich. Zu ihr soll man seinen Sannyasbrief, in dem der neue Name steht, mitbringen. Schon durch den Sannyasbrief erfolgt die Übernahme des neuen indischen Namens, der vom Meister selbst ausgewählt ist und dessen Bedeutung im Brief erklärt wird.

So war für A. diese Celebration, die in München stattfand, ein Erlebnis:

Und dann habe ich Sannyas beantragt und dann habe ich einen Namen bekommen und einen Tag vor meiner Sannyascelebration bin ich krank geworden und ich wollte eigentlich gar nicht hingehen -

> und dann hat mich ein Freund dahingefahren. Da lauf ich die U-Bahn hinunter und ich merke, ich habe gar nicht meinen Sannyasbrief dabei, also wo man den Namen kriegt. Den sollte man noch mitnehmen. Und dann hab ich den - es war Winter - im Matsch verloren, also war der Sannyasbrief total dreckig und mit dem Sannyasbrief bin ich dann ins Center und mir war das so peinlich. Mit dem dreckigen Sannyasbrief habe ich Sannyas beantragt und dann haben wir die Sannyascelebration gemacht und dann plötzlich war meine Krankheit ... also während der Sannyascelebration habe ich überhaupt nicht Fieber gehabt, oder Husten, oder sonst etwas gehabt. Bei der Celebration konnte ich noch tanzen und ich war happy und so bin ich Sannyasin geworden (Tonbandaufnahme).

Dieses einschneidende Erlebnis sowie die Körpererfahrung, die A. bei seiner Initiation hatte, stellen auch durch die Übernahme eines neuen Namens ein Zeichen der Einbindung in die Sannyas-Gemeinschaft dar. A. beschreibt seine Celebration:

> Wir stehen da mit Freunden und im Hintergrund wird Musik gespielt und du lauschst einfach der Musik und dann wird meistens von Bhagwan was vorgelesen. Also der Bhagwan schickt immer so ein Gedicht und die Gedichte werden vorgelesen. Und einer gibt dem Sannyasin die Mala (Tonbandaufnahme).

Diesen Gesten und Objekten mit hoher symbolischer Valenz - der Mala, dem Gedicht von Bhagwan und der Übernahme des Sannyasnamens - wurde also die symbolische Bedeutung nicht nur durch die Zeremonie selbst verliehen.

> Zwei weitere Bedingungen sind dazu erforderlich: einmal die existentielle Verunsicherung des Betroffenen, zweitens, eine Bereitschaft, das durch die Rituale repräsentierte Ordnungssystem zu akzeptieren (Boesch 1983, 191).

Da, wo die Initiation keine Außeralltäglichkeit, keinen rituellen Übergang mehr verspricht oder nur noch sehr reduziert, als bürokratischer Akt mit einer formellen Antragstellung und schriftlicher Zuteilung eines Sannyasnamens vorhanden ist, da konstruiert sich der Initiand den Übergang selber. A. wurde krank und fühlte sich unsicher:

> ... einen Tag vor meiner Sannyascelebration bin ich krank geworden und ich wollte eigentlich gar nicht hingehen.

Er war verwirrt und aufgeregt, da er auch noch den Sannyasbrief fallen hat lassen.

> Und dann habe ich den - es war Winter - im Matsch verloren, also war der Sannyasbrief total dreckig und mit dem Sannyasbrief bin ich dann ins Center und mir war das so peinlich. Mit dem dreckigen Sannyasbrief habe ich Sannyas beantragt.

Dieses Kranksein war während der Celebration plötzlich verschwunden, er konnte sogar tanzen und war "happy". Die ganze Aufregung und Verwirrung endete mit dem Zusammensein von Freunden, Tanz, einer Gedichtvorlesung und einem "Happy End".

> ... und dann haben wir die Sannyascelebration gemacht und dann plötzlich war meine Krankheit ... also während der Sannyascelebration habe ich überhaupt nicht Fieber gehabt, oder Husten, oder sonstetwas gehabt. Bei der Celebration konnte ich noch tanzen und ich war happy und so bin ich Sannyas geworden.

Das verbal Unerklärbare ist hier die Erklärung.

> Ich war vorher so neben der Kappe, und während der Sannyascelebration war irgendwie sowas da, ich kann nicht sagen was. Ich war einfach zufrieden und ich habe einfach mich gespürt (Tonbandaufnahme).

Daß hier keine verbale Erklärung gegeben wird, bzw. gegeben werden kann, hebt diesen Vorgang aus der Alltäglichkeit hervor und läßt ihn für den Initiand zu einem Erlebnis mit besonderem Stellenwert werden.

Wie bei den Brahma Kumaris, gibt es auch bei den Sannyasins das morgendliche Zusammentreffen der "Szene" zur gemeinsamen Meditation.

> Also ich mach jeden Morgen Vipassana. Das ist eine alte buddhistische Meditation ... Das mach ich jeden Morgen so mit Freunden zusammen. Das machen wir immer hier (Meditationsraum) und zweimal in der Woche machen wir das gleiche abends (Tonbandaufnahme).

Die Initiation und Aufnahme in die spirituelle Gruppe sowie diese morgendliche Meditation kann zur rituellen Bestätigung der Zusammengehörigkeit beitragen, sowie identitätsbestätigend auf den einzelnen im Rahmen dieser Gruppe wirken.

Boesch schreibt hierzu, daß das Ritual als Bild eine Ordnung repräsentieren kann, in der eigene Handlungstendenzen erkennbar sind (Boesch 1983, 192).

Kleidungssymbolik
Die Zugehörigkeit zur Sannyas-Bewegung wurde bis 1985 auch gegenüber Nichteingeweihten signalisiert. Durch orangefarbene Kleidung, die "Mala" und den Sannyas-Namen als Elementen des traditionellen Hindu-Sannyas war ein Sannyasin sofort erkenntlich. Bhagwan sagte zur Begründung dieser Anordnung:

> *Wenn ich also sage, daß Kleidung eure Außenseite ist, dann ist das untertrieben: sie ist tief nach innen eingedrungen. Deshalb bestehe ich auf einer Veränderung der Kleidung. Eine Bereitschaft, die Kleidung zu verändern, ist eine Bereitschaft, dein altes Image fallenzulassen, das mit den Kleidern assoziiert war. Wenn du dazu bereit bist, bist du auch bereit, deine sogenannte Identität zu ändern* (Bhagwan 1981, 127).

Seit 1985 sind diese Merkmale nicht mehr erforderlich, Sannyasins tragen keine rote Kleidung und keine Mala mehr. Mein Interviewpartner A. meinte hierzu:

> *Bhagwan hat gesagt: es ist totally frei. Ihr müßt nicht meinen Namen tragen und ihr müßt nicht mein Bild tragen ... wenn es jemanden davon abhält, sich selbst kennenzulernen, dann ist es falsch ... Also wenn einer kommt und will meditieren und ist wholeheartedly dabei, dann sollen wir die Barriere zwischen Sannyasin und Nicht-Sannyasin einfach wegfallen lassen* (Tonbandaufnahme).

A. hatte vor seinem Entschluß, *Sannyas zu nehmen*, eigentlich Angst vor der öffentlich erkennbaren Zugehörigkeit zu dieser Gruppe:

> *Irgendwie hatte ich etwas gegen Sekten, oder gegen Uniform, rot und Mala. Und auch ich hatte meinen Freundeskreis und alles kam mir in dem Moment hoch, das mit rot und Mala und dem Aufnehmen. In dem Moment war mir die Angst bewußt und ich bin dann irgendwie reingesprungen* (Tonbandaufnahme).

Die Merkmale dienten damals noch stärker als Barriere zwischen Initiierten und Nicht-Initiierten. Der Übergang, den alten Freundeskreis zu verlassen und dafür einer neuen Gruppe beizutreten, war durch diese Zeichen der Zugehörigkeit deutlicher sichtbar: *... es war einfach ein Erkennungszeichen. Du hast den manchmal rot gesehen auf der Straße und mit Mala und das ist ein Sannyasin* (Tonbandaufnahme).

Die Meinungen über das Ablegen dieser Erkennungszeichen gehen auseinander: *Dadurch, daß wir keine Mala mehr tragen, ist das Center jetzt*

mehr offen für alle Leute, und mein Gefühl ist: jetzt kommt wieder ein Zeitpunkt, wo es wieder mehr nach außen gehen soll (Tonbandaufnahme).
Für die Brahma Kumari D. gilt das Tragen von weißer Kleidung als Ausdruck von Reinheit - obwohl es keinen durch die Initiation gekennzeichneten Zeitpunkt für das Tragen von Weiß gibt. Jeder kann selbst entscheiden, wann es für ihn soweit ist.

Weiß bezieht sich auf die Reinheit. Ein Raja-Yogi trägt weiß, das ist sozusagen auch unsere Berufskleidung, so wie eine Krankenschwester Weiß trägt. Wir sind auch Krankenschwestern, spirituelle Krankenschwestern. Wir kümmern uns um die Seelen (Tonbandaufnahme).

Bei den Brahma Kumaris ist das Tragen von weißen Saris oder weißen, langen Gewändern

... nicht nur Ausdruck der Persönlichkeit, sondern sie wirkt sehr unmittelbar auch auf die Seele zurück. Während das Zimmer, die Wohnung ist schon wieder der etwas weitere Umraum, der sowohl Ausdruck als auch Wirkung auf die Persönlichkeit wiederum ist. Also die Räume möchten wir hell gestalten. Wir möchten so das lichte Prinzip (Tonbandaufnahme).

Räumliche Symbolik
Bei den Brahma Kumaris wird die Farbe Weiß mit einem gemeinsamen Prinzip erklärt.
Der Meditationsraum der Brahma Kumaris wirkt hell und leer. Das rote ovale Licht soll eine angenehmere Atmosphäre zur Meditation bieten.

Wenn wir die Meditation machen, die täglich stattfindet, zweimal, dann machen wir es schon ein bißchen gedämpft, dann sind die Vorhänge geschlossen und wir machen etwas gedämpftes, leicht rötliches Licht. Die Erfahrung haben wir halt im Lauf von Jahrzehnten gemacht, daß dies eine sehr beruhigende Wirkung auf den menschlichen Geist hat (Tonbandaufnahme).

Das rote Licht, das auch als Versinnbildlichung des *Seelenpunktes* zwischen den Augen dient, und ein Bild von Brahma Baba sind zentrale Punkte im Meditationsraum. Diese wenigen Objekte bündeln die Sinnordnung symbolisch.
Sowohl die Meditationsräume der Brahma Kumaris als auch die der Sannyasins sind mit Teppichboden ausgelegt, damit die Teilnehmer während der Meditation auf dem Boden oder auf einem Kissen sitzen

können. Dadurch soll es leichter fallen, ein Gefühl der Nähe zu den anderen Teilnehmern herzustellen.

Der Meditationsraum der Sannyasins in Freiburg befindet sich im Souterrain[4]. Tritt man ein, sieht man sich in einem in Kopfhöhe angebrachten Spiegel; es geht einige Holzstufen hinunter, links ist eine Garderobe, rechts eine Pinnwand; man kommt dann in eine Teestube mit Kücheneinheit, die sehr hell ist, mit Fenstern zum Hof. Nach links geht es weiter in ein kleines Büro, hier werden DM 5,- für das Vorführen eines Bhagwan-Videos oder die Meditation bezahlt. Man kann auch die Rajneesh Times, Broschüren oder Bücher kaufen. Wieder nach links durch die Tür kommt man in einen Raum ohne Fenster, der spärlich beleuchtet ist. Hier liegen Sitzkissen aufgestapelt, an einer Wand ein Regal, in das man seine Schuhe stellt. Nun geht man nochmals weiter in den zentralen Raum, den Meditationsraum. Dieser wird auch für die Bhagwan-Video-Show benutzt. Er ist ebenfalls hell und leer, nur ein Bild des Meisters, frische Blumen und manchmal eine Kerze schmücken den Raum. Während der Meditation oder der Videovorführung verhüllt man das Fenster mit Leinentüchern.

In diesem Meditationsraum fand das Interview mit A. statt. Er setzte sich während des Interviews unter das Bild Bhagwans. Die Brahma Kumari D. setzte sich während der Meditation unter das Bild von *Brahma Baba* und gab die Anweisung, ihr oder dem *Meister* auf den Punkt zwischen den Augen zu sehen.

> *Daß bei dieser Suche nach einer alternativen Lebensform charismatische Führer zu symbolischen Fixpunkten und Vorbildern werden konnten, entspricht durchaus anderen Vorgängen gruppenbezogener kultureller Selbstbestimmung* (Greverus 1978, 214).

Bevor diese Meditationsräume betreten werden dürfen, ist es ein "Muß", die Schuhe auszuziehen: *Aber zur Meditation muß er schon die Schuhe ausziehen, auch wenn er ganz neu ist* (Tonbandaufnahme).

Das Aus- und Anziehen der Schuhe wird mit Sauberkeit begründet, und symbolisiert das Aus- oder Wiedereintreten in die Alltagswelt.

Die hellen Räume sind so gestaltet, daß die Konzentration nicht vom *Wesentlichen* abgelenkt wird; nur einige prägnante, bewußt gesetzte

---

[4] Die Sannyasins sind mittlerweile in andere Räumlichkeiten umgezogen.

Objekte sollen zum *Wesentlichen* hinführen: *Der Raum dient nur zur Stimulation. Zum Abschalten auch von dem Raum* (Tonbandaufnahme).
Der Bildschirm bekommt symbolische Qualität. Während der Anhörung des Bhagwan-Videos wird die zeit-räumliche-Distanz zwischen Poona und Freiburg aufgehoben. Bei Witzen Bhagwans wird mitgelacht, beim Lied "Celebrate Bhagwan" mitgesungen, geklatscht, die Ekstase der auf dem Bildschirm gezeigten Zuschauer mit- bzw. nachempfunden. Erinnerungen an eigene Besuche "beim Meister" werden aktualisiert.
Nicht immer ist es möglich - so wie in diesem Fall - die vorgefundenen Räumlichkeiten durch Hinzufügen oder Einbringen besonderer Objekte zu überformen und dadurch zum eigenen Raum zu machen. Doch auch bei Veranstaltungen in öffentlichen Räumen wird, wie ich anhand von einem Beispiel darstellen möchte, versucht, die eigene Sinnordnung durch Symbole zu unterstreichen.
Im Volksbildungsheim in Frankfurt findet die Vortragsreihe *Spirituelle Dimensionen* der Brahma Kumaris World Spiritual University statt. Es wird kein Eintrittspreis erhoben, was im Rahmen der New Age Bewegung äußerst selten ist.
Die Stühle sind in Reihen angeordnet. Auf der Bühne steht eine Dia-Leinwand, außerdem ist die Bühne mit einer Art Fallschirm dekoriert. In der Mitte der Bühne steht ein ovales, rötliches Licht, vor einem Hintergrund mit zwölf Strahlen. Auf der erhöhten "Ehrentribüne" am hinteren Ende des Raumes sitzen Mitglieder in langen weißen Gewändern. Einer der Vortragenden begrüßt uns mit: *Om Shanti* und spricht von seinen Brüdern und Schwestern. Die Veranstaltung beginnt mit einem Lichtbildervortrag über den Kosmos, der mit meditativer Musik untermalt wird. Einige der Vortragenden fordern uns auf, gemeinsam zu meditieren bzw. aufzustehen und uns an den Händen zu fassen.
Der Brahma Kumari N. erzählte mir, daß er in einem Hotelzimmer, wenn keine anderen Möglichkeiten vorhanden wären, Räucherstäbchen anzündet, meditative Musik hört und das Bild des *Dritten Auges* aufstellt, um dadurch zu versuchen, die richtige Stimulation zu schaffen. Er meint dazu:

> *Es hat ein bißchen diesen Effekt des Pawlowschen Hundes ... Die Symbole dienen natürlich dazu, wenn man gewohnt ist, in einer bestimmten Atmosphäre zu meditieren, wenn man dann einige dieser Symbole, also nicht nur optische, sondern die Musik als akustisches Symbol, aber auch die Räucherstäbchen als Geruchssymbol, wenn*

man die woandershin mitnimmt, kann man leichter damit meditieren, weil man so konditioniert ist ... (Tonbandaufnahme).
N. setzt diese Symbole bewußt und gezielt ein. Nach der kurzen Einführung über Brahma Kumaris ist die Verbindung zu den Gegenständen, z.B. dem roten, ovalen Auge, das *als die Seele, die in der Mitte des Kopfes, auf der Achse zwischen den Augen* bezeichnet wird, als Ausdruck dieser Sinnordnung gekennzeichnet. Die Symbole werden in den Raum eingebracht.

> *Man läßt nur ein paar Worte fallen und der andere weiß, daß man dazugehört.*

Sprachliche Codes

Einen wichtigen Code zur Unterscheidung von In- und Outsidern in der New Age-Bewegung stellt die Sprache als Ausdrucksmittel von Wissen dar. Dies ist hier meist kein kognitives Wissen, sondern ein Spezialwissen der jeweiligen Gruppe, das vom Meister vorgegeben und von den Anhängern übernommen wird. So müssen z.B. erst die acht Lektionen der Schrift der Brahma Kumaris *Om shanti* (Ich bin eine friedvolle Seele) in der richtigen Reihenfolge aufgenommen, akzeptiert und verstanden werden, bevor eine weitere Zugehörigkeit erfolgt. Nur ein "Wissender" ist Insider und kann mitreden. Wörtern, als Ausdruck von Sinngehalt oder als Erkennungszeichen der Zugehörigkeit zu einer bestimmten Gruppe, kommt Symbol- bzw. Signalfunktion zu. Schlagworte der New Age-Bewegung sind z.B. *ganzheitlich, positives Denken, Bewußtseinsänderung* oder *Transformation*, wobei der verbale Ausdruck in der New Age-Bewegung eigentlich nebensächlichen Charakter haben soll, denn auf nicht verbalisierte Gefühle und *Schwingungen* soll mehr Wert gelegt werden. *Sprache*, so sagt Whorf, *ist mehr als nur ein Mittel, um Gedanken auszudrücken. Vielmehr stellt sie ein Hauptelement bei der Gestaltung des Denkprozesses dar* (zit.n. Hall 1976, 15).
Sannyasins tragen zwar indische Namen, die Bhagwan vergeben hat, die Videofilme Bhagwans erscheinen jedoch in Deutschland in englischer Sprache. Bhagwan wird deshalb in dieser Sprache von seinen Anhängern zitiert. Die genaue, wortgetreue Wiedergabe ganzer Absätze der auf Video vorgeführten Vorträge von Bhagwan erstaunte mich.
Obwohl Wörtern eigentlich erst im Zusammenhang Bedeutung zukommt, sind mir während der verschiedenen Interviews bestimmte Wörter, deren Häufigkeit der Verwendung während eines Interviews ich in den Fußzei-

"Bist du auch eine Suchende"

len in Klammern angebe, aufgefallen. Bei dem Interview mit dem Sannyasin A. waren dies Wörter, wie: *happy, joy, pleasant, glücklich, wholeheartedly, Bhagwan sagt, Energie, connected, Liebe, fulfilled*[5], besonders aufgefallen.

Energie wurde bei A. in verschiedenen Zusammenhängen benutzt:

> *... ich mach keinen Unterschied zwischen Nicht-Sannyasin und Sannyasin. Wo ich mich hingezogenfühle und wo meine Energie einfach hingeht, das ist für mich das Kriterium* (Tonbandaufnahme).

> *... ist ein Überfließen von Energie, so erklärt er (Bhagwan) immer Liebe, was wir unter Liebe verstehen* (Tonbandaufnahme).

> *... wenn du hundertprozentig deine Energie reingibst, gehörst du total*
> *... gehst du total darinnen auf* (Tonbandaufnahme).

Der Begriff Energie wird von Bhagwan neu definiert, seine Anhänger übernehmen ihn in seinem Sinne und belegen dadurch für ihre Gruppe das Wort neu. Für einen Outsider ist diese Bedeutung nicht erkenntlich, der Begriff ist in unserem Sprachgebrauch mit einem anderen Sinn belegt.

Die Brahma Kumari N. verwendete häufiger Wörter wie: *Schwester, Kraft, Stille, Meditation, Seelen, Prinzip, Energie, Yoga, Karma, Friede, Liebe, Spiritualität, Licht, Geist.*[6]

Diese Worte dienen als Ausdruck des Sinngehaltes der *Brahma Kumaris World Spiritual University*, wie aus diesem Beispiel des Brahma Kumari N. hervorgeht:

> *Wir begreifen uns schon als Seelen, Punkte von Energie, die an der Stelle des dritten Auges - medizinisch kann man sagen: Hypothalamus, im Gehirn befindlich - sind. Punkte von Kraft, die unsterblich sind* (Tonbandaufnahme).

Diese Worte finden sich auch bei der Brahma Kumari D. wieder, deren zentrale Begriffe: *Wissen, Reinheit, Yoga, Meditation, Spiritualität, Prin-*

---

[5] Meditation (29), Energie (9), Liebe (9), Freude (8), Bhagwan sagt (7), wholeheartedly (5), happy (4).

[6] Meditation (15), Geist (9), Kraft (8), Prinzip (5)

zip, Seelen, Kraft der Stille, Geist, Wahrheit, Frieden, Ruhe, Bewußtsein[7] sind.
Diese Wörter lassen sich auch in dem Lehrprogramm dieser *University* wiederfinden. In Prospekten dienen Worte wie *Spiritualität, Reinheit, geistiges Yoga, Meditation, Seelen* etc. zum Ausdruck der dargestellten Sinnordnung.
Im "engeren Kreis" verwenden die Brahma Kumaris häufiger indische Worte wie *Om Shanti* (Ich bin eine friedvolle Seele) als Begrüßung oder *Suman*, was Schwester heißt, vor dem Namen, während die Abkürzung der Brahma Kumaris als *B.K.* amerikanisch ausgesprochen wird.

Outsider in der Insider-Gruppe

Insider sein bedeutet bei diesen spirituellen Gruppen jedoch kein Aufgehobensein für immer und ewig. Es gelten Kriterien, die geändert werden können, da sie von einem Führer gesetzt werden. Die Entscheidung wird nicht im Gruppenkonsens, sondern von der Spitze getroffen.

Bhagwan sagte, daß alle Initiierten dazugehören. Es gibt allerdings einige Ausnahmen: Aids-Kranke werden hiervon ausgenommen, da diese Krankheit angeblich von den einzelnen selbst verschuldet wird und folglich nicht das richtige Bewußtsein zur Dazugehörigkeit der Gruppe vorhanden ist. In der Praxis sieht es so aus, daß ein Aids-Test vorgelegt werden muß, bevor man in Poona an einer Gruppe teilnehmen darf. Ein Infizierter kommt nicht über diese Schwelle. Dieser Hinweis steht in jeder Rajneesh Times[8] auf der zweiten Seite:

> *Aids-Test für Besucher in Rajneeshdham*
> *Jeder Besucher, der an den Aktivitäten im Rajneeshdham-Ashram teilnehmen will, braucht einen AIDS-Test. Bitte bringt ein ärztliches Attest, das nicht älter ist als EINEN MONAT und ein negatives Ergebnis bestätigt. Wenn ihr aus Poona abreist und wieder zurückkommt, braucht ihr ein NEUES ATTEST, das nicht älter als EINEN MONAT ist* (Rajneesh Times S. 2).

---

[7] Wissen (25), Yoga (17), Reinheit (14), Seelen (12), Meditation (10), Bewußtsein (7), Geist (6), Stille (4), Spiritual (4)

[8] Heute "Osho-Times"

"Bist du auch eine Suchende"

Da Bhagwan die Befürchtung hatte, daß der Aids-Virus auch durch Schweiß übertragen werden kann, führte er den sogenannten YAAHOO-Gruß ein:

YAAHOO[9] statt Händedruck
Gebt euch nie die Hand, denn wenn die andere Hand ein bißchen schwitzt, kommt ihr unnötigerweise in Schwierigkeiten. Es ist besser, Yaahoo zu sagen. Es ist sauber, hygienisch (Rajneesh Times 1. Mai 88, S. 3).

Auch wer sich dem Gruppenkonsens nicht fügt bzw. dem zentralistischen Prinzip der verschiedenen Ashrams, kann auch hier, vergleichbar mit unserem gesellschaftlichen System, ausgegrenzt werden.

Reinheit steht bei den Brahma Kumaris für die Begründung einer Ausgrenzung. Wer innerlich verseucht, d.h. unrein ist, kann nicht integriert werden. Eine Unreinheit kann durch Drogen, Alkohol etc. erfolgen und ist vor allem bei harten Drogen nicht mehr zu ändern.

Keine Drogenabhängigen, daß man aufpassen muß, wenn mentale Störungen bei einem Menschen vorliegen, daß man andere davor schützt und versucht, sie etwas separat zu halten (Tonbandaufnahme).

Diese Aus- und Abgrenzungen erfolgen leider gerade bei Menschen, die auf Hilfe angewiesen sind. Die Aussagen, daß man Menschen lieben muß, ihnen helfen, daß es keine Grenzen gibt usw. - warum treffen sie auf diese Außenseiter nicht zu? Welche Moral steckt dahinter?

Die Begründung, daß der Betroffene ein falsches Bewußtsein hat oder daß sein schlechtes Karma die Ursache ist, stellt sicher keine Hilfe dar und ist wohl nur eine schlechte Rechtfertigung der einzelnen Gruppen, die sich hier mit der Gesellschaft, die sie erneuern möchten, in Hinsicht auf die Ausgrenzung nur allzugut identifizieren.

Weitere Abgrenzungen werden bei der New Age-Bewegung durch die Teilhabe an der Transformation getroffen. Eine gewisse Gruppe wird hier durch ein Privileg (an der Transformation beteiligt zu sein) über andere gehoben, wie es uns bereits aus traditionellen Religionsgemeinschaften bekannt ist. Nur einige wenige werden transformiert oder kommen ins *Neue Zeitalter*. Hilfe steht nicht jedem zu, sondern nur demjenigen, der sich zu dem "richtigen Weg" bekennt und das richtige Bewußtsein hat.

---

[9] Dieses Yaahoo bedeutet einen *Mantra-Gruß*, wobei beide Arme *den Sternen entgegen* gestreckt werden und Yaahoo gerufen wird. Diese Geste, so sagt Bhagwan, symbolisiere die Sehnsucht des Menschen nach einem höheren Bewußtsein.

Christel Gärtner, Klaus Bischoff

Es gibt so viele Wege wie Menschen
Individueller Synkretismus

Yoga, Kabbala, Pyramidenforschung, Tarot, I-Ging, Astrologie, Meditation, Tai-Chi, Pendel, spirituelle Heilmethoden, Bioenergetik, Rebirthing ... dies alles und vieles mehr wird auf Plakaten und in Anzeigen, in Frankfurt und anderen deutschen Städten, angeboten.

Exemplarisch für die Vielfalt und das Nebeneinander der verschiedenen Richtungen ist eine Veranstaltung des *Frankfurter Rings*. Der *Frankfurter Ring* ist ein Verein, der im Rhein-Main-Gebiet zahlreiche Vorträge, Workshops, Kurse und Ähnliches veranstaltet und sich als Spiegel dieser Tendenzen versteht, jedoch *über den oberflächlichen New Age Rummel unserer Zeit* (Sonderheft WEGE 2/87) hinausgehen und sich durch *qualitative Beiträge* von *Vermassung und Vermarktung* (WEGE 2/88) abheben will. Eingebettet in eine Reihe jährlich wiederkehrender Veranstaltungen, bei denen zu einem Themenschwerpunkt Lehrer aus verschiedenen Traditionen ihr Wissen oder ihre Methode lehren, fand vom 30. April bis 3. Mai 1987 das *Tanz-Trance-Transzendenz-Festival* statt. Auf diesem Festival, das den *Zusammenhang von körperlicher Bewegung und geistiger Tiefe* betonen wollte, wurden Energiearbeit neben orientalischem und Sufi-Tanz, Trance-Tanz und schamanischen Training angeboten. Für einen ruhigen Ausgleich sollten Gongs sorgen, für *geistige Klarheit* Meditation und Austausch mit dem Zenlehrer Richard Baker-Roshi[1] und dem tibetischen Lama Sogyal Rinpoche[2]. Der *Impuls dieser*

---

[1] Zentatsu Richard Baker-Roshi steht in der Tradition von Shunruyu Suzuki-Roshi, der in den 60er Jahren in die Vereinigten Staaten kam. Unter seiner Mitwirkung entstanden die drei größten Zen-Zentren der amerikanischen Westküste, u.a. das Zen-Center San Francisco, Green Gulch Farm und Tassajara (WEGE, Sonderheft 2/87).

[2] Lama Sogyal Rinpoche ist ein Lama, Gelehrter und Meditationsmeister der Nyingma-Schule und ein Meister der Dzogchen-Tradition. Er wurde in einem Kloster in Ost-Tibet aufgezogen. Nach seiner Flucht aus Tibet studierte er in Indien und Cambridge Philosophie und vergleichende Religionswissenschaften.
Sogyal Rinpoche gilt als Experte auf dem Gebiet der Hilfe für Sterbende und des Tibetischen Totenbuchs. Er ist Gründer und Leiter vieler Meditationszentren in Europa und den USA (WEGE, Sonderheft 2/87).

Tage wurde in einem gemeinsamen indianischen Medizinrad Ritual mit Sun Bear[3] *verankert*. Zu der Zusammenstellung verschiedener Themen, die bei erster Betrachtung als eine wahllose Mischung und Verquickung religiöser Vorstellungen quer durch Geschichte und Geographie erscheint, heißt es erklärend in der vom *Frankfurter Ring* herausgegebenen Programmzeitschrift *Wege: Wir geben mit dieser Zeitschrift unseren bescheidenen Beitrag zu dieser Synthese, indem wir Impulse für den Weg vermitteln, den jeder Einzelne eigenverantwortlich gehen kann.*

Das bunte Nebeneinander der Richtungen und Inhalte des New Age[4] verleitet aber zu dem Schluß, daß Interessierte verschiedene Angebote gleichzeitig und wahllos wahrnehmen und führt zu der Kritik des *spirituellen Tourismus* (vgl. Holl, Kursbuch 93).

Zwei wesentliche Merkmale, die für diese Bewegung charakteristisch sind, fallen einem sofort ins Auge:

1. Ein ausgeprägter Synkretismus. Es werden Anleihen aus den unterschiedlichsten Religionen, der Wissenschaft, insbesondere der Philosophie und der Psychologie, aber auch den Naturwissenschaften und der Esoterik (Astrologie, Zahlenmystik) gemacht und *kosmische Bezüge* (vgl. Frohnhofen 1987) hergestellt. Im Hintergrund werden die synkretistischen Elemente zu einem Weltbild eines neuen, spirituellen und bewußten Menschen verklammert, der im Anspruch auf Eigenverantwortlichkeit des Einzelnen für seinen *Weg* die Einheit aller dieser Wege zu denken vermag. Der Einzelne wird ermutigt, seinen Weg in eigener Verantwortung zu gehen, *den 'Guru in sich' zu suchen, (jeder) wird eher einen unmittelbaren, eigenen Zugang zum Spirituellen, zu einer geistigen Dimension suchen, als sich auf die Vermittlung eines 'Erleuchteten', eines Menschen mit hohem Be-*

---

[3] Sun Bear ist indianischer Medizinmann und Gründer der Bear Tribe Medicine Society. Er wurde in White Earth Reservation im US-Staat Minnesota geboren und erhielt seine Ausbildung früh durch seine Onkel, die Medizinmänner waren. Seither hat er bei Lehrern aus der ganzen Welt studiert. Sein Wissen erhielt er aber, nach eigener Aussage, vor allem durch die Visionen, die er in seinem Leben empfing.

[4] In unserem Aufsatz definieren wir New Age so, wie es von *New Age Protagonisten* (s. Hanefeld, Text weiter unten) vertreten wird, im besonderen als undogmatische und synkretistische Haltung. Dabei wurden organisierte Sekten mit dogmatischem Anspruch von uns nicht berücksichtigt. Der hier aufgegriffene New Age-Begriff unterscheidet sich von dem im Band ansonsten durchgängig eingesetzten.

wußtsein zu verlassen[5], schreibt E. Hanefeld, ein sich dem New Age zuordnender Psychotherapeut.

2. Man versteht sich als nicht-dogmatisch. Diese Haltung ist gekennzeichnet durch das Fehlen jeglicher Berührungsängste zu den verschiedensten religiösen Vorstellungen und Praktiken. Es existiert keine übergeordnete Institution mit dem normgebenden Lehramt und Schriftenkanon einer Kirche, die einen ausschließlichen Heilsweg vorschreibt. Sehr wohl aber gibt es im Spektrum von New Age geschlossene Systeme[6] mit festen religiösen Anschauungen wie etwa der tibetische Buddhismus. Aber auch dieses System wird selbst von seinen Anhängern als nur eine unter vielen Möglichkeiten eines spirituellen Weges betrachtet, wenn auch als die "wirkungsvollste". Statt des Dogmaanspruchs einer Richtung besteht also eine Vielfalt von Lehren nebeneinander, wodurch das Gesamtgebilde unüberschaubar und disparat erscheint. Im Vordergrund steht nicht die kollektive Kodifikation, sondern die je individuelle Zusammenstellung. Zu unterscheiden sind hiervon "spirituelle Anbieter", die sich selbst meist keiner Richtung eindeutig oder ausschließlich zuordnen und eher eine organisierende Funktion ausüben und Sekten (vgl. Haack 1985), die von ihren Anhängern eine eindeutige Bekennerschaft fordern.

Zur Bestimmung des Synkretismus als Typus

Synkretismus bezeichnet als Begriff der Religionswissenschaft die Vermischung verschiedener Religionen bzw. einzelner ihrer Elemente. In ihm äußert sich sowohl der Versuch, unterschiedliche religiöse Konzepte zu einen als auch zu gegebenen Gegensätzen die höhere Einheit zu finden. Als klassisch synkretistisch gilt die Gnosis, der etwa sieben Jahrhunderte dauernde Zeitraum der hellenistisch-römischen Kultur, in dem griechische

---

[5] Vgl. Hanefeldt 1980. In der Zeitschrift ESOTERA existierte anfänglich eine Kolumne, die sich unter der Überschrift *New Age* mit Strömungen und Formen des Bewußtseins eines neuen Zeitalters auseinandersetzte. Im oben zitierten Aufsatz, einer der ersten in dieser Kolumne, formulierte der Leiter der *Gesellschaft für Transpersonale Psychotherapie* programmatisch den Anspruch an den *neuen Menschen*.

[6] Wir verwenden den Begriff System im Sinne einer religiösen Lehre, wie den Weltreligionen, bzw. einer Lehre, deren spezifisch religiöses Wissen durch einen Lehrer geschaffen und vermittelt wird und den Anspruch auf Geschlossenheit erhebt.

Philosophie und Mysterienreligionen sowie orientalische Kulte, Religionen und Astrologie ineinander übergingen (vgl. Lexikon für Theologie und Kirche 1937). Durch die New Age-Bewegung, die sowohl als Bedrohung als auch Herausforderung aufgefaßt wird, wurde in der christlichen Kirche erneut eine verstärkte Synkretismusdiskussion ausgelöst. In den meisten Fällen wird der Begriff jedoch wertend gebraucht, entweder negativ, warnend vor der unbedachten Benutzung fremder religiöser Ausdrucksformen oder positiv, im Sinne von Ermutigung zur Begegnung mit anderen Kulturen und Religionen. Akzeptiert wird in der Regel die synkretistische Aneignung im Entstehungsprozeß einer Religion, da auch das Christentum Ergebnis eines Synkretismus ist.

Im Gegensatz dazu ermöglicht der in der Kulturanthropologie von Lévi-Strauss geprägte Begriff der Bricolage, Synkretismus nicht nur als mechanische Vermischung zu sehen, sondern als intentionalen Akt. Lévi-Strauss versteht darunter ein Basteln mit Bruchstücken der Vergangenheit zur Schaffung neuer strukturierter Ganzheiten, wobei *in dieser unaufhörlichen Rekonstruktion mit Hilfe der gleichen Materialien immer vergangene Zwecke berufen sind, die Rolle von Mittel zu spielen: Signifikate werden zu Signifikanten und umgekehrt* (vgl. Lévi-Strauss 1973).

Es stellt sich die Frage, unter welchen Bedingungen eine verstärkte Tendenz zu Synkretismus besteht. Vieles spricht dafür, daß gesellschaftliche Krisensituationen, in denen sich "alte Werte" als unbrauchbar erweisen und das Weltbild ungefestigt oder erschüttert ist, eine Voraussetzung für die Suche nach neuen Weltdeutungen darstellen. Die Krise eröffnet die Möglichkeit einer Neuformulierung von Ordnung. Sie bietet Raum für Weltanschauungen, die sich zu Neukombinationen bekannter und fremder, als "verwandt" empfundener Elemente entwickeln.

Der Kulturanthropologe Wilhelm Mühlmann beschreibt Synkretismus als einen Ausdruck von Krisen und führt dies am Beispiel des Nativismus ethnischer Gruppen aus. In einer nativistischen Bewegung, die als *kollektiver Aktionsablauf (...) von dem Drang getragen ist, ein durch überlegene Fremdkultur erschüttertes Gruppen-Selbstgefühl wiederherzustellen*, dient der Synkretismus dazu, den *eigenen Beitrag* der unterdrückten Gruppe massiv zu demonstrieren (vgl. Mühlmann 1964). Mühlmann versteht unter diesem Begriff ein soziales Phänomen, das hauptsächlich von der Umdeutung des Fremden zum Eigenen und des Vergangenen zum Heutigen als Wiederbelebung charakterisiert wird. Er behauptet, für die meisten von ihm beschriebenen nativistischen Bewegungen läge ein *verarbeiteter Synkretismus* von alt-eigenen und fremd-übernommenen Ideen vor.

Die einzelnen Elemente dieses *eigenen Beitrags* dienen - nach Ina-Maria Greverus - als Bausteine verschiedenster Herkunft für eine auf den Sinn des Alltags bezogene *Collage*. Mit ihrem Collagebegriff betont Greverus das identitätsstiftende Moment des von Mühlmann beschriebenen *eigenen Beitrags* als *schöpferische und poetische Integration disparater Elemente in ein sinnvolles Neues*. Das Entscheidende ist nach Greverus nicht, ob diese in veränderter oder unveränderter Form übernommen werden, sondern *die schöpferische Fähigkeit,* jener *Funke Poesie* im schöpferischen Prozeß der Aneignung und Umsetzung wesensfremder Elemente, *der aus den disparaten Realitäten einen neuen Sinnbezug schafft* (vgl. Greverus 1977).

Anders als Greverus und Mühlmann, die Synkretismus unter dem gesellschaftlichen Aspekt untersuchen, betonen die Protagonisten des *Neuen Zeitalters* die *persönliche Verantwortung* des einzelnen und damit einen Sinnbezug, der nicht gesellschaftliche Dimensionen annehmen muß. Ein Mensch handelt dann im Sinne des geforderten *New-Age-Bewußtseins,* wenn er oder sie *bei einer Konfrontation mit verschiedenen Ansichten imstande ist, diese in einen Zusammenhang zu bringen, anstatt die einzelnen Ansichten gegeneinander auszuspielen und bewertend entweder anzunehmen oder abzulehnen. Das synthetische Bewußtsein ist imstande, verschiedenste scheinbar unterschiedliche, widersprüchliche oder sogar gegensätzliche Ansichten auf einer höheren Stufe zusammenzufügen und den Wahrheitsaspekt jeder isolierten Aussage (die sich als Teilwahrheit erweist) herauszustellen* (Hanefeld s.o.). Das *synthetische Prinzip* im Gegensatz zum *analytischen* wird als eines der wichtigsten Kennzeichen des *Neuen Zeitalters* verstanden. Damit sei nicht ein kritikloses Zusammenfügen aller möglichen verschiedenen Traditionen gemeint, sondern eine Haltung, die alle bisherigen Erkenntnisse aufnimmt, bewertet und je nach ihrem Stellenwert in ein System höherer Ordnung einfügt und transformiert. Diese Integrationsarbeit leistet das Individuum unabhängig von jedem Gruppenkontext. Ihm wird sowohl die Verantwortung wie die Fähigkeit zugesprochen, in diesem *Neuen Zeitalter* seine eigenen Wege zu gehen, sich seinen eigenen Synkretismus zu schaffen (Hanefeld s.o.).

Hier finden wir sowohl Mühlmanns *Umdeutung* wie auch Greverus' *Neukombination* in ein von Sinn getragenes *System höherer Ordnung,* zumindest in Form eines zu überprüfenden Anspruchs, wieder. Dieses *höhere System* stellt allerdings im Unterschied zu den kulturanthropologischen Definitionen in erster Linie kein übergreifendes gesellschaftliches Modell dar, sondern muß als eine individuelle Lösung betrachtet werden.

Als Synkretismus wird im folgenden verstanden, daß Elemente aus verschiedenen fremden Kulturen und Religionen (auch der eigenen Vergangenheit) übernommen und umgedeutet und für das "Hier und Jetzt", für den persönlichen Individuierungsprozeß neu zusammengesetzt werden. Umdeutung ist hier in zweifacher Hinsicht von Interesse. Zum einen findet bei der Selektion der Bausteine schon eine Umdeutung statt, indem die Elemente - religiöse Ideen und Praktiken - aus verschiedenen Systemen als isolierfähig und herauslösbar verstanden werden. Verfügbar und zugänglich ist dieses Wissen über Bücher, Medien, Veranstaltungen wie Vorträge oder Kurse, aber auch durch Reisen. Vieles davon wird auf dem "Markt" von New Age angeboten und stellt schon eine gewisse Selektion dar. In den seltensten Fällen würde ein katholischer Pfarrer auf einer New Age-Veranstaltung einen Vortrag halten, aber umgekehrt finden Tai-Chi-Kurse in katholischen Gemeindezentren statt. Aus diesem Angebot kann der einzelne dann eine ihm gemäße Auswahl treffen. Zum anderen aber betrachten wir Umdeutung im Hinblick auf das Neue, das als individuelle Leistung entsteht und setzen es in Beziehung zur biographischen Erfahrung.

Die biographischen Interviews

Unser Interesse gilt dem "individuellen Synkretismus" als Leistung des einzelnen und als Möglichkeit, neue Erfahrungen, die in das bisherige Weltbild nicht passen, zuzulassen und ihnen durch das Verbinden des Neuen mit dem Alten einen Sinn zu geben. Für uns stellte sich die Frage, in welchen biographischen Situationen sich jemand auf die Suche nach einem spirituellen Weg begibt und wo er selbst im Rückblick den Anfang dieses Weges sieht.

Den Befragten sollte Freiraum für eine individuelle Betonung von als wichtig empfundenen Lebensabschnitten und die persönliche Interpretation der jeweiligen Lebensgeschichte gelassen werden. Alle Interviews wurden auf Tonband aufgezeichnet, sie dauerten zwischen 45 Minuten und 90 Minuten. Die ersten beiden wurden mit Jeanette und Claudia geführt, die Spiritualität ganz konkret und öffentlich in ihren Lebenszusammenhang stellen: Jeanette, indem sie ihr Haus als Treffpunkt für spirituelle Gruppen zur Verfügung stellt, Claudia, indem einen esoterischen Buchladen betreibt. So galt die erste Frage dem Haus bzw. dem Laden, die Lebensgeschichten mußten aus dem Gespräch rekonstruiert werden. Das Haus von Jeanette hatte unsere Aufmerksamkeit während unserer Forschung wegen des offensichtlich "synkretistischen Angebotes" auf sich gezogen. Nach einem Besuch in ihrem Haus nahmen wir telefonisch Kontakt auf und fragten sie, ob sie zu einem Interview bereit sei. Sie war einverstanden, es fand in der öffentlich zugänglichen Bibliothek ihres Hauses statt. Klaus suchte Claudia in ihrem Laden auf und führte das Interview dort mit ihr nach Ladenschluß. Rolf und Angela, beide in einer Ausbildung in einem heilenden Beruf, fragten wir dagegen konkret nach ihrem Zugang zur Spiritualität. Sie gaben den Interviews selbst ihre biographische Struktur. Sie interessierten uns als "private" Nutzer des New Age-Angebotes und wurden uns durch eine Freundin vermittelt. Das Interview mit Claudia fand in der Wohnung dieser Freundin statt, das mit Rolf in Christels Wohnung.

Im Nachhinein setzte jeder der Interviewten den Zugang zur Spiritualität in die Kindheit, obwohl hier keine spirituelle Praxis bestand. Mit Praxis bezeichnen wir jede formale spirituelle Übung, aber auch alltägliche Arbeiten, die mit einer spirituellen Einstellung ausgeführt werden. Das biographische Interview als Methode stellt eine Form der Selbstreflexion und Kommunikation dar. Dabei wird deutlich, daß aus der Retrospektive die eigene Lebensgeschichte in einen sinnvollen Zusammenhang gestellt wird, in dem ihr eine Kontinuität unterlegt wird. Diese wird allerdings von den jetzigen "kulturspezifischen Werten" geleitet und kann uns somit als Grundlage für die Erschließung des spezifischen Wertesystems des New Age dienen, das die Interviewten teilen.

Jeanette, 66 Jahre
Jeanette, die ihr Wohnhaus für spirituelle Veranstaltungen, Seminare und Kurse zur Verfügung stellt, selbst aber keine "Anbieterin" im eigentlichen Sinne ist, beschreibt ihren Zugang zur Spiritualität, indem sie auf unsere Frage *Wie lange meditieren Sie denn schon?* antwortet: *Neja, seit meiner Jugend, also wollen wir mal sagen, vierundzwanzig war ich, wie ich direkt Zugang bekam zu den spirituellen Sachen, natürlich noch nicht so universell, das ging über verschiedene Stufen, also auch gewisse Lehrer habe ich durchlaufen.* Jeanette wurde 1922 in Norddeutschland geboren, die Eltern waren Landwirte. Mit Anfang 20 heiratete sie und bekam zwei Söhne. Nach kurzer Ehe ließ sie sich scheiden. Ein paar Jahre später zog sie dann in eine größere Stadt, und schon dort trafen sich in ihrem dama-

ligen Bungalow *spirituell interessierte* Freunde. 1978 ging sie kurz entschlossen nach Süddeutschland, wo sie nach zweijähriger Suche ihr jetziges Haus kaufte.

Ob ihr Zugang zur Spiritualität aufgrund einer Krise erfolgte, kann man nur aus der gesamten Biographie erschließen. Es wird von ihr nicht ausdrücklich erwähnt oder nur in Nebensätzen am Ende des Interviews. Die Krise war demnach eine Ehekrise: Jeanette ließ sich trotz zwei kleiner Kinder scheiden, denn ihr Mann war *fast kriminell, kann man beinahe sagen*. Es wurde ihr auch gesagt, *mein Mann würde den materiellen Weg gehen und ich den geistigen*. Sie interpretiert ihre Trennung als höhere Bestimmung: *durch Yogananda[7] damals schon und die ganzen hohen Wesenheiten, und die haben auch damals die Botschaft durchgegeben, also diese Trennung wär' sowieso beschlossen*, was ihrem eigenen Wunsch aber entgegen kam. Bekannte, die sich mit *spirituellen Sachen* beschäftigten, hatte sie allerdings über ihren Mann kennengelernt bzw. durch seinen Vater. *Durch die kriegte ich wieder auch die wichtigen Bücher und die richtigen Leute da in Berlin, so der geistige Führer da.*

Nach ihren Worten erfolgte ihr Zugang über *verschiedene Stufen* und mit dem *Durchlaufen verschiedener Lehrer*. Für sie handelt es sich nicht um ein zufälliges unverbindliches Ausprobieren, sondern um ein kumulatives Aneinanderreihen eines gestuften Programmes gemäß ihrer persönlichen Perspektive. Dieses Programm ist zu Beginn *noch nicht so universell. Obwohl für viele, natürlich und auch für mich selber, zeitweise ein direkter Weg, auf eine bestimmte Form zugeschnitten, notwendig war, auch wegen der Disziplin, die man üben mußte und so weiter*, steht für sie eine gemeinsame, transzendente Realität hinter allen Religionen, das Universelle. *Auch buddhistische, hinduistische und christliche Sachen verschmelzen sich letzlich.*

Schon in der Tatsache, daß sie mit 56 Jahren ohne Aussicht etwa auf finanzielle Besserstellung oder Erhöhung des Lebensstandards alles aufgab und in eine fremde Stadt zog, schwingt die Vorstellung einer über ihr

---

[7] Yogananda, in Indien geboren und aufgewachsen, erwarb ein akademisches Diplom in Kalkutta und suchte durch Vergleiche mit der Wissenschaft die geistige Wahrheit verständlich zu machen. 1920 ging er nach Amerika und gründet in Californien die *Self-Realization Fellowship*. Er lehrte das Kriya-Yoga: *Vereinigung (Yoga) mit dem Unendlichen durch eine bestimmte Handlung oder einen bestimmten Ritus (Kriya)* und betonte in seiner Lehre die Gemeinsamkeiten von Jesus und Krishna (Yogananda Paramahansa, Autobiographie eines Yogis, München 1985).

privates Leben hinausgehenden universellen Aufgabe mit. Sie vertraute in hohem Maße ihrer Intuition und war nicht einmal sicher, eine Wohnung zu bekommen. *Zunächst einmal habe ich drei Monate in einem Wohnwagen gehaust, auf einem Campingplatz, dann hab' ich in einer Studentenbude (lacht) gehaust eine ganze Zeit.* Dabei lehnte sie auch während ihrer *Gammlerzeit*, die zwei Jahre dauerte, alle Angebote von spirituellen Gruppen, sich bei ihnen zu engagieren, ab. *Ich hatte immer innerlich und von der geistigen Sache das Gefühl, ich sollte mich darauf nicht spezialisieren, also ich muß das Eigene machen, das Universelle.*

Den Begriff *universell* verwendet sie dabei in verschiedenen Zusammenhängen. Einmal grenzt sie sich damit von in ihrem Verständnis straff organisierten Sekten mit einheitlich-bindendem Dogma ab. Jeder, der sich der Spiritualität zuwendet, *wird sicher irgendwie vom Göttlichen geschickt werden* und da können Führer höchstens *wenn jemand nicht so gefestigt ist*, von Hilfe sein. *Gott hat, es läßt sich nicht in irgendeine Form pressen, ja, das Göttliche ist so unwahrscheinlich (lacht) universell, das löst sich alles auf im Universellen, nich, aber es gibt gewisse Techniken auch, würde ich sagen, das ist für jemanden sehr gut, mal ne zeitlang das durchzuhalten.*

Ein anderes Mal begreift sie *universell* im Sinne von undogmatisch, nicht ausgrenzend. Dies drückt sich sowohl in ihrem Haus als auch in ihrer eigenen Praxis aus. Das Haus ist offen für alle Gruppen, die anfragen, es sei denn, es ist eine *geldschneiderische* Sache oder jemand tritt unangenehm auf. Meistens löst es sich von selbst. *Wenn irgendwas nicht reinpaßt in das Haus, das wird irgendwie verhindert.* Konflikte zwischen verschiedenen Religionen bzw. Glaubensrichtungen gibt es dabei nicht. *Es geht alles friedlich und still zu, nich, und jeder weiß ja von vornherein, daß das Haus universell ist, ja also und ich hab schon manche gehabt, die auf mich zugekommen sind und sagen, wie gut, daß es das ist und nicht irgendwie gebunden, das Haus, und, wie's ja oft Häuser gibt, die einfach nur ihre eigene Sache machen.* Sie selbst ist relativ offen in ihrer eigenen Praxis. *Weil ich mich selber universell entwickelte, deshalb konnte ich das hier einfach universell gestalten, ich mein, gestalten kann man gar nicht sagen, einfach nur so fließen lassen.* So hat sie Übungen verschiedener Religionen praktiziert. *Ich war auch sehr, sehr hinduistisch dann, nich, aber christlich genauso, die christliche Mystik, da hab ich auch gewisse Übungen gemacht,* womit sie sich wahrscheinlich auf ihre

Zeit mit Yogananda bezieht, der eine Synthese von Hinduismus und Christentum gebildet hat.

Mit 28 Jahren kam sie in eine zweite Krise, die sie durch das *Aufsteigen der Kundalini*[8] erklärt. *Da hab ich auch eine Erfahrung mit der Kundalini gemacht, die mich erstmal also fast in die Klapsmühle gebracht hätte, nich, also ich war schon in einer Nervengeschichte und da hat man, ich wollte auch nicht mehr essen und trinken und nichts und ich lebte nur noch und wollte alles verschenken, ich wollte (lacht) nur noch ne Heilige werden und so weiter.* Nach dieser *Nervengeschichte* konzentriert sie sich nur auf eine religiöse Tradition, Theravada-Buddhismus[9], hauptsächlich der *Klarheit* wegen und, wie sie sagt, um einen mystischen Weg dem magischen Weg des Geistheilens vorzuziehen. In ihrem jetzigen Haus scheint sich ihre Praxis den dort stattfindenden Aktivitäten anzupassen. *Auch mit tibetischem Buddhismus habe ich mich befaßt hier, besonders in der Zeit,*

---

[8] Kundalini (Sanskrit: *die Zusammengerollte*) ist eine als Schlange dargestellte Energieform (*Schlangenkraft*), die am untersten der sieben Chakren (unteres Ende der Wirbelsäule) zusammengerollt liegt. Chakren sind nach indischer Vorstellung physikalisch nicht nachweisbare Kanäle entlang der Wirbelsäule, durch die Energie durch den Körper fließt. Diese latente Energie kann durch Übungen erweckt werden, die das *Aufsteigen der Kundalini* durch alle Chakren, entlang der Wirbelsäule bis zum Scheitelchakra bewirken. Das Aufsteigen der Kundalini wird in der Regel als Feuer beschrieben, das von Lichtphänomenen begleitet wird. Laut Eliade handelt es sich um transphysiologische Erlebnisse, die *yogische Zustände* repräsentieren. Diese psychosomatischen Erfahrungen sollen mit dem innersten Leben des menschlichen Wesens in Beziehung stehen und zur direkten und vollständigen Erkenntnis über das wirkliche Wesen unserer Existenz führen (vgl. Eliade 1977).
Das *Aufsteigen der Kundalini* ist ein bekanntes Phänomen in der Mystik, das jedoch nicht ohne systematische Vorbereitung von Körper und Geist angestrebt werden soll und durchaus als gefährlich *gilt. Diese Übungen arbeiten an verschiedenen Chakren, und das Ziel ist, die Chakrenenergie untereinander auszugleichen. Es kann aber trotz allem passieren, daß die Kundalini-Energie hochschnellt, wenn z.B. das dritte Auge geöffnet ist. Das dritte Auge, also dann hast du diese Vision, die die Leute auch kennen, wenn sie LSD genommen haben. Also von der Körperchemie passieren da ähnliche Dinge. Wenn die unteren Chakren nicht arbeiten, ist das entsetzlich für dich, also du kriegst total Angst, und es sind viele Leute in der Psychiatrie, also in den Kliniken, die eigentlich dieses Erleuchtungserlebnis gehabt haben, aber die es nicht gepackt haben, das irgendwie in's Leben zu integrieren, weil der Rest noch nicht entwickelt war, weil auch die Nerven zu schwach sind, um das auszuhalten* (aus dem Interview mit einen Yogalehrer aus Freiburg, 17.10.87).

[9] *Theravada-Buddhismus* ist eine der Schulen im Buddhismus, bei der der Schwerpunkt auf der Meditation liegt und auf der mönchischen Lebensweise gemäß dem *Achtfachen Pfad* (Gruber/Fassberg 1986, 29).

wie im Anfang dieser Franz hier war, und wir zusammen hier mit den tibetisch Orientierten meditiert haben, aber ich habe nicht so den Zugang wie zu dem Buddhismus selber. Und obwohl sie *nie so eine Zen-Anhängerin gewesen ist*, wurde auch die Zen-Gruppe, die sich in ihrem Haus trifft und mit der sie noch heute zusammen meditiert, von ihr *jahrelang geleitet*.

Darüber hinaus bezeichnet sie auch ein Nebeneinander verschiedener Ansätze wie in der Lehre von Bhagwan Shree Rajneesh als universell. *Es sind einige immer mal im Haus gewesen, die waren zu gewissen spirituellen Sachen gekommen, weil die im Grunde auch ziemlich universell sind, nich, auch wenn sie Bhagwananhänger sind, aber Bhagwan macht ja auch alles mögliche.* Das *Nebeneinander* trennt sie aber vom *Sammelsurium*. Sie spricht sich dabei ein Qualitätsempfinden zu, das ihr erlaubt, über das Wissen der Einheit hinter allen Religionen auch eine Beurteilung und Einordnung dessen, was den Weg ausmacht, vornehmen zu können. In Situationen, die sie nicht überblicken kann, wendet sie sich an *höher entwickelte Personen* oder an das Göttliche selbst. Unterstützung und Anweisung bekommt sie auf telepathischer Ebene durch Visionen. *Obwohl ich da irgendwie diese Aufgabe habe, dieses Haus, nich, ob es für ewig und immer ist, weiß ich nicht, wenn mir das Göttliche jetzt sagen würde, also jetzt ist Schluß oder mach was anderes oder du (lacht) hast nicht gut gearbeitet.* Die Aufgabe, das Haus zu leiten, sieht sie somit auch nicht als endgültig und unwiderruflich an, die Möglichkeit einer Veränderung wird von ihr mitberücksichtigt. Ihr Alltag ist sehr von den Aktivitäten im Haus geprägt und diese dienen ihrerseits als Erinnerungshilfe, die tägliche Arbeit mit einer *spirituellen Einstellung* zu verrichten, *in meinem Alter ist es ja doch so, daß ich also eigentlich immer für's Göttliche arbeite, ja, also alles, was ich tue und ich irgendwie im Dreck herumbuddle.*

Claudia, 42 Jahre
Claudia besitzt seit über zwei Jahren eine esoterische Buchhandlung in Südhessen, in der sie eine zeitlang Computerhoroskope erstellt hat. Damit hat sie aber zugunsten von selbstgestellten Horoskopen und Einzelberatungen aufgehört. Früher wurden von ihr auch Kurse organisiert, z.B. eine Vortragsreihe über Bachblütentherapie. *Die Kurse sind aus 'nem ganz trivialen Grund entfallen, ich war zu wenig daheim, kein Aas hat mich mehr gesehen und da ist es ein bißchen dran verlaufen.* Claudia holte mit 30 Jahren ihr Fachabitur nach und studierte in Darmstadt Innenarchitektur

mit Abschluß. Sie arbeitete ein halbes Jahr bei einem südhessischen Möbelhaus als Einrichtungsberaterin, danach weitere zweieinhalb Jahre als Sekretätin bei einem Bauingenieur. *Ich hatte die Kinder zu ernähren, also konnte ich nicht, leider nicht zwischendurch mal auf die Seychellen (lacht), wo ich schon immer so gern hinwollte.* Auf Astrologie ist sie durch einen *Zufall* gekommen, *durch ne Freundin, die sagte, geh doch mal zu der Frau hin, als ich etwas irritiert war, was ich eigentlich so im Leben sollte.* Als Krise will sie diese Situation nicht bezeichnet wissen. *Ja, nein, es war noch nicht einmal so, ich war gar nicht irritierbar in dem Moment, ich war auch zu sehr am Machen und am Funktionieren, aber sie fand meine Beziehung nicht so gut, womit sie im Grunde ja auch recht hatte, und da wollte sie mir anscheinend irgendso, jedenfalls war sie der Meinung, daß es mir schlecht geht, was ich gar nicht akzeptieren konnte und wollte.* Das unentschiedene *Ja, nein* am Anfang der Antwort zeigt die ambivalente Haltung auf die Frage nach einer Krise. Einerseits fragte sie nach dem Sinn des Lebens, war aber nach ihren Worten *nicht irritierbar.* So kann sie auch die Zuweisung der Freundin, daß es ihr schlecht ginge, nicht akzeptieren. Sie wollte sich nicht hilflos machen lassen, obwohl sie in dieser Situation keinen Zugang zu ihrer Basis hatte und nicht von *innen heraus* handeln konnte. Sie *funktionierte* nur, handelt also zwar den Erwartungen gemäß, allerdings fremdbestimmt und ohne Identifikation. In dieser Situation entscheidet sie sich, ohne die Bewertung der Freundin zu übernehmen oder Gründe dafür nennen zu können, für ein Element aus ihrem Ratschlag und besucht die Astrologin.

Und die machte dann 'nen Kurs, und da dann brauchten wir Bücher (...) und weil man die in D. bestellen mußte, das dauerte und so weiter und so, da hab ich gesagt, hach, es wär doch schön, so'n Laden zu haben. Der Laden bot eine Antwort auf die *Frage nach dem Sinn* und entsprach ihrem Wunsch nach Unabhängigkeit. Er erfüllte beide Ansprüche und kam ihrem Wesenszug entgegen, *daß ich das brauche hier, den Kontakt mit den Leuten und den Kontakt mit den Büchern und diese ganzen Sachen, das hübsch machen und um das alles kümmern.* Aber selbst hier läßt sie sich nicht ganz vereinnahmen, obwohl sie zum ersten Mal gerne arbeiten geht, *selbst wenn ich hundsmüd und kaputt bin, hier komm ich gern rein.* Sie behält eine gewisse Distanz, identifiziert sich nicht völlig und gibt z.B. die Kurse auf, weil sie zuwenig daheim war. Mit einer bestimmten Haltung ist aber auch dem beizukommen, *wenn man das Gefühl hat, man macht das richtige, auch wenn man sich mal dabei die Beine ausreißt,*

aber totzdem ein Wohlgefühl statt diesem Gefühl: Äh, den Scheiß muß ich machen, daß man dann in seinem eigenen Trend ist.
Die Eröffnung des Ladens wertet Claudia als *äußeres Herkommen* zur Spiritualität, für das *innere Herkommen ... muß ich ganz weit zurückgehen. Muß ich sagen, mein Vater hat viel angeregt. Ich hab auch erst vor einem Jahr, er ist gestorben, als ich sieben war, erfahren, daß Bücher, die ich heut hier führe, Neuauflage usw., meine Mutter nach seinem Tod verkauft hatte - er hat wahnsinnig viel Bücher gehabt - weil sie nichts damit anfangen konnte. - Er war Förstersohn, aber doch erst mal ein wahnsinniger Büchernarr. - Er hat einmal zu mir gesagt (...), daß ich mir eines merken sollte, muß ich so vier gewesen sein, es gibt alles auf der Welt, was der Mensch sich vorstellen kann und noch viel mehr, was er sich nicht vorstellen kann. Es gäbe einfach alles.*
Claudia wurde 1946 geboren, lebte die ersten sieben Jahre *einsam* in einem Forsthaus, *draußen auf den Feldern 'rum, Stück weiter irgendso'n Bauernhof, und noch viel, viel weiter das Dorf und noch viel, viel weiter das, was ich dann als die Stadt bezeichnete.* Der Vater war Kaufmann, die Mutter Hausfrau. Claudia wurde evangelisch getauft, die Eltern erzogen sie aber *freireligiös* und ließen sie eine Waldorfschule besuchen. Hier kam sie früh in Kontakt mit unterschiedlichen Religionen. *Wo ich schon immer 'n Hälschen gekriegt hab', war wenn jemand sagte: das allein ist es.* Während des Interviews erinnert sie sich, daß ihr Alltag schon immer eine spirituelle Dimension besaß, daß sie als Kind sogar Handlesen konnte. *Dann hab' ich das gemerkt, dummerweise, und hab' dann so viele, viele Bücher gelesen, das heißt, es war jetzt erstmal weg.* Solche *spirituellen Erfahrungen* im Alltag werden von ihr besonders betont. Diese *Fähigkeiten hat jeder. Ich weiß wirklich nicht, ob du das mit der Mutter, Vater- oder welcher Milch auch immer, einsaugst oder ob du das wirklich mitbringst. - Jeder von uns hat für irgendwas ein Händchen, ja, kann was besonderes, Sachen, die unheimlich leicht waren, oder die man anguckt und sagt, kann ich doch. Oder zumindest das Gefühl hat, das nicht zu können ist mir unbegreiflich, daß das jemand nicht kann, das kann ich sofort.* Die unverbildete Intuition im Alltag als Ausdruck eines inneren Wissens, das jeder besitzt, setzt sie gegen die Theorie, die sie als *Fachchinesisch* bezeichnet. Claudias Lebensweg ging nach der Kindheit *gewöhnlich* weiter, sie zog von Zuhause weg, heiratete und bekam zwei Kinder. Erst mit dem Astrologiekurs kam *die Erinnerung* wieder.

Claudia setzt *inneres Wissen* auch gegen die *peak experience*[10]. Ihre Arbeit im Buchladen bezeichnet sie als *ausübende Esoterik* oder *Esoterik in Wort und Schrift*. Hier findet sie ihre Möglichkeit, Spiritualität im Alltag zu verwirklichen. *Das war mir anscheinend ein Bedürfnis. Und wie man da äußerlich drankommt, das siehst du ja, durch so 'n Vater, den man sich eigentlich selbst ausgesucht hat, durch die Waldorfschule, die ich in der Jugend erlebt hab. Heute z.B. seh ich, daß die Eurhythmie, die der Steiner da 'reingebracht hat, daß die Figuren ganz klar die alten Runenfiguren darstellen, die Haltung der Menschen zu dieser oder jener kosmischen Energie, da bin ich sehr früh reingekommen.* Um den Begriff Esoterik dreht sich aber auch ihr spirituelles Verständnis. *Bei Esoterik, oder was esoterisch, was 'in' ist, was wirklich wahr ist, das ist wirklich nur dieser winzig kleine Lichtpunkt, den du eben da nicht greifen kannst. Das ist, das alles gehört zusammen. Das ist das wirkliche innere Wissen. Alles andere, was wir drunter verstehen, was sich als Ausdruck dieses ewigen Wissens zeigt, z.B. tja Magie, Heilung und alles mögliche, das ist jetzt alles auch mehr äußerlich, handelnde Ebene.* Die Worte *in seinem eignen Trend sein* kann man also als Einklang zwischen dem *inneren Wissen* und dem tatsächlichen Handeln interpretieren. Dabei sind die verschiedenen Handlungen gleichwertige Techniken zum Finden dieses Einklangs, denn *ich war immer sicher, daß es in allen Ländern, in allen Glaubensrichtungen eigentlich der gleiche Hintergrund ist. So nur kopfmäßig, daß ich jetzt gelesen hätte, war, in welche Richtung es, das war nicht der Fall, das ist richtig. Also dieses Gefühl, also schon als Kind auch gesagt, liebe Zeit, Allah ist doch das gleiche wie Gott.* Gegen das, was alles *unter Esoterik läuft*, setzt sie den Begriff der *wirklichen Esoterik*, das nämlich, *was man wirklich nicht greifen kann, woran du 'rumarbeitest und 'rumkraschst und 'rumschaffst, der eine tastet sich mit Tarot 'ran, der andere mit Steinen, der nächste mit Meditieren oder Herzensgebet oder christlicher Art, tja über seinen eigenen Körper, über die tantrische, diese Richtung, über die Lust des Körpers wieder nach innen 'rein zu kommen, ne, das sind alles die Eigenrichtungen.* Diese *Eigenrichtungen* münden in die *Rückkehr zur inneren Einheit*, wobei es nur und eigentlich auf eine gewisse Einstellung und nicht auf bestimmte Techniken ankommt. Auch ein einfacher Mensch kann weise sein und bei und mittels seiner alltäglichen Arbeit *erleuchtet* werden. *Der andere kriegt*

---

[10] Vgl. Aufsatz von Katja Werthmann und Martina Ferber

beim Gassenkehren die Erleuchtung und der nächste beim Meditieren von Mandala.
Ihre eigene Arbeit sieht sie nicht darin, Menschen den inneren Weg zu zeigen, sondern *daß ich das meistere, daß die Leut' 'mal ihren eigenen Wert sehen, denn wer hier her kommt, vermutet doch, daß irgendwie was dahintersteht an anderer Wertigkeit, ja, könnt' man da sagen, dann von Gott als Aufgabe auferlegt oder was auch immer, es ist eigentlich egal, aber das, was du hast, das mußt du doch meistern können.* Einem System fühlt sie sich nicht verpflichtet. So beschreibt sie zwar einen Zen-Workshop als besonders eindrucksvolles Erlebnis, identifiziert sich aber nicht mit diesem System. Auch das *System* Astrologie öffnet sie aus der Bestimmtheit von Computerauswertungen zum offenen Gespräch, im eigenen Gestalten der Horoskope und zugunsten eigener Erfahrung.

Rolf, 25 Jahre
Rolf, 1963 geboren, ist in einem traditionellen Arbeitermilieu aufgewachsen. Er beschreibt den Beginn seiner "Suche", *daß ich politisch aktiv war bei den Falken, Sozialistische Jugend Deutschland ist das, da hab' ich im Prinzip drei Jahre mitgemacht, und wir haben inhaltlich einiges gemacht und ziemlich, ja, unsere Feste organisiert mit politischem Anspruch, und das sehe ich heute im nachhinein als, schon als 'ne Suche nach irgendwas. Ich hab', ich war halt sehr idealistisch, bin's immer noch, und hab' schon immer gedacht, es muß doch noch mehr geben als das, als das, was so alltäglich ist.* Diese Fragestellung wurde ihm das erste Mal noch deutlicher, als er *den Faust I* gelesen hatte, *es ist schon Jahre her, weil da auf der ersten Seite steht die ganze Problematik drin, und dieses Ringen um das ist immer wieder aufgetaucht, und dann hab' ich mich halt politisch engagiert, gut.*
Der erste Ausbruchsversuch war dann die Chance des Zivildienstes, die er nach seinem technischen Abitur sah. *Den wollte ich aber nicht zu Hause machen. Ich wollte 'raus in die Welt sozusagen, weil mir das zu Hause zu eng, zu klein war, und es sollte auch nicht irgendein Job sein, sondern ich wollte auch da irgendwie weiterkommen, neue Sachen erfahren. Ich hab' mir dann eine Stelle im Altenheim ausgesucht, auf der Pflegestation, auch wiederum mit dem Hintergedanken, von den alten Leuten kann ich lernen, kann ich Lebensweisheit irgendwie mitkriegen und krieg' ja so das ganze Leben präsentiert.* Im Altenheim ist er dann das erste Mal so mit der Welt konfrontiert worden. *Ich hab' ganz be-*

stimmte so Schocks erlebt, z.B. daß da fast jeder geschieden war, und hab' mich sehr für die alten Leute engagiert mit dem Effekt, daß ich nach einem Jahr selbst massive Probleme in mir hatte. Ich hab' sehr viel mit den alten Leuten geredet und hab' versucht, es denen recht zu machen damals. Durch die Realität im Altenheim der Illusion von den *alten weisen Leuten* beraubt, setzte er sich mit dem Tod auseinander, der als Thema bis dahin wohl ausgeblendet war. Im Altenheim wird ihm die Einsamkeit des Todes in krasser Weise deutlich. In einer biographisch bedeutenden Phase gehörte Rolf plötzlich zu den Nächsten dieser alten Menschen, was eine enorme Belastung und Überforderung bedeutet, wenn man diese Arbeit nicht mit einer inneren Distanz oder wie ein Pfarrer im Namen einer Glaubensgemeinschaft macht.

Als er den Zivildienst beendete, erhielt er einen Studienplatz für Wirtschaftsinformatik. *Hatt' ein ganz, ziemlich gutes Abitur gemacht, hatt' da auch einen Studienplatz gekriegt und war von meinem Gedankengang her auf dem Weg, Manager, das ist ein Managerstudiengang, Wirtschaftsinformatik, das sind die Leute, die nachher zwischen Management und Fabrikation vermitteln, und da werden ziemlich hohe Anforderungen an die Leute gestellt, und die verdienen extrem gut und sind extrem gefragt.* In dieser Situation erlebte er *auf mehreren Ebenen Konflikte. - Einmal so beziehungsmäßig, einmal berufsmäßig, was ich dreißig bis vierzig Jahre machen kann, also dieses Erfolghaben war auch ein Teil, der mir anerzogen wurde, und ich bin auch dem Leistungszwang, der, dem ich ausgesetzt war, hab' ich immer standgehalten.* Dieses Studium wird allerdings seinem Anspruch, sich darin *zu finden* nicht gerecht, und er wechselt zu Medizin, ein Studium auf naturwissenschaftlicher Basis, jedoch dem Menschen zugewandt. Dieser innere Kampf bedeutet die Trennung von einem alten Ordnungsmodell, in dem der Beruf eine die Biographie organisierende und sinnstiftende Instanz war, die man planen konnte und die Sicherheit gab. Er muß sich nun ein neues Modell aufbauen und die Individuierung, die im alten Modell nicht vorgesehen war, nachholen.

Rolf setzt den Anfang seiner "spirituellen Suche" in eine von ihm erlebte biographische Krise. Er zog nach dem Zivildienst wieder zurück zu seinen Eltern, was den Konflikt noch verstärkte, *weil ich mittlerweile schon viel weiter war und freier auch und weltoffener als meine Erziehung es war. Hab' dann also eigentlich nur den einen Gedanken gehabt: Rolf, du mußt ruhiger werden, du mußt es irgendwie verkraften und hab' damals gedacht, ach, was kannst du denn da machen, irgend Yoga oder so, das* war mir aus meiner damaligen Welt war das irgendwie, in meine damalige Welt war das irgendwie eingedrungen, daß man, Yoga und ruhig werden hab' ich assoziiert.* Hier benennt er selbst die zwei sich streitenden Welten, Familie und Erziehung einerseits, sein geistiger Weg andererseits.

Auf die bis dahin nur abstrakt formulierte Frage nach dem Sinn des Lebens und nach sich selbst folgte die Hinwendung zur Spiritualität. Die Ablösung vom Elternhaus kann er nur über ein neues Ordnungsmodell vollziehen, das das nicht mehr funktionierende ersetzt. Die objektive Realität der empfundenen Probleme muß irgendwo formuliert sein, er muß sich auf etwas berufen können, ein System, das einen großen Anspruch und zugleich Erfüllung verbirgt. *Na ja, da hab ich auch geguckt in der TH, was da angeboten wurde, und da stand da Tai Chi Yuan, Meditation und keine Ahnung gehabt, was das ist. Aber da ich ja schon immer für andere Sachen offen war, bin ich hingegangen. Fand ich alles sehr lächerlich, und der hatte dann gesagt, das wär die, wär die gefährlichste Kampfkunst, also ich hab mir das Lachen verkniffen sozusagen, der hat irgendwelche abstrusen Bewegungen gemacht. Also es war, ich hab', das einzige, was ich mir gesagt hab, Rolf, laß dich da drauf ein, mach das mal ein viertel, halbes Jahr, und wenn's nichts ist, dann gehste weg.*

Rolf praktizierte dann regelmäßig Tai Chi und spürte nach einer gewissen Zeit die Chi-Kraft.[11] *Die hab' ich gespürt und erlebt, und ich hab' die ja im Prinzip zwanzig Jahre nicht gekannt.* Man könnte auch sagen, daß er sich seiner eigenen Identität, zu der auch ein integriertes Körperbild gehört, bewußt geworden ist. Über diese Erfahrung fing er langsam an, sich für Taoismus zu interessieren. Er kam *in die Szene rein* und zog nach einem Jahr in ein selbstverwaltetes Studentenwohnheim, wo er drei Jahre wohnte. *Da war natürlich auch ein großes Potential von Leuten, die auch für solche Dinge offen waren. Das war schon 'ne große Hilfe, dieses Haus hat bei mir auch geistig sehr viel geöffnet oder vieles möglich gemacht, wo ich selbst allein höchstwahrscheinlich nicht hingekommen wär. So an den Spektren von Möglichkeiten, die ich hab', also was die Leute alles gemacht haben, Bioenergetik, Psychoanalyse, Tai Chi,*

---

[11] Nach alter chinesischer Vorstellung ist die Chi-Kraft die Lebensenergie, die durch die Meridiane fließt. Wird der freie Fluß von Chi über längere Zeit blockiert, kann es zu einem Ungleichgewicht von Ying und Yang kommen, das eventuell zu Krankheit führen kann (Gruber/Fassberg 1986, 31).

Fußballspielen, irgendwelche Seminare besuchen. Ich bin früher kaum auf Seminare gefahren, ja, und da sind die Leute ständig immer irgendwo gewesen und natürlich auch neue Ideen mitgebracht. Das hat natürlich auch den Nachteil, daß man überfordert ist, man muß da auswählen, was man überhaupt machen will, aber daraus lernt man ja, aus den ganzen Konflikten, zu denen auch praktische Probleme wie der Haushalt und der Umgang untereinander gehörten. Die Gruppe war also nicht einem gemeinsamen Dogma verpflichtet, sondern Toleranz und Offenheit waren entscheidend.

In dieser Zeit hatte Rolf einen taoistischen Lehrer und machte über zwei Jahre sehr intensive Energie-Übungen[12], begriff sich aber noch als *Suchender*. *Hab' mir alles angehört, hab' versucht, das nicht zu beurteilen, sondern hab' mir's ganz einfach angehört, hab's in den Raum gestellt und hab' gesagt, gut, das hat der gesagt, warten wir mal ab, was passiert. Und dann meinetwegen ein halbes Jahr später hab ich was gehört, das hat dann zusammengepaßt und noch ein halbes Jahr wieder was, und das hat dann sich so zusammen verdichtet.* Durch diese Übungen bekam er dann allerdings *massive Herzschmerzen*. Insgesamt fällt es ihm sehr schwer zu erklären, was in diesem ein dreiviertel Jahr andauernden, schmerzhaften Prozeß geschah. Im Nachhinein interpretiert er ihn als eine Suche nach Gott, bzw. das Sich-Öffnen dem Prinzip Gott oder einer höheren Wesenheit. In dieser Zeit erfährt er für sich, daß er Teil von allem ist und mit allem verbunden. Es ist das einzige Mal, daß er über *Einheit* spricht. Er begründet sie aus der Erfahrung und leitet sie nicht aus allgemeinen Systemen ab. Er empfindet, daß sich sein ganzes Gefühlsleben und Handeln verändert haben, daß er viel intuitiver geworden ist, und daß das *Faktische*, das *Analytische* und das *Kausale* abgenommen haben, womit er wohl die Veränderung seiner Einstellung dazu meint. In

---

[12] Er besuchte Seminare, auf denen er diese Energieübungen kennenlernte, die im WEGE-Heft wie folgt beschrieben sind: *Meditation des mikrokosmischen Kreislaufs bildet die Grundlage für das gesamte Heilungssystem und die Kampfkünste, indem sie den Zugang zu gesteigerter Lebenskraft eröffnet.*
Eisenhemd Ch'ikung ist eine sehr intensive Form des Ch'ikung, die die Abwehrkräfte erhöht, den Körper ganzheitlich stärkt und die Organe vor unerwarteten Verletzungen schützt.
Tao Yoga der Liebe sind Praktiken zur Konservierung und Transformation sexueller Energien, die zur Verbesserung von Gesundheit und Vitalkraft und zur Verjüngung beitragen (WEGE 1/87: TAO YOGA & TAO YOGA DER LIEBE, Kombiniertes Intensivseminar mit Meister Mantak Chia).

dieser *spirituellen Krise*, die er als Mobilisierung der Kundalinikraft[13] bezeichnet, suchte er nach Leuten, die ihm helfen konnten. *Ich bin dann im Sommer '87 nach Indien gefahren und zwar zu dem Bhagwan Sri Sathya Sai Baba*[14]*, weil ich durch andere Leute erfahren hatte, daß er dort als Avatar verehrt wird, und ich hatte über 'ne Kassette rela-, ja viel Vertrauen dazu gehabt, also das ist spontan entstanden, und ich dachte mir, das ist o.k., da kann ich hingehen. Ich bin dann vierzehn Tage in Indien 'rumgereist und war dann letztendlich sieben Wochen dort und hab' da erstmal, also ich glaub', meinen geistigen Lehrer gefunden. Und da sind halt auch sehr viele Sachen passiert, die auch in mir, ja viele Sachen, viele Sachen ausgelöst haben, die, denen ich mir selbst noch nicht bewußt bin.*

Sai Baba sagte ihm mit wenigen Worten etwas für ihn Essentielles, das in ihm aufgrund seiner speziellen Vorgeschichte wirkte und sehr prägend war. Konkret führte das dazu, daß er ein dreiviertel Jahr später aus dem Studentenwohnheim auszog. Der Grund ist seine Weiterentwicklung und, *daß dieses Studentenwohnheim mich mehr ducheinander macht, als daß es mich klar macht.* Man kann die Zeit im Wohnheim als eine Art Übergangsphase oder Orientierungsphase bezeichnen, in der er eine zeitlang Unterstützung und Anregung bekam. Hiervon mußte er sich aber wieder lösen, als er für sich einen klaren Weg gefunden hatte. *Heut' ist es so, daß ich jetzt ausgezogen bin, ich wohn' momentan allein und ich will auch momentan allein sein, weil ich erstmal lernen muß jetzt, wie ich mit dieser Außenwelt kommunizier', weil mich vieles überfordert. Ich brauch' meine ganze Kraft, die ich hab'. Und was mir ganz klar geworden ist, daß ich mein Leben immer mehr auf Gott ausrichten will, weil ich erkannt hab', daß das die einzige Wirklichkeit ist.*

---

[13] Siehe Fußnote 11

[14] Sai Baba wird von seiner weltweiten Anhängerschaft als Heiliger und Inkarnation des Gottes Krishna verehrt. Ihm werden übernatürliche Kräfte nachgesagt, die er über die Materialisation von Gegenständen öffentlich demonstriert. Bestandteil seiner Synthese von Hinduismus und Christentum ist die Predigt von Liebe und die Einheit aller Religionen (Harlacher 1979).

Angela, 34 Jahre
Angela wuchs in einem katholischen Elternhaus in der Schweiz auf, ihr Vater ist Theologe. *Ich war am Anfang, so bis ich zehn war, war ich schwer beeindruckt halt von meinem familiären Hintergrund, d.h. auch meine Oma, die hat immer für den Papst geschwärmt, und da hab' ich halt mitgeschwärmt. Und dann kam die Phase, so in der Pubertät, so im Gymnasium, da wollte ich absolut nichts mehr wissen von Gott, von Religion, nichts. Alles pfui. Das also extrem abgelehnt und war halt überzeugt, daß wir die Aufgeklärten sind, und die, die an Gott glauben, sind halt die Blödmänner. Und dann fing ich halt auch so an, an der Welt 'rumzuphilosophieren, daß heißt, ich versuchte halt, ich hatte dieses marxistische Weltbild halt, daß eine gerechte Gesellschaft anders aussehen würde.* Sie schildert ihren Zugang zur Spiritualität als Prozeß, in dem sich Annehmen und Ablehnen von Religiosität abwechseln.

Irgendwann habe ich dann gemerkt, das war noch, das habe ich noch selber alleine gemerkt, daß da irgendwas nicht stimmen kann, daß es so nicht funktioniert. Der Tod einer Freundin war dann das erste Erlebnis, bei dem sie aus sich selbst heraus spürte, *daß dann das Leben keinen Sinn hat*, wenn nach dem Tod nichts mehr von einem Menschen übrigbleibt. *Da habe ich auch ganz stark gefühlt und gemerkt, das kann nicht das Ende sein von ihr. Und von dem Moment an war mir eigentlich klar, daß immerhin etwas weitergeht nach dem Tod, das war für mich fast schon ein Beweis.* Jahre danach fing sie an, sich für Reinkarnation zu interessieren, wo sie das Ungewisse ihrer Wahrnehmung in einer Theorie verankert fand. *Das schloß eigentlich schon ziemlich an das an, was ich schon vorher erkannt hatte, daß es etwas gibt, was über dieses Leben hier hinausreicht, und es schien mir einfach plötzlich, daß es, daß das die einzige Erklärung sein kann für das, wie wir leben und wo wir leben und was wir sind und auch sonst.* Sie las das Buch "Schicksal als Chance" von Thorwald Detlefsen, das bei ihr eine Änderung der Einstellung bewirkte. Sie verstand sich nicht mehr als *Opfer der widrigen Lebensumstände* und *kam zum ersten Mal auf den Gedanken, selbst Verantwortung zu übernehmen.*

Angela beschreibt selbst ihren Zugang zur Spiritualität in diesen Stufen und Phasen, die *indirekt spirituell* gewesen wären, weil *noch sehr diesseitsbezogen*. Als Einschnitt beschreibt sie ihre Reise nach Indien, ein Land, das sie wählte, weil sie *schon immer mal ein orientalisches, exotisches Land kennenlernen wollte.* Sie verband mit dieser Reise aber auch eine bestimmte Hoffnung, *Nahrung für meine Seele zu finden.* In Indien traf sie mit dem Theologen Michael von Brück[15] zusammen, der sie *ganz grundsätzliche Sachen* lehrte. *Es war das erste Mal, daß ich halt eigentlich, daß ich mich direkt wieder mit Religion beschäftigte, im Sinne von, fast wie in die Kirche gehen.* Vor allem der Begriff des *Atman* beeindruckte sie sehr. *Das was halt im Hinduismus Atman genannt wird, also das sogenannte Selbst, was eben nicht mehr das individuelle Ego ist, sondern das wirkliche Ich, was jeder Mensch in sich hat.* Die Idee des jenseits der Dualität von Gut und Böse liegenden Selbst machte sie sich als etwas Grundlegendes zu eigen.

Sie lebte in Indien eine Weile in einem Ashram, der von Bede Griffiths, einem Benediktinermönch, als Ort einer Synthese von Hinduismus und Christentum gegründet wurde. *Das war so ein richtiger New Age-Ashram eigentlich schon, weil der war eigentlich ziemlich von Westlern bevölkert.* Hier führte sie viele Gespräche über Religion. *Ich hab' einfach so ne Idee bekommen, daß eigentlich im Grunde jede Religion dasselbe sagt, wenn man zuhört, wenn man offen dafür ist, das zu hören, daß es die Gemeinsamkeiten viel interessanter sind, als die Abgrenzungen.* In der christlich-hinduistischen Welt des Ashram führte sie ein religiöses Leben und *schwebte irgendwie über den Dingen.* Das hörte aber *schlagartig* auf, als sie wieder in der westlichen Alltagswelt lebte. Insgesamt kann für sie die Zeit im Ashram als eine Phase der Schaffung eines neuen Weltbildes begriffen werden. Die religiöse Praxis ließ sie nach kurzer Zeit wegfallen, nachdem sie wieder zurückgekehrt war. *Ich hab' dann noch ein bißchen meditiert ab und zu, weil ich natürlich wußte mit dem Intellekt, daß das halt das einzig Richtige ist, Meditieren. Nur das hat nicht lange angehalten, weil ich hab dann irgendwann erkannt, ich bin nicht an dem Punkt oder ich bin nicht reif dazu zum Meditieren. Das ist für mich zu 'ne starke Vergewaltigung meines Wesens, so wie es jetzt sich darstellt.*

Angela zog nach Südhessen und begann mit einer Ausbildung als Heilpraktikerin. Eine *große persönliche Krise, eine Beziehungskrise* war der Anlaß, einen Psychiater aufzusuchen. *Das war ein New Age-Psychiater,*

---

[15] Michael von Brück, geboren 1949, lutherischer Theologe, mehrere Jahre Dozent in Madras (Indien), Aufbau interreligiöser Dialogprogramme, Studienaufenthalte in Japan, Veröffentlichungen zur christlichen Theologie im interkulturellen Dialog: Einheit der Wirklichkeiten, München 1986; Hrsg. von: Dialog der Religionen, München 1987.

der machte Rebirthing und NLP.[16] Ich wußte aber nicht, was Rebirthing ist und was NLP ist und all das nicht. Und, ja ohne mich darauf vorzubereiten, und es war halt ein überwältigendes Erlebnis, was da passiert ist, halt etwas, das je nachdem auch nach Jahren Meditation auch mal passiert, wenn man damit zu tun hat. Also für mich war das Rebirthing so 'ne Art Abkürzung. Ich weiß nicht, ob es 'ne legitime Abkürzung ist, ich weiß es auch jetzt noch nicht, aber ich, also in meiner persönlichen Erfahrung war einfach Rebirthing die Methode oder der Weg, der mich an einen Ort führte, wo ich mich eigentlich Gott sehr nahe fühlte. Also an einen Ort, der nicht von dieser Welt ist, und der halt in mir drin war. Also der, mein Rebirther hat mir das halt so ganz sachte erklärt, nur nicht groß, keine großen Theorien gesagt, der wußte halt, wo ich jetzt bin, der kennt das ja. Ich weiß gar nicht mehr, wie er es genannt hat: das ist halt der Ort der Liebe oder der Ort Gottes in dir drin, das hat jeder Mensch in sich drin, und daß du das jetzt weißt, daß es in dir drin ist. Das war eine praktische Erfahrung. Seither weiß ich das und kann auch ja immer wieder dahin kommen. Ich tu's allerdings nicht, nicht regelmäßig und nicht, um zu sehen, und ich strukturiere es auch nicht. Es ist einfach so ne Präsenz da, die ich aber eigentlich, die in meinem Alltagsleben wenig Rolle spielt.

Angela bezeichnet die Rebirthingausbildung[17], die in diesem Fall *ganz im Zusammenhang der Spiritualität* steht, als *New Age-Mischmasch*, wo hinduistische Elemente, Gebete und das persönliche Verhältnis zu Gott mithineinfließen. *Es war also völlig integriert halt, es war selbstverständlich, daß wir halt wußten, das, was, auch was Rebirthing mit uns macht, ist 'ne Verbindung zu den höheren Dingen. - Diese Rebirthingausbildung hat eigentlich das zum Ziel, daß man lernt, sich, das zu sein, was man wirklich ist, und also daß man erkennt, daß man ein göttliches Wesen ist und genauso gedacht ist und genauso halt eine Funktion erfüllt. Das Rebirthing will dir also zeigen, daß du halt, oder zeigen, wie du dich*

---

[16] *Neurolingusitisches Programmieren (NLP) ist eine von dem Linguisten John Grinder und dem Gestalttherapeuten Richard Bandler begründete Technik, zur Steigerung der Sensitivität in der Wahrnehmung von verbalen und nicht-verbalen menschlichen Ausdrucksweisen und in der Reaktion auf diese. NLP gründet sich auf einer Synthese aus Einsichten von Linguistik, Körpersprache und Kybernetik* (Gruber/Fassberg 1986, 93f.).

[17] Die Ausbildung zum Rebirthinglehrer ist Teil dieser im Rahmen von New Age entwickelten Therapie, in der vor allem mit Atemtechniken gearbeitet wird.

selber so akzeptieren kannst, wie du bist und wie du halt Sachen, die dich daran hindern, das zu sein, was du wirklich bist, wie du die halt loswerden kannst.

An dieser Stelle wird die Ambivalenz deutlich, die sie schon in der Verbindung von Spiritualität und New Age-Mischmasch herstellt. Einerseits soll man sich erkennen und akzeptieren lernen, wie man ist, andererseits setzt hier die Umkonditionierung mittels bestimmter Gedanken an. Man soll erkennen, was einen hindert, man selbst zu sein und Ziele formulieren, die man - auch materiell - erreichen will, was man sein und werden will. Diese Ziele werden "affirmiert". *Affirmation, das heißt, das Üben dieses Gedankens. Und das ist eben auch so ein Punkt, eigentlich ist das ja nicht spirituell, aber irgendwo hat's halt diesen Effekt trotzdem, daß es halt, das ist das Element im New Age des positiven Denkens halt. Das halt, worin dieser Glaube steckt, daß im Grund, daß es die positiven Gedanken sind, die die Welt verändern können. Und daß letztendlich die positiven Gedanken die spirituellen Gedanken sind. Wobei das, das sieht dann in der Realität nicht immer (lacht), also in der Praxis ist es dann nicht immer so (lacht), also klar, daß das dann auch wirklich spirituelle Sachen sind eben, vor allem wenn es dann um Materielles geht.*

Hier hat Angela dann auch Zweifel, ob die Praxis von Rebirthing immer im Hinblick auf höhere Ziele verwandt wird, besonders wenn sich auf der gelebten Ebene Widersprüche zu der Idee des religiösen Systems ergeben oder wenn politisches Handeln durch positives Denken ersetzt wird. Sie löst dieses Problem, indem sie Abstriche bei den Sachen macht, mit denen sie nicht einverstanden ist, und diese nicht *mitmacht. - Es wird zum Beispiel auch viel, die Erde wird als Mutter geehrt und gleichzeitig heißt es aber eigentlich, wir haben alle Recht auf unerschöpflichen Reichtum. Das heißt konkret, ich darf soviel heiß duschen wie's mir paßt, weil es, eigentlich ist für alle genug da im Grunde. Und wenn ich davon ausgeh', daß für alle genug da ist, zum Beispiel genug heißes Wasser, und dann ist das, wenn alle so denken, dann kommt's schon richtig hin. Und da macht's bei mir nen Schnitt, weil da kommt dann mein ökologisches Bewußtsein, wo ich mir einfach sage, ne, da tu ich ja der Erde weh, wenn ich halt Energie verschwende.* Allgemein habe sich ihr Leben verändert, seit sie *spirituell denkt,* da sie *grundsätzlich ein positives Lebensgefühl* hat und sich so akzeptiert, wie sie ist.

Zusammenfassung

Im folgenden wird erst die Differenz, die sich aus den persönlichen Biographien ergibt, dargestellt und dann auf das Gemeinsame, den individuellen Synkretismus, eingegangen.

Der Unterschied zwischen den Biographien drückt sich in den verschiedenen Zugangsweisen zur Spiritualität, aber auch in der Verknüpfung der spirituellen Praxis mit dem Alltag durch das Zusammenspiel von Biographie und sozialem Umfeld aus. Es scheint darüber hinaus zwischen der Tiefe der biographischen Krise und der Intensität der spirituellen Praxis ein Zusammenhang zu bestehen.

Bei Rolf handelt es sich fast schon um eine existentielle Krise. Er muß ein für ihn nicht mehr anwendbares "Lebensmodell" ersetzen, bzw. muß sich ein neues schaffen. Nach einer intensiven Einstiegsphase mit Kennenlernen und Ausprobieren verschiedener Angebote entscheidet er sich für eine kontinuierliche tägliche Meditationspraxis in einem bestimmten System. Für sich weiß er jetzt, daß das Leben einen Sinn hat und er versucht, seinen geistigen Weg und das Medizinstudium in Einklang zu bringen. Im Prinzip kann die Integration erst jetzt beginnen, obwohl die Krise noch immer wirkt. Zusammenfassend kann man sagen, daß sich bei Rolf ein Grundmuster, nämlich das Bemühen um rationale Kontrolliertheit, fortsetzt. Die Authentizität seiner Denkinhalte versucht er durch sein Erleben zu prüfen und zu belegen. Er betont dabei nicht seine Besonderheit, sondern hebt das Gemeinsame mit andern hervor. In diesem Sinn braucht er die Gemeinschaft auch nicht, um in ihr aufzugehen, sondern als Rückversicherung dafür, daß sein Erleben etwas Reales, also Objektivierbares ist.

Claudia sucht eine praktische Lebensaufgabe, wobei Religion eher eine beiläufige Rolle spielt. Eine sinnvolle inhaltliche Ausfüllung ihres Lebens findet sie in ihrem Laden. Eine religiöse Praxis ist für sie nicht so wichtig und nimmt bis auf *Wochenendseminar Zen* oder *Astrologiekurs* wenig Raum in ihrem Leben ein. Für sie bedeutet jede Alltagspraxis - mit der richtigen Einstellung ausgeführt - ein sinnvoller "Weg". Angela schafft sich ein neues Weltbild, indem sie die spirituelle Dimension in ihr bisheriges Denken miteinbezieht. Auch für sie ist eine religiöse Praxis nur zeitweise von Bedeutung, wenn z.B. ein konkretes Problem anliegt.

Für Jeanette ist die spirituelle Welt zur alltäglichen geworden. Sie geht völlig in dieser Welt auf, wobei ihre innere Einstellung in der Art und Weise zum Ausdruck kommt, wie sie ihr Haus führt bzw. *fließen läßt*.

Die religiöse Praxis ist Bestandteil ihres Alltags, einmal mehr, einmal weniger intensiv, und nimmt den Stellenwert von "Alltagshandlungen" ein.

Allerdings handelt es sich bei Jeanette, der ältesten der Interviewten, schon nicht mehr um einen Synkretismus als "Suche". Dieser prozeßhafte Charakter von Synkretismus als Orientierungsphase fehlt bei Jeanette, wobei ihr Alter und die zeitliche Distanz sicher auch eine Rolle spielen. Sie besitzt dagegen ein eher gefestigtes Bild einer spirituellen Welt, in der sie die verschiedenen Religionen auf den Nenner der Universalität bringt. Durch die verschiedenen Traditionen hindurch versucht sie das Gemeinsame zu sehen, was die Religionen verbindet: die Beantwortung der Sinnfrage bzw. die Thematisierung der Autonomieproblematik.

Das Spezifische im Zusammenhang von New Age besteht nun darin, daß der einzelne die Lösung nicht darin sieht, ein konkretes System zu übernehmen, sondern die Elemente herausgreift, die seinen Anforderungen entsprechen. Individueller Synkretismus als ein spezifisches Gestalten des eigenen "Weges" ist die Fortsetzung des Angebotes als Zusammenstellung von Elementen aus unterschiedlichen Richtungen auf der Ebene der individuellen Aneignung. Verschiedene Praxen werden gleichzeitig ausprobiert, Angebote unterschiedlicher Richtungen in Anspruch genommen oder es wird an gemeinsamen Veranstaltungen verschiedener Gruppen teilgenommen. Oft dient die Gleichzeitigkeit zur Orientierung und beschränkt sich auf eine bestimmte biographische Phase. In der Regel konzentriert man sich jedoch für eine bestimmte Zeit auf eine Praxis oder ein System.

Gemeinsam ist allen Befragten die sie prägende Sozialisation des christlichen Kulturkreises, gleich ob sie in einem christlichen Elternhaus aufgewachsen sind oder nicht. In der Pubertät abgelehnt oder nicht beachtet, wird das Christentum im New Age Kontext wiederaufgenommen. Im ersten Anlauf der Suche erscheint das Christentum nicht als das Sinnsystem, das eine Lösung bieten könnte. Hingegen bieten östliche Religionen als *system of observation and practice which binds man to the highest thing*[18] schon einen Hinweis auf den Weg. Dieser Weg wird nicht nur thematisiert, sondern auch beschrieben und die entsprechende Technik dazu vermittelt. Gemeint ist hier das Bemühen um die höchste Möglichkeit, sprich Autonomie des Menschen, die als Potential vorhanden ist, jedoch nie endgültig erreicht werden kann.

---

[18] Buddhadasa, Dhammic Socialism, publiziert in Thailand

Erst im Zusammenhang mit dem Hintergrund des *gemeinsamen Anliegens jeder Religion* wird das Christentum als ein Weg anerkannt und undogmatisch wieder aufgenommen. Bezeichnend für die undogmatische Haltung - da auf das Individuum verweisend - ist der Leitsatz *der Weg ist das Ziel*. Ein Weg ist aber immer zielortientiert, dies ist konstitutiv für einen Weg. Diese Metapher ist formal ein Paradox, das zum Inhalt ein kontrolliertes Suchen der richtigen Wege hat, mit dem gleichzeitigen Wissen, die notwendige Konsequenz davon, das Ziel zu finden, nicht zu erreichen. Folgt man nun diesem Paradox, bedeutet das zwei Dinge, die grundsätzlich nicht miteinander vereinbar sind, gleichzeitig zu realisieren. Die Dynamik eines Paradoxes beruht darauf, daß beide Bedeutungsaspekte sich zugleich gegenseitig bedingen und widersprechen: daß der Weg immer nur als Weg zielorientiert ist, geht schon in den Weg als Mittel ein und wird gleichzeitig durch *der Weg ist das Ziel* verleugnet. Dadurch wird eine Synthese prätendiert, die gleichzeitig unmöglich ist. Die praktische Synthese wäre in diesem Fall die Anerkennung der Metapher als Metapher, d.h. derjenige, der die Metapher anerkennt, erkennt an, daß an ihn zurückgegeben wird, daß er letztlich als Individuum konkret praktisch entscheiden muß, d.h. es gibt kein Rezept für das, was richtig oder falsch ist. Das Paradox ist also inhaltlich oder argumentativ nicht aufzulösen, sondern nur im praktischen Tun, im Entscheiden. Aber auch dort wird es nie vollständig aufgelöst sein: gefordert ist ein ständiges Bemühen um Autonomie ohne die Gewißheit, sie jemals endgültig zu erreichen.

Dieser Weg ist also etwas allgemein Übergreifendes, das aber jeder in (s)einer spezifischen Ausformung erfährt, die *so individuell ist wie das Individuum, das ihn beschreitet*[19]. Gemeinsam ist den Befragten das Streben nach Autonomie, der für jeden durch den "Weg" erreichbar ist und von New Age als individuelle Lösung über eine synkretistische Auswahl angeboten wird. Das Ziel ist nicht die für die Gesellschaft gültige Konstruktion eines Sinnsystems, sondern liegt für jeden im individuellen Beschreiten des Weges selbst.

Unsere Synkretismusbestimmung ging von gesellschaftlichen Krisensituationen aus, die sich in individueller und kollektiver Sinnsuche äußern. Die persönlichen Krisen, die aus den Lebensgeschichten herausgearbeitet wurden, stellen sich als typische Krisensituationen der modernen Gesellschaft dar: die beschleunigten Individuierungschancen führen zu erhöhtem

---

[19] Interview mit einem Mitarbeiter aus Rütte

individuellen Problemdruck, bei dem weder traditionelle noch wissenschaftlich rationale Modelle greifen und die synkretistische Aneignung religiöser Elemente und deren Neukombination eine Antwort zu sein scheint. Ausgangspunkt dieser Überlegung ist ein Modell von Lebenspraxis *als widersprüchlicher Einheit von Entscheidungszwang und Begründungsverpflichtung* (Oevermann 1988, 243). Bezogen auf die Ebene der individuellen Lebenspraxis, die in den gesellschaftlichen Rationalisierungsprozeß eingebettet ist, bedeutet das, daß die Orientierung an der Begründungsverpflichtung den Rationalisierungsprozeß antreibt und die zunehmende Begründungsrationalität einerseits zur Problematisierung von Traditionen, andererseits zur Erweiterung von Wahlmöglichkeiten führt. Freiheit erscheint nicht mehr unter dem positiven Gesichtspunkt der Befreiung, sondern unter dem eher negativen Gesichtspunkt der Belastung, nämlich die Verantwortlichkeit unter verschärften Bedingungen auszuhalten.

Der Synkretismus ist nun eine mögliche Antwort auf das gesteigerte Problem des Verhältnisses von einerseits wissenschaftlicher Rationalität von Problemlösung, angesichts derer in der modernen gegenwärtigen Gesellschaft religiöse Antworten auf Sinnfragen oder Existenzproblemen immer brüchiger werden, da sie den Standards wissenschaftlicher Rationalität nicht genügen. Andererseits können wissenschaftliche Theorien grundsätzlich Sinnfragen nicht beantworten, da sie nicht praktisch entscheiden können, d.h. die individuellen Biographien brauchen quasi mythische Antworten auf die Sinnfragen. Die neuen Formen von Religiosität, in ihrer Kombination von wissenschaftlicher Begründungsbasis und religiöser Argumentation, die auf das Transzendente gerichtet ist, können als ein Ausfluß der Ratlosigkeit gegenüber diesem Problem gedeutet werden.

Synkretismus wäre strukturell Ausdruck dafür, daß es, angesichts der Problematik von wissenschaftlicher Rationalität einerseits und Beantwortung der Sinnfrage andererseits, eine verbindliche, in sich homogenisierte, auch dogmatisch konsistente Lösung gar nicht mehr geben kann. Dennoch muß die Sinnfrage beantwortet werden und der Synkretismus würde besagen: jedes einzelne Individuum muß aus sich heraus eine Antwort finden. Das hat unter anderem zur Implikation, daß die Kombinationen von Religionselementen nicht danach beurteilt werden können, ob sie kognitiv zueinander passen, sondern danach zu beantworten ist, ob sie individuell zueinander passen, d.h. eine in sich stimmige Lösung darstellen. Dies kann nur im Einzelfall bestimmt werden und ist zu unterscheiden von einem unverbindlichen Zusammenwürfeln als Modeerscheinung. Im Phänomen des Synkretismus - den New Age ja sozusagen programmatisch vertritt - ist unter diesem Gesichtspunkt, eventuell ungewollt, ein angemessener Ausdruck für diese zeitgenössische Form der Moderneproblematik enthalten: eben daß es gar nicht mehr anders geht, als daß jeder sich individuell das zusammenstellt, was für sein Problem eine Lösung darstellt.

Cornelia Rohe, Sven Sauter

Von Gurus, Schülern und Klienten

Ein Beitrag zur Verstehensproblematik, oder: warum es manchmal sowohl an Verstehen als auch an Verständnis mangelt.

Verstehen heißt ... den Abstand
zwischen uns und den Anderen festzustellen
(A. Linkenbach 1986, 148).

Seelen zu verkaufen: Knusprig, saftig und locker. Das Stück nur 80 Pfennig.

Freiburger kaufen selbstverständlich ihre Seelen. Wir wären wohl eher verwundert, erzählte uns jemand, er habe zum Frühstück eine Seele verspeist. Werden wir dann aber beim Nachfragen aufgeklärt, dann können wir die Situation einordnen - oder verstehen. Die Seelen waren wirklich sehr knusprig und sind uns in Freiburg in einer Bäckerei begegnet. Amüsiert über diese regionale Eigenart - Backwaren als Seelen zu verkaufen, passend zu unserem Untersuchungsthema - spinnen wir den Gedanken weiter: Wie ist es aber, wenn nun trotz Nachfragen das Erlebte fremd bleibt und - entgegen allen Versuchen - kein Verstehen stattfindet.

Eins unserer anstrengendsten Gespräche - sowohl für uns, als auch für unser Gegenüber - fand in Freiburg statt: Unser Gesprächspartner war nervös und unsicher, so daß wir nicht wagten, den Kassettenrekorder auszupacken, um die Situation nicht noch zu verschärfen. Helmut[1], Leiter einer Meditations- und Zenpraxis, eröffnete das Gespräch mit der Feststellung, daß dies doch wohl nichts Wissenschaftliches wäre, wir versuchten nur in Kontakt mit dem Spirituellen zu kommen. Wir entgegneten, daß Wissenschaft nicht nur aus Fragebögen bestünde, sondern auch in dem Versuch, etwas Fremdes zu verstehen. Kurz darauf: Die Frage nach unserer spirituellen Erfahrung. Er sei schon als Kind spirituell gewesen. Er ist in der Natur großgeworden, hat unter Bäumen gesessen und ganz bewußt sich als Teil seiner Umgebung erfahren.
Unter Bäumen gesessen haben wir in unserer Kindheit auch, dies aber als besondere spirituelle Erfahrung anzusehen, fällt uns schwer.
Insgesamt kamen wir uns keinen Schritt näher - alles blieb verhalten, stets hatten wir Angst, zu verletzen, zu weit zu gehen, zu "kritische" Fragen zu stellen. Gegen Ende, nach einer sehr kurzen Verabschiedung, verließ uns Helmut nahezu fluchtartig.
Am Abend, als sich unsere Projektgruppe wieder traf, stellte sich heraus, daß andere aus der Gruppe am gleichen Tag, nachdem sie an einem seiner Meditationsangebote teilgenommen hatten, ebenfalls mit ihm ein Gespräch geführt hatten:

Zunächst, als alle ankamen, viel Chaos: "Wie war's bei dir, was hast du ..." Gisela erzählte, daß sie zu dritt bei unserem Gesprächspartner gewesen waren und er sich beschwert habe, daß wir falsche Fragen gestellt hätten. Wir hätten das "Eigentliche" nicht verstanden, weil uns die "spirituelle Erfahrung" fehle. Meine Vermutung, daß er Sannyasin sei,

---

[1] Alle Namen der Gesprächspartner wurden geändert.

Von Gurus, Schülern und Klienten

> konnte Gisela bestätigen, war jedoch verwundert, daß er es nicht von sich aus erzählt hatte. Sie meinte, bei ihnen wäre er sehr entspannt gewesen. Ich fragte, was wir falsch gemacht hätten. Momo sagte, sie hätten gleich an ihre unterschiedlichen Meditationspraktiken angeknüpft.
> Mir fehlen die "Erfahrungen". Ich kann es nur von außen betrachten, vielleicht verfehlen meine Fragen daher "das Eigentliche". Ich habe jedoch keine Lust, etwas vorzugeben, was nicht ist (Exkursionstagebuch, So, 11.10.87).

Der Verweis auf die *spirituelle Erfahrung* als Voraussetzung für ein Verstehen des *Eigentlichen* zog sich - ausgesprochen oder unausgesprochen - durch alle Interviews. Genau hier liegt die Bruchstelle des Verstehens, setzt unser Anderssein ein.

Diese Bruchstelle ist eine alltägliche Erfahrung: man ist zu jung, zu unerfahren, zu wenig leidgeprüft, zu alt, zu praxisfern, um bestimmte Positionen zu verstehen.

Doch was bedeutet das Argument der fehlenden spirituellen Erfahrung außer dem Ausschluß aus einer uns unbekannten Welt, die wir nur im Tun, in der Teilhabe - und im Kern - als *going native*, als Konvertiten erschließen könnten.

Anstatt diese Grenze zu ignorieren und uns nun von einer Meditation in die nächste zu begeben, um uns dem Dahinterliegenden, dem Eigentlichen verstehend zu nähern, wollen wir diese Grenze zum Gegenstand unseres Textes machen. Zum einen, weil hier ein zentrales Thema der Anthropologie - das Fremdverstehen - berührt wird, zum anderen, weil uns das *Eigentliche* - aus der Innensicht - als Wissenschaftler verschlossen bliebe. Im folgenden werden wir diese Grenzziehung exemplarisch an zwei unserer Interviews untersuchen und uns fragen, wann diese Exklusivität als Mittel eingesetzt wird, um ein weiteres Fragen unmöglich zu machen. Daran knüpft sich die Frage der Interpretation - wie geht man als Wissenschaftler mit diesen Grenzen um?

Der Forscher und sein "Objekt"

Einzig von der Frage ausgehend, wie Wissenschaftler sich gegenüber Erscheinungen verhalten, zu deren Erklärung oder Beschreibung ihnen die Wissenschaft keine Hilfe oder Möglichkeit bietet, konnten in der Anthologie "Der Wissenschaftler und das Irrationale" (hrsg. v. H.P. Duerr) über tausend Seiten gefüllt werden. Wird Wissenschaft einfach dazu benutzt, Fremdes wegzuerklären, es passend zu machen und einzubeziehen in die eigene Weltsicht?

Das Unerklärbare erklären zu wollen, heißt, einer fremdkulturellen Rationalität, die vielleicht irrational erscheint, die eigene Rationalität überzustülpen. Begegnen wir anderen Realitäten, so begreifen wir diese doch nur in unseren eigenen Denkstrukturen (wenn wir auch als Anthropologen lernen sollen, diese kritisch zu hinterfragen).
Es ist also eine Frage des Standpunktes, wie man Fremdes beschreibt und erklärt, und was als "rational" oder "irrational" gilt.

Wer Augen hat zu sehen, der kann die Hexe sehen.

Dieses Zitat aus einem nepalesischen Hexenkompendium stellt Michael Oppitz an den Anfang seines Beitrages zur Debatte im Duerr-Band.
Er schildert darin einen Fall, erlebt während seiner Feldforschung im westlichen Zentral-Himalaya, als er einer Hexenvertreibung durch Schamanen beiwohnte; bzw. er beobachtete die Schamanen, die eine Hexe verjagten. Die Hexe selbst sah er nicht, worauf eben jenes Zitat hinweist: es gibt einen Unterschied zwischen sehen und sehen. Oppitz fragt hierzu:

> *Ob meine Beschreibungen am Ende als Dokument des Geschehen, statt nur als Dokument des Gesehenen wirklich ausreichen oder ob ich nicht erst selbst eine Hexe sehen muß, ehe ich mich ans Beschreiben wagen darf* (Oppitz 1981, 57)?

Nun sind unsere "Schamanen" nicht in Nepal zu finden, sondern "eigene Fremde": WorkshopleiterInnen und TherapeutInnen, kurz: Anbieter auf dem esoterischen Markt in Frankfurt und Freiburg.
Und damit stehen wir vor einer ersten Schwierigkeit: unsere "Forschungsobjekte" sind Mitglieder derselben Gesellschaft wie wir, sprechen die gleiche Sprache (wenn auch z.T. mit anderen Bedeutungsinhalten verknüpft), haben eine ähnliche Sozialisation durchlaufen - Schule, Abitur, zumeist auch Studium - gehören häufig derselben Altersgruppe an und leben in vergleichbar finanziellen Nöten einen ähnlich "asketischen" Lebensstil. Der Unterschied zwischen Untersucher und Untersuchten besteht vor allem in den Prämissen, wie Welt gesehen und interpretiert wird - wie sich die "spirituelle Wirklichkeit" konstituiert. Um dies herauszuarbeiten, legen wir den Schwerpunkt unserer Untersuchung auf die Interaktion.
Dabei werden wir Oppitz' Fazit entgehen, dem *scheint, als lasse sich das Unerklärbare mit den Mitteln der Wissenschaft, gleich welcher, nicht erklären, genauso wenig wie mit anderen Mitteln* (Oppitz 1981, 58), weil wir nicht die Frage nach der Erklärung stellen, sondern den Umgang mit dem "Anderen" ins Zentrum unserer Betrachtung rücken, wobei in diesem Fall die "Anderen" die Forscher sind.

Dies beinhaltet, daß auch unsere eigenen Rollen während der Interviews hinterfragt werden müssen - ein Unterfangen, das unter die ethnopsychoanalytische Methode gefaßt werden kann.

Georges Devereux, dem Begründer der *Ethnopsychoanalyse* (Devereux 1967; 1984) ist es zu verdanken, daß die Rolle des Forschers, der im Forschungsprozeß selbst zum Meßinstrument wird, einer kritischen Betrachtung unterworfen wird. Irritationen - Agressionen, Ängste, Vorlieben -, die während der Untersuchung auftreten, sollen nicht verdrängt, sondern in die Auswertung miteinbezogen werden. Somit ist nicht nur das von den Experten Gesagte relevant, sondern auch die Reaktionen des Forschers, in denen sich unbewußte kulturelle Muster spiegeln.

Dies sollte nicht als eine wissenschaftlich verbrämte "Nabelschau" mißverstanden werden, sondern deutlich machen, wie innerhalb einer Forschung die verschiedenen Rollen der Beteiligten sich gegenseitig bedingen.

Während unserer Forschung haben wir vor allem Interviews geführt. Als Interviewer hatten wir verschiedene Rollen inne, die im großen und ganzen einem ähnlichen Muster folgten, wobei wir drei Grundformen unterscheiden: Aggressor - Schüler/Initiand - Konvertit.

Eine Trennung dieser Rollen ist heuristisch zu verstehen; Anteile tauchten zumeist in allen Interviews - wenn auch unterschiedlich stark - auf.

1. Der Aggressor: Die Rolle des Aggressors ist wohl kennzeichnend für jede Forschungssituation, in der Befragungen durchgeführt werden. Angst und Unsicherheit werden ausgeblendet, ungefragt und ungebeten bricht der Forscher in fremde Lebenswelten ein, fragt und hinterfragt, fordert Rechtfertigungen und Antworten - ohne eine entsprechende Gegenleistung zu bieten.

Was er dann als "verstehender Anthropologe" anbietet, ist

2. die Schülerrolle: Diese bedeutet eine Aufwertung für den Befragten. Er ist der Experte, auf dessen Informationsbereitschaft der Wissenschaftler angewiesen ist. Dabei verbirgt der "gute Forscher" - schon um sein Gegenüber nicht zu verärgern - Widerstände, persönliche Vorbehalte und Unlust. Signalisiert wird Unwissenheit, Interesse und Offenheit - der Forscher ist das leere, weiße Buch, dessen Seiten nun vom Experten beschrieben werden.

3. Der Konvertit: Während Schüler/Aggressor als Muster wohl in fast allen Interviewsituationen zum Tragen kommen - unabhängig vom Thema, bildet der "Konvertit" eine Ausnahme.

Diese Interaktionsmuster im Feld verändern sich entscheidend, wenn "Bekehrungsversuche" das Ziel der Interaktion sind. Auf der kulturanthropologischen Seite angewandter Wissenschaft spricht man dabei im allgemeinen von geplanten kulturellem Wandel; bei den selteneren Bekehrungsversuchen durch die Untersuchenden, die sich allerdings im Kontext der spirituellen Bewegung häufen, könnte man von intendierter Konversion für den Untersuchenden sprechen, wobei zumeist dessen aus kultur- und zivilisationskritischer Haltung gegenüber der eigenen Gesellschaft entstandene Konversionsbereitschaft wesentlich ist, d.h. die going native-Perspektive eingeschlossen werden muß (Greverus 1990, 41).

Fasziniert vom Gegenüber, angetan von dessen Thesen und Charisma läßt man - zumindest temporär - alle Vorbehalte samt wissenschaftlichen Prämissen fallen, lauscht gebannt den Erzählungen und überprüft sie anhand eigener Erfahrungen, um zu dem Ergebnis zu kommen, daß das Gegenüber recht hat.

In den nun folgenden Interviews werden wohl verschiedene dieser Rollen deutlich werden. Vor allem soll jedoch das Aufeinandertreffen zweier verschiedener Kulturen beschrieben werden - der Wissenschaftskultur und der New-Age-Kultur. Weshalb es zwei Kulturen sind - mit vielen Gemeinsamkeiten und einigen Unterschieden -, wird im Anschluß daran deutlicher werden.

Unsere Interviewauszüge sollen für sich sprechen, weshalb wir lange, in sich zusammenhängende Passagen abdrucken, damit nicht nur **unser** Blick auf das Geschehen zum Tragen kommt, sondern die Leser sich selbst ein Bild von dem Gespräch machen können.

Die beiden Interviews entstanden in sehr unterschiedlichen Situationen. Einmal waren wir zwei angespannte Feldforscher, die einen Informanten (Wolfgang) befragten, das andere mal waren wir zu fünft Gäste bei Gerhard und Anna, wo wir einen gemeinsamen Abend verbrachten. Damit verbunden war ein Gespräch, das wir auf Band aufgenommen haben; es gab viel Gelächter, ein gutes Abendessen und guten Wein.

Vor dem Hintergrund unserer Erwartungshaltungen betrachtet, decken die beiden Interviews ein breites Spektrum ab. Wolfgang ist für uns die Verkörperung des - negativ besetzten - Spirituellen unserer Vorstellungswelt: Allgemeinplätze formulierend geht er nicht auf unsere Fragen ein, sondern präsentiert uns ein hermetisch geschlossenes Weltbild, das nichts anderes gelten läßt.

Gerhard hingegen betont sein Anders-Sein, bezieht die Gültigkeit seines Systems nur auf sich selbst, beantwortet unsere Fragen, indem er unsere

> *Kann man wirklich jede ... Erfahrung theoretisch formulieren oder beginnt der Verlust bzw. beginnen die Schwierigkeiten nicht bereits in dem Augenblick, in dem man ein Erlebnis in Worte fassen will (Linkenbach 1986, 147).*
> Auf einmal ist alles weg! Manchmal ist es so, daß am Schreibtisch die Erfahrung den Weg nicht nach draußen - aufs Papier - findet, mögen die Ereignisse im Feld oder wo auch immer noch so bewegend gewesen sein. Die Worte kommen schwer und das Füllen der Zeilen wird zu einem fast unendlichen Vorhaben. Hier können wir zwei Strategien im Umgang mit dem Erlebten unterscheiden:
> 1. Der Versuch, alle Daten, die die Subjektivität des Forschers vermuten lassen, zu vermeiden und hinter abstrakten theoretischen Gebäuden zu verstecken.
> 2. Der Versuch, Daten, die die Subjektivität des Forschers und die Beziehung der am Forschungsprozeß Beteiligten miteinzubeziehen, was zu einem endlosen Unterfangen der Reflexion beider Seiten führt, die in der Verschriftung ein künstliches Ende findet. Dieses Ende sollte jedoch der Beginn einer "meta-Reflexion" sein ...

Logik antizipiert und seine Prämissen in unserer Sprache zu erklären versucht.

Trotz dieser unterschiedlichen Begegnungen und den sehr verschieden gelagerten Sympathien gibt es aus unserer Sicht Parallelen in den Interviews, die nicht nur mit unseren Fragen zusammenhängen.[2]

---

[2] Beide Interviews wurden stark gekürzt, wobei die Punkte, auf die es uns ankommt, stärker in den Vordergrund rücken, als dies bei dem eigentlichen Gespräch der Fall war. Im Zentrum unserer Auswahl stand die Selbstdarstellung und der Umgang mit uns, paradigmatisch für die Frage nach dem Umgang mit einer anderen Weltsicht.
Auf diese Fragen zielten auch die anderen Schwerpunkte der Interviews: Wie wird die Umgebung wahrgenommen, wie die Menschen, mit denen man es zu tun hat; zuguterletzt noch die Frage, wie man die eigene Arbeit sieht und bewertet.
Im großen und ganzen wurde der Verlauf der Interviews beibehalten.

Wolfgang - 1. Fallbeispiel

Wir sind unterwegs zu einem verabredeten Interviewtermin mit Wolfgang. In verschiedenen esoterischen Buchläden haben wir Werbeblätter von Therapeuten/Anbietern gesammelt, ebenso einschlägige Szeneblätter studiert und eine Liste der Angebote, von Astrologie bis Zen, angefertigt. Der Reihe nach haben wir angerufen und gefragt, ob sie sich mit uns über Spiritualität, Stadt und Esoterische Bewegung unterhalten wollen. Wir bekamen viele Zusagen, einige sagten, daß sie kein Interesse hätten und lehnten ab.

Wolfgang ist ein ehemaliger Sozialpädagoge, der früher in der Kinder- und Jugendpsychatrie gearbeitet hat. Er ist um die 40 Jahre alt, verheiratet, seine Frau erwartet gerade das dritte Kind. Mit seiner Arbeit kann er seine Familie ernähren, ohne durch Nebenjobs über ein zusätzliches Einkommen zu verfügen, wie dies bei vielen anderen Anbietern der Fall ist.

Wolfgangs Praxis liegt an einer Hauptverkehrsstraße, der Lärm brüllt uns in den Ohren. An der Tür ein poliertes Messingschild: Praxis für Körpertherapie und Energiehaushalt. Wolfgang, der gerade mit einer Gruppe eine Sitzung hatte, öffnet die Tür und bittet uns, noch etwas zu warten. Nach ein paar Minuten ist er fertig, wir ziehen die Schuhe aus und gehen in den Übungsraum, erklären noch einmal - am Telefon war es etwas verkürzt - was wir vorhaben und was "Spirituelle Topographie" bedeuten soll. Die unangenehme Frage zu Anfang, ob er etwas dagegen habe, wenn das Tonband mitläuft, haben wir sofort hinter uns gebracht. Er hat nichts dagegen: *Wenn es euch hilft!*

Wir packen den Rekorder aus und stellen ihn in die Mitte.

Die Stadt als Kreuzungspunkt

C: Eine unserer Fragestellungen ist der Zusammenhang von Spiritualität mit Urbanität, und wie kann man so eine neue Sinnordnung leben in der Stadt. Es geht uns also nicht darum, Sinnordnungen auf wahr oder falsch abzuklopfen, sondern es geht uns darum, wie das umgesetzt wird im städtischen Milieu, oder wie kann man es überhaupt umsetzen. Da gibt es ja schon Grenzen, einen anderen Lebensstil zu leben. Das ist unsere Fragestellung ...

S: Vor allem auch weil Freiburg sich anders darstellt als Frankfurt; ob es da Kongruenzen gibt: Stadt als Paradigma für etwas. Frankfurt als aufstrebende Wirtschaftsmacht und Freiburgs Überschaubarkeit ...

W: Ja. Also da gibt es erst einmal grundsätzlich zu sagen, daß es kein Zufall ist, in welcher Stadt ein Mensch sich befindet.

Weil er immer mit dem, was er tut, einer bestimmten Lebensaufgabe nachgeht, und jeder sucht seine Lebensaufgabe, ob es ihm jetzt bewußt ist oder nicht. Oder er hat sie mehr oder weniger schon gefunden. Vielleicht ist er dazu schon in der richtigen Stadt. Oder in der falschen Stadt. Deswegen hat mich die Frage etwas irritiert, denn die Frage ist für mich sehr unabhängig von der Stadt. Also wo jemand etwas zu seiner Lebensaufgabe zu tun hat, ist im Grunde sein einzelnes Schicksal.

C: *Wobei es dann sehr interessant ist, daß sich, meiner Meinung nach, hier in Freiburg vieles konzentriert ...*

W: Ja. Das hat aber einen bestimmten Grund, das hat jetzt nicht so viel mit der Überschaubarkeit zu tun, sondern mit dem, daß es auf der ganzen Erde Punkte gibt, die energetisch mehr geladen sind, und welche, die sind energetisch weniger geladen. Und hier ist ein energetischer Kreuzungspunkt. Es gibt ein sogenanntes Energiegitter über der Erde und hier ist auch ein Kreuzungspunkt. Und jetzt dürft ihr dreimal raten, wo dieser Kreuzungspunkt liegt!

C: *Weiß nich ... Rütte?*

W: Nein hier in Freiburg, direkt in der Stadt ist der Kreuzungspunkt. ... Es sind nicht unsere wirklichen Gefühle, es ist die Mischung von dem, was wir meinen, was wir empfinden. Also, wenn Sie jetzt z.B. ein Buch lesen, und Ihnen geht es ganz gut und nachher ist es eine traurige Geschichte, und Sie fangen fast an zu weinen, dabei sind Sie zu Hause gemütlich in Ihrem Sessel; da gibt es eigentlich keinen Grund zu weinen, aber Sie werden resonant aufgrund bestimmter Zusammenhänge von Gedanken und Gefühlen. Oder umgekehrt: bestimmte Gefühle, die durch etwas ausgelöst werden, lösen auch bestimmte Gedankenmuster aus. Und insofern gibt es natürlich immer ein Mekka, wenn irgendwo was los ist. Aber das hat dann mit dem, was dort geschieht, was wirklich dort geschieht, noch wenig zu tun. Und es gibt einfach bestimmte Plätze auf der Welt, wo die Energie schneller schwingt. Das ist hier. Es ist ganz offensichtlich ... genau im Münster-Turm.

C: *Korrespondiert das eigentlich ... also ich habe mal mit einem Wünschelrutengänger gesprochen, der erzählt hat, daß alte Kirchen nach Energiefeldern ausgerichtet sind.*

W: Ganz genau! Sie sind nach Energiefeldern ausgerichtet, weil die Leute, die früher Kirchen gebaut haben, die haben auch gewußt, was sie machen. Zum Kirchenbauen gehört viel dazu. Heutzutage werden Kirchen hergestellt, wie es halt modern ist und nach einer Art, wo kein Mensch mehr eine Ahnung hat. Also es dient ja zu

etwas. Sie sind Vermittler ... auch das geht nach dem kosmischen Gesetz: Die Form bestimmt den Inhalt und der Inhalt bestimmt die Form.
Und dann werden bestimmte Gesetzmäßigkeiten auch äußerlich sichtbar; und dadurch, daß eine Form ein Energieträger ist, praktisch innerlich sichtbar aufgebaut, fällt es den Menschen leichter, dort zu sich zu finden.

Sehr schnell waren aus den Agressoren Schüler geworden. Das ausgrenzende Sie wird durch das vertraulichere Du ersetzt. Verstehend, das Vokabular übernehmend, versuchen wir, unseren "Lehrer" zu konkreteren Aussagen zu bewegen.

Das Geschenk der Vorsehung

C: *Ist es eigentlich für dich genauso bei der Ausgestaltung von diesen Räumen oder dem Raum, wo du lebst? Hast du versucht, da solche Energiefelder herauszufinden?*
W: Also, da kommt jetzt was weiteres hinzu. Die Energiefelder sind zwar vorhanden, und das gibt's häufig, daß dann einfach bestimmte Personen, mit denen man auch zu tun hat, sich dann vielleicht eher dort aufhalten.
Aber wichtig ist, daß man unabhängig wird davon. Daß man immer erkennt, daß der Mensch in seiner Wesenheit immer noch stärker ist, als das ... und sich jetzt nicht unbedingt darauf ausrichten sollte, ob jetzt da der optimale Punkt ist, und da **muß** ich jetzt um jeden Preis meine Praxis finden ... Oder: da **darf** ich auf keinen Fall schlafen, mein Bett **darf** dort nicht stehen, denn da ist eine Wasserader. Und dies und jenes, wenn man sich völlig davon zum Sklaven machen läßt, und sich sein eigenes Potential an Fähigkeiten, auch damit umzugehen und über dem zu stehen, vergällt.
Also, ich habe die Praxis gefunden, weil ich sie finden sollte und weil sie noch relativ zentral und finanziell tragbar ist. Ich habe sie also geschenkt bekommen, praktisch, denn normalerweise sind Praxen relativ teuer ... überhaupt geschäftliche Räume sind nicht billig. Wie ich vor Jahren gesucht habe, hab ich eine Anzeige in der Freiburger BZ gemacht und dann klingelte das Telefon: "Ja wir haben einen Frisiersalon, sie können nach hinten, wir können da ein paar Trockenhauben rausstellen: sie können sich da einen Raum abteilen."
Und so weiter und so fort. Einfach Geschäftsleute, die in der Innenstadt so viel an Grundmiete zahlen müssen, daß sie heilfroh gewesen wären, wenn sie da ein Stück hätten abzwacken können. Und dann haben wir dies halt bekommen.

Von Gurus, Schülern und Klienten 211

C: *Und wie kam es aufgrund der Anzeige ... ?*
W: *Das kam schon aufgrund der Anzeige! Aber es ist einfach so, daß ich den Raum bekommen habe, weil ich ihn bekommen sollte. Ja, denn ich meine, die Arbeit, die ich hier so mache, die ist auch nicht so einfach und es geschieht einiges dabei und das kann auch verschiedenen Leuten suspekt sein. Und es könnte einfach sein, daß die dann sagen: "Sie, das ist ja in Ordnung, was Sie da machen, aber bitte machen Sie es woanders."*
C: *Wie bist du eigentlich nach Freiburg gekommen?*
W: *Also, ich bin hier geboren, war aber dann längere Jahre weg und wollte auch mal woanders hin: meine Ausbildung habe ich in Amerika gemacht. Aber dann habe ich erstmal diese Stadt wiedergefunden. Und das ist auch ein bestimmter Grund ... im Hinblick auf den Vergleich der Städte.*
Man bekommt dort seine Arbeit, wo dann auch Menschen zu einem finden, denen man helfen kann. Es muß einem klar sein, es kommen immer bestimmte Leute zu einem. Es kommen also zu einem die Menschen, deren Problematik man gewachsen ist, die man selbst verarbeitet hat.
C: *Welche kommen zu dir?*
W: *Die ganze Breite. Von Müttern zu Hausfrauen, von Lehrern zu Schülern, zu Studenten. Hauptsächlich kommen Menschen, die einfach merken, daß sie, gleichviel sie versuchen, daß sie merken, daß sie nicht weiterkommen. Daß sie nicht weiterkommen mit sich selbst und daß sie merken, ihre Seele tut wieder weh. Sie merken, daß sie praktisch ihre Seele drückt ... Krankheiten und Probleme und Beziehungsschwierigkeiten und Schwierigkeiten mit ihren Kindern eben, was weiß ich anzeigt. Daß sie merken: mich drückt was und irgendwie merke ich, daß es da etwas Größeres gibt als das, was ich da wahrnehme und daß ich das gerne kennenlernen würde.*

Auch wenn unser Gegenüber sehr wohl in der Lage ist, aus unserem Blickwinkel rational zu handeln - Zeitungsannoncen wegen Raumsuche aufzugeben, die Lage des Wohnmarktes zu analysieren und auch Kategorien wie "finanziell tragbar" und "zentral gelegen" zu bilden - ist sein Ausgangspunkt das *Resonanzgesetz* und das *Schicksal*. Man findet den Raum, den man finden soll, an dem Ort, wo die Menschen zu einem finden, denen man helfen kann ... Nachdem nun das "Wo" und das "Wer" geklärt ist, folgt nun die Frage nach dem "Wie".

Helfen durch Erfahrung
C: *Und wie versuchst du dann zu helfen? Also wie ...*

W: Da gibt es eine gute Geschichte dazu. Ich weiß nicht, ob euch Ramakrishna ein Begriff ist?

C: Ich glaube ja.

W: Ramakrishna war ein großer Heiliger und es kam eine Mutter zu ihm mit ihrem Sohn und der war also fürchterlich verschleckt. Der hatte immer Süßigkeiten gegessen. Und sie hat gesagt: "Kannst du nicht helfen, daß er nicht mehr so abhängig ist von Süßigkeiten?" Dann ist er in Schweigen versunken, und hat gesagt: "Ja, Ja. Aber kommt in 14 Tagen wieder." Und er hatte Schüler um sich und die hatten sich gewundert, daß er sie jetzt wegschickt und sagte, er kann ihnen helfen, aber mit so einer kleinen Geschichte wie Süßigkeiten, warum er nicht gleich helfen kann und sie in 14 Tagen wieder kommen sollen. Also gut. Sie sind nach zwei Wochen wieder gekommen, dann hat er zu dem Sohn gesagt: "Also, jetzt ißt du keine Süßigkeiten mehr, gell!" Und der hat genickt und aufgehört Süßigkeiten zu essen. Und da waren die Schüler ganz baff! Und haben sich Mut gefaßt und gefragt: "Sag mal, du hast nur einen Satz gesagt, warum mußten sie 14 Tage später kommen?" Da hat er gesagt: "Ja, ihr müßt wissen, bis vor 14 Tagen habe ich auch noch gerne Süßigkeiten gegessen und ich kann einem Menschen nicht sagen, er soll keine Süßigkeiten mehr essen, wenn ich mich nicht davon lösen kann. Ja, und die 14 Tage habe ich gebraucht, um zu lernen".

Und der Schlüssel ist, ich kann dann nur etwas mitteilen, wenn ich es selbst durchgemacht habe ... sonst fehlt mir die Kraft, sonst kann ich viel sagen.

C: Warum arbeitest du so stark mit dem Körper?

W: Weil eben der Körper nicht vergißt. Der Verstand ist wie ein Wolkenkratzer nach unten gebaut, ja. Wir haben im 2. und 3. Stock die Sachen aufbewahrt, die wir so täglich brauchen, wie die Telefonnummer von Bekannten und das, womit wir so umgehen. Und das ist relativ schnell präsent. Aber ganz weiter unten, da kommen die Dinge rein, ganz unten am Sockel vom umgekehrten Wolkenkratzer, haben wir unsere Deponien. Und das ist das, wovon man sich sagt: das mache ich nicht mehr. Aber der Körper, der erinnert sich an alles, absolut an alles. Und deswegen ist der Körper ein unglaubliches Hilfsmittel, wieder Dinge zu lösen, die die Seele binden. Und die Seele ist die Persönlichkeit. Der Verstand gibt etwas vor, es ist bewältigt, man will damit leben, und die Persönlichkeit kriegt dann vielleicht Knieschlottern und sagt: "Das will ich nicht."

Wie schätzt Wolfgang nun das "Wassermannzeitalter" ein - ordnet er sich zu, grenzt er sich ab? Was versteht er darunter?

S: *Noch mal zurück zur Neuen Zeit. Du hast gesagt, das ist jetzt das neue Zeitalter, siehst du deine Arbeit darin verwurzelt, oder ist alles nur nebenher und nur eine kleine Gemeinsamkeit mit den neuen spirituellen Bewußtseinsebenen?*

W: Wassermannzeitalter steht für Bewußtsein und es steht jetzt auch dafür, daß die Wahrheit wieder ans Tageslicht kommt, daß die Korruption auf allen Ebenen zum Ende kommt.
Wichtig ist jetzt, daß jeder erkennt: es gibt nur einen Feind, das sind wir selbst. Kein Mensch hat einen Gegner. Es ist unmöglich. Wenn jemand dich angreift, dann sind es nur die Projektionen, die auf ihn wirken. Und wir müssen immer bei uns selbst anfangen, bei unserer eigenen Korruption, ohne einfach uns selbst ständig zu belügen.
Und natürlich folgt man, je mehr die Wahrheit ans Licht kommt, immer mehr dem, was man innerlich weiß, was es für einen zu tun gibt.
Das nennt sich dann New Age oder Wassermannzeitalter, sowas spielt eigentlich keine Rolle, das Bewußtsein wird frei, das ist die Botschaft.

C: *Da gibt es doch gerade jetzt, im Zuge der Vermarktung, genau das Umgekehrte.*

W: Das ist normal. Wo Licht ist, kommt auch Schatten raus. Das ist ganz normal. Das ist einfach: wo weiße Magie kommt, kommt auch schwarze Magie. Aber das ist auch wichtig, das muß man auflösen. Solange sie im Verborgenen ist, kann sie im Verborgenen schwelen. Wenn sie ans Tageslicht kommt, kann man sie erkennen und kann sie auflösen.

Was uns im Vorfeld unserer Auseinandersetzung jedoch stärker beschäftigte, waren die vielen, unsere "reale Existenz" bedrohenden *Schatten* - unsere *katastrophale Moderne* (Heinrichs 1984), in der wir eine Ursache der anwachsenden spirituellen Bewegung vermuteten.

Angst und Allmacht

C: *Aber ich sehe hier die bestehende Politik, die nach bestimmten Gesetzen funktioniert. Ich wollte darauf hinaus, daß auch wenn man versucht, eine andere Wirklichkeit zu schaffen, ist man auch anderen Sachen ausgesetzt, die von außen kommen oder politisch gesteuert werden, ob das jetzt AKWs sind oder drohender Krieg, Atombombe. Wie geht man eigentlich mit so was um?*

W: Keine Angst mehr haben!
C,S: (lachen)
W: Angst zieht das herbei, was man befürchtet. Also eine Friedensdemonstration, die aus einer Angst heraus entsteht, zieht genau das herbei, vor dem sie sich fürchtet. Angst heißt schrumpfen, klein werden. Liebe heißt das Gegenteil: sich ausbreiten. Je mehr man liebt, umso weniger hat man Angst. Und Liebe heilt alles und ist stärker als alles.
C: *Und wie sieht dann deine Umsetzung aus, im täglichen Leben?*
W: Im täglichen Leben sieht es so aus, daß ich keine Angst mehr vor solchen Dingen habe.
Und in der Arbeit sieht es so aus, daß die Menschen kommen und alle sensibel sind, so wie ihr auch und gelernt haben: ich konnte mit meiner Sensibilität nicht umgehen, ich habe mir einen Schutzpanzer zugelegt, erst mal nach außen; und jetzt merke ich, daß er nach innen auswirkt. Und nun lernen sie mit ihrer Sensibilität zu leben, ohne Schutzpanzer. Und das muß gehen. Und was man nun einmal lernt: man ist nicht mehr Kind und nicht mehr abhängig, sondern ein vollkommen freier Mensch als Erwachsener, daß man auch so leben kann und dadurch auch nicht bestimmte Dinge herbeiziehen muß. Es gibt halt immer die Täter-Opfer Beziehung: kein Täter ohne Opfer und kein Opfer ohne Täter. Einer muß seine Energie loswerden, der andere braucht sie.
Und das ist wie ein Vakuum, das macht -pffft- und dann hat es gekriegt, was es braucht, ja. Bis es gelernt hat, was es braucht, daß kann man energetisch erklären, ganz sachlich.
C: *Gibt es für dich praktische Übungen, die du täglich machst. Meditationen oder so?*
W: Ja, meditieren, das gehört unbedingt dazu.
C: *Hast du bestimmte Zeiten?*
W: Morgens! Wenn man einen Tag nicht damit anfängt, ist er schon gelaufen.
Und das andere ist einfach: "Dein Wille geschehe"; daß ich einfach, wenn ich mich morgens hinsetze, versuche, mich dem zu öffnen, was ich zu tun habe und nicht dem, was ich meine, tun zu müssen.

Nachdem uns nun klar geworden ist, daß man lediglich keine Angst zu haben braucht und lernen muß, ein freier Mensch zu sein, und daß der Rest sich quasi von selbst ergibt, weil die Menschen im Zuge des Wassermannzeitalters immer sensibler werden (wie wir auch), stellt sich uns die Frage, wie dies alles vonstatten geht.

Perlen, Säue und Glocken

W: Also, die Menschen suchen immer. Und suchen immer, ob sie das jetzt unbewußt machen oder bewußt. Daher kommt ja auch das Wort Sucht. Ja, wer eine Sucht hat, der sucht, egal was. Der Alkoholiker zum Beispiel, der sucht den Geist und der nimmt halt den stofflichen zu sich, den Weingeist.

Aber im Grunde sind die ganz liebe Menschen, die suchen. Man merkt es, jetzt ist es soweit, jetzt muß ich meinen Weg gehen und da gibt es dann mehrere Chancen, je nachdem, ob man das erste Mal nicht hören und nicht sehen wollte. Aber wenn, dann weiß man, daß man aufspringen muß auf den Zug und dann kann man nicht mehr abspringen, dann fährt man. Der fährt dann und insofern kann man nicht mehr abspringen, weil man anfängt anders zu sehen und plötzlich zu erkennen, was die Wahrheit ist. Und dann kann man nicht mehr so viel Dramen und Theater spielen und nicht mehr so tun: "Ja das sehe ich als wirklich an, daran halte ich mich fest, daran glaube ich", wenn man es besser weiß. Und das heißt, man löst viele Bindungen, man löst sehr viele Bindungen, oder sehr viele Verhaftungen, besser gesagt. Bindungen lösen heißt nicht, daß man aus Ehe oder Beziehungen raus geht, daß man seine Kinder verläßt und seinen Hund zum Schlachter bringt, sondern, daß man die innere Verhaftung auflöst und sich selbst unter anderem freigibt.

C: *Wie ist denn das Verhältnis zu dem, was Führung oder Bestimmung heißt, zu der, wie du sagst, eigenen Fähigkeit, mit dem, was von außen auf einen eindringt, umzugehen, also eigene Kräfte freizusetzen?*

W: Ja, wir werden jetzt ins Bewußtsein geführt und das heißt eben nicht nur zur Wahrheit, sondern zum Bewußtsein, daß die Liebe uns heilt. Macht hat gar keine Macht. Nur solange man davor Angst hat und ihr mißtraut, dann ist man angeschmiert. Das ist der Weg für jedes Individuum, zu erkennen, daß man ihr einfach keine Energie geben braucht. Und wenn ein wacher Mensch in die Welt schaut und sieht, wie zerstört dort viele Dinge sind, und er denkt bis zum Ende, dann kann er feststellen, daß die Welt nicht mehr zu retten ist! Daß es zu spät ist. Wenn er denkt, wenn er einfach nachdenkt - denn das Denken geht ja linear, es beschreibt einen Prozeß, aber das Wissen ist unmittelbar, da gibt es keinen Gedanken - wenn der Gedanke zu Ende geht, ist die Zeit schon viel weiter und wer dann erkennt, daß Liebe unmittelbar ist, sofort heilt, der weiß, daß durch die Liebe ein Baum, der im Sterben lag, geheilt wird.

C: *Ist das die Grundlage für deine Heilungsseminare? Geht es dir darum, die eigenen Kräfte im Menschen freizusetzen, oder gibt es sowas für dich wie Fernheilung, ist das möglich?*
W: Es ist alles möglich. Alles ist möglich, daß etwas nicht heilbar ist oder nicht möglich ist, gab es bei uns im Mittelalter. Der Mensch beschränkt sich selbst und der Mensch hat so viele Vorstellungen von dem, wie es sein sollte und was nicht geht. Man räumt einfach mit dem auf, was nicht ist, und mit dem, was tatsächlich sein sollte, was jeder Mensch in sich trägt. Was natürlich der Zugang dazu ist, ist das Entscheidende: man kann es nicht von außen lernen. Ja, es ist etwas, was man nicht außen finden kann, sondern nur in sich selbst. Und man kann den Zugang dazu wieder lernen. Das ist klar. Und das ist viel Übung, das ist harte Arbeit.
Es ist die härteste Arbeit, die es überhaupt gibt. Was Schwierigeres gibt es überhaupt nicht. Deswegen haben viele Menschen Angst davor, weil sie wissen: wenn ich damit anfange, kommt viel auf mich zu. Aber es ist die einzige Möglichkeit, sich selbst zu finden. Und sich selbst zu finden, heißt eben loswerden, all das, was man nicht ist.
Es gibt uns drei mal: als denjenigen, für den wir uns selbst halten; als denjenigen, für den uns die anderen halten; und als denjenigen, der wir tatsächlich sind. Und zwei müssen sterben und der eine kann übrigbleiben ...
S: *Ist es auch das, was die Leute suchen, wenn sie zu dir kommen?*
W: Ob sie es wissen oder nicht, das spielt keine Rolle. Also mit Wissen meine ich, ob es in ihrem Alltagsbewußtsein schon klar ist, das spielt keine Rolle.
C: *Wie lange kommen denn Leute in der Regel zu dir? Bis sie das Gefühl haben: ich mache jetzt alleine weiter?*
W: Meistens ein paar Monate.
C: *Aber du hast nicht über Jahre einen festen Stamm ...*
W: Nein, das ist nicht nötig. Denn das fördert wieder Abhängigkeit. Es melden sich Menschen immer wieder mal und sagen, wie es ihnen geht. Oder es taucht eine neue Problematik auf. Die kommen dann noch ein- oder zweimal. Ich sage ja: "Man muß den Schatten abarbeiten", d.h. man kommt immer, wenn man in Krisen hineingebracht ist, um zu lernen. Das ist ganz normal. Man soll schließlich zu einer sturmfesten Eiche werden und nicht zu einem Baum, der zwar schön hochgewachsen ist, aber dann kommt der erste Sturm, da knickt er ab.

Aber das Ziel ist, daß jeder möglichst schnell begreift, worum es geht. Und da muß ich sagen, Gott sei Dank, geht das Begreifen auch immer schneller. Also ...
C: *Hast du den Eindruck?*
W: Ich kann jetzt mit euch oder anderen Menschen über Dinge reden, über die ich vor Jahren nicht reden konnte, weil es einfach etwas heißt, Perlen vor die Säue zu werfen. Das heißt nicht, daß derjenige, der das sagt, fürchterlich arrogant ist, sondern daß er weiß, daß er eine andere Sprache spricht als der, mit dem er gerade zu tun hat. Und wenn man dem bestimmte Dinge sagt, die er nicht versteht, die er nur mit dem Verstand versteht und nicht mit dem Herzen und dann umdreht ... und dann gegen sich selbst richtet, bzw. gegen den, dem macht es gar nicht so viel aus, aber es bringt ihn weiter von sich weg als zu sich hin.
C: *Wobei ich schon das Gefühl habe, das sind für mich fremde Welten und trotzdem glaube ich, kann man was vermitteln.*
W: Wir sind wirklich nicht fremd, sonst würdest du jetzt schon rausgegangen sein.
C: *(lacht) Ja.*
W: Es gibt also einfach das Resonanzgesetz, d.h. wenn ich jetzt hier drei Glocken im Raum habe, und zwei sind auf A gestimmt und eine auf C und hinten hängt eine in der Ecke auf A und C; und die hier auf A und ich bringe die zum Schwingen, dann tönt die auf A mit und die auf C bleibt stumm. Wenn ich jetzt auf A gestimmt bin und du auf C, dann würdest du nur Bahnhof verstehen und sagen: na gut, also gucken wir, daß wir das Gespräch möglichst bald zu Ende bringen...
Oder ihr hättet euch das Thema überhaupt nicht rausgesucht.
S: *Da gehört immer eine gewisse Affinität dazu.*
W: Es gibt mehrere Arten, im Leben auf der Suche zu sein.
S: *Hast du eigentlich auch Kontakt zu anderen Leuten, die Kurse anbieten, gibt es da Kommunikation? Oder ein Netzwerk?*
W: Das gibt es schon, aber ich bin mit der Arbeit selbst beschäftigt. Ich habe ein paar bestimmte Kontakte, aber nicht so viele direkt zu Kollegen, sondern einen bestimmten Freundeskreis. Aber was ich nicht so von mir aus pflege, ist viel Austausch untereinander. Weil da sonst auch immer leicht die Gefahr der Selbstbeweihräucherung besteht.
Ein gewisses Schielen, ist der vielleicht besser als ich, oder bin ich besser als er, das bringt einen nicht weiter.

Nach fast zwei Stunden beendet Wolfgang das Gespräch: *Gut, lassen wir es mal soweit.* Uns rauchte schon der Kopf, und die Spannung, die sich langsam im Gespräch aufbaute, hatte sich zunehmend verdichtet.
Wir wollen das Interview nun auf zwei Ebenen interpretieren - einerseits anhand der manifesten Aussagen Wolfgangs Weltbild rekonstruieren, andererseits den Versuch machen, Momente nachzuzeichnen, die latente Inhalte innerhalb der Interaktion vermittelten.

"Alles ist möglich". Die Rekonstruktion einer hermetischen Weltsicht
Auffallend an dem Interview mit Wolfgang sind die vielen Gesetzmäßigkeiten und allgemeinen Aussagen, die er formuliert. Diese werden eingeleitet mit den Worten *der Mensch, man, jeder, es gibt* usw.[3] So spricht er auch von *kosmischen Gesetzen, Gesetzmäßigkeiten,* der *ganzen Erde* und *der Wahrheit.* Selbst sein Gebrauch von Personalpronomen wie *ich* oder *du, sie* oder *wir* ist - im Kontext betrachtet - nicht auf einzelne Personen bezogen, sondern dient in den meisten Fällen nur zur Illustration des Gesagten: *und in der Arbeit sieht es so aus, daß die Menschen kommen und alle sensibel sind, so wie ihr auch und gelernt haben: ich konnte mit meiner Sensibilität nicht umgehen, ich habe mir einen Schutzpanzer zugelegt ...*
Die Grundannahme ist: Alles ist dem Menschen möglich, er muß sich nur aus den eigenen Selbstbeschränkungen lösen. Dies ist seine Aufgabe - in diesem und in allen Leben. Selbstbeschränkungen sind das, woran man glaubt und das dadurch erst wahr wird - glaubt ein Kranker, daß er stirbt, und stellt damit seine *materielle Verhaftung* in den Mittelpunkt seiner Überlegungen, wird er sterben - ansonsten bedeutet seine Krankheit lediglich eine Prüfung. Der Grad des eigenen Wissens und der damit verbundenen Fähigkeit zu lieben und zu heilen ist abhängig davon, wie weit man in der Lage ist, sich aus diesen Selbstbeschränkungen zu lösen. Dabei kommt einem die Bestimmung entgegen. Diese beruht auf dem *Resonanzgesetz*: Der Mensch begegnet immer genau den Menschen, denen er bei der Lösung ihrer Probleme helfen kann. An dieser Hilfe kann er wachsen und seine Fähigkeiten *zur Blüte* bringen - wenn er dazu bereit ist. Im Zuge der Evolution der Menschheit (*Wassermannzeitalter*) kommen immer mehr zur Erkenntnis dieses Weges, die Menschen werden immer sensibler, und auch wer es in seinem jetzigen Leben, in seinem *Alltagsbe-*

---

[3] Die Häufigkeit des Gebrauchs bestimmter Pronomina, Substantive u.ä. wurde anhand der Interviewauszüge ausgezählt.

wußtsein noch nicht weiß, wird früher oder später zu dem Bewußtsein geführt, *daß die Liebe uns heilt*. Diesem *Wissen* steht der *Verstand* entgegen. Das *Denken* ist linear und langsam, das *Wissen* unmittelbar, allgegenwärtig und umfassend.

Diese Vorstellungen sind insofern hermetisch, als alle Fragen und Probleme sich wieder auf die wachsende Fähigkeit des Menschen zurückführen lassen, diese zu bewältigen. So werden auch unsere Fragen immer wieder auf diese Prämissen zurückgeführt: Vor AKWs darf man keine Angst haben, sonst gibt man der Bedrohung Kraft und Nahrung; Wolfgang lebt in Freiburg, weil er dort leben soll; es kommen die Leute zu ihm, deren Problemen er gewachsen ist, weil er sie selbst *erfahren* hat; er macht Körperarbeit, weil der Körper nichts vergißt und der Verstand zu langsam ist, es ist wichtig, sich mit seinen Fähigkeiten über die Einflüsse gewisser Energiefelder hinwegzusetzen, deshalb ist auch die Lage seiner Praxis davon unabhängig.

Es lassen sich nun andere Fragen denken, die sich folgerichtig aus seinen Prämissen beantworten lassen: wenn er uns aggressiv stimmt, dann sind dies unsere eigenen Projektionen; wenn wir seinen Antworten keinen Glauben schenken, leben wir nur mit dem Verstand und nicht mit dem Herzen und sind noch nicht weit genug zu *Bewußtsein* gekommen; wenn wir auf Randgruppen der Gesellschaft verweisen, übersehen wir die Tatsache, daß diesen Menschen ihre Probleme gegeben sind als eine Chance, daran zu wachsen.

Im Gegensatz zu dieser Wahrnehmung von Welt, in der bestimmte Glaubensgrundsätze wie Schicksal und Bestimmung die Grundlage der Moralvorstellungen und der Ethik bilden, stehen die Konventionen, denen die *intellektuelle Moral* und der *intellektuelle Diskurs* unterworfen sind (als Beispiel möge unser Text dienen).

> *... Kennzeichnend für die Moralvorstellungen von Intellektuellen ist das unbedingte Streben nach Autonomie. Autonomie bedeutet hier die Loslösung ethischer Begründungen von Autoritäten wie auch Traditionen (etwa der Kirche, der staatlichen Verfassungsautorität, der Justiz, den sozialen Konventionen und Konformitätsprinzipien) zugunsten einer allein an die Vernunft des denkenden Subjekts gebundenen Selbstbegründung ethischer Verhaltensweisen* (Tertilt, 1988, 50).

Verbunden mit der Selbstbegründung ethischer Normen ist nach Tertilt eine *spezifische Art des Sprechens* kennzeichnend für *die Kultur der Intellektuellen*. Diese *Culture of Critical Discourse* unterliegt dem Zwang der Rechtfertigung, *eine Aussage oder Behauptung muß argumentativ begründet sein* (Tertilt 1988, 51). Neben der Wissenschaftssprache und der damit verbundenen Terminologie sind vor allem Reflexivität und Theoretizität Grundlagen des intellektuellen Sprachgebrauchs.

Im Sinne einer permanent zu leistenden theoretischen Rechtfertigung ist es dem kritischen Diskurs prinzipiell freigestellt, alles Mögliche, sich selbst eingeschlossen, zu problematisieren. Nichts kann letztlich als gesichert gelten und dem Zweifel einer "kritischen" Vernunft entzogen werden (Tertilt 1988, 52).

Der verschiedene Umgang mit Wahrheiten - bei Wolfgang gibt es **eine** Wahrheit; wir lernen, alle "Wahrheiten" prinzipiell zu hinterfragen - prägte alle Gespräche unserer Untersuchung.

Reiz und Widerstand[4]

Als Interviewstrategie hatten wir uns vorgenommen, die Weltanschauungen unseres Gegenübers nicht in Frage zu stellen, wir wollten dem Gesprächspartner den Wahrheitsbeweis nicht abverlangen. So ist auch unser Einstieg zu verstehen, mit dem Conni beginnt: *Es geht uns also nicht darum, Sinnordnungen auf wahr oder falsch abzuklopfen ... .*
Aber wir haben Wolfgang schon herausgefordert, indem wir als Wissenschaftler auftreten. Mit Urbanität, Spiritualität, Sinnordnung, Paradigma und Kongruenz formulieren wir eine Frage, die Wolfgang schon deshalb in die Defensive bringt, weil diese Begriffe einer Logik entspringen, deren Prämissen er nicht bereit ist zu teilen - sie irritiert ihn. In der Frage, wie Sinnordnung umgesetzt werden *kann*, liegt für Wolfgang ein Angriff auf seinen Lebensentwurf, da sie die Möglichkeit stärker als die Bestimmung betont. Worauf er dann mit seinen Prämissen kontert: *Also wo jemand etwas zu seiner Lebensaufgabe zu tun hat, ist im Grunde sein Schicksal -*

---

[4] Viele Anregungen für die Interpretationen der beiden Interviews, vor allem mit Wolfgang Peters, entstammen den Seminaren "Institutionsanalyse" von E. Rohr und "Methoden der ethnohermeneutischen Textinterpretation" von H. Bosse. Die ethnohermeneutische Textinterpretation und die Gruppengespräche machten uns die z.T. von Ängsten, Aggressionen und Abgrenzungen gekennzeichneten Interaktionen und ihre Bedeutung für die Beziehung Forscher/Erforschte deutlich.

womit die Weichen gestellt sind, die die Richtung des Gesprächsverlaufs bestimmen.

Wenn er nun behauptet, *es kommen also zu einem die Menschen, deren Problematik man gewachsen ist, die man selbst verarbeitet hat*, so ist darin impliziert, daß er uns gewachsen ist. Unser Eindringen aber und die Aggression, die er in der Infragestellung seines Lebensentwurfs sieht, wird mit Verweigerung "bestraft". Er beantwortet unsere erste Frage ebenso wie alle folgenden auf dem Hintergrund seiner Rationalität, obwohl er durchaus in der Lage wäre, unsere Logik zu antizipieren. Damit setzt er sich über die Konfrontation zweier verschiedener Lebensentwürfe - dem seinen und dem unseren - hinweg, versucht uns in die Patientenrolle zu drängen und bietet seine Hilfe an: ... *wo dann auch Menschen zu einem finden, denen man helfen kann* ... So wird das Sich-verständigen-können zu einem Angebot gemacht, dem wir folgen können, wenn wir **ihm** folgen. Dies ist die Voraussetzung dafür, daß er mit uns reden kann. Nun bestimmt auf unserer Seite ein gewisser Reiz das Gespräch; oder ist es einfach Neugier, nun endlich dahinter schauen zu können, die *Weisheit* zu entdecken, an der wir noch zweifeln. Vielleicht hat unser Gegenüber doch etwas zu bieten, was wir (noch) nicht haben. Auf S. 17 hat der Gesprächsverlauf seinen Höhepunkt, an dessen Metaphern sich dieser Konflikt nachweisen läßt:

1. Perlen vor die Säue werfen
2. Das Resonanzgesetz

Ich kann jetzt mit Euch oder anderen Menschen über Dinge reden, über die ich vor Jahren nicht reden konnte, weil es einfach etwas heißt, Perlen vor die Säue zu werfen.

In dieser Passage des Gesprächs setzt sich Wolfgang direkt mit uns als Forschern und auch mit unserer Abwehr auseinander. Er wirft uns Säuen die Perle der Wahrheit vor, deren Wert wir jedoch nicht zu schätzen wissen. Dies tut er *obwohl er weiß, daß er eine andere Sprache spricht, als derjenige, mit dem er es gerade zu tun hat.*

Nicht nur unsere Sprache ist damit gemeint (wie am Anfang beschrieben: *Urbanität* usw., sondern auch die damit verbundene Sinnordnung. Und nun gibt uns Wolfgang eine Warnung: wenn wir die Dinge nicht verstehen, weil wir sie nur mit dem Verstand verstehen, und sie damit umdrehen, kann es passieren, daß diese sich gegen uns richten. Er selbst ist mittlerweile schon so weit, daß ihm unsere Projektionen nichts mehr ausmachen, auch wenn die Gefahr besteht, daß diese ihn *weiter von sich weg als zu sich hin* bringen.

Folgerichtig - auch um die Spannung abzubauen - bestätigen wir uns gegenseitig, daß wir uns doch nicht so fremd sind, wir nehmen teilweise die Konvertitenrolle an: *Wir sind uns auch nicht wirklich fremd. - Ja. - Ihr hättet Euch das Thema überhaupt nicht rausgesucht. - Da gehört immer eine gewisse Affinität dazu.* Wolfgang stellt fest, daß wir zumindest teilweise *resonant* sind (A und C).

Mit dem Resonanzgesetz meint Wolfgang, indem er uns mit Glocken vergleicht, die Unfähigkeit, aber auch unsere Bereitschaft, mit ihm mitzuschwingen. Wir schwingen mit, wenn wir *richtig* gestimmt sind - in seiner Tonlage. Sind wir nicht in der Lage, uns gegenseitig zu verständigen, bedeutet unser Gespräch, *Perlen vor die Säue* zu werfen.

An diesem Punkt ging uns Wolfgang zu weit - nun beginnt sich Widerstand herauszubilden. Wollen wir uns nicht im endlosen Rausch des Verstehens verlieren, müssen wir uns zur Wehr setzen: Als wir nach dieser Textpassage unsere Konvertitenrolle wieder verlassen und nach Kontakten mit anderen und der Höhe seiner Einkünfte fragen, bricht Wolfgang das Gespräch bald freundlich, aber bestimmt ab.

Während des ganzen Interviews machen wir eine ständige Gratwanderung zwischen dem Eingehen auf Wolfgangs Argumente und dem Versuch der Abgrenzung.

> *- Wobei ich schon das Gefühl habe, das sind für mich fremde Welten und trotzdem glaube ich, kann man was vermitteln.*
> *- Wenn ich auf A gestimmt wäre und du auf C, dann würdest du nur Bahnhof verstehen.*

Auf die ständigen Verführungen und Angebote (Schülerrolle, Erkenntnis, Glück, Heil, Liebe usw.), die uns treffen, gehen wir nur teilweise ein, reagieren mit Abwehr: Sven durch wiederholtes Verwenden der abgrenzenden Wissenschaftssprache (*auf C gestimmt*; der Aggressor), Cornelia durch Empathie (*auf A gestimmt*; die Schülerin). Je mehr eine Initiation zur Bedingung wird, desto stärker wächst auch unser Unbehagen, nicht mehr heraus zu können aus dieser Beziehung.

Wir haben Einwände, aber unser Widerstand prallt wie an einer Gummiwand ab, wird nicht wahrgenommen - es kommt in uns das Gefühl des Ausgeliefertseins auf.

Diese Verunsicherung des Anderen, also von uns, beabsichtigt Wolfgang. Er setzt uns an vielen Stellen mit sich gleich: *daß die Menschen kommen, alle sind sensibel, so wie ihr auch; wir sind wirklich nicht fremd, sonst würdest du jetzt schon rausgegangen sein; oder ihr hättet euch das Thema überhaupt nicht rausgesucht.* Dieses Nicht-Wahrnehmen von Fremdem läßt

sich am Gebrauch der Personalpronomen festmachen: Wenn er im Interview *ich* sagt, meint er damit häufig *ihr* (also uns) - was eine Auflösung der Ich-Grenzen bedeutet.
Wenn er sagt, *wir müssen immer bei uns selbst anfangen*, heißt *wir* in diesem Fall *ich*, der schon weiß, und *ihr alle anderen*, die dies noch begreifen müssen.
So zielt sein Gebrauch von Personalpronomen weniger darauf, bestimmte Gruppen klar zu umreißen und voneinander unterscheidbar zu machen (ich - meine Verwandten/Freunde - Bekannte - Fremde - Feinde), sondern dient eher dazu, sämtliche Grenzen zu verwischen. Alle Menschen werden zu Mitgliedern einer Familie, die alle auf dem gleichen Weg sind - einige sind nur schon weiter.

Dies begegnete uns häufig während unserer Untersuchung: wir seien, wenn auch *unbewußt*, Suchende - schon die Wahl des Themas deute darauf hin.

Die Auslöschung der Grenze zwischen dem Selbst und dem Anderen bedeutet, daß dem Selbst nie etwas neues, "Anderes" begegnen kann. Dieses wird verschlungen und solange umgeformt, bis sich das Selbst darin wiedererkennt - damit wird aber das oder der Andere bedeutungslos (Sennett 1986, 408).

R. Sennett beschreibt dies als *Narzißmus*, der über das psychoanalytische Verständnis des Narzißmus hinausgeht, indem er dessen gesellschaftliche Produktion miteinbezieht. Der Narziß, in grenzenloser Selbstliebe, versucht in allem Erleben nur sich selbst zu spiegeln und zu erfahren. Das gesamte gesellschaftliche Leben und die äußere Realität wird nun anhand seines persönlichen Empfindens beurteilt.
Dieses Moment der Verleugnung des Außen zeigt sich auch in Wolfgangs Identitätskonzept. Er beschreibt den Menschen als ein Wesen, das dreifach exixtiert *als denjenigen, für den uns die anderen halten, als denjenigen, für den wir uns selber halten und als denjenigen, der wir tatsächlich sind. Und zwei müssen sterben und der eine kann übrigbleiben ...* (S. 16)
Wolfgangs Identitätskonzept ist dem kulturanthropologischen diametral entgegengesetzt, das - in der Kurzformel *sich erkennen, erkannt werden, anerkannt werden* (Greverus 1978) - das Außen, die zwischenmenschlichen Beziehungen zum zentralen Gegenstand einer gelungenen Identitätsfindung macht. Diese ist prozeßhaft und abhängig vom Eingebettetsein in einen sozialen Kontext. Wolfgang kehrt dieses Konzept um, das Außen ist der störende Faktor, das Selbst findet sein statisches "Tatsächliches" nur in sich

selbst und ist sowohl dem Angewiesensein als auch dem Verantwortlichsein für seine Umgebung enthoben.

Diese Verneinung der Realität der Anderen bezeichnet Sennett als *Tyrannei der Intimität* - die nicht zuletzt im Verlust von Öffentlichkeit als Bühne, als Ort des politischen Austauschs und Begegnungsraum, ihren Anfang findet.

Missionierung

Wolfgang setzte diese Verunsicherungsstrategie fort - es blieb nicht bei der Vereinnahmung, die Argumentation baute sich dann sehr folgerichtig auf - als Suchende sind wir unbewußt schon auf dem Weg und sehr bald kommt wohl der Punkt, ... *dann weiß man, daß man aufspringen muß auf den Zug und dann kann man nicht mehr abspringen, dann fährt man.*
Und wenn wir schon auf dem Zug sitzen, dann können wir vielleicht auch dorthin gelangen, wo er ist, zu einem neuem Bewußtsein, wo man *keine Angst* hat, wo *alles möglich* wird, *alles heilbar* ist; ... *nicht nur zur Wahrheit, sondern zum Bewußtsein, daß die Liebe uns heilt.*

> *Der Narzißmus [wird] dadurch mobilisiert, daß sich das Interesse zunehmend auf die Anlagen des Selbst, auf seine Handlungspotentiale statt auf spezifische Leistungen richtet. Daß heißt, das Urteil über eine Person orientiert sich immer stärker an dem was sie "verspricht", was sie tun könnte, statt dem was sie tut oder getan hat* (Sennett 1986, 411).

Die Überzeugungsarbeit, die Wolfgang an uns erprobte, wäre verkürzt unter dem Muster:

Verunsicherung - Vereinnahmung - Angebot - Rettung = Missionierung

zu sehen.

Hätten wir uns mit der angebotenen Schülerrolle identifiziert, wäre damit Wolfgang als Lehrer akzeptiert und wir hätten unsere jetzige Identität, die der Forscher, aufgegeben. Er bot uns seine Hilfe an, der Verunsicherung zu entgehen, zu lernen, ihn zu verstehen und somit sein Wissen zu übernehmen.

Wollten wir ihn verstehen, müßten wir aufhören, wir selbst zu sein. Dieses Verstehen ist exklusiv, ein esoterisches Verstehen, eine Alternative gibt es nicht, die Polarität war du oder ich, für du und ich war kein Raum.

Das Interview war insofern eine Art Initiation, eine angebotene dritte Sozialisation, die darauf abzielte, alles, was davor war, aufzuheben und neu zu bewerten.

Alltagsmanagement

Wie wir im Vorhergehenden ausgeführt haben, hat für Wolfgang das Fremde, das Andere keine Bedeutung und wird ignoriert. Weitergeführt wird dieses Motiv in der Art der Problembewältigung. Es gibt keine Probleme, außer man sieht sie. ... *es gibt nur einen Feind, das sind wir selbst. Kein Mensch hat einen Gegner. ... Wenn jemand dich angreift, dann sind es nur die Projektionen, die auf ihn wirken.*
Das Allheilmittel ist, *keine Angst mehr haben, denn die Angst zieht genau das herbei, vor dem (man) sich fürchtet.* So gilt auch für Atomkraftgegner der Satz über die *Täter-Opfer-Beziehung: Kein Täter ohne Opfer und kein Opfer ohne Täter. Einer muß seine Energie loswerden der andere braucht sie.* Daraus ergibt sich dann folgerichtig: *Man räumt einfach mit dem auf, was nicht ist, und dem, was tatsächlich sein sollte, was jeder Mensch in sich trägt.* Das soll heißen, Gedanken, als Energie gedacht, werden nur auf Positives verwendet, und nicht an Negatives verschwendet - dadurch wird dem Negativen jegliche Macht entzogen.
Macht hat gar keine Macht. Nur solange man davor Angst hat und ihr mißtraut, dann ist man angeschmiert. Das ist der Weg für jedes Individuum, zu erkennen, daß man ihr einfach keine Energie geben braucht.

Diese Allmachtsgefühle sind Phantasien, Konstrukte der Sinngebung, die nicht besonders fest unterbaut sind und alle Widersprüche ausblenden müssen. Wolfgangs Konzept der Angstfreiheit als Abwehr der *katastrophalen Moderne* (Heinrichs 1984) steht so unsicher, daß wir mit unseren Fragen und unserer Verweigerung, uns darin initiieren zu lassen, diese Allmachtsgefühle bedrohen. Vielleicht kommt eine Angst ganz langsam zurück von der unbewußten Ebene, auf die sie verwiesen wurde; wie zum Beispiel rationale Ängste, die das AKW in unmittelbarer Nähe auslösen könnte. Mit uns kommt in Wolfgangs Schutzraum der Alltag zurück, der zur Auseinandersetzung auffordert, der das regressive Fallenlassen in die göttliche Transzendenz in Frage stellt. Sich zu arrangieren mit diesem Alltag, ihn als unveränderbar hinzunehmen, Ängste und rationale Gebilde ins Unbewußte abzuladen ist bequemer als eine täglich neue Auseinandersetzung. Alles kann so bleiben wie es war, es wird nur jeweils neubesetzt, die sinnhafte Bedeutung verändert.

Wir fragen Helmut, wie er in Ruhe meditieren kann, da seine Praxis mitten im Stadtzentrum liegt, der Lärm und die Unruhe den Weg in den sakralen Raum findet. Helmut erwidert, daß er morgens noch vor 7 aufstehe und es dann noch angenehm ruhig sei und vor allem gehe es ja auch darum, in Lärm und Hektik seine innere Ruhe zu finden (Exkursionstagebuch 11.10.87).

Der individuelle Rückzug in das Selbst, in die meditativ geschaffenen Rückzugsräume, verliert so, genährt von wachsenden Allmachts- und Größenphantasien, allmählich den Kontakt mit der Wirklichkeit, es lohnt nicht mehr, sich mit Differenzen im Alltag auseinanderzusetzen. Aber es bleibt soviel Realität übrig, diese sorgfältig aufgebaute Grenze zwischen dem Selbst und der Umwelt vor Erschütterungen zu bewahren, Angriffe abzuwehren, die zu einem Wahrnehmen des Außenliegenden führen könnten.

Gerhard, der Astrologe - zweites Fallbeispiel

Gerhard ist Astrologe und lebt mit seiner Freundin Anna zurückgezogen im Hochschwarzwald in einem kleinen Dorf mit 260 Einwohnern. Gerhard ist Mitte Dreißig und hat vor seiner Beschäftigung mit der Astrologie Ethnologie studiert. Nach vier Semestern hat er sein Studium abgebrochen. Heute macht er hauptsächlich astrologische Beratung, erstellt Horoskope und reist als Experte in Sachen Okkultismus und okkulte Literatur durch die Welt. Von seinen Einkünften als Astrologe und Experte kann er leben, ohne nebenbei zu arbeiten.

Anna und Gerhard hatten einen Teil unserer Gruppe eingeladen, einen Tag bei ihnen zu verbringen und auch in ihrem Haus zu übernachten. Diesen - im Grunde optimalen - Zugang hatten wir durch Anna, die am Institut für Kulturanthropologie studiert hatte. Sie selbst, vertraut mit Feldforschung, hält sich bewußt aus dem Gespräch heraus, während wir uns in die Schlacht "Wissenschaft kontra Okkultismus" stürzten. Zu Beginn unseres

Pascal Bruckner bezeichnet - in Anbetracht der Konjunktur der indischen Religionen-den Ashram als *Club Méditerranée* der Seele. Dieser dient

> *zum Erhaschen eines Bruchstücks fremder Spiritualität, das man sich aneignet, ohne seine eigene Lebensweise um ein Jota zu ändern. Die Ausrüstung läßt ein wenig Verschiedenartigkeit gelten ... und hält doch an der Gesamtheit der Privilegien fest, die einem als Weißen zustehen. So kann man Inder oder Tibetaner oder Buddhist werden, ohne aufzuhören Abendländer zu sein* (Bruckner 1984, 113).

Auch wenn Bruckner hier speziell den Ashram der Sannyas-Bewegung im Visier hat, denken wir uns, daß auch genauso ein Wochenend-Workshop im Schwarzwald zum Erlernen schamanischer Rituale gemeint sein kann. Gegen einen, je nach Ort und Umfang des Angebotes, entsprechenden Unkostenbeitrag wird Sinn, Engagement und Exotik geboten:

> *So verflacht die spirituelle Suche sehr rasch zum bloßen Versorgungsanspruch ... Der Ashram hat das Böse ein für allemal nach draußen projiziert, auf die abendländische Gesellschaft ... und stellt sich so als totaler therapeutischer Ort dar* (Bruckner 1984, 115).

Und in der Tat läßt sich hier eine Verbindung zum Exotismus herstellen: Das Widerspiegeln des Selbst in der Fremde, die Suche nach dem Anderen als Ort der Utopie. Der Enttäuschte, *der die Objekte den Subjekten* (Bruckner a.a.O. 206), die isolierte Spiritualität der Gesamtkultur vorzieht, um sich darin selbst zu finden, kommt nun auf seine Kosten.

Schon entdeckten wir die ersten exotischen Artefakte - ausgerechnet in den Auslagen eines Juweliergeschäftes: *Symboluhren* mit den verschiedensten Symbolen aus diversen Kulturen als Zifferblatt stilisiert. Vom Ankh-Kreuz bis zu Yin und Yang kosten die Uhren von 995 bis 7950 DM. Spirituelle Anbieter benutzen Fragmente fremder Religionen, und aus diesen ehemals ordnungsstiftenden Elementen wird ein Sprungbrett zum Verlassen der eigenen Gesellschaft.

> *Nicht die Gesellschaft soll über einen Kulturschock geändert werden, sondern aus fremden Kulturen werden Elemente herausgelöst und für die Harmonisierung der "inneren Konflikte" des westlichen Menschen angeboten* (Greverus 1988, 37).

Gespräches fragten wir Gerhard vor allem danach, wie er arbeitet.[5]

Die Arbeit, die Kunden und wir

I: Also, jetzt haben Sie von dieser Person alles, alle Daten, die Sie brauchen - und wie gehts jetzt weiter?

G: Dann stell ich das Horoskop fertig, ich mals auf, ich zeichne es ein, dann guck ich mir das an und leg es weg, bis die Person kommt.

I: Und dann?

G: Dann kommt die Person und ich erklär ihr erst einmal, was ich unter Astrologie verstehe, was ich glaub, wie die Astrologie funktioniert, wie ich arbeite ... und fang dann an, das Horoskop zu deuten. Ich beding mir dann im Allgemeinen immer aus, daß in der ersten viertel Stunde keine Resonanz rüberkommt, also kein feed-back, damit ich reinkomm in die Deutung und nach einer Viertelstunde kann man mich unterbrechen und fragen, wie ist das gemeint, wie ist das gemeint. ... Ich erzähle erst etwas über aktive, reaktive Anlagen, über Richtung: Gefühlsmensch, Willensmensch, Kopfmensch, versuch einiges - das hört sich eigenartig an ...Ich bin gerne bereit, es an einem Beispiel für euch zu machen, wenn sich irgendein Opfer zur Verfügung stellt! Um es mal ganz durchzuspielen: Ich versuche dann festzustellen, mit wem ich es zu tun habe, was für ein Grundpotential ist in dem Menschen drinne, und arbeite mich dann durch die verschiedenen Lebensbereiche durch. Also Beispiel: Emotionale Verhaltensmuster, geistige Anlagen, intellektuelle Anlagen, Interessen, Liebesfähigkeit, Umgang mit Ästhetik, mit Schönheit ... Sexualität, Eros, Sinngebung im Leben, Ängste, Überwindung der Ängste, Einbindung in Generationen, Generationskonflikte. Und dann geh ich über zu den Häusern, also wie geh ich um mit meinem Besitz, nicht Finanzen, sondern mit Besitz mein ich mehr als nur Geld, also auch Talente z.B. Dann: Alltag, Kommunikation im Alltag und Umgang mit Informationen, Elternhaus, wie ist das Kind aufgewachsen, wie hat es die Eltern erlebt. Das ist ganz wichtig, daß man das klar macht, daß also nicht die Eltern geschildert werden, sondern wie das Kind die Eltern erlebt hat.

I: Ist das jetzt schon Gespräch oder ist das ...

---

[5] Obwohl wir weite Passagen des gesamten Gespräches aufgenommen haben, arbeiten wir nur mit der Einstiegsequenz, da sich die Fremdheit nach und nach abbaute und somit ein Vergleich mit dem vorhergehenden Interview noch schwieriger geworden wäre.

G: Das ist meine Deutung, alles meine Deutung, der Kunde hört zu. Im Allgemeinen ist er platt, ja.
I: Nun ist es aber doch so, bei den Kunden die Sie haben, kann ich mir vorstellen, wie auch bei anderen, daß die unendlich viel verdrängt haben und daß man das doch mit einer gewissen Arbeit herausholen müßte ... also deren Verdrängung ...
G: Astrologie ist keine Wissenschaft, nie und nimmer, und war's auch nie, sondern eine Weisheitslehre. Und die Interpretationen, so ganz grob, sind vom Interpreten gemacht, ja? D.h. es hängt vom Astrologen ab, in wieweit er einsteigt. Ich versuch mich nach dem zu richten, was der Kunde, der Klient, der Patient - ich weiß nicht, wir können bei Kunde bleiben, das stört mich nicht. Ich versuch mich danach zu richten, was er zuläßt und was nicht. D.h. es geht um die intuitive Ebene; versuchen zu begreifen, daß er von was Bestimmten nichts hören möchte. Ich muß im allgemeinen den Tod weglassen. Ich möchte ihnen nicht sagen, wann sie sterben, nicht wie sie sterben, sondern was sie für ein Verhältnis zum Tod haben.
Für die Verdrängung gilt folgendes: je intensiver meine Arbeit ist, umso mehr bin ich in der Lage - dadurch daß ich ja einen Vertrauensvorschuß kriege, weil ich soviel hab und soviel weiß, ist der Kunde dann bereit, mir zu folgen - in bestimmte Tiefen, in die er mir normalerweise nicht folgen würde, einzusteigen. Also, wenn das ein Psychologe einfach macht, muß er sich vorantasten; und ich habe diese Möglichkeit, diesen Vorschuß an Vertrauen, daß ich tiefer einsteigen kann als es irgend jemand kann, der kein solches Werkzeug zur Verfügung hat.
C: Aber ist das eigentlich nicht furchtbar, du läßt den doch total allein mit dem ... eigentlich auch eine ziemlich harte Reaktion für den ...
G: Wie gesagt, dazu müßtet ihr mal sehen, wie ich arbeite, weil, es ist keine destruktive Arbeit. D.h. ich laß im Prinzip niemand hier weg mit einem Problem, das ich angerissen hab' und mit dem er nicht fertig wird.

Es liegt jedoch noch mehr im Rahmen seiner Möglichkeiten:

G: Also, du bist schwanger, und du weißt ungefähr die Zeit der Konzeption, dann kann ich dir ungefähr sagen, wann das Kind zur Welt kommen wird. Bei meiner eigenen Tochter hats geklappt mit Wehenbeginn, habe ich auf fünf Minuten genau gehabt - wobei mit "self-fulfilling-prophecy" vergessen wir mal im Moment - und die Geburtsstunde um eine knappe Dreiviertelstunde, 45 Minuten verschoben.

Vor allem interessierte uns die Umsetzung im Alltag: welche Konsequenzen hat seine Arbeit, seine Weltanschauung für sein tägliches Leben?

C: *Wie ist es jetzt eigentlich für dich, wenn du sagst, es gibt bestimmte Eckdaten, ich meine, die hast du für dich ausgerechnet - hast du da auch so bestimmte Sachen drauf, daß du sagst, an dem und dem Tag mach ich das und das nicht ... Beobachtest du dich selbst im Mondzyklus und denkst ... da nit und da schon ...*

G: Ich hab so angefangen, das war so fünf, sechs Jahre bevor ich überhaupt Deutung gemacht habe, da hab ich nur gelernt, nur versucht zu lernen und hab da angefangen mit Beobachtungen von Mondzyklen, Merkurzyklus, Venuszyklus - um die verschiedenen Dinge hinzukriegen und eine totale Aufarbeitung meines Lebens soweit übers Horoskop zu machen. Ich bin im Augenblick allerdings so überlastet, einfach von der Arbeit, daß ich gar nicht mehr dazu komme, irgendwas zu machen.

C: *Aber wenn du sagst, es gibt bestimmte Muster, die immer auf eine bestimmte Weise auftauchen, hast du da für dich einen bestimmten Rhythmus gefunden?*

G: Ja, das hab' ich, und ich hab's auch bewußt. Ich weiß z.B. an dem Tag, wo das Telefon dreißig mal klingelt, daß der Mond über meinem Jupiter liegt und ich weiß wo der Mond da steht oder nit steht. Bestimmte Situationen, die mir begegnen, stimmen hundertprozentig mit meinem Zyklus überein. Oder ich weiß, wenn ich meine vierteljährliche Migräne bekomme, dann habe ich wieder den Mond auf der Sonne, bzw. auf'm Saturn.

S: *Es bleibt dann dabei, du kannst nicht ...*

G: Du, ich habe einfach keine Zeit, mit mir zu arbeiten im Augenblick, daß ich daran etwas ändern könnte, das ist alles. Das ist mein Problem momentan, aber ich kann da ... ich kann da was ändern.

I: *Und wie ist das nun mit den Leuten, die nun alle 14 Tage bei Ihnen auftauchen ... die kriegen ja nicht immer ein Horoskop gestellt, das steht ja!*

G: Da wechsle ich dann sozusagen die Ebene, da versuche ich erstens mal im Gespräch eine Art Begleitung, eine Brücke zu sein. Und wenn ich dann merke, daß da die Möglichkeit besteht, den Zugang zum Okkulten zu schaffen, zum Magischen, dann fang ich an mit Steinen, Farben, Tarotkarten, Pflanzen, Räucherungen, Visualisierung, Imagination, magische Geschichten miteinzubeziehen. Das ist allerdings höchstens 1-2% meiner Arbeit im Augenblick, ist aber sozusagen das Ziel, daß ich stärker verfolge, weil dadurch wird es ja erst spannend.

Von Gurus, Schülern und Klienten

I: Für wen?
G: Für mich, jaja, also ich mach im Grunde auch, ich hab mir das oft überlegt, ich mach jetzt nicht Astrologie, um zu helfen, ich mach Astrologie, weils mir Spaß macht. ... Mein Hobby ist auch das Sammeln von Prominentendaten, weils mich einfach interessiert, wie ist der Kohl eigentlich geschaffen so in seinem Inneren, oder Strauß oder der Brandt, oder warum bringt sich die Romy Schneider um usw.

Was uns von Anfang an faszinierte, sowohl an Anna als auch an Gerhard, war das Undogmatische: da gab es kein Schuhe-Ausziehen, kein Zigaretten- und Alkoholverbot, keine tiefgründigen Blicke, mit denen das Unaussprechliche zum Ausdruck gebracht wurde. Es war ein "säkularer" Umgang mit dem "Heiligen".

(Katze betritt den Ort des Geschehens)
G: ... rein oder raus. Das ist Mylady, mit Namen.
... Was Euch hier passieren kann, das ist, daß hier Mäuse auftauchen. Ich hoff', das stört euch nicht, die sind ganz süß. Ich ... wir haben sie gestern Abend "New Age-Mäuse" genannt.
C: *Ratten sind mir manchmal etwas unangenehm ...*
G: Ratten gibts hier keine. Hier gibts Mäuse, ein Iltis, ein paar Fledermäuse und ansonsten, je nachdem, wie die Katzen drauf sind, zwischen einer und neun ...
C: *Wie ist das eigentlich, Tierhoroskope, gibts sowas?*
G: Gibts, ja. Hab ich bis jetzt noch nit gemacht. Hab ich kein Interesse, weil - ich kann en Tier net verstehen, weil - es ist en anderer Mensch wie ich. ... Aber des is ne neue Welle, die in der Astrologie gerade Einzug hält und die z.B. sehr gewinnbringend ist. ... Es gibt extra Tierastrologen, es gibt auch auf dem Buchmarkt verschiedenes. Man muß doch seinen Hund behandeln können. Wenn man nicht weiß, daß der Hund Fisch ist, dann versteht man einfach seine Sensibilität nicht...
A: ... und seinen Hang zum Alkohol ...
G: Ne, übrigens, ich würde mich selbst auch als Skeptiker bezeichnen. So verrückt sich das vielleicht auch anhört - aber ich bin Skeptiker.
I: *Na so verrückt ist das nun doch ...*
G: Für jemanden, der Astrologie betreibt und dazu auch noch sagt, daß es keine Wissenschaft ist, ist Skeptizismus eigentlich nicht angesagt ...

I: Darüber müssen wir nochmal nachdenken. Wir betreiben auch Kulturanthropologie, sagen, daß das 'ne Wissenschaft ist und bilden uns auch ein, wir wären Skeptiker.

An manchen Stellen wird es jedoch ein wenig dunkel und das nicht-vermittelbare-Wissen, daß sich nur im Tun erfahren läßt, scheint durch.

C: *Wie sieht es aus mit Todesdaten, kannst du dein Todesdatum im Voraus bestimmen?*
G: Ja. D.h., ich kann drei verschieden Daten im Voraus berechnen, weil wir davon ausgehen, daß es drei Möglichkeiten gibt, zu sterben.
C: *Wie gehst du damit um?*
G: Wie meinst du, daß ich damit umgehe?
C: *Bei dir.*
G: Ja, ich kenne meine möglichen drei Todesdaten ... Des gehört mit dazu ...
I: *Ja, jetzt als Jahr oder als Situation festgelegt?*
G: Jahr und Ort ...
A: Wenn es soweit ist, sagst du mir vorher Bescheid!
G: Wir gehen auch nicht davon aus, daß der Tod zwingend ist, das ist vielleicht auch ganz interessant ... deswegen sind es auch drei Daten.
I: *Diese Chance, diese Chance hat man ja noch. Und dann müssen ja auch die drei Daten nicht zutreffen ...*
G: Nein. Ja, einer der drei Daten ist wahr ...
I: *Nun machen Sie damit hoffentlich nicht andere Menschen verrückt?*
G: Überhaupt nicht. Also das ist etwas, wo ich mich strikt weigere, ich erzähle weder einem, wann er sterben wird, im allgemeinen auch nicht, wie er sterben wird. Da mache ich normalerweise nur Beruhigungspille. Im Schlaf, ruhig, ohne Krankheiten ... Weil der Tod ist kein Thema, mit dem die Menschen hier zurecht kämen. (Betretenes Schweigen) Hab ich z.T. auch schon festgestellt, also das geht nicht gut.
C: *Ich wüßte nicht, wie ich damit leben könnte, mit drei Daten ...*
G: Ja, das war eigentlich auch ... Ich würde es heute z.B. nimmer machen, das war am Anfang so, als ich versucht habe herauszufinden, was man alles herauslesen kann, so aus Jux und Dollerei, so um das anzutesten. Jetzt sitz ich da mit meinen drei Daten ...
I: *Kein Mensch will sie wissen ...*
G: Auch ich nicht.
I: *Also müssen Sie da jetzt ein bißchen Verdrängung einbauen.*
G: Ist bereits eingebaut. Ich gelt allgemein als Spezialist für Verdrängung ...

I: Das macht Sie recht sympathisch, würd ich sagen (Befreites Gelächter)
C: Aber wie ist das, wenn man auf der einen Seite an der Aufhebung von Verdrängung arbeitet und es auf der anderen Seite nur anders attributiert? Du beobachtest dich doch wahrscheinlich selbst auch, schätze ich. Dann wirst du doch wahrscheinlich Zusammenhänge sehen: also es gibt halt Verdrängungen und du verdrängst bewußt und dadurch kriegen se eine andere Form ...
G: Nee, ich verdränge sie nicht nur bewußt, ich verdränge okkult.
C: Sag mal, ist diese okkulte Verdrängung eigentlich nicht nur eine total gute Technik, mit dem du das ganze dann wunderschön benennen kannst und dir gleichzeitig sagst, okay, ich arbeite mit okkulten Ritualen, deshalb verdränge ich nicht, sondern ich transformier halt - also im Grunde nur ein anderer Name ...
G: Das geht nur über Tun. Da kann ich dir nur sagen, das mußt du tun, dann weißt du wo der Unterschied ist. Eine andere Möglichkeit gibts nicht, das rauszufinden. Du hast recht, aber du hast auch unrecht. Wenn du es getan hast und richtig getan hast, wirst du sehen, wo der Unterschied liegt zwischen okkulter Verdrängung und der normalen Verdrängung.

Wohnen
G: Also ich halt mir Menschen vom Leibe, deswegen wohn' ich hier. Ihr seid z.B. seit 5-6 Monaten der erste Besuch... Ich bin hierher gezogen ganz einfach deswegen, weil ich die Einsamkeit gesucht hab' und weil ich nicht gut erreichbar sein wollte. Ich hab' vorher in Donaueschingen gewohnt. Donaueschingen hat etwa 20.000 Einwohner, Fürstenstadt, kennt ihr wahrscheinlich. Hab' da auch angefangen mit meiner Astrologie, noch vorher in Freiburg gewohnt und noch vorher in Berlin und noch vorher in New York. Das heißt, ich bin immer ne Stufe kleiner geworden, von den Städten her. Und meine Absicht war eigentlich, vom Fürst ein Haus hier im Wald zu kriegen, ja, das absolut einsam liegt. Und das hat nicht geklappt ...
C: Gibts hier eigentlich auch noch jüngere Leute?
G: Wenig. Es sind insgesamt 260 Einwohner, Seelen, also von 0-95. Und da die Höfe so verstreut sind, ist es schwierig, auch so die Kontakte untereinander mit den jungen Leuten, ja. Wenn es welche gibt, oder die, dies gibt, die treffen sich meist in Neustadt oder mit Leuten in Neustadt. Also gleich 20, oder 17 Kilometer weit weg. Während hier im Dorf ist nichts los. Da sind die beiden Kneipen, das Bierfäßle und der Schneckenhof, da treffen die sich einfach am

Freitag, Samstag und Sonntag. Weil, das sind so Nebenerwerbskneipen, ja, d.h. die haben nur abends auf, bzw. der Schneckenhof je nach Lust und Laune der Wirtin.
Was mich absolut verblüfft hat, daß ich im Dorf, d.h. eigentlich bei keinem richtig bekannt bin. Das hat sich herausgestellt, dadurch, daß meine Kunden mich hier selten finden, die müssen also fragen. Und die Situation hat sich seit fünf Jahren nicht verändert, die können weiterhin fragen nach mir, sie können nit sagen, wo ich bin. Wenn sie nach mir fragen: keine Ahnung.
I: *Mhm, ist das Verweigerung?*
G: Ich würd sagen: das ist Ignorieren. Weniger eine Verweigerung als ein Ignorieren.
Es wird nie gefragt, was ich mache. Also geh' ich jede Wette ein, wenn ihr ein Interview macht, von Haus zu Haus - bis auf den Bauern - weiß auch niemand, wovon ich lebe. Tja, das ist wirklich ein Ignorieren, und das kommt mir sehr, sehr entgegen. Also das ist für mich sehr angenehm. Das heißt, ich komm auf keinen Fall in diese Strukturen rein, die hier sind - und, äh, Dorfstrukturen können ganz schön hart sein.
In dem Moment, wo ich in die Kirche gehe', ist es aus für mich. Es würd mich schon jucken, in die Kirche zu gehen, weil ich geh gern in Kirchen. Ich hab' grad hier festgestellt, die Messen, die Prozessionen, die Umzüge, ne also, die Flurwanderungen - ich weiß nicht genau, wie man das nennt, Flurprozession, ja, die haben ein sehr, sehr eigenartiges Flair, weil dieses Dorf ist im Grunde genommen, vom Verhalten her, ja man könnt sagen, zwei Generationen zurück. Das heißt, was hier z.B. passiert, die beiden da, die beiden Bauern da, die stehen vor Gericht miteinander in Freiburg, wenn dem einen ne Kuh auf der Weide umfällt, rasen die von oben runter und helfen, ja. Das heißt, die Feindschaft existierte nur vor Gericht, existiert nicht in dem Moment, wo Hilfestellung zu leisten ist. So Kleinigkeiten hier zu beobachten, das ist zum Teil total verrückt. Als es gebrannt hat, war ich der Letzte, der aus'm Haus ist, da waren alle anderen schon weg auf dem Hof - aus jedem Haus, ja, und das ist eine absolute Selbstverständlichkeit.
C: *Wie is das eigentlich mit dem Bauern - der weiß ja, was du machst, findet der das nicht ein bißchen obskur oder trifft sich das mit seiner traditionalistischen Verhaftung im Landleben?*
G: Weder das eine noch das andere. Ich hab also eher ein sehr persönliches Verhältnis ... d.h. das hat also weniger über Beruf, über Wohnen hier zu tun - da ist irgend etwas an Mögen da, wir mögen

uns einfach, also das Gefühl hab ich. Wir helfen uns auch einander, wenns kommt, lassen uns aber total in Ruhe. Das war auch - ich hab keinen Mietvertrag, sondern ich hab Handschlag. Also den üblichen Handschlag auf'm Land und "Was Recht ist, muß Recht bleiben" als Satz dazu, und dadurch bin ich, meiner Meinung nach, besser vor allem geschützt, ja, als durch en Vertrag. D.h. dieser alte Bauer mit seinen 82 Jahren wird niemals ...

I: *Und was ist mit dem Sohn?*

G: Der Sohn hatte damals nicht das Verfügungsrecht, ja, und der Sohn wird sich mit Sicherheit an die Abmachungen seines Vaters halten. Ich hab da hundertprozentiges Vertrauen, weil ich hab denen z.B. geholfen aufzumauern, ich hab ... dann hat er mir im Winter ein paar Steigen Holz gebracht, dann hilft er mir da unten mauern und so ... Aber wir unterhalten uns auch sehr viel und mein Traditionalismus kommt mir da zugute. Also ich kann öfters "ja" zu dem sagen, was sie meinen, als ich "nein" sagen muß.

Was mir z.B. aufgefallen ich, ähm, ich hab hier mit einer Freundin und meiner Tochter gelebt, und wir haben uns getrennt und die is weggezogen, einfach en Ort weiter. Und sowas, hätt ich eigentlich gedacht, das sowas unter Umständen die Beziehung verändert. Hatt's aber eben in überhaupt keiner Weise getan.

I: *Da ist aber noch was anderes, das ist nicht ein völliges Ignorieren, aber es ist auch keine Feindschaft da. Sondern - ich sach halt mal nur - Privatheit. ... Das ist eine Situation, gerade so auf dem Lande, gerade so in traditionellen Gegenden, daß man das sehr zu schätzen weiß, daß man sich viel weniger in die Sachen anderer Leute einmischt.*

G: Das geht einen nichts an.

I: *Ja. Da man auch irgendwo gemeinschaftliche Regeln hat ...*

G: Und ich halt se ein. Ich versuch auf keinen Fall, durch irgend etwas aufzufallen, was nicht nötig ist, ja, das ist mir ganz wichtig. D.h. ich möcht auch hier nichts verändern, in keiner Weise. D.h. ich habe also nicht vor, dieses Tal durch mein Hiersein in irgendeiner Weise zu beeinflussen, abgesehen davon, daß auch immer wieder Autos kommen und Leute kommen - aber ansonsten möchte ich hier nichts verändern. Ich mach auch keine bio-dynamische Landwirtschaft oder sonst irgendwas, sondern mach den Garten, wie es üblich ist - wenn ich ihn überhaupt mache, ja, ansonsten laß ich ihn halt verwildern - was dann sicher auch zum Image gehört. Oder die Anna macht ihn, ja.

Vom Sein und Anderssein
Typisch für den Verlauf dieses Interviews ist ein ständig ironisierender Unterton - bei Gerhard z.B. *New Age-Mäuse,* aber auch bei uns - *Wir betreiben auch Kulturanthropologie, sagen, daß das eine Wissenschaft ist, und bilden uns auch ein, wir wären Skeptiker.*
Es wird viel gewitzelt und gelacht, wir versuchen, eine gemeinsame Gesprächsebene zu finden. Gerhard übt sich in seiner Selbstdarstellung und läßt sich auch von aggressiven Fragen nicht aus der Ruhe und seinem etwas dozierenden Gestus bringen. Gleichzeitig beweist er durch Vorwegnahme von Gegenargumenten *(self fulfilling-prophecy vergessen wir mal im Moment),* daß er sich in unserem "rationalen" Denksystem sehr wohl auskennt und in der Lage ist, die Klippen im Gespräch sicher zu umschiffen. Wir wollen von ihm lernen, in sein System, das wir nicht kennen, Einblick gewinnen. So bleiben wir zumeist auch in der Rolle der Fragenden und Hinterfragenden, lassen uns seine Welt erklären.
In seiner Welt ist er das Zentrum - so steht auch in fast all seinen Ausführungen das *ich* als handelndes Subjekt im Zentrum des Satzes. Er spricht von *meiner* Tochter - obwohl sie das gemeinsame Kind mit seiner ehemaligen Freundin ist, die er im gleichen Satz erwähnt. Er läßt den Garten verwildern - obwohl Anna ihn bearbeitet. Was um ihn herum passiert, scheint an ihm als distanzierten Betrachter vorbeizuziehen. Menschen kommen und gehen - es berührt ihn wenig, weil er die Einsamkeit liebt. Daß er diese Einsamkeit mit einem Menschen teilt, wird ebensowenig thematisiert wie seine häufigen Reisen in ganz Deutschland, bei denen er seine Seminare und Kurse abhält oder auch Einzelberatung macht. Und wenn wir auch der erste Besuch seit *fünf bis sechs Monaten* sind, wird seine Einsamkeit doch häufig durch Kundschaft gestört.
Diese Haltung des *Steppenwolfes* (H. Hesse gehört ebenso wie Carlos Castaneda zur Lektüre Gerhards) setzt sich als Motiv in den verschiedensten Lebensbereichen fort.
Er ordnet sich folgerichtig keiner bestimmten Gruppierung zu - er ist Skeptiker und auch Kritiker des New-Age-Booms, des Esoterik-Booms (weswegen er lieber als *Okkultist* bezeichnet wird, obwohl für ihn beide Begriffe identisch sind), des Sektenwesens, der Übertragung fremdkultureller Elemente ohne Kontext auf die bundesdeutsche Wirklichkeit - lediglich einige magisch-okkulte Zirkel läßt er gelten. Er wendet sich gegen jegliche zeitbedingten Moden (so bricht nach seinen Aussagen das Wassermannzeitalter noch lange nicht an) und setzt sich bewußt ab von all zu ernst Gläubigen.

> Zum Tarotlegen benutzt er ein eigens für ihn angefertigtes Tuch als Unterlage, hinzu kommen noch andere wichtige Utensilien wie Ringe und Steine. Eins dieser "Bedeutungsträger" ist ein gelber Plastik-E.T. (Exkursionstagebuch 15.10.87).

Auf diese Weise stellt er sich nicht nur außerhalb der Gesellschaft, sondern sogar außerhalb derer, die sich außerhalb der Gesellschaft stellen.
Auch uns gegenüber erfolgt von Gerhards Seite eine rigide Abgrenzung, zwischen dem was er tut - Astrologie als Weisheitslehre - und dem was wir tun - Kulturanthropologie als Wissenschaft. Die Grenze wird spätestens dann zur Ausgrenzung, wo auf die Praxis, das *Tun* verwiesen wird - *Da kann ich dir nur sagen, das mußt du tun, dann weißt du, wo der Unterschied ist ...*
Allerdings will er uns die Chance geben, das Tun zu erleben - so tauchen im Verlauf des Gespräches immer wieder Angebote auf wie *Ich bin gerne bereit, es an einem Beispiel für euch zu machen, wenn sich irgendein Opfer zur Verfügung stellt!* Wir gehen auf diese Angebote - zunächst - nicht ein, vielleicht auch aus der Angst heraus, als *Opfer* vor den anderen astrologisch analysiert zu werden. Im Laufe des Abends löst Gerhard dieses Problem, indem er einfach ein Gruppen-Tarot legt, in das wir alle gleichermaßen einbezogen werden.
Im Spiel mit unserer Neugierde und unserer Faszination setzt Gerhard sich uns gegenüber in allen Punkten durch - ob dies nun der Gesprächsverlauf oder das Zeigen seines Könnens ist. Seine Aussagen lassen oft verschiedene Interpretationen zu, nie wissen wir, wie ernst oder nicht ernst sie gemeint sind. Es wird kein Credo im Hinblick auf Spiritualität verlangt - es besteht nicht die Notwendigkeit der spirituellen Erfahrung, um miteinander zu kommunizieren.
Wir setzen ihm recht wenig Widerstand entgegen, und selbst dieser wird gemeistert, indem an diesen Punkten unser Anderssein betont wird. Astrologie als *Weisheitslehre* beruht auf anderen Prämissen als Wissenschaft und kommt somit - nach Anwendung - zu anderen Ergebnissen. Man kann jedoch auch Astrologie - ebenso wie andere in sich konsistente Systeme - als zeitbedingt betrachten.

Vom Werkzeugcharakter einer Weltanschauung
In seinem Buch *Astrologie* bestimmt W.E. Peuckert diese als eine Weltanschauung. Er stellt sie an die Seite von Marxismus, Christentum und Wissenschaft, denen er jeweils auch nur einen bestimmten Wahrheitsgehalt zugesteht, der nur innerhalb des jeweiligen Systems Gültigkeit besitzt.

Nach der Untersuchung der Bedeutung der Astrologie im Laufe der Geschichte in verschiedenen Kulturen kommt er, bezogen auf ihre Funktion heute, zu folgendem Schluß:

> *Allein die Frage nach dem Horoskop eines einzelnen Menschen ist für unsere Zeit und bürgerliche Welt charakteristisch. Im Zweistromlande forschte man an Neujahr nur des Königs Zukunft nach, weil sie die Zukunft und das Schicksal seines Landes war ... Die Horoskope einzelner privater, kleiner Leute folgte erst recht spät ... und heute steht es in allen astrologischen Arbeiten im Vordergrund. Die bürgerliche Zeit, die ... individualistisch ist und die das Glück und Unglück des Einzelmenschen wertet, sie braucht "Einzelhoroskope". Der kleine Mann ist sich so wichtig, daß er die Sterne bemüht, um bis in kleinste Einzelheiten zu erfahren, ob seine Pläne und Geschäfte glücken. Das individuelle Horoskop des kleinen bürgerlichen Menschen, welchem die großen Werte wie etwa Wissenschaft und Glauben nur solange wichtig sind, als sie sein eigenes Wohl befördern, steht in unserer Zeit im Vordergrund* (Peuckert 1960, 241).

Für Peuckert liegt der Wert der Astrologie auf der moralischen Seite: sie betont das Eingebundensein des Menschen in die kosmische Ordnung und gibt anhand der auf diesem Prinzip ruhenden Vorstellung Leitlinien für das menschliche Zusammenleben. Bei der Benutzung der Astrologie als reines Werkzeug für die Bewältigung des individuellen Alltags geht dieser Aspekt verloren, da die Handlungsanweisungen kontextlos gegeben werden. Diese Handhabung als *Werkzeug* tritt bei Gerhard zunächst nur im Zusammenhang mit seinen Kunden auf: *Also, wenn das ein Psychologe einfach macht, muß er sich vorantasten; und ich hab diese Möglichkeit, daß ich tiefer einsteigen kann, als es irgendjemand kann, der kein solches Werkzeug zur Verfügung hat* ... Dies gehört aber, ebenso wie die Arbeit im und am Haus oder auch die Seminare zu den Notwendigkeiten seiner materiellen Existenzsicherung. Lieber würde er die Zeit damit verbringen, tiefer in die Astrologie, in deren magisch-mystische Grundlagen einzusteigen. Oder die Zeit seinem Hobby, dem Auswerten von Prominentendaten widmen, oder auch mittels Magie an sich selbst arbeiten (*Du, ich habe einfach keine Zeit mit mir zu arbeiten ...*).

Aber auch dabei ist er immer nur selbst das Zentrum seines Tuns. Seine Auseinandersetzung mit dem Okkultismus geben ihm das Mittel an die Hand, um individuelle Probleme zu lösen - sei es nun seine Migräne oder seine Verdrängungen.

Die Macht über sich als die Macht über andere
Nach außen hin, in Gerhard Selbstdarstellung uns gegenüber, taucht eines nicht auf: Selbstzweifel. Das Bild, das er von sich zeichnet, ist neben der Egozentrik vor allem auch durch eine Position der Stärke gekennzeichnet. Das Dominieren des Gespräches, die Betonung der Unabhängigkeit, der problemlose Umgang mit den Mitmenschen - wobei er die Weichen stellt - sind lediglich Anhaltspunkte dafür. Deutlich wird diese Stärke, wenn er von seinen Kunden redet.
Die Menschen, die zu ihm in seiner Funktion als Astrologen kommen, werden grob in zwei Kategorien geteilt - diejenigen, für die er nahezu allmächtig ist, die *platt* sind über die Erkenntnisse, die er allein über die Sternenkonstellation beziehen kann, bei denen er derjenige ist, der weiß, daß er mit bestimmten Themen vorsichtig sein muß - es sind Reizthemen. Er weiß genau, wieweit er gehen darf, damit es *keine destruktive Arbeit* ist *- ich laß im Prinzip niemand hier weg mit einem Problem, das ich angerissen habe und mit dem er nicht fertig wird.*
Die andere Kategorie besteht aus Menschen, mit denen er schon länger arbeitet - denen ist er *Brücke* zum Magisch-Okkulten. Die Funktion der Brücke rückt ihn in die Nähe von Lehrer und Leiter - oder auch in die Nähe des Wissenden, der den Suchenden auf die Sprünge hilft.
Diese Wahrnehmung des Anderen, verbunden mit einer starken Konzentration auf das eigene *Ich* kann man auf dem Hintergrund der Ethnopsychoanalyse als Größen- und Allmachtsphantasie beschreiben.
Mario Erdheim und Maya Nadig sehen diese Größen- und Allmachtsphantasie entstehend aus dem *Konzept des subjektiven Faktors*. Der subjektive Faktor, das (Wieder-)Entdecken des Selbst, hatte, so Erdheim/Nadig, im Umfeld der 68er weit an Verbreitung gewonnen und es waren Versuche zu erkennen, dieses Konzept nicht nur für sich selbst zu nutzen, sondern auch in Beruf, Institution usw. einzubringen. Ohne weiteres ließ sich jedoch der *subjektive Faktor* nicht verbreiten und es galt, *entweder seine Subjektivität retten und sich aus der Gesellschaft zurückziehen, oder auf sie verzichten und eben Karriere machen* (Erdheim/Nadig 1979, 115).
Den Ausweg aus diesem Dilemma schienen die sog. freien und sozialen Berufe zu bieten. Hier schien es möglich, Subjektivität, Karriere, und Teilnahme an der Gesellschaft zusammenzubringen. Doch die Subjektivität steht in einem diffizilen Gleichgewicht mit der Realität und wo sich der subjektive Faktor nicht emanzipatorisch auswirken konnte, ging er unter im *Ambiente eines neuen Mystizismus*. Die in den sozialen Berufen, wo mit Subjektivität gearbeitet wird, vorausgesetzte Empathie kann auch unter die

unbewußten Größen- und Allmachtsphantasien fallen, das Einfühlen in andere wird überlagert von der Vorstellung, sie damit auch beeinflussen zu können. Dadurch können menschliche Beziehungen empfindlich gestört werden.

> *Die unter den Einfluß von Allmacht und Größe geratene Empathie wird keinen Zugang mehr zu realen Objekten finden, sondern sich diese selbst konstruieren. In den mystischen irrationalen Konstrukten, denen wir heute im intellektuellen Leben begegnen, können wir leicht diese Tendenz erkennen* (Erdheim/Nadig 1979, 118).

"Die feinen Unterschiede"
Die Interpretation Gerhards wäre zu einseitig, wenn wir nicht auch auf die Brüche im Bild des Einzelgängers hinweisen würden. Da ist zum einen die Freude am Spiel mit uns, die Bereitschaft, sich einer Auseinandersetzung zu stellen, der Versuch, unsere Fragen zu beantworten - anstatt in dunklen Andeutungen zu verbleiben. Hinzu kommt, wie er seine Beziehung zu dem Bauern, der auch sein Vermieter ist, beschreibt - es tauchen Begriffe auf wie *sich mögen*, *Vertrauen haben*, gegenseitiger Hilfe und *persönliches Verhältnis*, Ebenen von Beziehung, die gegenüber seinen Kunden z.T. expliziert negiert werden (*ich mach jetzt nicht Astrologie, um zu helfen*). Und nicht zuletzt sind da die sehr genauen und detaillierten Kenntnisse über seine dörfliche Umgebung, den neuesten Klatsch und die verschiedenen Umgangsformen, die man dort findet. Dies weist auf ein Interesse an seiner Umwelt hin - er hilft, wenn es brennt und versucht, die herrschenden Regeln einzuhalten und bestehende Ordnungen nicht anzugreifen: einerseits, damit er seine Ruhe hat - aber auch aus einem gewissen Respekt vor gewachsenen, traditionellen Strukturen.
Gerade die zuletzt genannten Punkte weisen Gerhard nicht als typischen Vertreter der von uns untersuchten Gruppe der Anbieter in der New-Age Szene aus - im Gegensatz zu seinen Größen- und Allmachtsphantasien, seinem Individualismus, seinem Narzißmus und seinem Egozentrismus.

Beziehung und Verstehen

An diesen Punkt der Lektüre unseres Textes angelangt, wird sich vielleicht mancher Leser fragen, was das Eingangskapitel wollte - wo bleibt die Grenze des Verstehens, wenn es uns doch gelungen ist, eine Analyse zu liefern.
Aber das *Eigentliche* haben wir nicht verstanden.

Das *Eigentliche* unserer Interviewpartner war nicht unser *Eigentliches*. Wir haben das Gesagte interpretiert und in verschiedene Thesen eingeordnet. Wir haben die Sichtweise unserer Interviewpartner nicht akzeptiert, wir haben sie nur mit unseren Augen gesehen, sie sind uns fremd geblieben. Und wenn wir als angehende Wissenschaftler Erklärungsmodelle und Typologien liefern, entfremden wir nicht das Fremde, Unbekannte, Bedrohliche?
Trotz oder gerade wegen des verstehenden Zugangs ist die Schlußdiskussion, in der unsere Beziehung zu den verschiedenen Gesprächspartnern näher betrachtet werden soll, von uns immer wieder aufgeschoben worden. Einfühlen vollzieht sich nicht immer problemlos, wie auch Mario Erdheim schreibt:

> *Empathie wird dem Ethnologen erst dann zum Problem, wenn er seine Erfahrungen auf die Ebene der Theorie bringen will. Es ist so, wie wenn die theoretische Arbeit darin bestünde, das was empathisch begriffen wurde, wieder zum Verschwinden zu bringen* (Erdheim 1984, 11).

Man kann unsere Interpretationen auch als eine Abwehr lesen, als Ausdruck unserer Wut, unserer Ohnmacht, unseres Fasziniertseins. Man kann sie als einen Versuch lesen, zwischen uns und die Begegnung die Wissenschaftlichkeit zu stellen, mit der Gewißheit, die unseren Rücken stärkt, daß eine Interpretation, die den Spirituellen *Größenwahn, Narzißmus, Allmachtsphantasien, Egozentrismus, Unverantwortlichkeit* und *Kompensation* unterstellt, in der *scientific community* aller Wahrscheinlichkeit nach Beifall findet.
Man kann unseren Text lesen als Ausdruck unseres Größenwahns und unserer Allmachtsphantasien, die in Bewertungen und Interpretationen zum Ausdruck kommen.
James Clifford betont zu Recht, daß die neue ethnographische Beschreibung darum bemüht sein sollte, *ethnographische Autorität* aufzulösen. Er macht deutlich:

> *daß Ethnographie vom Anfang bis zum Ende ins Netz des Schreibens verstrickt ist ... Auf diese Kräfte reagiert die schriftliche Ethnographie durch die Inszenierung eines besonderen Autoritätsmodus. Traditionell gehört dazu der nicht in Zweifel gezogene Anspruch des Verfassers, im Text als Wahrheitslieferant aufzutreten* (Clifford 1988, 7).

Zwischen den Zeilen steht vieles und alle vorher angegebenen Lesarten sind möglich. Zwischen den Zeilen steht aber auch sehr viel über die

Beziehungen zwischen uns und den Interviewpartnern, Beziehungen, die sehr verschieden waren und die in die Interpretation eingeflossen sind.
Da war Wolfgang - kaum hatten wir seine Praxistür hinter uns zugemacht, stieß Sven nur ein kurzes *Rad ab* aus, um dem angesammelten Unmut Luft zu machen. Immer wieder waren unsere Fragen verpufft, immer wieder hatten wir das Gefühl, "zugelabert" zu werden, immer wieder waren wir nur Folie für seine Selbstdarstellung. Und immer wieder waren wir verunsichert, ließen uns auf diesen, uns mittlerweile verhaßten therapeutisch-sanften Tonfall ein.
Und im Hinterkopf hatten wir eine Wissenschaftsethik, der wir uns verpflichtet fühlen, die ein Verstehen fordert, eine prinzipielle Offenheit für den Anderen, die Neugierde verlangt, die dazu zwingt, von den eigenen Emotionen zu abstrahieren. Wir wollten *Schüler* sein und keine *Aggressoren* - und wurden zu *Konvertiten* gemacht. Aber es war kein freiwilliges Konvertieren, eher die Kapitulation vor unseren eigenen Ansprüchen - oder kann man bei einem Interview einfach aufstehen und rausgehen?
Jede Begegnung mit anderen Lebensweisen ist zuerst eine eigene, subjektive Erfahrung, die das eigene Selbstverständnis in Frage stellen sollte. Wie am Anfang bei Oppitz beschrieben, wenn zum Beispiel Phänomene wie Magie und Hexerei auftreten, kann dies eine existentielle Erfahrung sein, weil sie die eigene Wahrnehmung in Frage stellt.
Entweder wird dies vermieden - Strategien hierfür sind die Versuche, in der Beschreibung das Selbst zu eliminieren, eine "objektive Beschreibung" zu liefern - oder aber man geht durch den Prozeß der Begegnung. Maya Nadig und Mario Erdheim beschreiben dies als *sozialen Tod*:

> *Der soziale Tod ist jener Prozeß, in welchem die sozialen und kulturellen Rollen zerfallen, die unbewußten Werte und Identitätsstützen ins Wanken kommen und damit auch die diesen Verhältnissen angepaßten Wahrnehmungsformen* (Erdheim/Nadig 1979, 125).

Betrachtet man den sozialen Tod als Erfahrung, die einem Lernprozeß vorausgesetzt ist, wenn man anderen Lebensformen begegnet (vgl. Erdheim/Nadig 1979), kann in der Reflexion über das Andersein eine neue Erfahrung entstehen. Fragen wir uns in diesem Zusammenhang, warum eine neue, erweiterte Erfahrung abgewehrt worden ist.
Wolfgang bestätigte unser (Negativ-) Bild, das wir von den Anbietern auf dem esoterischen Markt hatten, nur allzu sehr. Sein Lebensentwurf, sein Habitus, einfach alles paßte zusammen. Wir wurden durch seine dozierende Art, die uns anmaßend und allwissend erschien, immer kritischer und auch aggressiver, wollten uns von "so einem" nicht in Frage stellen lassen. Das

soziale Sterben, daß er uns anbot, war ein einseitiger Vorgang mit dem Ziel, das Andere zu ent-fremden, d.h. unsere Rationalität und Weltsicht unter die seine unterzuordnen. Bei Wolfgang hatten wir keine Gelegenheit des Andersseins, andere Realitäten hatten keinen Platz in der Interaktion. Wenn wir ihn verstehen wollen, müssen wir seinen Angeboten folgen, den sozialen Tod sterben, um dann durch ihn neu sozialisiert zu werden. Der soziale Tod hatte sich zu einem symbolischen, individuellen Tod gewandelt.

Völlig anders liegt die Sache bei Gerhard. Nicht nur das beschriebene freundschaftliche Ambiente trug dazu bei. Gerhard selbst trat streitlustig auf und machte zunächst die Verhältnisse klar - er führte uns als Hausherr durch sein Haus, konfrontierte uns gleich mit einer mumifizierten Katze, die seit Erbauung des Hauses auf dem Dachboden des alten Hauses zwecks Schutzfunktion in einer Kiste liegt. Für ihn war die Situation vollkommen klar: wir wollten was von ihm und er nichts von uns. Er tat uns damit einen Gefallen, daß er sich dazu bereiterklärte, etwas zu erzählen. Als Gegenleistung bestimmte er die Regeln des Gesprächs und verlangte ungeteilte Aufmerksamkeit. Er forderte kein Konvertieren, aber Interesse für das, was er zu sagen hatte. Die Rollen waren eindeutig bestimmt, für Unsicherheiten, wie sie bei Wolfgang aufgetreten waren, gab es keinen Raum.

Es gab viele Gemeinsamkeiten, Gerhard teilte unsere Kritik am Esoterikboom und steuerte aus eigener Erfahrung die unterschiedlichsten Beispiele bei. Er differenzierte. Er grenzte sich ab und stellte in Frage - und ließ sich an den meisten Stellen auch hinterfragen. Er war bemüht, auf unsere Fragen einzugehen und präzise zu antworten. Es entstand Vertrauen und unsere Neugierde wuchs. Und als er schließlich in einer großartigen Inszenierung ein Gruppentarot legte, ließen wir uns völlig einbinden - und konvertierten freiwillig. Es kam schließlich zu einer Situation, in der wir das Fragen völlig vergaßen und über die Karten gebeugt die Gruppendynamik des Projektes debattierten. Das Gespräch war geprägt von einem spielerischen Ernst. Unsere Wissenschaftlichkeit glich sich den Karten an - beides liefert die nötige Distanz, um Dinge, die einem nahe gehen, mit dem nötigen Abstand zu diskutieren.

In dem Maße, wie wir uns gegenseitig anhören und austauschen konnten, wuchs das Infragestellen unserer *unbewußten Werte und Identitätsstützen*. Bei einer solchen Annäherung, einem geglückten Verstehen gehen beide Interaktionspartner um die Erfahrung des Andersseins aus der Szene, andersseiend, aber sich gegenseitig darin anerkennend.

Die Analyse Gerhards wird vor diesem Hintergrund zu einer spielerischen Auseinandersetzung.
Empathie ist in unseren Augen von Sympathie schwer zu trennen.
Bei der Analyse eines Interviews kann man sich nicht auf die Textsequenzen begrenzen, die man analysiert. Alles fließt in die Analyse hinein, einfach weil man keine kontextfreie Lesart eines Interviews rekonstruieren kann. Dies bezieht sich nicht allein auf die Interviewsituation, nicht nur auf die nachfolgenden Diskussionen, sondern auch darauf, daß wir bei der Produktion des Textes immer auch die Adressaten vor Augen hatten. Die Adressaten waren nicht nur unsere KommilitonInnen, potentielle LeserInnen, und Projektleiterinnen - es war auch eine stumme Aussprache mit unseren Interviewpartnern, deren Sätze und damit verbunden deren Bild beim Schreiben ständig gegenwärtig ist.
Wenn wir also Gerhard als Narzißten bezeichnen, wird er uns wahrscheinlich nicht vorwerfen, wir hätten ihn nicht verstanden. Im Gegenteil: mit leichtem Schmunzeln auf seiner - und unserer - Seite wird er sich erkannt fühlen. Wenn wir Wolfgang als Narzißten bezeichnen, ist dies kaum von einem Schmunzeln - weder auf seiner noch auf unserer Seite - begleitet.

Reservate und Inseln

Aber - fragen wir uns weiter - welche Gründe gab es für diese Emotionalität, in beiden Fällen, woher die Wut oder die Faszination, Zuneigung und Abneigung, aber - und das gilt für alle Interviews - nie Gleichgültigkeit?
Ursächlich sehen wir diese Emotionalität in den vielen Ähnlichkeiten begründet, die es zwischen Untersuchten und Untersuchern gibt, nicht nur, wie am Anfang beschrieben, in Bezug auf gesellschaftlichen Gesamtkontext und Sozialisation, sondern auch im Entfremdetsein von diesem Kontext. Damit entsteht die Notwendigkeit, individuelle Strategien zu entwerfen, die es dem einzelnen ermöglichen, sich in der Welt zu verorten.
Diese individuellen Strategien versuchen ein Defizit zu füllen, da unsere moderne, postindustrielle Gesellschaft keinen gemeinsam geteilten Sinn mehr anbietet: eine gesellschafliche Sinnkrise besteht (vgl. Greverus 1990, Beck 1986, Heinrichs 1984, Schülein 1981). Immer mehr Menschen werden zu *marginal men*, zu Randgruppen, die dem gesellschaftlichen Idealbild nicht mehr entsprechen können und - z.T. vielleicht auch gezwungenermaßen - nicht wollen.

J.A. Schülein spricht in diesem Zusammenhang von einer *strukturellen Sinnkrise*, die eine *Re-Konstruktion des Sinnzusammenhangs* erzwingt (vgl. Schülein 1981, 658).
Es kommt zu einem Nebeneinander einer Vielzahl sehr verschiedener *konzipierter Ordnungen*, die einen je eigen definierten Sinnzusammenhang liefern, auch wenn sich die *gelebte Ordnung* in den meisten Fällen ähnelt (zum Begriff *gelebte und konzipierte Ordnung* vgl. Greverus 1988a).
In seinem Vortrag auf dem Kongreß der Deutschen Gesellschaft für Volkskunde 1987 beschreibt H. Schilling den Prozeß der Wiedereinbindung der sich selbst ausgrenzenden Alternativszene. Die selbstgewählte Fremdheit bezeichnet er als *selbstdefinierte Reservate*, die vom Staat sehr wohl geduldet, zum Teil sogar gefördert werden.

> *Dafür leisten sowohl Alternative als auch Ausländer für die Gesellschaft Sinnstiftung der Marke "Unmögliche Lösungen" mit Kreativität, Flexibilität, Mobilität, Unbürokratie - in den Augen der Gesellschaft ein kreatives und informelles Wissen als ökonomische Ressource* (Schilling 1988, 602).

Bei den Anhängern der New-Age Szene geht man zum Teil noch weiter: die selbstgewählte Fremdheit, gedacht als Abgrenzung gegen herrschende Werte, sind *Sinn-Substitute*, die im Kern die gängigen gesellschaftlichen Regeln bestätigen.
Schülein sieht dies als eine mögliche Strategie in Zusammenhang mit strukturellen Sinnkrisen:

> *Auf der anderen Seite besteht auch die Möglichkeit, daß ein System mit Sinn-Substitut 'festgeklopft', also durch radikalen Zuschnitt auf ein - dann rigides und exklusives - Modell sekundär stabilisiert wird. Das Stichwort dafür ist die Sekte, ein sich unter dem Druck der Exklusivität und Exzentrik homogenisierter ... Sinnzusammenhang, der flexible und reflexive Nutzung erschwert oder verhindert, weil er eine klare Polarisierung erzwingt* (Schülein 1981, 658).

Daß dies zum Sektencharakter gehört, sei unwidersprochen, aber wir glauben, daß deutlich geworden ist, daß dies auch eine individuelle Strategie sein kann, die dann unter einem gemeinsamen Nenner, möge er New Age, Wassermannzeitalter oder wie auch immer heißen, zu finden ist. Dem einzelnen wird die Verantwortung für seine Situation aufgebürdet, da gesellschaftliche Faktoren als Mitverursacher von individuellen Problemen ausgeblendet werden.

Es wird eine neue Sinnordnung als *geistiges Reservat* produziert, die das Leben in Randbereichen der Gesellschaft oder aber auch im angepassten Rahmen lediglich umdefiniert. So leben viele Anbieter nicht von ihrer "spirituellen Arbeit", sondern verdienen ihren Lebensunterhalt durch Aushilfsjobs.

> *Das Gefühl, selbstbestimmt zu arbeiten und gleichzeitig etwas Sinnvolles, etwas "für sich" zu tun, läßt die Leute Opfer bringen: für das Frauenmeditationswochenende ist nur eine Frau gekommen, aber G. macht es trotzdem, weil es ihr im Moment "selber guttut"* (Feldtagebuch 11.10.87).

Das Leben im nicht traditionellen Rahmen, oft am Rande des Existenzminimums, wird als selbstgewählt betrachtet, bekommt somit Sinn und erscheint selbstbestimmt. Vergleichbar ist dies auch mit der Situation, in der ein Großteil der Studierenden und Doktoranden leben. Jobs und ABM-Verträge, ohne soziale Absicherung, aber zu einem nicht mehr wegzudenkenden Faktor in der Wirtschaft geworden, erhalten einen Sinn, weil man für ein höheres Ziel - den Wissenserwerb - arbeitet, auch wenn der Zwang zum Geldverdienen das eigentliche Ziel längst überlagert.

Auf der anderen Seite gewinnt die Arbeit in "normalen/bürgerlichen Berufen" als Bankangestellte, SozialarbeiterInnen, ManagerInnen oder LehrerInnen eine vollkommen andere Dimension. Die Eintönigkeit wird genommen und es gibt nun das erstrebenswerte Ziel des Bewußtseinswandels oder des Erkenntnisgewinns.

Es existieren jedoch noch andere Parallelen zwischen uns und "den" Spirituellen.

> *Im Gegensatz zu meinen bisherigen Untersuchungen habe ich es zum ersten Mal mit Leuten zu tun, die zum großen Teil einen mit meiner Lebensgeschichte vergleichbaren background haben. Dadurch wird es aber auch um einiges komplizierter, da man sich bis zu einem gewissen Grad selbst untersucht. Ich habe im Verlauf meines bisherigen Daseins schon öfters vor Entscheidungen gestanden, die einen "Wechsel meiner Wirklichkeit" bedeutet hätten, wenn ich einen anderen Weg eingeschlagen hätte* (Tagebucheintrag 8.8.1987).

Grundsätzlich besteht die Gemeinsamkeit in der Kritik an gesellschaftlichen Verhältnissen: Wachstumsideologie, Zentralisierung, Bürokratisierung, Umweltverschmutzung, Entmündigung des Einzelnen, Anonymität, Diskriminierung, Ausbeutung - die Liste ließ sich noch eine ganze Weile fortsetzen.

Von Gurus, Schülern und Klienten

Mit der Wahl eines Studienfaches, dessen Absolventen als Eskapisten, Abenteurer, Utopisten und *experimentelle marginal men* bezeichnet werden (vgl. Lindner 1988, 1989; Stagl 1981; Greverus 1982), die als Grenzgänger zwischen den Kulturen lernen müssen, das Eigene mit fremden Augen zu sehen (vgl. Lindner 1988, 106), begibt man sich auf eine Suche. Man lernt, das Eigene zu kritisieren, als nicht naturgegeben zu sehen, die Mißstände aufzuzeigen und andere Formen menschlichen Zusammenlebens dagegenzuhalten. Insofern ist das Studium der Kulturanthropologie immer auch ein kritisches, praxisorientiertes Studium, daß im Kulturenvergleich *einen Weg aus dem ... eigenen Kulturdilemma sucht* (Greverus 1988, 46). So sind auch wir "Heilsbringer", "Suchende", die, viel zu oft, im zurückgezogenen Rahmen von Institut und Heimwelt der Utopie einer anderen Gesellschaft mit einer Vielzahl *freiwilliger Kommunitäten* (vgl. Greverus 1988a, 197) nachträumen, in denen Menschen frei und schöpferisch tätig sind, getragen von dem Bewußtsein einer gegenseitigen Verantwortung. Wir träumen von einer anderen Gesellschaft und stoßen sehr hart an die Kanten der uns umgebenden Realität und können über das Wie der Umsetzung keine Antwort geben, sondern bleiben stecken in den Versuchen, das Warum zu begründen.

Und wir treffen in unserer Untersuchung auf Menschen, die das Wie für sich gelöst haben. Oft genug sind sie vom gleichen Punkt ausgegangen, waren politisch aktiv, waren '68, bei der Startbahnbewegung und den Häuserbesetzungen dabei, haben Kommunen und andere Lebensformen ausprobiert, bevor sie sich *gefunden* haben, gefunden in der befriedigenden Beziehung des Ichs zum Kosmos, in der Heimwelt, auf dem Lande.

Das Weltbild von Sabrina. Sehr klar, sie macht ihre Arbeit, weil es ihr Spaß macht, sich mit Tanz und Theater zu beschäftigen. Die Erfahrungen, die sie beim Tanzen, mit dem Tanzen macht, will sie gerne weitergeben, mit anderen Menschen erleben. Bei der Arbeit, die sie als "spirituelle" begreift, macht sie neue Erfahrungen mit sich, mit ihrem Körper. Sie lernt, ihr "Inneres zu ordnen" - eine Ordnung, die Ruhe nach außen strahlt, nach außen wirkt. (Eine Tatsache, die ich bestätigen kann).

Politisch - sie merkt, daß es rundherum pulsiert, Veränderungen im Gange sind. Sie versucht "dem Schlechten" entgegen zu arbeiten, indem sie "Gutes" nicht entgegensetzt, d.h. sie versucht nicht, in diesem "Denksystem" zu kämpfen, um es nicht zu perpetuieren, sie versucht schlichtweg und einfach eine andere Wirklichkeit mit ihrer Umwelt zu leben und neben (in?) der "schlechten Welt" sich an dem Aufbau einer "guten" zu beteiligen.

> *Ihr größtes Problem ist im Moment noch, wie sie dies finanzieren kann, weil ihr die ständigen Nebenjobs auf die Nerven gehen. Guru braucht sie keinen, sie versucht lediglich, sich selbst näher zu kommen und sieht darin auch das "Spirituelle" ihrer Arbeit ... Was mich fasziniert, ist die Ruhe, die sie ausstrahlt, die Gelassenheit, mit der sie vieles erzählt hat. Die größeren Unsicherheiten lagen sicher bei uns* (Tagebucheintrag 9.10.89).

Es gab Begegnungen, die in uns Wut aufkommen ließen, da unsere Gegenüber zu schnelle, zu allgemeine und nicht mehr hinterfragbare Antworten präsentierten, die nichts anderes zuließen, wo es kein Außen gab und wir immer wieder nur auf uns selbst zurückverwiesen wurden, *es gibt nur einen Feind, das sind wir selbst. Kein Mensch hat einen Gegner ... Wenn jemand dich angreift, dann sind es nur die Projektionen, die auf ihn wirken. Und wir müssen immer bei uns selbst anfangen, bei unserer eigenen Korruption, ohne einfach uns selbst ständig zu belügen.*
Daneben gab es die faszinierenden Begegnungen, bei denen vielleicht auch eine Spur Neid aufkam - Neid auf das Sich-Einrichten, auf das Ausblenden-Können, auf die Ruhe, auf das Sich-Beschränken-Können auf das Machbare: der Freundeskreis, die Familie.

Dabei wurden - und werden - wir immer wieder auf unsere eigenen Ansprüche gestoßen - warum rennen wir gegen Strukturen an, gegen die wir ohnmächtig sind? Was sollen die Ideale vom anderen Leben, die von so vielen nicht geteilt werden? Was soll der Einsatz, der die eigenen Kräfte immer wieder verpuffen läßt? Was das endlose Weiterfragen? Ablenkung vom *Eigentlichen*?

Und dennoch - vielleicht ist eben dies unser *Eigentliches*.

Ina-Maria Greverus

Von verspeisten, ausgespuckten und befreiten Seelen
Über die Schwierigkeit, Seele zu verorten

Vorspann: Identitätsfalle Projekt

Auf die *Wiederkehr des Körpers* (Kamper/Wulf 1982) in unserer Gesellschaft und seine Befreiung aus gesellschaftlichen Zwängen folgte recht rasant die Wiederkehr der Seele und deren Befreiung aus gesellschaftlichen Zwängen. Wir Anthropologen versuchen, in unserem Kopf mit diesem Tempo Schritt zu halten und die *Befreiungen* zu verstehen und zu verorten. Als Kulturanthropologen machen wir es uns dann besonders schwer, weil wir sowohl den Körper als auch die Seele in ihrem jeweiligen So-Sein als gesellschaftliches Konstrukt betrachten - und trotzdem natürlich auch so etwas wie einen Körper und eine Seele haben, die sich - ganz individualistisch - zur Wehr setzen, nur ein Produkt kultureller Setzungen zu sein. Das Individualistische, das gesellschaftlich Konstruierte und die Subjekt-Objekt-Angst des Forschers/der Forscherin sollen Gegenstand dieses, trotzdem sehr ernst gemeinten, Pamphlets, über Seelen sein, in dem ich gemeinsame und eigene Erfahrungen gegenwärtiger Körper-Seele-Kopf-Konstrukte zwischen Wissenschaft und Leben thematisiere. Und meine Frage ist - und es bleibt eine Frage -, ob wissenschaftliche Verortung für die *Verortenden* einen Bruch oder eine Erweiterung ihrer Identität darstellt oder jenseits von personaler Identität in einem keimfreien Raum von Wissenschaft anzusiedeln ist, aus dem man unbeschadet in das *fraglos Gegebene* seiner Alltagswelt zurückkehrt.

Meine Begegnung mit dem neuen Seelenkult begann 1982, als ich bei einem vierteljährigen Feldforschungsaufenthalt in den USA statt die erwarteten ökonomisch-sozial alternativen Landkommunen kennenzulernen, gewissermaßen auf eine "Seelenreise" durch die neue Spiritualität geschickt wurde. Der Prozeß des *Verstehens* und *Verortens* war schwierig und langwierig und hat erst 1989 einen vorläufigen Abschluß in einem Text, einem Essay im Umfang eines Buches (Greverus 1990) gefunden. In jenen Text sind die Erfahrungen dieses gemeinsamen Forschungsprojektes verhältnismäßig selten eingeflossen. Es war eher eine "Alleingang-Forschung" zwischen Feld und Schreibtisch, wie sie als Königsweg des

Anthropologen hervorgehoben wird (vgl. Giordano/Greverus 1986, 8ff.). Trotzdem war dieses, "unser" Projekt dabei und berührte gerade das hier zur Debatte stehende Problem der Selbstreflexivität. Die das Eigene im Fremden und das Fremde im Eigenen thematisierende Interaktion zwischen dem Forscher und seinem "Objekt" wird in einem Gruppenprojekt aus der Bipolarität in eine Multipolarität gehoben. Aus dem Spiegel des "Anderen", der schon schwierig genug zu ertragen ist, wird das Spiegelkabinett, das vergrößert, verkleinert, verzerrt und als Identitätsfalle dann auch den Alltag nicht mehr verschont. Cornelia Rohe und Sven Sauter haben den Feldforscher in seinem Rollenwechsel zwischen Aggressor, Schüler und Konvertit thematisiert (vgl. Rohe/Sauter in diesem Band). Es sind drei Rollen, die für die erwachsene Persönlichkeit Angst um die erworbene Identität hervorrufen können. Ich möchte, gerade im Zusammenhang unseres Projekts, noch drei weitere Rollen erwähnen: die des Lehrers, die des distanzierten Objektivisten und die des betroffenen Subjektivisten.

Projektidee: eine spirituelle Topographie des urbanen Raumes

(aus dem Ergebnisprotokoll einer Vorbesprechung vom 25. Juni 1986)

1. Die Problemstellung

Die Problemstellung des Projekts läßt sich aus den im Titel enthaltenen Begriffen entwickeln.

a) Topographie

Arbeitsdefinition: Eine Topographie ist eine Ortsbeschreibung. Eine kulturanthropologische Topographie zielt nicht nur auf die Erfassung der baulichen Ordnung und der baulichen Zuordnung (Viertel, Häuser, Umgebung, Innen- und Außengestaltung), sondern fragt nach der Sinnordnung hinter der gebauten Ordnung, nach den aus dieser Sinnordnung abgeleiteten Raumorientierungen und ihren Objektivationen im Raum.

Problemstellung: Welche Deckung, welche Spannungszustände, welche Mißverhältnisse bestehen zwischen der Sinnordnung einerseits, der Raumorientierung andererseits, und dem besetzten Raum als sichtbarem Gegenstand? Ist das angeeignete Territorium aktivitätsfreundlich, ist es sicherheitsgebend, ist es identitätsstabilisierend?

b) Spirituelle Topographie

Arbeitsdefinition: Die Topographie wird eingeschränkt auf eine Beschreibung der räumlichen Objektivierungen der Sinnordnung der neuen

spirituellen Bewegung. Kennzeichnend für die neue spirituelle Bewegung ist:
- die Kombination von Anleihen aus verschiedensten Quellen als Synkretismus, kulturelle Collage oder *bricolage* (Lévi-Strauss), und
- der Gedanke der Transformation zum Spirituellen als einem neuen Bewußtsein, als eine Entwicklung bzw. Evolution innerhalb der Menschheitsgeschichte.

Problemstellung: Wie eignen sich spezifische Gruppen - hier die neue spirituelle Bewegung - Räume an, wie verteidigen sie diese Räume, und wie besetzen sie sie mit Symbolen? Wie verbindet sich die Sinnordnung "Neue Spiritualität" mit dem spirituellen Raum? Ist der Raum
- die Materialisierung des Spirituellen,
- oder der *Behälter* (Mumford) oder der *Magnet* (Mumford) für das Spirituelle,
- oder ist er die materielle Ermöglichung für das spirituelle Netzwerk?

c) Spirituelle Topographie des urbanen Raumes
Arbeitsdefinition: Der städtische Raum hat materielle Charakteristika, die von denen des ländlichen Raumes abweichen. Gleichermaßen hat Urbanität immaterielle Charakteristika, die im Gegensatz zu denen der Ruralität stehen. Im Sinne von Mumford meint Urbanität die Fähigkeit zur *Implosion*; es stellt sich die Frage, ob diese in gegenwärtigen städtischen Räumen wie Frankfurt überhaupt noch gegeben ist.

Problemstellung: Erwächst die heutige spirituelle Bewegung aus Urbanität oder aus dem urbanitätslosen städtischen Raum? Ist Urbanität notwendig, damit die spirituelle *Implosion* überhaupt stattfinden kann, oder entsteht die Bewegung vielmehr aufgrund der Zivilisationskritik? Ist die Stadt - als Verschränkung des Materiellen und des Immateriellen, als Raum und als Geist - ein besonders guter Nährboden für die spirituelle Bewegung, oder zielt diese Bewegung eigentlich, obwohl sie in der Stadt entstanden ist, von der Stadt aufs Land bzw. von der Stadt in die Natur? Ist sie aber nicht selbst dann, wenn sie sich aufs Land hin orientiert, trotzdem urban?

2. Operationalisierung und Aspekte zur Interpretation
Die Umsetzung der dreigegliederten Problemstellung in eine Forschungsstrategie und das Abstecken eines theoretischen Rahmens für Operationalisierung und Dateninterpretation geschieht zunächst nur stichwortartig.

Es bieten sich drei methodische Schritte an:
I. Bestandsaufnahme des Milieus:
   Erfassung der Raumaneignungen durch Ortsbegehungen/Kartierungen und Dokumentenanalysen,
II. Bestandsaufnahme des Verhaltens:
   Erfassung des territorialen Besitz- und Verteidigungsverhaltens und der Behavior Settings durch (teilnehmende) Beobachtung,
III. Bestandsaufnahme der Sinnordnung:
   Erfassung der Werte und Symbole durch Befragung und Dokumentenanalyse.

Für die Planung der Forschungsschritte (Kriterien für die Milieuerfassung unter Pkt. I; Kriterien für die teilnehmende Beobachtung unter Pkt. II; Frageleitfäden für die Erfassung der Werte und Symbole unter Pkt. III) und die spätere Dateninterpretation sind folgende Theoriekomplexe wichtig:

A. Raum und Raumverhalten
B. Ritual und Ritualisierung (insbesondere unter dem territorialen Aspekt)
C. Charismatisches Milieu (insbesondere unter dem Setting-Aspekt)
D. Synkretismus, Collage, Bricolage (unter dem Sinnordnungsaspekt)
E. Symbole (unter dem Materialisierungsaspekt)
F. Stil und Kulturstil (unter dem Aspekt der Sinnumsetzung)

Begegnungen mit "Seelen"

Unsere alltägliche und unsere wissenschaftliche Aufmerksamkeit ist immer selektiv. Das ist das Problem der Relevanz. Wir greifen uns aus dem Wissensvorrat und dem sinnlich Wahrnehmbaren unserer Umwelt das heraus, was für unser intentionales Handeln von Interesse ist. Diese Beschäftigung mit etwas je Bedeutsamen kann allerdings das Phänomen Zauberlehrling hervorrufen. Das Beschworene wird übermächtig, umzingelt und läßt einen nicht mehr los, man sieht es überall, es kriecht aus jedem Winkel. Jede wissenschaftliche Arbeit hat etwas von diesem Phänomen an sich.
Jedenfalls: da war die Feldphase in Freiburg i.Br.

Erste Station: gebackene Seelen

Conni und Sven fallen in ihrer Aufmerksamkeitsfokussierung auf die "Seelen des Neuen Zeitalters" nun auch die dafür wenig relevanten gebackenen Freiburger "Seelen" auf. Aber waren sie wirklich wenig relevant? Die beiden gehen, wenn hier auch nur im Vorübergehen, den in unserem Alltag üblichen Weg der Nachfrage, um das Unbekannte einordnen zu können: *Werden wir dann aber beim Nachfragen aufgeklärt, dann können wir die Situation einordnen - oder verstehen* (Rohe/Sauter in diesem Band). Dieses Einordnen ging allerdings nicht so weit, daß sie sich jetzt mit der kulturhistorischen Bedeutungsanalyse oder der Formendiffusion von Gebildebroten beschäftigten. Vielmehr waren die verspeisbaren "Seelen" Reflexionsanstoß für die Verstehensfrage nicht von Brötchen, sondern von Menschen mit deren fremden Ideen und Handlungsweisen man in der direkten Interaktion im Feld konfrontiert wird.

Zweite Station: Befreite Seelen?

Wir fahren alle zusammen in das anthroposophische Zentrum, das Goetheanum, in Dornach/Schweiz. Wir bekommen eine Sonderführung und werden gleich in die Schülerrolle gedrängt, wobei der Wissende durchaus bemüht ist um Solidarisierung, Geltenlassen: *Die großen Künstler haben das alles in den Fingerspitzen, und wir armen Deppen müssen erst mühsam lernen* oder: *Das kennen Sie wahrscheinlich, nicht?* (Tonbandprotokoll Dornach). Gleichzeitig werden wir auf die Rolle des Konvertiten abgetastet: *Das ist ein ganz entscheidendes Moment, was natürlich von der westlichen Wissenschaft zunächst mal nicht anerkannt wird, daß zum Erkennen eine Seelenstimmung gehört.*

Und dann wurden wir etwas abrupt in eine "Seelenstimmung" versetzt. Nachträglich betrachtet frage ich mich, ob es Inszenierung eines zenbuddhistischen "Lernens durch Schock" war oder westlich-kommunikative Herausforderung durch balancierende Identität oder kulturelle Erwartungshaltung des Anthroposophen, daß wir, die Besucher aus dem "gleichen" Kultur- und Sozialraum, seine Einstellung teilen müßten.

Wir standen am Fuß einer neun meter hohen Holzgruppe, deren Erklärung ihres symbolischen Gehalts des menschlichen Seins unsere Verstehensbereitschaft bereits äußerst strapaziert hatte. Da wurden wir gefragt, ob sich denn hier - (überhaupt noch) - jemand für Dichter interessiere wie Morgenstern, die nicht mehr lebten, nicht mehr aktuell seien. In dieser bewußten (?) Verunsicherung - desinteressierte Gegenwartsmenschen - sagten natürlich alle ja. Eine Tür an der Rückseite der Statue öffnete sich, man stieg in ein ausgehöhltes Inneres hinab und sah - auf einem Sockel die angestrahlte Urne von Christian Morgenstern. Ab hier kann ich nur für mich weitersprechen: der Schock war nicht nur diese Urne, sondern das Unvermittelte, Uninterpretierte der Konfrontation; der Schock war nicht diese eine Urne, sondern der Keller mit Regalen, auf denen Urne neben Urne stand (und mich zu der traumatischen Abwehrassoziation von Einmachgläsern in Kriegshaushalten führte); der Schock war die Bemerkung auf mein Erschrecken, daß diese Urnen wohl doch besser unter die Erde gehörten; der Schock war der "verständnisvolle" Zynismus gegenüber unseren Ängsten: *Sind alle raus, damit ich niemanden einsperre. Um Gottes Willen!*; der Schock war die abschließende pauschale Einordnung in "jung" und unsensibel für transzendierende Weisheit: *Wissen Sie, das passiert mir in letzter Zeit öfter, gerade von jungen Leuten, und das ist mir ein großes Problem, wie man sich das erklären kann, daß sie das so empfinden.*

Und bei dieser Erfahrung konnte ich eine andere, ähnliche - und doch völlig anders erlebte - Erfahrung abrufen, die nunmehr einunddreißig Jahre zurückliegt. Es war in Palermo, Sizilien. Ein Freund führte uns durch die Stadt und schließlich zu den berühmten Mumienkatakomben des *Convento dei Cappuccini*. Er hatte uns auf den für uns ungewohnten Anblick der an Stricken aufgehängten oder in zerfallenden Särgen liegenden Mumien vorbereitet. Mit unseren kleinen Kindern bliebe er lieber draußen. So folgten wir zwei Deutschen einem Mönch aus der wärmenden Mittagssonne in die kalt-dämmernde Gruft. Und wir waren dort mit den Toten allein, sehr dicht. Die Totengruft war noch nicht wie gegenwärtig ein makabertouristisch aufbereitetes Schauspiel, durch das - nunmehr durch Absperrungen von den angestrahlten Toten getrennt - die Besucherströme geleitet wurden. Aber wir waren vorbereitet und der italienische Kapuziner versuchte, uns das eben ganz Andere seiner Kultur zu erklären. Wir konnten miteinander sprechen über die Totenrituale der Einen und der Anderen. Und die Antwort auf die Frage nach dem Besuch von lebenden Angehörigen hier - *Gehen Sie nicht auch zu den Gräbern Ihrer Toten* - war weder diejenige des Aggressors noch die des Belehrenden, der uns zu Schülern machen wollte. Es war eine relativistische Antwort, die über die gesellschaftsspezifisch intersubjektiv geltenden Normen und Formen einer Kultur hinaus auf ein intersubjektives Verstehen des menschlich Gemeinsamen der Bedeutung hinter den verschiedenen Ausdrucksgestalten der Kulturen suchte. Das Subjektivistische des Betrachters, das Befremdliche,

Beängstigende, konnte in den intersubjektiven Verstehensprozeß eingehen. Der von außen kommende Betrachter mußte nicht, wie es Lévi-Strauss für den Anthropologen und seinen Objektivitätsanspruch forderte, seine *Gefühle verschweigen* (Lévi-Strauss 1967, 389), sondern sie waren geradezu der Schlüssel zu einem Prozeß wechselseitigen reflexiven Verstehens eines Gemeinsamen: der Bedeutung hinter dem je Verschiedenen des Ausdrucks.

Dritte Station: Katzenseelen
Wir sind, einen Tag später, zu fünft im Schwarzwald, in einem einsamen alten Haus, in einem einsamen alten Dorf, bei dem Astrologen Gerhard und seiner Freundin Anna, die wir alle aus ihrer Studienzeit bei uns kennen. die Atmosphäre ist warm und vertraut in der großen Küche, okkulte Stimmung noch nicht vorhanden, die schnurrenden Hauskatzen um uns ganz "normal", wenn auch ein bißchen aufdringlich. Eigentlich geht es zunächst mehr um die Frage, wie man alte Häuser für sich selbst gestalten und beleben kann - ein Thema, das mich theoretisch und praktisch sehr interessiert. Hausführung vom Gewölbekeller bis zum Boden. Dort oben, und die Spinnenwebendämmerung war schon da, hebt Gerhard den Deckel über einer Bodenvertiefung hoch - *Schaut mal, was wir hier haben*. Es war die Mumie einer Katze - 200 Jahre alt, wie betont wurde. Gerhard konnte meinen Schock wohl zunächst nicht richtig verstehen. Aber er ließ es mich sagen: die lebendigen Katzen unten, die Urnen am Tag davor, die Mumien von Palermo und die "theosophischen" Hunde und Katzen seinerzeit in dem theosophischen Dorf Taormina in Kalifornien, wovon ich in mein Feldtagebuch schrieb:

> *Gepflegte, wohlhabende Einfamilienhäuser, Gärten, nur alte Menschen, Erscheinungen wie in Dornach. Empfang bei einer "offiziellen" Dame und ihrem Mann, beide steinalt, unerträglicher Hunde- und Katzengeruch im Haus, Hunde und Katzen draußen, auf den Tischen, Sesseln, Sofas, unserem Schoß (lauter Seelen?); kurzes, hilfloses atemanhaltendes Gespräch ... Die Atmosphäre unerträglich bedrückend.*

Da waren einfach Bilder angstbesetzter sinnlicher Erfahrungen. Ich, die gedacht-distanzierte wissenschaftliche Objektivistin vermittelte betroffenen Subjektivismus, der sich dann auch noch auf die Angst vor der besonders "individualistischen" (und aggressiven) Katze namens *Mylady* erstreckte, die angeblich (oder tatsächlich?) genau merkte, wenn man sie nicht leiden mochte - und ich mochte sie nun mal nicht! Selbst das wurde verstanden und akzeptiert. Ich wurde "Patientin", die *platt ist*, daß sie ihre *reaktiven*

Anlagen (Gefühlsmensch) - oder vielleicht Seele? - einfach mal ausspucken kann. Oder wurde es einfach ein Gespräch zwischen Freunden, die zwischendurch weder auf ihrer Wissenschafts- noch auf ihrer Weisheits-Position beharrten und ein spielerisches Tarot über den Ausgang des Projekts legten?

Eine neue "Seelenkultur"?

1988 erschien in der Reihe *Historische Anthropologie* ein Band mit dem Titel "Die erloschene Seele" (Kamper/Wulf 1988). *Wer heute von der Seele spricht, erregt Verwunderung* (S. 1), heißt es dort, oder: *Die gegenwärtige Rede von der Seele ist also hauptsächlich eine Fehlanzeige* (S. 2). Dingfest macht sich diese Fehlanzeige vor allem auch in der Seele Substanzverlust in den institutionalisierten Wissenschaften von der Seele, Psychologie und Psychoanalyse:

> *Die Psychologie hat zwar ihren Namen von der Seele, jedoch liegen Aussagen über deren Wesen und Eigenschaften ... außerhalb der Reichweite ihrer empirischen Methoden; sie gehören in den Zuständigkeitsbereich von Philosophie und Theologie* (Hofstätter, zit. n. Kamper/ Wulf 1988, 18).

Und schlägt man dort nach, werden auch Philosophie und Theologie historische Anthropologien - Darstellungen des Seelenbegriffs der Anderen. Hat das 20. Jahrhundert die Seele endgültig verloren, und ist sie nur noch für den Historiker interessant, wie es uns der Klappentext zur "Erloschenen Seele" vermittelt?:

> *Rückblickend auf die große Vergangenheit der "Seele" gewinnt man heute den Eindruck, daß dieses Phänomen trotz einer fast allgegenwärtigen Psychologie weitgehend verschwunden ist. Die "Seele" ist im fortschreitenden Zivilisationsprozeß auf der Strecke geblieben. Doch macht ihr Verlust sie wieder interessant für alle, die den vorhandenen Erinnerungsspuren in der Geschichte nachgehen wollen.*

Aber: Allgegenwärtigkeit der Psychologie, überfüllte psychotherapeutische Wartezimmer, *Psychokulte* (Haack 1985), *Psychokratie und Lieferanteneingänge zum wohltätigen Wahnsinn* (Diktatur der Freundlichkeit 1984) entwachsen nicht historischem Interesse, sondern gegenwärtiger Not der wie auch immer gearteten "Seelen" im Hier und Heute lebender Menschen. Ihrer eben nimmt sich eine Dienstleistung an, die Robert Castel (1988) *Reparaturmarkt für verwundete Seelen* genannt hat. Dieser Begriff kann zynisch ausgelegt werden, aber ebenso nur diagnostizierend, er kann die helfenden Experten meinen, aber auch den reinen Kommerz. Allerdings bleibt dieser Begriff ein Begriff der Distanz. Was therapiert wird, ist die Abweichung von der Normalität - oder, wir könnten es anders ausdrücken: das Nicht-Umgehenkönnen mit dem Herausfallen aus der gesellschaftlich konstruierten Normalität. Daß Krankheit, Partnerverluste und berufliches "Versagen" heute die wesentlichsten Auslösemomente für den Gang auf den *Reparaturmarkt für verwundete Seelen* darstellen (vgl. u.a. die in diesem Band wiedergegebenen biographischen Krisen) beleuchtet die "Werte" unserer Gesellschaft deutlich. Individuelle Leistung und Anerkennung sind zentral. Unsere "Seele" als eine vereinzelte ist darauf angewiesen. Und hier eben ist das Einfalltor für die neue Seelenkultur des New Age, die sich auch als *Abenteuer der Seele* bezeichnet. Castel spricht von einem *featuring der Seele* oder einer *Therapie für Normale* oder einem neuen Markt der Seele, der *Profile der Normalität herstellen oder verkaufen* [muß], ... *die sich von den gewöhnlich gegebenen und traditionell "normal" genannten unterscheiden* (Castel 1988, 44).

Er leitet diese Wende in der Psychologie/Psychoanalyse aus einer Erkenntnis ab, daß Normalität nur ein momentaner Schritt in die Dynamik psychischer Prozesse sei und somit kein Zustand, der, wenn verloren, auf einem Reparaturmarkt wieder herstellbar sei: *Man gibt somit das Reparaturmodell auf zugunsten eines psychischen Wachstumsmodells: wenn die Normalität kein Symptom mehr ist, dann wird sie nicht zum Zustand, sondern zur Aufgabe* (Castel 1988, 45).

In diesem psychischen Wachstumsmodell ist das *menschliche Potential* zur Normalität (als Aufgabe) vollkommen in das Subjekt verlagert. *Normalität* ist keine gesellschaftlich konstruierte Wirklichkeit mehr, deren *intersubjektive Wahrheit* für das Subjekt Relevanz als *subjektive Wirklichkeit* haben muß (vgl. Berger/Luckmann 1971). Das Subjekt ist aus der verantwortlichen und mitzuverantwortenden Gesellschaft entlassen. Seine "Seele", die für mich seine in Wechselwirkung mit der Umwelt gewonnene personale Identität ausmacht als Sich-Erkennen, Erkannt- und Anerkanntwerden, ist, nachdem ihr schon lange die *kosmische Heimatlosigkeit* bescheinigt wurde, nun auch gesellschaftlich heimatlos geworden. Sicherlich stellt unsere Gesellschaft noch Normalitätsmodelle zur Verfügung - Gesundheit, Familie, berufliche Leistung sind zentral - aber wenn rein quantitativ die "Anormalen" die Normalen überrunden, was ist dann noch normal? Das psychische Wachstumsmodell sehe ich nicht als eine Abkehr vom Reparaturmarkt der Seele, sondern als einen neu entdeckten Reparaturmarkt, der nicht mehr die individuelle Abweichung von gesellschaftlich bestimmter und dominanter Normalität reparieren will, sondern - in Abwendung von Gesellschaft und ihren hilflosen, weil weder materiell noch ideell verbindlichen und damit subjektiv relevanten Normalitätsmodellen - "Heimatlosigkeit" als Entfremdung reparieren will. Die "erloschene Seele" muß dafür neu definiert und belebt werden. Das zugängliche historische Arsenal von Seelenvorstellungen bietet sich für synkretistische Collagen (vgl. Greverus 1990, 222ff.) an. Wichtig wird für den modernen Menschen und seine internalisierte narzißtische Prägung die Akzeptanz der neuen Sinnstiftung, d.h. die Integrierbarkeit in seine Zukunftsorientierung, in seine Glücksvorstellungen und Ängste. Berger und Luckmann haben in ihrer Analyse der gesellschaftlichen Konstruktion von Wirklichkeit die Konstituierung einer symbolischen Sinnwelt, die auch die Grenzerfahrungen, die Nachtseiten, die Ängste menschlichen Erlebens in ein allumfassendes Bezugssystem integriert, als oberstes Ziel der Legitimation einer "objektiv", d.h. intersubjektiv anerkannten, sinnhaften Welt erklärt:

> *Der Primat der gesellschaftlichen Objektivation des Alltagslebens kann seine subjektive Plausibilität nur behalten, wenn er unablässig vor Angst und Grauen geschützt wird. Auf der Ebene der Sinnhaftigkeit ist institutionale Ordnung ein Schutz gegen das Grauen. Solchen Schutzes beraubt zu sein, allein gelassen, dem Griff des Nachtmahrs ausgesetzt, heißt zu Recht - anomal zu sein. Zwar ist die Furcht vor der Einsamkeit wahrscheinlich schon in der konstitutionellen Geselligkeit des Menschen angelegt. Aber auf der Sinnebene manifestiert sie sich in der menschlichen Unfähigkeit, ein sinnhaftes Dasein isoliert von nomischen Konstruktionen der Gesellschaft zu führen* (Berger/Luckmann 1971, 109; vgl. dazu Greverus 1990, 61ff.).

Der Reparaturmarkt der Seele muß somit der gesellschaftlich und kosmisch heimatlos gewordenen Seele eine Sinnkonstruktion anbieten, die sie vor dem Grauen dieser Entheimatung schützt und ihr gleichzeitig ihre im Zuge der Moderne erworbenen "Rechte" der individuellen Freiheit (als "Normalität") erhält. Die Anthroposophie Rudolph Steiners hat mit ihrer ganzheitlichen Sinnordnung wohl den umfassendsten Versuch der Moderne gemacht, die zerstörte Dreiheit Individuum, Gesellschaft und Kosmos wieder in eine integierte Dreigliederung zu ordnen, in der die *freie Individualität* des einzelnen über das *reine Denken* die Verbindung zum allumfassend Göttlichen und über seinen *ethischen Individualismus* zum gesellschaftlichen Gemeinwesen hat. Als *Hoffnung auf eine neue Kultur* (Rieche/Schuchardt 1981, 7) oder als *eine seelische Kultur, in der der*

Mensch, bei Wahrung seiner Individualität, den Mitmenschen wahrnimmt und achtet (Werkstattbericht *der hof*, in diesem Band, S. 100), möchte ich dieses Modell durchaus der spirituellen Wende zu einem Neuen Zeitalter hinzurechnen. Gleichzeitig aber möchte ich, was die Entwicklung der spirituellen Sinnkonstruktion innerhalb der New Age-Szene anbetrifft, seinen Ausnahmecharakter und seinen Rückgang betonen. Ich meine damit das Erlöschen des Sozialimpulses innerhalb der Dreigliederung Individuum-Gesellschaft-Kosmos. Der hier dargestellte *hof* in Niederursel, wozu wir andere Beispiele aus der anthroposophischen wie aus anderen spirituell motivierten Richtungen (vgl. z.B. meine Darstellung von The Farm in Tennessee, die auf einem christlichen und zenbuddhistischen Synkretismus aufbaut, Greverus 1990, 234ff.) rechnen können, sind vereinzelte Inseln im Ozean des *neuen Bewußtseins*. Daß sowohl *der hof* als auch *The Farm* aus den Impulsen der revolutionären 60er hervorgegangen sind, die nicht den *neuen Menschen*, sondern die *neue Gesellschaft* forderten, ordnet sie den von anderen Impulsen eines Neuen Zeitalters überholten Modellen zu. Zentral dagegen ist in den 80er Jahren jenes *featuring der Seele* geworden, das als *Wachstumsmodell* personale Selbstfindung und Selbsterlösung auf den Markt bringt und den so geschaffenen *meta human* (Solomon 1979) von der Last der Gesellschaft unabhängig machen will. Was Christel Gärtner und Klaus Bischoff in ihrem Beitrag *Individueller Synkretismus* als Ausdruck der Moderneproblematik bezeichnen - *daß jeder sich individuell das zusammenstellt, was für sein Problem eine Lösung darstellt* - wird in den Angeboten nicht als Problem, sondern als Befreiung hervorgehoben. Die *spirituelle Topographie* des urbanen Raumes (vgl. die Beiträge Ferber/Neuhoff/Welz; Neuhoff; Welz in diesem Band) zeigt kaum neue Orte sozialer Modelle auf spiritueller Grundlage, sondern eine Vermehrung des bisherigen "Reparaturmarktes der Seele" um den Featuring-Markt der Seele. Wenn wir zu den Therapieangeboten der Einzelanbieter (43% in Frankfurt, 50% in Freiburg) die Schulen und Buchläden der Vermittlung individueller psychischer Wachstumsmodelle hinzunehmen (34% + 5% in Frankfurt, 40% + 6% in Freiburg) und den Naturkostläden ihren beanspruchten Stellenwert für die "leib-seelische" Nahrung zugestehen, bleiben nur wenige Prozente für neue Sozialformen. Statistik kann eine deutliche Sprache sprechen. Unsere qualitativen Erhebungen, die sich vorrangig der Analyse von Anbietern und Klienten des Featuring-Marktes widmen, sind Spiegel dieser Statistik. *der hof* ist ein Relikt, das Scheitern des *Pueblo* als *ein Stück Zukunft für eine menschlichere Welt* (vgl. Greiner in diesem

Band) gerade in seinem *Dorf-Bereich* ein Beweis für den verlorenen Sozialimpuls.
Das *Abenteuer der Seele* beginnt oft mit einer Reise. Ob diese Reise real ist oder Simulationsangebot - sie ist immer eine Reise "nach innen"; nicht Fremderfahrung wird gesucht, sondern Selbsterfahrung. Unsere Respondentin Angela reiste - wie viele ihrer westlichen ZeitgenossInnen - nach Indien, um *Nahrung für ihre Seele zu finden*. In einem Ashram *schwebte sie irgendwie über den Dingen*, Rebirthing war für sie der Weg, der sie *an einen Ort führte*, wo sie sich *eigentlich Gott sehr nahe fühlte. Also an einen Ort, der nicht von dieser Welt ist und der halt in mir drinnen war.* Das *Element des positiven Denkens im New Age* wird ihr zentral, einmal als Selbstakzeptanz -

> *das Rebirthing will dir also zeigen, daß du halt, oder zeigen, wie du dich selber akzeptieren kannst, wie du bist und wie du halt die Sachen, die dich daran hindern, das zu sein, was du wirklich bist, wie du die halt loswerden kannst.*

- zum anderen, *daß es die positiven Gedanken sind, die die Welt verändern können*. Bei letzterem allerdings kommen in Angela Zweifel auf (vgl. Gärtner/Bischoff in diesem Band).
Diese Zweifel zu zerstreuen, ist Aufgabe des Featuring der Seele. Das reicht von der Mißachtung unseres Planeten -

> ... *seid nicht besorgt wegen der Zerstörung dieses Tonklumpens, der die Erde ist. Und wenn alle Körper mit ihm zerstört werden, es ist ohne Bedeutung. Ihr seid nicht Körper, sondern das höhere Bewußtsein, das diese Körper als ein Werkzeug benutzt* (Solomon 1979, 34).

- bis zu seiner Gleichsetzung mit der menschlichen Psyche im "Manifest der Person"

> ... *die Bedürfnisse des Planeten und die Bedürfnisse der Person sind eins geworden... Ich werde behaupten, daß die sich ausbreitende personalistische Sensibilität eine globale Dimension hat, welche die Suche nach einer authentischen Identität mit dem Zustand der planetaren Umwelt verbindet* (Roszak 1982, 11, 20).

Roszak, der vielgelesene amerikanische Interpret und Anhänger des New Age nennt eines seiner Kapitel über das Abenteuer der Selbstentdeckung *Ich bedeute etwas. Ich bin etwas Besonderes* (Roszak 1982, 42). Ein Freiburger Sanyasin fordert seine Klienten in der Meditationsübung auf, sich selbst zu lieben und *Ich habe mich ganz lieb* in das Zentrum der Meditation zu stellen (vgl. hier Ferber/Werthmann in diesem Band). Bei

Rickie Moore sangen die Teilnehmer nach der Melodie von *Ach du lieber Augustin*, einen Partner an der Hand haltend, *Ich muß mich nicht verändern, ich lieb mich hier und jetzt* (vgl. Anhang). Die Heilpraktikerin L. Schür erläuterte im Rahmen des "Universellen Lebens" *Heilung durch Gedankenenergie*, d.h. durch "positive Gedanken" und Liebe-Energie, vor allem am Beispiel Krebs. Von einem ihrer Hörer wurde die Verlängerung seines Arbeitsvertrages auf Gebete zurückgeführt. Auf die Frage nach dem Nutzen positiver Gedanken bei dem bevorstehenden Weltuntergang kam die Antwort, daß positive Empfindung Macht und Stärke habe und wir *die Politiker annehmen und lieben müßten, damit ihnen ein Lichtimpuls zukäme* (vgl. Anhang). Die *Light Age*-Expertin Sharla Euler schließt ihre Klienten, insbesondere Manager, an das *All-Wissen*, die *All-Liebe* an. Sie bezeichnet Light Age als die *Veredelung der Seele*. Ihr *neuer Mensch hat ein Herz*, weil er von *innenher rein* geworden ist (Euler 1988).
Irgendwo kann man *Seelenreisen in höhere Bewußtseinszustände* vornehmen, *ohne die Erde zu verlassen, in den Himmel kommen, Reisen im Feinstoffkörper* und die *Mystik jenseitiger Welten* erfahren (hier war es die vom *Himmel-Forum* veranstaltete Tagung *Auf den Schwingen der Seele*, Horn-Externsteine 1987). Im *Center* in Zürich wird *integrative Körperpsychotherapie* vermittelt, wobei der *transformative Bewußtseinsprozeß* ein Themenschwerpunkt ist, d.h. *die Veränderung im Verlauf der inneren Reise vom "Haben-" und "Tunmodus" ins "Sein": die Beziehung zum Ewigen* (*The Center*, Zürich, Kursangebote für 1990/91). Die Auflistung mag genügen.
Die Städte, in denen sich die spirituelle Psychotherapie immer stärker konzentriert, scheinen ein unerschöpfliches Reservoir von Klienten für den Featuring-Markt der Seele zu haben.
Und Roszaks Prognose für das vor uns liegende Zeitalter ist nicht zynisch gemeint:

> *Zeitalter des Glaubens ... Zeitalter der Vernunft ... Zeitalter der Angst - welchen Beinamen wird man dem vor uns liegenden Zeitalter geben? Kein Zweifel: Zeitalter der Therapie ... als alle kranken Seelen nach Hause kamen, um geheilt zu werden, und als eine paradiesische Gesundheit die Erde überflutete* (Roszak 1982, 244).

Dieses Zuhause, diese neue Heimat wird nicht als Gemeinwesen thematisiert, sondern in der Selbstfindung verankert, wobei auch die religiösmystische Interpretation - die Erfahrung des Göttlichen - im Seelen-Featuring-Klima der Städte in den Hintergrund zu treten scheint. Nicht die mühsamen Wege der *Seele auf den großen Straßen des All*, wie es Walt Whitman im vorigen Jahrhundert ausdrückte (Whitman 1980, 152), werden gesucht, sondern das therapeutische Wochenende, das den eigenen Alltag erträglicher macht. In diesen Schnellkursen für Klienten und Trainer treten auch die Reflexionen über die Stellung des Menschen im Kosmos aus den doch so vehement für dieses neue Zeitalter angeeigneten fremden Religionen und Philosophien zurück.

Die Entwicklung des Esalen-Instituts in Big Sur/Kalifornien und die Verbreitung seiner Featuring-Therapie nach Europa (The Center in Zürich arbeitet vorrangig mit Lehrern aus dem Esalen-Institute, der *Frankfurter Ring* bemüht sich um ihre Bekanntmachung) ist für diese Entwicklung beispielhaft. In den bewegten 60er Jahren als ein Diskussionsforum des *Human Potential Movement* gegründet, entwickelte sich Esalen zu einem Wochenend-Dienstleistungsmarkt für Seelen-Featuring. Daß es sich immer noch um einen Reparaturmarkt für kranke - nicht "erloschene" - Seelen handelte, konnte ich selbst, teilnehmend-beobachtend, miterleben (vgl. Greverus 1988). Castel kritisiert diese *humanistische Psychologie*:

Statt der anamnestischen Arbeit, der Erforschung primärer Prozesse, des langsamen Hinabtauchens ins Unbewußte haben sie sich auf den Körper zurückgezogen, die augenblickliche Situation, das Hier und Jetzt. Sie haben die lange Dauer und die Strenge der analytischen Technik in einem Maße teleskopiert, daß man es als Verstümmelung der Freudschen Perspektive ansehen kann, als einen Verlust ihrer symbolischen Dimension und als eine Reinterpretation im Rahmen eines kurzsichtigen Pragmatismus (Castel 1988, 46f.).

Michael Murphy, Mitbegründer das Esalen-Instituts, spricht von *sanfteren Bemühungen* und *verinnerlichten meditativen Methoden, Körperkultur ..., feiner Energie der Kräfte* (Myrell/Schmandt/Voigt 1987, 33). Roszak kritisiert:

Negativ schlägt bei der Therapie der menschlichen Möglichkeiten zu Buche, daß sie ihre Patienten zu oft sozial entwurzelt, indem sie ihnen praktisch jede Erfahrung ermöglicht ... bis auf die der Ungerechtigkeit der Welt ..., die der materiellen Sorgen der Mitmenschen (Roszak 1982, 269f.).

Der Benediktiner und Zen-Buddhist Bruder David Steindl-Rast, Mitbegründer einer synkretistischen amerikanischen Klosterbewegung, hebt dagegen unter Bezug auf Abraham Maslows *Gipfelerlebnisse* (auch Grenzerfahrungen) diese Erlebnisse als *Erfahrung des Augenblicks* hervor, *in dem wir* uns *wirklich in der Welt zuhause fühlen* (Steindl-Rast 1984, 196) Mystische Erfahrungen, Sport, die natürliche Geburt, *große Eingebungen* und die *großen Augenblicke von Liebe und Sex* stehen hier dicht beieinander (Steindl-Rast 1984, 197f.) Mihaly Csikszentmihalyi beschreibt solche Gipfelerlebnisse als Flow (Csikszentmihalyi 1987). Flow ist *autotelisch*, d.h. er bedarf keiner Ziele und Belohnungen außerhalb seiner selbst, die Aufmerksamkeit wird auf ein begrenztes Stimulus-Feld konzentriert, das Selbst-Konstrukt wird irrelevant, alle Menschen und Dinge werden eins. Oder, wie es Maslow ausdrückt: *Jedes Getrenntsein und jede Distanz von der Welt waren verschwunden, als sie sich eins mit der Welt fühlten, mit ihr verschmolzen...* (Maslow, zit. nach Steindl-Rast 1984, 196; vgl. hier Ferber/Werthmann in diesem Band). Das Verschmelzen mit der Welt aber enthebt von einer kritischen Distanz zu einer gesellschaftlich konstruierten Welt. Die Gleichheit aller Menschen und Dinge in einem *ozeanischen Gefühl* als *Zuhause in der Welt* verdeckt die Ungleichheit jener Welt, in der man real zuhause ist (vgl. Greverus 1990, 160ff.). Die Seele hat sich endgültig von der Gesellschaft befreit.

Verortung

1929 erschien in der Zeitschrift *Documents. Archéologie, Beaux-Arts, Ethnographie, Varietés* ein Artikel des französischen Ethnologen Marcel Griaule über die *Seelenspucke*. Die Zeitschrift war dem surrealistischen Manifest von Decollage und Collage, von Verfremdung und Juxtaposition gewidmet. Die ethnographischen Beschreibungen fremder Kulturphänomene dienten der Infragestellung kultureller Dogmen, indem jeder gesellschaftlichen Konstruktion einer "objektiven Wirklichkeit" eine andere, ebenso mögliche gegenübergestellt wurde: *Zusammenfassend von der Verhexung bis zur Wohltätigkeit, von der Beleidigung bis zum Wunder, die Spucke verhält sich wie die Seele, als Balsam oder als Schmutz* (Documents 7/1929, 381), heißt es zum Schluß des Artikels. Aus der verstehendexzentrischen Distanz, dem *Blick aus der Ferne* (Lévi-Strauss), die dem Menschen möglich ist und für den Wissenschaftler zur Forderung erhoben wird, können wir "Seele" entweder als neurophysiologisches Phänomen einordnen oder als kulturelles Phänomen einer gesellschaftlichen Konstruktion. In Wörterbüchern gerinnen solche Aussagen zur relativistisch betrachteten Dogmatik eines je Geltenden. Und in unserer Informationsgesellschaft sind uns diese Wörterbücher nicht nur als Wissenschaftler, sondern auch als Alltagsmenschen zugänglich. Das Dilemma der Beliebigkeit beginnt. Diese Beliebigkeit in unserer gelebten Welt können wir als den entropischen Zustand eines Zerfalls von verbindlichen symbolischen Sinnwelten betrachten oder als eine postmoderne Errungenschaft des unverbindlichen lebensweltlichen Spiels mit Fragmenten aus vergangenen eigenen und fremden Sinnkonstruktionen. Aber - so möchte ich hier behaupten - der "normale" Mensch hält weder den entropischen Gedanken noch das fragmentarische Spiel durch, sondern versucht, Beliebigkeit durch neue Sinnordnung zu überwinden - und das heißt, sich in Welt zu verorten. Unsere RespondentInnen auf dem Weg des *individuellen Synkretismus* (vgl. insbes. Gärtner/Bischoff in diesem Band) betonen immer wieder die Über-Zufälligkeit des gestuften Aufbaus ihres Weges. Und in eben dieser Über-Zufälligkeit von Neu-Ordnung und Verortung finden sie auch immer wieder die richtigen Lehrer. Ihr Synkretismus ist in ihrer Selbstinterpretation keine Beliebigkeit, kein "Misch-Masch", sondern eine *gekonnte Collage* (vgl. Greverus 1990, 222ff.), hinter der, wie es Jeanette ausdrückt, das *Universelle* als transzendente Realität steht. Was sich in der Sinnsuche dieser 66jährigen Frau, die ihr Haus verschiedenen spirituellen Gruppen zur Verfügung stellt, sehr bescheiden ausdrückt - *obwohl für viele, natürlich auch für mich selber, zeitweise ein direkter Weg, auf eine bestimmte Form zugeschnitten, notwendig war, auch wegen der Disziplin, die man üben mußte* (vgl. Bischoff/Gärtner in diesem Band) - wird in der Selbstdarstellung eines Jahrgangs 1952 zur omnipotenten *planetarischen Kultur*, in der er selbst *Regisseur, Produzent und Schauspieler* ist - aufgrund der *Rohmaterialien*, die er in den letzten zwanzig Jahren (sic!, veröffentlicht 1986) in den Energien der Kulturvölker der Erde entdeckt hat (Schaer 1986). Das Buch dieses Organisators von "Kultur- und Ökologieseminaren" (auch Inhaber einer Tantra-Galerie, Organisator einer Planetary-Rainbow-Ceremony, eines "indianischen Netzwerkes" und einer geplanten Ausbildung in Keyserlings *Maieutik*) nennt sich *Die Kraft des Regenbogens. Spirituelle, ökologische und politische Modelle zur Vernetzung des Bewußtseins*. Deutsche "Regenbogen-Kinder" (und ihr Alter ist unbestimmt) empfehlen ihn als Grundlagenliteratur. Sie eignen sich jenseits von Enkulturation oder Fremdverstehen oder der Disziplin e i n e s Weges das "Universelle" als Eigenes an:

> *Unsere Erfahrungen sind kollektiv. Wir besitzen sowohl die Erfahrungen, die wir heute machen, als auch die Erfahrungen aller unserer früheren*

Generationen, die Erfahrungen von 2000 Jahren Christentum sowie die Erfahrungen von Tausenden von Jahren verschiedenster Denkstrukturen und Philosophien. Jeder von uns hat zudem seine eigenen Erfahrungen aus allen früheren Leben, Inkarnationen, summiert. Es ist einzigartig, welche Erfahrungen uns in unserer jetzigen Zeit zur Verfügung stehen (Bericht der Gründungsinitiative BAG "Spirituelle Wege in Wissenschaft und Politik" 18./19.11.1986, hektographiert)

Sie nennen es eine *Wissenschaft, die in anderen Bewußtseinszuständen angegangen werden muß* und verweisen auf Yoga, Rebirthing, Meditation und Fasten. Die Seele findet wieder ihren Ort im Universellen.
Damit ist auch die Ortsbestimmung des Todes, die Berger und Luckmann (1971, 108) für die wesentlichste Legitimationsfunktion symbolischer Sinnwelt in ihrer Bedeutung für den einzelnen halten, erreicht. Die Legitimationsexperten dieser "neuen Wissenschaft" - und bei diesen Experten und ihren Anhängern ist eben von *neuer Wissenschaft* und nicht von Glauben die Rede (vgl. z.B. Fritjof Capra, Theodore Roszak, Marilyn Ferguson, Ken Wilber, Karlfried Graf Dürckheim, Arnold Graf Keyserling und die Vertreter der humanistischen Psychologie) reichen von Wissenschaftlern, die sich vom bisherigen Wissenschaftsparadigma und dessen Legitimation abgewandt haben oder es auch lächerlich zu machen versuchen -

... Es braucht schon eine verdammt große Vitalität, um eine Universität zu überleben ...; es lohnt sich einfach nicht, weil die Universität nicht mehr etwas ist, was die menschliche Entwicklung angeht ... Wie können wir uns anpassen an eine Welt, die wissenschaftlich falsch ist (Keyserling o.J.)

- bis zu jener Vielzahl der kleinen Experten und Anbieter für Spirituelles, die ihre Meister und "Schulen" nennen, und den anderen, die eben *die Erfahrung von Tausenden von Jahren verschiedenster Denkstrukturen und Philosophien* gespeichert haben.
Wilhelm E. Mühlmann konstatierte 1981, unter Berufung auf Plutarch, daß mit der Entstehung der "Zunft" (und ihrer Legitimation) die *Geschichte der europäischen Charlatanerie* beginnt, *d.i. der Wunderheiler, Alchimisten, Magnetiseure, Zeichendeuter und falschen "Gurus" der sog. transzendentalen Meditation*. Und er fährt fort:

Es gibt eben auch im kulturellen Leben eine "Entropie", d.h. eine Tendenz zum Absinken, zur Nivellierung nach unten ... Hier wird zugleich sichtbar, daß die Hauptgefahr gar nicht im platten Schwindler-

tum besteht, sondern in der mehr oder weniger eleganten Einmischung des "problematisch Wahren" in Lüge und Betrug (Mühlmann 1981, 26). In diesem hier zitierten Buch ringt der 77jährige Mühlmann um einen neuen Verstehensbegriff, der sich in seinem rezeptiv-passionierten Erfaßtsein von Max Webers rationalem Verstehensbegriff entfernt. Mühlmann will in dieser Arbeit (weiblichen) Schamanismus verstehen und fordert die schamanische *Außerkurs-Setzung des Individuationsprinzips* gleichzeitig als methodische Operation im Sinne einer Phänomenologie des Fremdverstehens für den Anthropologen. Das *problematisch Wahre, vor dem wir in der Theorie allein Respekt haben* (Goethe) zu erfassen, ist Mühlmanns Anliegen. Da geht es mit Paulus um die Gnadengabe der *Unterscheidung der Geister* und die Frage, wie auch Wissenschaft zwischen der *Skylla des positivistischen Skeptizismus und der Charybdis der Mystifikation* (26) hindurch kommt. *Man kann hindurchkommen*, sagt Mühlmann. Ist seine Nähe zu Leitideen und -figuren der neuen Spiritualität, wie zu Jungs "kollektivem Unbewußten" und der philosophischen Schule des buddhistischen Yogacara mit ihrer Idee des "Speicher-Bewußtseins" zu viel Charybdis? Oder ist das der Skylla-Einwand, dessen Träger sich auf die Verunsicherung des passionierten "Mit-Leidens" nicht einlassen wollen?

Mühlmanns passionierte Versuche nach diesem Zweiten Weltkrieg in die deutsche Ethnologie *Betroffensein als das Betreffende, Zustoßende, sich Aufdrängende - am stärksten kommt das alles im Erleiden zum Ausdruck* (Mühlmann 1981, 15) - einzubringen, wurde nicht oder nur verspätet von Randseitern der scientific community rezipiert.

Man entzog und entzieht sich dem Betroffensein - vor allem durch das Präfix "historisch". Damit erreicht man Distanz und konnte jenseits von eigener Betroffenheit oder Verantwortung "fremde" Kulturphänomene verorten. Volks- und Völkerkunde haben so "unbeschadet" in den 50ern weiter verortet, und sich in den 60/70ern gegen die Betroffenheits-Forderung ihrer Studierenden durchsetzen können.

Was hat das mit der Verortung von Seele zu tun? Da gilt z.B. für die Volkskunde ähnliches wie für die institutionalisierte Psychologie: Aussagen über das Wesen der Seele liegen außerhalb ihrer empirischen Reichweite. Die Freiburger "Seelen" (vgl. Rohe/Sauter in diesem Band) fallen unter die Kategorie "Gebildbrote", wobei *vor allem auch die Betrachtung ihrer handwerklichen Herstellung aufschlußreich* ist und nach dem *Vorrat an optischen volkstümlichen Typen* einer Zeit und eines Landes gefragt werden

kann (Wb. dt. Volkskunde, Gebildbrote). So finden sie ihre museale Verortung. Weniger formfreudige Seelen werden unter Stichworten wie Schattenseele, Opferseele, Hauchseele, lebender Leichnam usw. kategorisiert. Mithilfe des Handwörterbuchs deutschen des Aberglaubens findet alles seinen enzyklopädischen Platz. Mein Erschrecken vor der Katzenmumie wurde mit Verwunderung und dem "beruhigenden" wissenschaftlichen Hinweis auf das Stichwort *Hausopfer* im HdA registriert. Und so können natürlich alle Bilder, die mich betroffen gemacht haben, verortet werden: Die Aneignung des Seelenwanderungsgedankens durch die Theosophie, Ursachen und Techniken der Mumifizierung im Kapuzinerkloster in Palermo und letztendlich mit genügend historischem und philologischem Fleiß auch sämtliche Einzelelemente des heutigen spirituellen Synkretismus. Aber geht es um das Klassifizieren des Arsenals menschlicher Einzelvorstellungen oder geht es um die Bedeutung, die diese neue synkretistische Konzept in unserer und für unsere heutige Gesellschaft hat? Und sind meine eigenen Erlebnisse des Ausgeliefertseins in der Konfrontation mit Tod und Seele jene Charybdis der Mystifikation aus Selbst- und Fremdtäuschung oder sind sie, wenn reflektiert, für den Verstehensprozeß ein notwendiger Bestandteil? Und ist das Verstehen dann noch kritikfähig, wenn es um die eigene Gesellschaft geht?
George E. Marcus und Michael M.J. Fischer schreiben in der Einleitung ihres Buches "Anthropology as Cultural Critique", daß die Sozial- und Kulturanthropologie des 20. Jahrhunderts ihren westlichen Lesern ein bisher noch wenig eingelöstes Versprechen gegeben habe. Es war das Versprechen, als Kulturkritik für uns selbst zu dienen:

Im Aufzeigen der Portraits fremder Kulturmuster, um unseren eigenen Weg selbstkritisch zu reflektieren, durchbricht Anthropologie das Gewohnheitsdenken und zwingt uns, unsere für sicher genommenen Annahmen zu hinterfragen (Marcus/Fischer 1986, 1).

Dieser Anspruch ist so neu nicht, wenn auch immer wieder von der Skylla positivistischer Detailerforschung von Fremdphänomenen erstickt worden. Die für diese Kulturkritik geforderte Juxtaposition arbeitet mit der Gegenüberstellung des "problematisch Wahren" je konstruierter Kulturmuster als symbolische Legitimationen alltagsweltlichen Handelns und deren sinnstiftender Relevanz für die Subjekte. Juxtaposition will auf Sinnverluste aufmerksam machen.

Erloschene Seele als Sinnverlust?
Jean Baudrillard hat in seinem Essay *Die Seele: Vom Exil zur reinen Distanz* eine solche Juxtaposition geleistet. Die Seele stellt für ihn eine Figur des Exils dar:

> *Das Exil stellt eine wirkliche Beziehung zum Territorium her, es ist vielleicht die ideale Figur des Territoriums, die transzendente Figur - daher findet die Seele in ihm ihren bevorzugten Ort. Dieser verschwindet in der Deterritorialisierung, die eine Verwirrung der symbolischen Strukturen erzeugt, in der die Seele sich verliert* (Baudrillard 1988, 416).

Die Gegenüberstellung von *Exil* als Territorium der Seele zu ihrer Deterritorialisierung mithilfe der genetischen Biologie und der Kybernetik ist bei Baudrillard nun eine Gegenüberstellung von religiös-metaphysisch strukturierten Sinnwelten der Vergangenheit zu der naturwissenschaftlich erklärten und erklärbaren Welt der objektiven Gesetze der Gegenwart. Die Transzendenz ist der Transparenz gewichen.

War für Baudrillard die Seele in ihrer *vollendeten Form*, wie in der abendländischen und christlichen Kultur, im Exil eines *zufälligen Körpers* angesiedelt, so verweist er für andere Kulturen doch auf etwas, was ich das soziale Territorium der Seele nennen möchte: ... *sie ist das Schicksal selbst einer Gruppe und das Geheimnis ihrer symbolischen Ordnung*, sagt Baudrillard, und

> *Sie ist das, was im Tausch übergeht, das Flüssige und die Kraft, die zirkulieren muß, um unentwegt die sozialen Bande erneut hervorzubringen. Beispielsweise darf die der Toten nicht verloren gehen, sie muß durch das Ritual wieder angeeignet werden, denn für jede Gruppe gibt es ein bestimmtes Kontingent, ein gewisses Kapital an Seele, dessen symbolische Reproduktion unbedingt erforderlich ist, damit die Gruppe nicht ausstirbt* (Baudrillard 1988, 415).

Meine eigene Juxtaposition als Kritik an der Moderne geht von diesem symbolisch überhöhten sozialen Territorium der Seele aus. In einem Kapitel *Sinn und der Haushalt des Lebens* argumentiere ich - unter Heranziehung eines von Adolf Friedrich gebrachten Beispiels über *Das Bewußtsein eines Naturvolkes vom Haushalt und Ursprung des Lebens* (Friedrich 1966) - mit diesem "Kapital an Seele" eines Sippenkosmos, in den in sich wiederholenden Ursprüngen die Ahnen, die Lebenden und die präexistenten zukünftigen Seelen einbezogen sind. Und

> diesem Sippenkosmos entspricht ein Sippenterritorium, in dem Nahrungs-
> gewinn, Wohnen, soziale Organisation, Geburt und Sterben und die
> Rituale der Sicherung des Sippenkosmos wie in einem günstigen Ökotop
> Selbstregulation ermöglichen (Greverus 1990, 66)

Die soziale Seele hat ihr soziales Territorium. Und ich fahre fort:

> Dieses "primitive" Weltbild spiegelt eine Konstruktion der Wirklichkeit
> wider, die alle Daseinsformen menschlichen Lebens einem gemeinten
> Sinn zuführt: der Erhaltung des Sippenkosmos, in dem der Einzelne
> seinen sowohl kollektiven als auch - über die Körperseele - individuellen
> Anteil hat. Er trägt bei, den Ursprung und den Haushalt zu erhalten.
> Wir könnten auch sagen: das Individuum ist in ein Haus (einen
> Haushalt, einen oikos) gestellt, das ihm nicht als individuelles Eigentum
> gehört, aber dem er in Rechten und Pflichten verbunden ist, das ihn
> schützt und von ihm miterhalten wird (Greverus 1990, 67).

Ich habe dieses Bild nun nicht einer "erloschenen Seele" in der Gegenwart gegenübergestellt, sondern jener wiederbelebten Seele des spirituellen "Manifests der Person", in dem das "göttliche Selbst" als Seele wieder im je individuellen Körper sein Territorium eingrenzt und sich von dort - das soziale Territorium überspringend - im kosmischen "Ozean des Lebens" verströmen kann. Ich sehe die neue spirituelle Bewegung als einen Sonderfall des westlichen narzißtischen Gesellschaftstypus. Die Deterritorialisierung des Menschen ist zunächst eine gesellschaftliche. Er ist selbst nur noch "Kapital" im Sinne eines austauschbaren Zeitstücks in dem linearen Programm des Fortschritts. Er ist von sozialer Reziprozität in einem *Haushalt des Lebens* enteignet worden. Und damit ist auch die soziale Chance der Seele erloschen, ihr Sozialimpetus.

Richtet sich die neue Seele in einer "gleichgültigen Welt" ein? Richtet sie sich deshalb so narzißstisch ein?

Diese gleichgültige Welt -

> Die Welt wird gleichgültig, wir werden gleichgültig und je mehr sie
> gleichgültig wird, je mehr scheint sie sich einem übermenschlichen
> Ereignis zu nähern, einem außergewöhnlichen Ziel, dessen Reflex in
> unserer vermehrten Ungeduld besteht. Nicht nur wir, auch die Dinge,
> die Ereignisse scheinen sich den zusammengehörigen Wirkungen dieser
> Ungeduld und Gleichgültigkeit unterzuordnen (Baudrillard 1988, 420f.).

- ist eine Welt, in der sich die subjekt- und objektlos gemachten Dinge (zu denen alles gehört) zu Tode spielen: in einer *ironischen Arbeit* zwischen Metastase und Entropie.

Und wieder fehlt nicht der voyeuristisch-distanzierte "Blick aus der Ferne", diesmal der postmoderne:

> *Nicht ich bin also gleichgültig oder ungeduldig. Es ist die Welt selbst, die sich scheinbar beeilen, sich überreizen und der Schwerfälligkeit der Dinge wegen ungeduldig machen will - und zur gleichen Zeit ist sie es, die in die Gleichgültigkeit verfällt. Wir sind es nicht mehr, die ihr einen Sinn geben, indem wir ihn reflektieren oder transzendieren. Das genau nenne ich "fatal": Die Gleichgültigkeit der Welt uns gegenüber - doch eben das ist durchaus auch wundervoll - wundervoll, diese Gleichgültigkeit, diese Ironie der Dinge hinsichtlich ihres eigenen Sinns und ihre Leidenschaft, dennoch ihre Erscheinungen zu vermischen und zu entfalten* (Baudrillard 1988, 421).

Soweit Baudrillard. Da ist nichts mehr von einer *traurigen Wissenschaft* (Adorno 1987, 7), die *Reflexionen aus dem beschädigten Leben* thematisiert, in der es für Kontemplation zu spät scheint in dem *auf die Katastrophe zutreibenden Zustand der Welt* (Adorno 1963, 23). Das ist auch nicht die Trauer um eine *Gesellschaft, ... wo einst Harmonien ertönten* (Lévi-Strauss 1972, 134) und der Gedanke, Anthropologie durch ihre Umbenennung in *Entropologie* (Lévi-Strauss 1974, 367) zu einer trauernden Wissenschaft zu erklären. Da ist auch nicht das Bekenntnis von Arnold Gehlen, daß Anthropologie und Soziologie jenseits von *penetranten Appellen, Schwungradvorstellungen, Pädagogismen und Utopien* angesiedelt sein sollten, um nicht aus den *trauernden Dingen eine angenehme Wissenschaft zu schöpfen* (Gehlen 1963, Einleitung). Und ist da noch die in der Einleitung des Bandes *Die erloschene Seele* gesetzte Prämisse einer Historischen Anthropologie, die *Sensibilität zu stärken, jenseits der Trauer um das Verlorene die Trauer selbst nicht für verloren zu halten* (Kamper/ Wulf 1988, 2)?

Aber eines hat Baudrillards "wundervolles" Gleichgültigkeitskonzept mit diesen traurigen und trauernden Wissenschaftskonzepten gemeinsam: den Verzicht auf ein gesellschaftliches *Prinzip Hoffnung* (Bloch). Wolf Lepenies sah das melancholische Klima der Wissenschaft in seiner Arbeit über *Melancholie und Gesellschaft* so:

> *... in ihm drückt sich ein Verhältnis zur Wirklichkeit aus, das mit dem naiven Optimismus der Aufklärung auch den aufklärerischen Impuls zur Besserung der Zustände verloren hat. Wo dieser fehlt, oder an seine Möglichkeiten nicht mehr geglaubt wird, wirken sich die Konsequenzen über den Rahmen der Wissenschaft hinaus ins Politische aus. Dieser Heroismus des Stillstands aber weiß die "trauernden Dinge" auf seiner*

Seite. So gedeiht im Klima der Melancholie die traurige Wissenschaft (Lepenies 1972, 253).
Ist es aber wirklich "die Welt", die die Menschen und Dinge trauern gemacht hat? Ist es nicht vielmehr unsere menschliche Konstruktion dieser Welt? Kritik muß dann aber Selbstkritik werden und Wege aus der Trauer zeigen.
Der sizilianische Dichter Elio Vittorini hatte den gesellschaftlichen Stillstand vor einer "gleichgültigen Welt" als egoistisches Selbstmitleid der Menschen dargestellt:

Die Welt ist groß und schön, aber sie ist sehr beleidigt. Alle leiden, jeder um seinetwillen, aber sie leiden nicht an der Welt, die beleidigt ist, und so bleibt die Welt weiterhin beleidigt (Vittorini 1966, 98).

Nachgedanken

Projekte in unserem Institut sind keine strategischen Sandkasten-Spiele, keine Schreibtisch-Simulationen eines "Als-Ob" für Auszubildende, sondern kollektive Versuche, sich in verstehender Kritik einer zunächst fremden Wirklichkeit zu nähern. Und diese fremde Wirklichkeit ist real, rückt nahe, kann Eigenes über das Fremde transparent machen, ist faszinierend und bedrohlich. Als "Lernende", die wir in einem kollektiven Projekt immer bleiben, versuchen wir manchmal das Bedrohliche einer sich überschneidenden Selbst/Fremd-Wahrnehmung zu reduzieren. Wir produzieren eine "Spiel-Idee". Eine solche war die "spirituelle Topographie", die ausgehend von räumlichen Settings und Verhaltensspuren einerseits über die Ortsbegehung und Bestandsaufnahme den Zugang erleichtern sollte, und die andererseits durch die Konzentration auf die Verhaltens-Milieu-Kongruenz das, wie es Mühlmann ausdrückt, *In-Mitleidenschaft-gezogen-sein* (Mühlmann 1981, 15) verringern sollte. Diese, zugegeben positivistische "Skylla-Idee" beruhte nicht nur auf meinen vorausgehenden Felderfahrungen in spirituellen Gruppen des New Age und meiner Auseinandersetzung mit ihren synkretistisch angeeigneten Seelen-Featuring-Konzepten, sondern auch auf einer Kenntnis der sehr heterogenen Arbeitsgruppe, die von Ablehnenden aller neuen Seelen-Kulturen über in einem christlichen Kontext Gefestigte bis zu teilnehmenden Sympathisanten der neuen Psychokulte reichte. Doch die Charybdis der Mystifikation war an allen "Wegen und Orten" da. Zwischen Skylla und Charybdis hindurchzukommen, wurde eine gemeinsame Aufgabe: die Ängste vor Fragen und möglichen Gegenfragen abzubauen, den Versuch des Verstehens nicht abzubrechen, sich dem

Fremden zu stellen, sich nicht vereinnahmen zu lassen, die Arbeitsgruppe als Gesprächspartner, aber nicht als Aggressionsableiter oder harmonisches Auffangbecken zu nehmen - und zu ertragen, mit sich selbst, seinen eigenen Gefühlen konfrontiert zu werden. Diese Erfahrungsebene, in der die Distanzen zwischen Forscher und Erforschtem, zwischen der forschenden Gruppe selbst, aufgelöst werden - und das kann sowohl bedrohlich als auch beglückend sein - ist jeder Feldforschung inhärent. Die "fremde Nähe" (vgl. Greverus 1988) dieses Feldes führte sicher nicht für alle Beteiligten in gleichem Maße zu dem von mir beschriebenen Kulturdilemma, in dem das räumlich und sozial Nahe als fremd im Sinne einer Entfremdung von sozialer Gegenseitigkeit erlebt wurde. Aber "erfaßt" wurden wir alle von dem ganz Anderen der fremden Lebenswelten. Vieles davon steht nur in den Tagebüchern, besonders was jenes Auf-sich-selbst-Geworfensein der auftauchenden Erinnerungsbilder anbetrifft und die damit verknüpften Fragen: *Sollte ich vielleicht auch einmal wieder anfangen zu graben - die verschüttete Dimension meiner Wahrnehmung freilegen?* schreibt eine Projektteilnehmerin nach einer Belehrung über *Tilasmi* (das *Wunderbare*) durch einen Sanyassin in ihr Tagebuch. Und sie fragt zugleich, ob das *verschüttete Heilige* kindlicher Spiritualität über *Tilasmi* wiedergefunden werden kann - und ob eben nicht die Etappen des Weges (im Falle des Befragten: Drogen, Indienreise, Psychoanalyse, Zen, Anbieter von Zen-Meditationen) eine Identität schaffen, die nicht mehr rückwärts übersprungen werden kann.

Auffällig für uns war die Legitimationsarbeit, die die meisten "Spirituellen" hinsichtlich ihrer biographischen Wege als sich stimmiger leisteten. Der eigene Weg war auf einer höheren Ebene vorbestimmt, das reichte selbst bis zur Wahl des Standortes für die Praxen (vgl. Neuhoff in diesem Band). Selbstinterpretation war mit Rechtfertigung und Belehrung verbunden. Eine *Suchende* (vgl. Blaser in diesem Band) auf dem Weg zur immanenten Spiritualität durfte man sein, noch nicht ganz reifer Konvertit und damit Schüler/in. Und genau diese zugewiesene Rolle, die nicht nur den Prozeß wissenschaftlicher Erfahrungssuche zwischen Skylla und Charybdis zu Charybdis führen wollte, sondern die die neuerlich für die Feldforschung erlernte "partnerschaftliche Wechselseitigkeit" in Umkehrung der Rollen zum alten "mentalen Imperialismus" (hier aber gegenüber den Forschenden) machen wollte, ließ nun sehr häufig die "Schüler/innen" in dieser freiwillig übernommenen Rolle (*Wir sind die Lernenden*) zu Aggressoren werden. Hier schnappte die Identitätsfalle Projekt noch einmal zu. Denn hier wurde gleichzeitig an drei Seiten der in unserer Gesellschaft legitimierten Identität gerüttelt: 1. Wissenschaftler/innen dürfen nicht emotional reagieren, schon gar nicht aggressiv, 2. Aggressivität gilt im abendländisch-christlichen Weltbild als eine negative Eigenschaft, 3. aggressive Frauen, und wir waren vor allem forschende Frauen in diesem Projekt, sind "unweiblich". Die Arbeit an diesen Identitätsfallen war ein langer Prozeß von Selbstreflexionen und Gruppenarbeit, die nicht jeder ertragen hat (so gab es eben auch in diesem Projekt die Aussteiger/innen). Aggression in Kritik zu verwandeln bedeutet, von der emotionalen Betroffenheit aufgerüttelt analytische Stringenz zu entwickeln. Diese erfordert wissenschaftliches Arbeiten. Doch damit nicht genug: wenn wir keine traurige und trauernde Wissenschaft sein wollen, müssen wir Ideen von einer "besseren Welt" haben, die wir dem *schlecht Vorhandenen* (Bloch) entgegensetzen. Diese bessere Welt aber ist, und sonst wären wir keine Menschen, wieder emotional besetzt. Es sind positive Gedanken. Aber - und ich glaube, daß dies etwas Gemeinsames bei uns Projektteilnehmer/innen wurde - unsere "positiven Gedanken" blieben aggressiv gegen die Verhinderung jenes sozialen Impetus, der Gegenseitigkeit als soziale Verantwortung zuläßt und fordert. Obgleich - oder gerade weil - die ganze Szene des New Age *Nicht-Eingreifen* (vgl. Neuhoff in diesem Band) als Wert vermittelte, haben wir gelernt, Aggressoren/innen zu sein.

Monika Neuhoff setzt sich in ihrem Beitrag mit Aikido als einer Methode des *Gewaltlos-weggleiten-Lassens* kritisch auseinander: *du wirst unempfindlich* ist das Ziel. Aber kann es darum gehen, unempfindlich gegenüber dem Anderen zu werden? Und wer sind die Unempfindlichen? Mir wurde Aikido im Esalen-Institut vorgeführt. Der Stärkere, der Unempfindliche, der "Sieger" war der Lehrer, der potentiell und real Überlegene. Aikido ist nicht der gewaltlose Widerstand der Unterdrückten, sondern das gewaltlose Weggleiten-Lassen von Unterlegenen, Unterdrückten. Eine kritische Wissenschaft muß das soziale Recht auf Aggressivität unterstützen - gegen jedes Aikido (hier das des Seelen-Featuring), an dem die Legitimatoren verdienen und bei dem die "armen Seelen" allemal verlieren.

Dokumentation

Martina Ferber, Monika Neuhoff, Gisela Welz

Spirituelle Topographien zweier Städte
Dokumentation und Analyse

Eine Topographie ist eine Ortsbeschreibung. Die spirituellen Topographien der Städte Frankfurt a.M. und Freiburg i.Br., die im folgenden dargestellt und aufgeschlüsselt werden, sind aber keine spirituellen Ortsbeschreibungen dieser Städte: Nicht der spirituelle Gehalt einzelner Örtlichkeiten in diesen Städten oder eine religiöse Interpretation des städtischen Raumes sind Ziel dieser Ortsbeschreibungen, sondern vielmehr die Darstellung der sozialräumlichen Ordnung der New Age-Bewegung in diesen beiden beispielhaft ausgewählten Städten. Diese Darstellung geschieht vor dem Hintergrund kulturanthropologischer Konzepte von Mensch-Umwelt-Beziehungen und lenkt deswegen die Aufmerksamkeit vor allem auf Fragen nach der räumlichen Verteilung von New Age-Angeboten in den Stadtgebieten, nach deren Korellation mit einzelnen sozialräumlichen Milieus der untersuchten Städte und ihrer räumlichen Ausdehnung sowie nach typischen Veranstaltungsformen der spirituellen Bewegung und deren Häufigkeit.

Die Kulturanthropologie, insbesondere in ihrer ökologisch begründeten Ausprägung, untersucht menschliches Kulturverhalten unter dem Aspekt der Umweltauseinandersetzung oder Raumaneignung. Im Rahmen unserer Untersuchung meint der Begriff *Raumaneignung* die einzelne Objektivation einer dem Bereich des New Age zuzuordnenden Gruppe oder Veranstaltung im Raum. Dabei wird unterschieden zwischen solchen *stationären Raumaneignungen*, in denen sich spirituelle Gruppen, Therapeuten und andere am New Age-Milieu Partizipierende permanent verorten, z.B. in Meditationszentren, esoterischen Buchhandlungen und ähnlichen Örtlichkeiten, und den *temporären Raumaneignungen*, die sich in diesen Örtlichkeiten - oder auch anderswo - abspielen. Temporäre Raumaneignungen sind also Veranstaltungen oder Ereignisse der New Age-Szene, die in Vortragsabenden, Meditationssitzungen oder Wochenendworkshops ihre typische Ausprägung finden.

Die im folgenden dargestellten und aufgeschlüsselten Forschungsergebnisse sind von der gesamten Projektgruppe systematisch erhoben worden. Die stationären Raumaneignungen wurden durch Ortsbegehungen und die

Sichtung von Veranstaltungsankündigungen zunächst ermittelt und kartiert, dann auf Karteikarten aufgenommen und fotografisch dokumentiert. Die Aufstellung der temporären Raumaneignungen konnte durch die Auswertung von Veranstaltungsankündigungen und einschlägigen Publikationen hergestellt werden; zusätzliche Informationen erlangten wir durch die Teilnahme an zahlreichen temporären Raumaneignungen, die protokolliert wurden. Um die Vergleichbarkeit der Erhebungszeiträume zu gewährleisten, stammen die Daten für Frankfurt aus der Zeit vom 1.7. bis zum 31.12.86, diejenigen für Freiburg aus der Zeit vom 1.7. bis zum 31.12.87.

Stationäre Raumaneignungen

1. Typen stationärer Raumaneignungen
Wir unterscheiden sechs Typen von stationären Raumaneignungen.

Therapieangebote. Einzelanbieter oder Gruppenpraxen (Psychotherapie, Körpertherapie, Lebensberatung u.ä.)
Zentren. Schulen oder Institute (Vermittlung "spiritueller" Lehren und Techniken) sowie Zentren von Organisationen der New Age-Szene
Buchhandlungen. Buchhandlungen mit ausschließlich New Age-orientiertem Sortiment.
Medien. Verlage (Publikation von Büchern, Zeitschriften, Zeitungen; Produktion von audiovisuellen Medien u.ä.)
Naturkostläden. Lebensmittelverkauf sowie Beratung und Informationsvermittlung für die New Age-Szene
Lebensgemeinschaften. Wohngemeinschaften, in denen jeweils Anhänger einer New Age-Gruppe zusammenleben

FRANKFURT			FREIBURG	
abs.	%	Raumaneignungen	abs.	%
82	100%	Gesamt	45	100%
36	43%	Therapieangebote	22	50%
27	34%	Zentren	18	40%
11	13%	Naturkostläden	--	---
4	5%	Buchhandlungen	3	6%
3	4%	Lebensgemeinsch.	--	---
1	1%	Medien	2	4%

Spirituelle Topographie zweier Städte 277

Therapieangebote sind im Angebotsspektrum des New Age führend, gefolgt von den so bezeichneten *Zentren.* Auffallend ist die geringe Zahl von *Lebensgemeinschaften;* sie läßt darauf schließen, daß die Partizipation am New Age nur in den seltensten Fällen das Praktizieren alternativer Wohnformen meint. *Buchhandlungen* und *Naturkostläden* entsprechen in ihren Zahlen dem Kundenpotential in den Städten; leider wurden für Freiburg die Zahlen der Naturkostläden nicht erhoben, so daß die Vergleichbarkeit nicht gewährleistet ist. Bei der Kategorie *Medien* handelt es sich um Unternehmen der Verlagsbranche, von denen es erwartungsgemäß nur wenige in einer Stadt gibt.

Vergleicht man das Angebotsspektrum von Frankfurt und Freiburg, so fällt die noch ausgeprägtere Dominanz des Therapieangebots in Freiburg auf, das eine spezifische Struktur der dortigen New Age-Szene erwarten läßt (vgl. Welz in diesem Band).

Prozentuale Verteilung Typen stationärer Raumaneignungen
Frankfurt und Freiburg im Vergleich

FRANKFURT   FREIBURG
1. Prozentuale Anteile

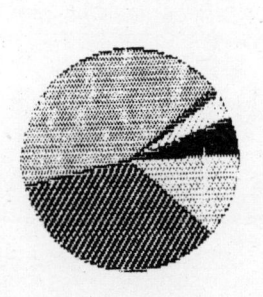

Zentren

Lebensgem.

Therapie

Buchhandlung

Naturkost

Medien

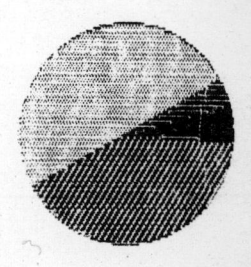

2. Totale Angaben

Anzahl

Stationäre Raumaneignungen im Stadtgebiet Frankfurt

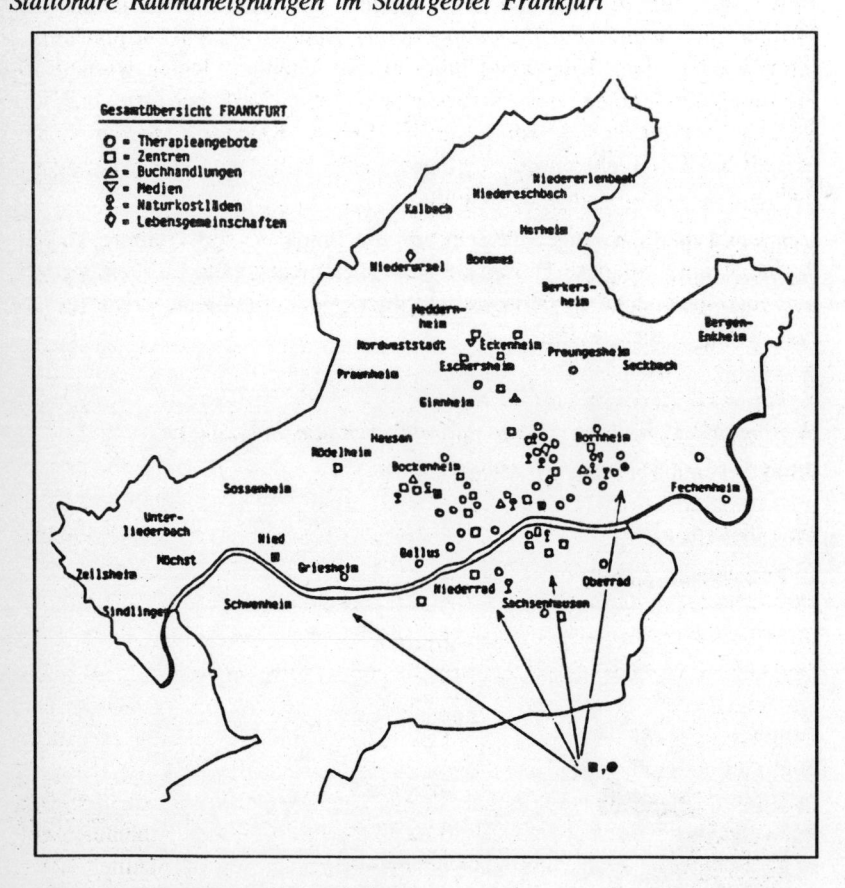

Abb. 1 Gesamtübersicht Frankfurt

Analyse Räumliche Verteilung stationärer Raumaneignungen des New Age in Frankfurt

Die starke Konzentration von New Age-Angeboten im Innenstadtbereich von Frankfurt ist auffällig. Außer der eigentlichen Stadtmitte ist dem Innenstadtbereich noch das Westend zuzurechnen (auf der Karte nicht differenziert). Insbesondere diejenigen New Age-Angebote, denen es gelungen ist, sich in der Stadtmitte anzusiedeln, profitieren von der Zentralität der Lage (Verkehrsknotenpunkt) und der räumlichen Nähe vielfältiger Konsumangebote. Das Westend, das sich vom Villenviertel zum Standort der Hauptquartiere von Banken und anderen Unternehmen des tertiären Sektors entwickelt hat, bietet darüberhinaus die Möglichkeit zu "repräsentativen" Raumaneignungen. Die unmittelbar an den Innenstadt anschließenden Viertel Bornheim (einschl. Nordend), Bockenheim und Sachsenhausen, die ebenfalls große Konzentrationen von New Age-Raumaneignungen aufweisen, sind als Verlängerungen der Innenstadt-"Konsummeile" aufzufassen. Was sie aber zusätzlich offenbar für das New Age interessant macht, ist ihre jeweilige Eigenstruktur: Sachsenhausen als urbanistisch aufgewertetes Wohn- und Konsumviertel gehobener Schichten mit besonderem Kulturangebot (*Museumsufer*) und Vergnügungsviertel (*Alt-Sachsenhausen*) hat auch überregionale Anziehungskraft; Bockenheim besitzt durch die Nähe zur Universität auch ein studentisches Milieu; Bornheim zeigt ein Nebeneinander von alternativ-experimentierfreudigen Milieus, alteingesessenen Arbeitern und neuzugezogenen Migranten.

Gemeinsam ist den Teilen der Stadt, in denen sich die stationäre Raumaneignungen des New Age verdichten, die zentrale Lage, die starke Durchsetzung mit Konsumangeboten und eine soziale Struktur, die durch eine große Heterogenität und Fluktuation gekennzeichnet ist (vgl. Neuhoff in diesem Band). Stadtteile, die diese "Standortmerkmale" nicht bieten, fallen durch die äußerst schwache Besetzung mit New Age-Angeboten auf. In 18 Stadtteilen Frankfurts - bei einer Gesamtzahl von 34 Stadtteilen, die wir in unserer Untersuchung unterschieden haben - befinden sich keine stationären Raumaneignungen des New Age. Hierbei handelt es sich einmal um Stadtviertel in Randlage, so z.B. eingemeindete Dörfer und neugegründete Satellitenstädte, zum anderen um Stadtteile in größerer Nähe zur Innenstadt, in denen sich sozialschwache Bevölkerung, häufig mit hohem Ausländeranteil - entweder Migranten mit spezifischen kulturellen Orientierungen oder desintegrierte Angehörige der US-Armee -, konzentriert und die baulich und infrastrukturell weit weniger attraktiv sind als die genannten Viertel des Innenstadtbereichs.

Stationäre Raumaneignungen im Stadtgebiet Freiburg

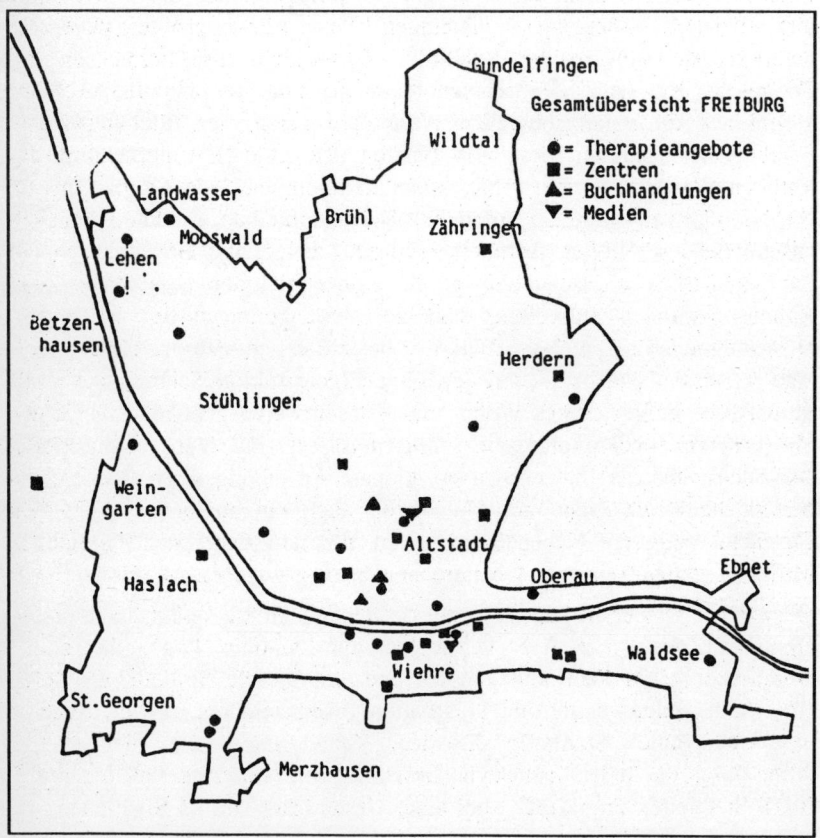

Abb. 2 Gesamtübersicht Freiburg

Analyse Räumliche Verteilung stationärer Raumaneignungen des New Age in Freiburg

In Freiburg konzentrieren sich die stationären Raumaneignungen des New Age in der Altstadt, als historischer Stadtkern die Innenstadt bildend, und in der Wiehre, einem südlich der Dreisam liegenden Stadtteil. Diese zwei gegensätzlichen Stadtteile zeichnen sich im ersten Fall (Altstadt) durch das Zentrum des Kultur- und Kommerzkonsums sowie im Fall der Wiehre durch ihr gewachsenes Villenmilieu und Wohnlage für etablierte "Alternative" aus. Kommerzielle Raumaneignungen des New Age finden sich ausschließlich in auf Kommerz ausgerichteten Stadtbereichen innerhalb dieser Viertel (Altstadtzeile, Nordwiehre), die durch ihre zentrale Lage und der Nähe zu den übrigen Konsumangeboten ebenfalls von touristischem Publikum profitieren. Die stationären Angebote außerhalb dieser beiden zentralen Stadtteile befinden sich in den klein- als auch großbürgerlichen Sozialräumen des umliegenden Stadtbereiches (Herdern, Zähringen, Mooswald, Landwasser, Lehen, Weingarten, Haslach, Merzhausen). Auffallend ist hier die Konzentration der Therapieangebote in neuen Wohngebieten mit Wohnblocks und Reihenhäusern (Mooswald, Nord-Merzhausen, Herdern-Süd, Betzenhausen). Sehr wenige stationäre Raumaneignungen sind in Stadtvierteln mit überwiegend gewachsener Struktur dörflichen Charakters (ohne Neubausiedlungen oder "alternative" Anwohner) zu finden (Gundelfingen, Wildtal, St. Georgen). Keine stationären New Age-Angebote sind in den Arbeitervierteln (Brühl, dem Sozialraum zwischen Tiengen und Haslach, Stühlinger) zu verzeichnen, was auch von der Durchsetzung durch Alternative und Studenten keinen Bruch erfährt. Im Gegensatz zu Frankfurt finden sich durchaus auch stationäre Angebote am Rande Freiburgs bzw. außerhalb des städtischen Bereichs wie in Opfingen. Das findet seine Entsprechung in der stärkeren "Regionalisierung" des Freiburger New Age-Angebots, das durchaus auch das Umland miteinbezieht (vgl. Welz in diesem Band).

Räumliche Ausdehnung der stationären Raumaneignungen

In den untersuchten Städten Frankfurt und Freiburg wurden keine stationären Raumaneignungen gefunden von der Größe einer Kirche, eines Tempels oder gar einer großräumigen Kommunität, wie es die indischen Ashrams darstellen. Die überwiegende Mehrzahl der stationären Raumaneignungen des New Age sind der Größenordnung von Etagen, Ladengeschäften oder ähnlich dimensionierten Räumlichkeiten zuzuordnen. Nur wenige spirituelle Anbieter oder Gruppen können eigene Häuser oder gar

Gebäudekomplexe mit Umschwung ihr eigen nennen. Hohe Immobilienpreise bzw. Mieten und die Struktur der gebauten Umwelt in Städten insgesamt scheinen weitgehend zu verhindern, daß das New Age hier ganze Häuser "besetzt" oder gar selbst architektonisch tätig werden (vgl. Greiner in diesem Band).

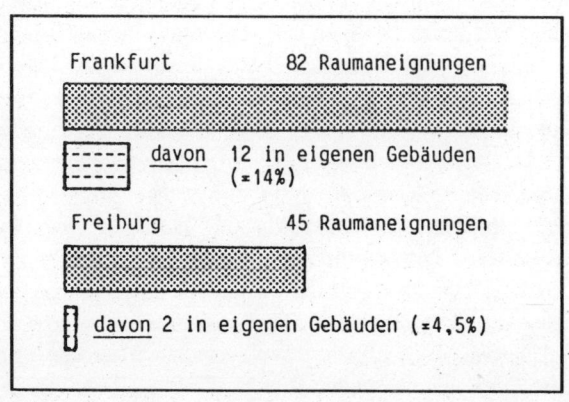

```
Frankfurt          82 Raumaneignungen
▓▓▓▓▓▓▓▓▓▓▓▓▓▓▓▓▓▓▓▓▓▓▓▓▓▓▓

┌─────┐ davon  12 in eigenen Gebäuden
└─────┘        (≈14%)

Freiburg          45 Raumaneignungen
▓▓▓▓▓▓▓▓▓▓▓▓▓▓▓

█ davon 2 in eigenen Gebäuden (≈4,5%)
```

Obwohl sich am Rand oder außerhalb der Städte möglicherweise Gebäude zu geringeren Preisen kaufen oder mieten lassen, ist offenbar die zentrale Lage in der Standortwahl ein wichtigeres Kriterium als der Raumbedarf. Das führt zum einen dazu, daß - vor allem im Fall der Therapieangebote - die Trennung von eigenem Wohnbereich und dem Arbeitsraum nicht immer gewährleistet werden kann, zum anderen entstehen *intermittierende Raumaneignungen*. Als intermittierend bezeichnen wir diejenigen Aneignungen, bei denen Veranstaltungen des New Age wiederholt in Räumen stattfinden, die eigentlich nicht der "spirituellen Szene" zuzurechnen sind und die in der Zwischenzeit auch anders genutzt werden. Spirituelle Anbieter mieten für ihre Veranstaltungen öffentliche Räume - vor allem in städtischen Bürgerhäusern, Kulturzentren u.ä. - an.

Dieses Phänomen ist insbesondere in Frankfurt auffällig.

37% aller aufgenommenen Veranstaltungen in Frankfurt fanden in öffentlichen Raumangeboten statt, die ansonsten für andere Zwecke genutzt werden. Am häufigsten "intermittierend" spirituell besetzt sind in Frankfurt (in Reihenfolge der Häufigkeit):

Senckenbergmuseum (Saal), Bürgertreff Westend, Bürgerhaus Bornheim, Volksbildungsheim, Bürgerhaus Südbahnhof

Temporäre Raumaneignungen

Veranstaltungstypen
Die temporären Raumaneignungen der New Age-Szene lassen sich vier Veranstaltungstypen zuordnen:
Einzelveranstaltungen. In sich geschlossene, einmalige Veranstaltungen, zumeist Vorträge o.ä.
Kurse. Fortlaufende Veranstaltung, die sich über mehrmalige Treffen (z.B. wöchentlich) erstreckt, aber in sich geschlossen ist.
Regelmäßige Veranstaltungen. Sich regelmäßig wiederholende Veranstaltungen - z.B. im wöchentlichen Rhythmus, die nicht Teil einer in sich geschlossenen Kurs-Veranstaltung sind.
Blockveranstaltungen. Mehrtägige Veranstaltungen, häufig als Wochenendseminare oder -workshops.

Veranstaltungshäufigkeit
Frankfurt und Freiburg im Vergleich

Weil *Kurse* und *regelmäßige Veranstaltung* in unserer quantitativen Auswertung nur jeweils einfach gezählt wurden, also die Anzahl der Sitzungen nicht zu Buche schlägt, dominieren *Blockveranstaltungen* und *Einzelveranstaltungen* das Veranstaltungsangebot.

Ein entscheidender Unterschied zwischen den Angebotsspektren der beiden Städte sticht ins Auge: In Freiburg sind die *Blockveranstaltungen* führend, in Frankfurt dagegen überwiegen eindeutig die Einzelveranstaltungen. Aus Ergebnissen der teilnehmenden Beobachtung und aus zahlreichen Interviews können wir ableiten, daß diese Unterschiede in der Form bzw. zeitlichen Ausdehnung von Veranstaltungen auch inhaltliche Unterschiede bedeuten können. Die sich zumeist als Vorträge manifestierenden Einzelveranstaltung dienen vor allem der Wissensvermittlung im Rahmen eines kulturell vorgeschriebenen, wenn auch tendenziell veränderten Vortragsmilieus, während in Blockveranstaltungen Formen von spiritueller Praxis und Therapie, z.B. in Meditationstechniken, häufig einen breiteren Raum einnehmen.

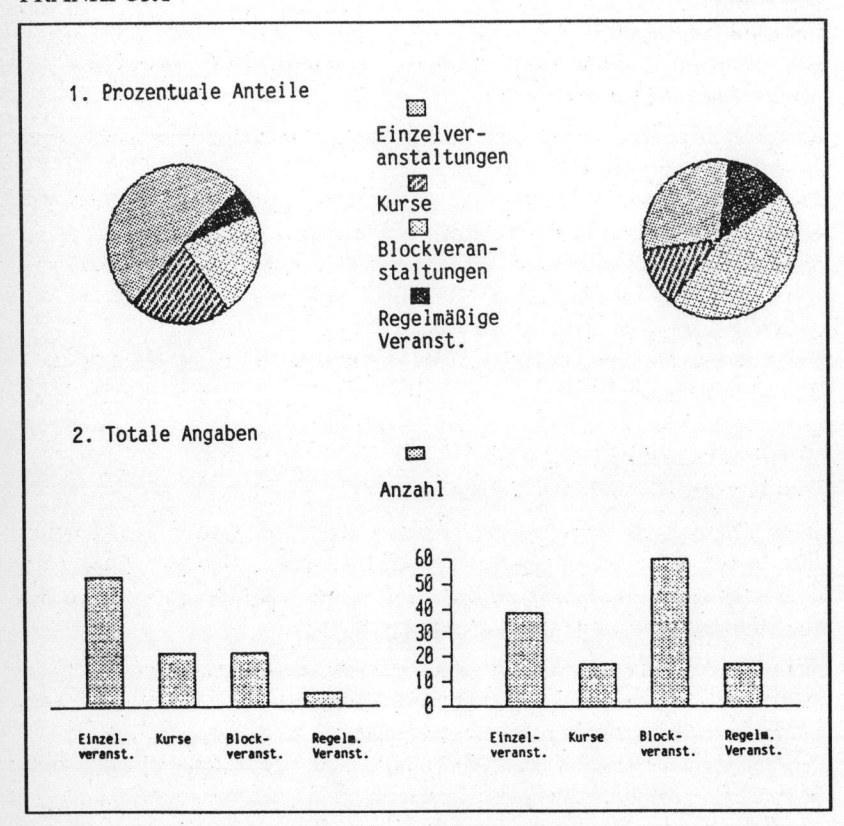

FRANKFURT   FREIBURG

1. Prozentuale Anteile
　　　　　　　　　　■ Einzelveranstaltungen
　　　　　　　　　　▨ Kurse
　　　　　　　　　　▦ Blockveranstaltungen
　　　　　　　　　　▨ Regelmäßige Veranst.

2. Totale Angaben
　　　　　　　　　　▦ Anzahl

Inhaltliche Differenzierung der Raumaneignungen

Eine an inhaltlichen Kriterien orientierte Differenzierung der Gruppen und Veranstaltungsangebote, die die New Age-Szene in den beiden untersuchten Städten konstituieren, war nicht leistbar und erscheint uns auch vor dem Hintergrund unserer Aufgabenstellung mit der These, daß sich New Age gerade durch die zwar nicht vollkommen zufällige, aber doch vielfältige Kombination von Elementen verschiedenster Quellen auszeichnet (vgl. Bischoff/ Gärtner in diesem Band) wenig sinnvoll. Versuche aus dem New Age selbst, Ordnungskategorien zu bilden - etwa Roszaks "Grenzbereiche der Aquarier" (vgl. Roszak 1982), sind in zweifacher Hinsicht problematisch, als daß sie zum einen Bewertungskriterien aus dem New

Spirituelle Topographie zweier Städte 285

Age selbst enthalten, die nicht mit einer kulturanthropologischen Sichtweise übereinstimmen, zum anderen sich aufgrund des außerordentlich starken Innovationsgeschehens in der New Age-Szene bereits überlebt haben.

Das statistische Material läßt jedoch eine inhaltlich relevante Aussage zu: In der öffentlichen Diskussion wird New Age häufig gleichgesetzt mit dem Wirken organisierter Gruppen, vor allem *neuer Religionen* und *Jugendsekten* (vgl. Haack 1985).

Tatsächlich jedoch wird die städtische New Age-Szene dominiert von Gruppen und Individuen, die nicht in solche organisierten Kontexte eingebunden sind.

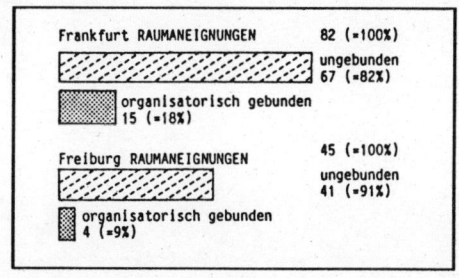

```
Frankfurt RAUMANEIGNUNGEN        82 (=100%)
                                 ungebunden
                                 67 (=82%)
   organisatorisch gebunden
   15 (=18%)

Freiburg RAUMANEIGNUNGEN         45 (=100%)
                                 ungebunden
                                 41 (=91%)
   organisatorisch gebunden
   4 (=9%)
```

In Frankfurt werden von 82 stationären Raumaneignungen 15 (d.h. 14%) von Gruppen unterhalten, die überregional oder gar international organisiert sind, so z.B.
Anthroposophische Gesellschaft in Deutschland (Sekretariat Stuttgart, internationales Zentrum in Dornach/Schweiz)
Brahma Kumaris World Spiritual University (Hauptsitz Mount Abu, Indien),
Lectorium Rosicrucianum/Internationale Schule des goldenen Rosenkreuzes (Deutsche Verwaltung Süd in Calw)
Sannyas-Bewegung (Zentrum "Osho Commune", Poona, Indien)
Scientology-Kirche
Bewegung der Transzendentalen Meditation (Europäisches Hauptquartier in Seelisberg/Schweiz)
Studienkreis für Neues Wissen/Grals-Verwaltung für Deutschland e.V. (Hauptquartier München)
Sufi-Orden, Zweig Deutschland (Frankfurt ist Ort des deutschen Nationalsekretariats)

In Freiburg sind nur 4 der 45 fest verorteten Gruppen und Angebote organisatorisch gebunden.

Beobachtungsprotokolle

Die nachfolgenden Texte sind Protokolle von teilnehmenden Beobachtungen, die zwischen dem WS 86/87 und dem WS 87/88 durchgeführt wurden. Sie sind chronologisch geordnet. In ihnen spiegeln sich unter anderem die unterschiedlichen Zugangsweisen der einzelnen ProjektteilnehmerInnen, aber auch die Verlagerung des Projektschwerpunktes von der rein räumlichen Betrachtung unseres "Untersuchungsfeldes" hin zu einer inhaltlichen Auseinandersetzung.

Leere und Fülle
Vortrag von Lama Sogyal Rinpoche

Frankfurter Ring
26.09.1986

Vor dem Konferenzsaal des Senckenbergmuseums stehen etliche Leute unterschiedlichen Alters. Ein Tisch mit verschiedenen Flugblättern - wie etwa über *Spirituelle Dimensionen* (Vortragsreihe), zu den Grünen: *Quergedanken Spiritualität, Intuitives Atmen*, Programm des Odenwald-Instituts für personale Pädagogik, *Metaphysically Orientated Seminars*, Programm des ökumenischen Zentrums für Meditation und Begegnung, das des West-Östlichen Kulturzentrums für buddhistische Meditation, Musik, Malerei, ganzheitliche Heilmethoden und andere Bewußtseinswege, etc. - steht am Geländer der Empore. Vor dem Eingang sind zwei Kassen, einmal für Mitglieder des Frankfurter Rings: sechs Mark, für Nichtmitglieder: acht Mark. Für Studenten gibt es keine Ermäßigung. Im holzgetäfelten Saal müssen wir etwas warten. Die etwa 200 Stühle werden nach und nach besetzt. Endlich begibt sich jemand in roter Weste, gepflegtem Vollbart und 70er-Jahre-Haarschnitt an das Rednerpult mit zwei Mikros: Wolfgang Dahlberg selbst. Er braucht sich nicht vorzustellen. In beruhigendem und heiterem Plauderton, der mich an amerikanische Showmaster erinnert, die persönliche Beziehung und Lockerheit zum Publikum rüberbringen wollen, beginnt er eine Art Einführung. Er entschuldigt und erklärt das Nichterscheinen des angekündigten Redners: R. Baker-Roshi. Wegen der Eröffnung seines vegetarischen Restaurants in California kann er nicht kommen, er konnte diesen Termin wegen der Lieferung seiner Kücheneinrichtung auch nicht verschieben. Heiterkeit im Publikum. Dafür trete aber Lama Sogyal Rinpoche auf, der vielleicht nicht so spaßig wie Baker-Roshi sei, aber immerhin. Im November käme Baker-Roshi dann ganz bestimmt. Wer nicht mit Rinpoche zufrieden sei, bekäme sein Geld zurück, aber es würde sich trotzdem lohnen.

Die Leute, die zur Veranstaltung gekommen sind, machen kaum den Eindruck, sie wären zufällig hereingeschneit. Auch scheint es ihnen nicht allzu viel auszumachen, daß das Programm kurzfristig geändert worden ist. Nur zwei Leute gehen nach einigen Minuten Vortrag raus. Wolfgang Dahlberg bleibt vorne stehen. Rinpoche, der - wie Dahlberg angekündigt hatte - den tibetanischen Standpunkt zur Meditation im Zen: *Leere und Fülle*, darlegen werde, kommt nun zum Rednerpodest vor (leichter Applaus:

das Publikum weiß nicht, ob es klatschen soll). Er schenkt sich einen Becher Tee aus einer Thermoskanne ein, die die Veranstalter bereit gestellt haben. Tee sei sehr wichtig, kommentiert Dahlberg. Ich habe Rinpoche allerdings nicht davon trinken sehen.

Rinpoche erklärt auf englisch, wie es kommt, daß er seinen guten Freund Baker-Roshi hier vertritt, er datiert es bis zu einem Telefonanruf Baker-Roshis im August zurück, wo er gebeten wurde, ihn zu vertreten. Dahlberg übersetzt nach allen zehn Wörtern, recht gut, aber mit der Zeit doch anstrengend. Rinpoche empfiehlt ein Buch, das über Meditation und Zen handelt. Er bezeichnet es als das wichtigste und beste Werk, das in letzter Zeit geschrieben wurde. Der Autor ist Baker-Roshis Lehrer und jeder sollte es lesen.

Der zitierte Abschnitt behandelt Form und Leere, die nach der Philosophie des Zen keinen Gegensatz, sondern einen Dualismus darstellen. Rinpoche führt aus, daß erst der Dualismus den Weg möglich macht, den Dualismus zu überwinden. Ziel ist (u.a.) das reine Gefühl des *Seins* (Rinpoche wiederholt acht- oder neunmal *being*!) und eine Wahrnehmung, die man eher intuitiv als perzeptiv bezeichnen kann; Ziel wäre also die Veränderung eines Zustandes und nicht der Persönlichkeit.

Bei dem Vortrag selbst klang teilweise eine Mischung an zwischen sich-selbst-und das-Publikum-verulken, was das ganze etwas auflockerte, ohne einem allerdings die Anstrengung durch die geballte Masse an Information zu nehmen.

Nach einer Dreiviertelstunde beschließt der Meister seinen Vortrag mit dem Absingen der Sutra, die von dem behandelten Dualismus *Leere - Form* spricht. Es ergeben sich danach keine Fragen mehr, der Vortrag ist beendet, nicht ohne Rinpoches Hinweis auf seinen Workshop in den Pyrenäen im November/Dezember.

Das Publikum strebte danach teils dem Ausgang zu, teils blieb es noch auf der Empore im angeregtem Gespräch stehen.

Nachtrag

Rinpoche befand sich auf einer zweiwöchigen "Tournee" durch Deutschland, neben der Kasse lag neben dem hektographierten Oktoberprogramm des *Frankfurter Rings* auch eine Kurzbeschreibung Rinpoches. Das Auditorium, ob Mitglied oder Nichtmitglied beim *Frankfurter Ring*, schien nicht nur am Thema interessiert, sondern in der Mehrheit schon etwas darüber informiert zu sein.

Zur Veranstaltung hatten sie sich nicht besonders fein gemacht, auf die Frage Rinpoches, wer Englisch nicht verstünde, meldeten sich etwa fünf

Personen, was darauf schließen läßt, daß das Bildungsniveau der Anwesenden nicht allzu niedrig gewesen sein dürfte. Ich schätze den sozialen Status der Anwesenden auf Mittelschicht ein. Die Zuhörer waren allesamt dem Teenalter entwachsen.

Klaus Bischoff

Life Energy Therapy
Ein Einführungsvortrag in die Wirkungsgesetze der Lebensenergie mit Prof. Dr. Sabetti

Frankfurter Ring
10.10.1986

Der Vortrag des Therapeuten[1] zählt zu den abendlichen Einführungveranstaltungen eines darauffolgenden Wochend-Workshops. In der spirituellen Szene nehmen gerade sie einen besonderen Stellenwert ein, denn sie bieten sich als "Vorposten" für einen sich in einer Schwellensituation befindlichen motivierten Adepten an. Sie verpflichten einen zu nichts, nur zum "Ausprobieren". Entspricht der Vortrag nicht oder nur annähernd den eigenen Bedürfnissen, so verbleibt die Möglichkeit, den Workshop zu besuchen, beeindruckt nach Hause zu gehen und darüber weiter nachzudenken (oder auch nicht) oder zu den TeilnehmerInnen Kontakt aufzunehmen.

> *Es ist ein einsamer Weg, schrieb ein Verschwörer, aber du bist nicht allein auf diesem Pfad. Das Netzwerk bedeutet mehr als eine blosse Vereinigung von gleichgesinnten Menschen. Es bietet moralische Unterstützung, Rückkoppelung, eine Möglichkeit zur gegenseitigen Entdeckung und Bekräftigung, Ungezwungenheit, Innigkeit, eine Möglichkeit, Erfahrungen und Teile des großen Puzzles untereinander auszutauschen* (Ferguson 1982, 32).

Das Interieur des Vortragssaales hebt sich in nichts von anderen ab. Es dominieren die symmetrsch angeordneten Stuhlreihen und die hohen

---

[1] Der Therapeut ist Psychologe und Dozent für klinische Psychologie, Gründer des *Institut of Life Energy* in München. Er hat die Wirkungsgesetze der Lebensenergie in Ost und West studiert ... . *Sein Institut dient der Erforschung der verschiedenen Manifestationen der Lebensenergie und ihrer zugrundeliegenden Prozesse; als Forum zur interdisziplinären Diskussion, der in ... (seinem) Buch angesprochenen Themen* (Sabetti 1985).

holzvertäfelten Wände. Von jedem Sitz aus blickt man auf ein sich stufenweise erhöhendes Podest, auf dem ein Katheder steht, an dessen rechter Seite eine Leselampe angebracht ist. Halbdunkel erfüllt den Raum. Nur das Licht der Leselampe ist grell und zeichnet markante Schatten in das Gesicht des Therapeuten. Aufmerksam, man kann schon sagen andächtig, lauscht das Publikum seinem Vortrag, den er körperlich durch ein paar Tai Chi- und Aikido-Bewegungen illustriert und graphisch zu skizzieren versucht. Er bedient sich dabei eines Overhead-Projektors, der auf einem weiteren Katheder rechts von ihm steht.

Die Anzahl der weiblichen Teilnehmer überwiegt offensichtlich. Das Altersspektrum reicht von ca. 20-50 Jahren. Die meisten besetzen die vorderen und mittleren Stuhlreihen. Insgesamt mögen vielleicht 60 TeilnehmerInnen anwesend sein.

Der Therapeut, ein Mittdreißiger, ist "mondän" gekleidet. Er trägt ein eierschalenfarbenes Jackett, ein Leinenhemd in der gleichen Farbe und eine helle Hose aus feinem Sackleinen. Er steht lässig, die linke Hand fast immer in seiner Hosentasche verbergend, vor dem Katheder. Das von unten nach oben scheinende Licht betont seine dunklen Augen, den dunklen Vollbart und die bereits graumelierten, etwas längeren, dunklen Haare. Seine eindringliche Augensprache, sein offener Blick, seine einschmeichelnde Stimmlage, die selbstsicheren Bewegungen seines gut proportionierten Körpers - er vermittelt den Eindruck eines ausgeglichenen Menschen.

Im Kontext des New Age heißt bedeutet dies jedoch, daß er in seiner *inneren Mitte ruht*.

Er erweckt den Eindruck, daß diese Therapie seiner Persönlichkeit das gegeben hat, was sie verspricht - nämlich ein "anormales" Verhalten bzw. eine gestörte Form des energetischen Gleichgewichtes durch Körperarbeit zu heilen. Ist durch sie *die eigene Ganzheit erst einmal hergestellt, wird es leichter zu erkennen, daß die persönliche Ganzheit mit einem universalen Ganzen im Kosmos in Verbindung steht* (Sabetti 1980, 7).

> *In Life Energy Therapy (LET) erfahre ich Energiefunktionen sowohl als Prozeß, als auch gleichzeitig als Ergebnis von Unordnung (dis-ease) bei den Energievibrationen. Diese Unordnung kann als Ergebnis von nicht zusammenpassenden Energievibrationen im Körper (in den Knochen und Muskeln) sein; vom Einnehmen von und/oder Festhalten an Vergiftetem, seien es Emotionen, Pollutionen oder Nahrungsmittel; oder von Quellen außerhalb von uns, die nicht gefiltert oder nicht vollkommen und/oder richtig verarbeitet wurden* (Sabetti 1980, 11).

Alle Energietransformationen erfordern aber auch eine gewisse Risikobereitschaft, wenn ein Energiemuster gegen eine vollkommenere Bewegung ausgetauscht wird. Von Bekanntem zu Unbekanntem fortzuschreiten, kann sehr bedrohlich sein. Es ist, als mache man einen Sprung in ein neues Energiefeld. LET ermutigt zu dieser Risikobereitschaft, indem sie Raum für Experimente schafft. Beim Ausprobieren neuer Verhaltensweisen wird sich jeder Mensch bewußt, daß er die Wahl hat zu alten Energiebewegungen zurückzukehren oder zu möglichen neuen weiterzugehen (Sabetti 1980, 15).

Er geht also von einer *Mutabilität der Energie* (Sabetti 1980, 14) im Körper aus. Um sich diese Energie, diese uns eigenen Vibrationen oder *Microments* vorstellen zu können, müßten wir nur aufstehen und die Augen schließen. Jeder kenne sicher das sich dann sofort bemerkbarmachende leichte Rotieren des Körpers um eine imaginäre Achse. Diese Rotationen sind Zeichen unserer dynamischen Energien. Je gleichmäßiger sie sind, desto entspannter sind wir. Erfolgen sie nur intervallweise, so liegen Verspannungen vor, die man mit der Zeit zu lokalisieren lernt. Die TeilnehmerInnen versuchen, sich durch Fragen dessen zu vergewissern, was sie vorher gehört haben. Sie deuten in keinster Weise Kritik an ihm an. Die Art der Fragen läßt darauf schließen, daß sie weniger Wert auf nachvollziehbare Zusammenhänge legen, als auf die wiederholende Erläuterung bestimmter Schlüsselworte. (Die Repetitionen verleihen dem Gesagten natürlich einen noch wirksameren Nachdruck!)

Insgesamt wird deutlich, daß bereits viele der TeilnehmerInnen mit der Thematik vertraut sind, dieses oder ähnliches von ihm auch erwarteten, denn sie scheinen die populär-psychologischen Statements ebenso wie der Vortragende als tiefgründige Einsichten zu behandeln.

Eine Meditationsübung ergänzt seine Erläuterungen. Vorweg müssen die TeilnehmerInnen sämtliche Metallgegenstände und Brillen dafür ablegen. Nur zögernd befolgt das Publikum seine Aufforderungen. Man steht auf und geht, wie von ihm verlangt, etwas weiter nach vorne. Manche scharren sich um ihn, andere verharren stehend an ihrem Sitzplatz oder sammeln sich im Mittelgang, sowie an den Außenseiten der Stuhlreihen.

Er bittet sie, die Augen zu schließen, die Knie leicht zu beugen, die geöffneten Handflächen nach außen zu drehen, den Mund leicht zu öffnen und tief ein- und auszuatmen. Indem man leicht nach links kippt, in die Vertikale zurückkehrt und gleich darauf wieder nach rechts kippt, bringt man sich in *harmonische Rotation*. Hinter mir atmet eine Teilnehmerin geräuschvoll ein und aus. Eine andere schwankt bedenklich hin und her.

Der Lehrmeister beäugt währendessen, mißtrauisch prüfend, sein "Klientel". Nebenbei nippt er an einem Glas Wasser. Etwa nach zehn Minuten koppelt er sich verbal in den Bewegungsablauf ein. Langsam leitet er alle zum *Normal-zu-stand* zurück. Man begibt sich wieder auf seinen Platz. Erwartungsvoll fragt er die Anwesenden, was sie empfunden hätten. Eine Frau wagt als erste, über ihre Empfindungen zu berichten. *Ich empfand ein Kribbeln in den Händen!* Eine andere berichtet über ein drehendes Gefühl um eine feststehende Achse. Eine dritte fühlt sich völlig entspannt. Zufrieden lächelt er sanft.
Nochmals tauchen Fragen auf, die nun jedoch verstärkt seinen Intellekt herausfordern, kritischer werden. Er wird unsicher, gibt lapidare Antworten, wenn er nichts zu entgegnen weiß, oder weicht vom Thema ab und versucht, Überzeugungsarbeit zu leisten. Nachdem keine weiteren Fragen mehr anliegen, verweist er noch kurz auf seinen bereits belegten Wochend-Workshop, der am darauffolgenden Samstag an einem anderen Ort stattfinden soll.
Zwei Jahre später bietet Sabetti erneut eine Einführungsveranstaltung an, deren therapeutischer Effekt durch das Ausführen verschiedenster, schnell aufeinanderfolgender tänzerischer Gymnastikübungen, die er mittanzend kommentiert, erzielt werden soll.
Eine Teilnehmerin erzählt mir, ihre Freundin sei von der angebotenen Therapiemethode ganz begeistert. Sie hätte ihr empfohlen, sich wenigstens mal anzuschauen, *was da so abläuft*, beschreiben könne sie es ihr nicht. Laut der Information ihrer Freundin, so fügt die Teilnehmerin hinzu, seien viele Anhänger seiner Therapiemethode extra aus München angereist, wo er ein *Institut for Life Energy* leitet.
Die meisten Teilnehmer haben Trainingsanzüge oder anderweitige bequeme Kleidung, Schuhe sowie Handtücher mitgebracht. Man zieht sich in einem Vorraum um.
Sabettin trägt einen eng anliegenden, ärmellosen, schwarzen Stretchanzug mit einem pinkfarbenen Gürtel aus dem gleichen Material. Sein muskulöser Oberkörper kommt durch diese Bekleidung sehr zur Geltung, ganz zu schweigen von anderen Körperteilen, die sich gut sichtbar unter dem eng anliegenden Anzug abheben. Zu Beginn spricht er ein paar einleitende Worte an die um ihn auf dem Boden Sitzenden. Leider verstehe ich in einer der hinteren Reihen nichts. Ich fordere ihn auf, lauter zu sprechen. Sofort holt er sich ein Mikrophon, das über einen kleinen Akkumulator, den er an seinem Gürtel befestigt, mit Energie versorgt wird. Es dient ihm

auch im weiteren Verlauf dazu, seine Kommentierungen, die ansonsten im Geräuschpegel untergingen, einigermaßen hörbar zu machen.
Erwartungsvoll oder begeistert schauen ihn die zumeist weiblichen TeilnehmerInnen an. Räucherstäbchenduft verschlägt einem oder beschleunigt manchen Atem. Zu einer sinnlichen Synthesizer- oder "popigen" Disco - Musik tanzen und rekeln sich dann alsbald alle, entsprechend der von ihm und seiner Assistentin dargebotenen, teilweise sehr erotischen wirkenden Gymnastikübungen in dem großen Saal des Volksbildungsheims, dessen Licht leicht abgedunkelt ist und dessen Stühle herausgeräumt sind. Um mit den schnell wechselnden Übungen mithalten zu können, bedarf es einiger Kraft und Energie. Doch selbst Siebzigjährige lassen sich durch nichts davon abbringen, es ihm gleichzutun. Mitmachen heißt seine Devise, ob es klappt oder nicht, wenigstens "es" wirkt auf Physis und Psyche.
Manche sondern sich zeitweise ab. Erschöpft setzen oder lehnen sie sich an die Wände. Andere sind unermüdlich, lassen bis zur Pause keine seiner Übungen aus. Sie wird durch eine Bauchtanzsession, die von einem Perkussionisten begleitet wird, überbrückt. An sie schließen sich erneut Übungen an. Erst kurz vor Veranstaltungsende, d.h. nach ca. zwei Stunden, dürfen sich alle auf den Rücken legen und *meditieren*.
Die Erschöpften, von Verspannungen und lästigen Gedanken Befreiten sollen nun ihre spürbare Lebensenergie wahrnehmen, die sie zu ihrer *inneren Mitte* zu führen vermag.[2]

Dem Veranstaltungsleiter gelingt es, die Sinnordnung durch das spirituelle, seine Person umgebende *Milieu* wirksam im Raum zur Geltung zu bringen, den Eindruck des Begnadeten zu erwecken, dessen Begabung sich *als (eine) innere (aus dem Menschen selbst kommende) oder als von einer übermenschlichen, jenseitigen Macht eingegebene,* als sich eine im hier und jetzt entäußernde darstellt (Greverus 1990, 179).

Er stellt sich als Schöpfer einer *Heilheit* bwz. *wholeness* (Sabetti 1985, 317) dar, als

> *ein Energist, ein Mittler des Wandels. Was er für seine Arbeit an Wissen benötigt, fußt auf seiner eigenen Erfahrung mit Energie an sich*

---

[2] Wer näheres über die sich dann einstellende Zufriedenheit nach körperlich starken Anstrengungen erfahren will, beschäftige sich mit den Theorien über das Hormon *Endorphin*, das eine Art körpereigene Droge darstellt, die während und nach größeren körperlichen Anstrengungen gebildet wird und dann zur Wirkung kommt.

selbst und anderen. Er hat gelernt, spontan und klar zu sein, und er kann verschiedene Formen von Energie transformieren. Auf der Grundlage seiner eigenen Erfahrungen hat er sich über Natur- und Bewegungsgesetze der Lebensenergie informiert, aber auch über ihre Beziehung zu Geist, Körper, Ernährung, Politik, Kultur und der bekannten (aber jetzt aus energetischer und evolutiver [im Sinne von: Rückkehr zur Ganzheit, die das Wesen unseres Universums ist. [Sabetti 1987, 7]] Perspektive betrachteten) psychischen Dynamik. Da keine zwei Menschen auf diesem Gebiet genau gleich arbeiten, verläßt er sich nicht auf Techniken, sondern vertraut auf den spontanen Kontakt mit Energie, die sich in ihm und seinen Klienten bewegt. Viele fortgeschrittene Energisten sind zu Beratern aller möglichen Organisationen geworden - aber nicht wegen ihres Faktenwissens, sondern weil sie etwas von Prozessen und ihrer Beziehung zur Ganzheit verstehen (Sabetti 1985, 272).

Sein Selbstüberzeugtsein hinsichtlich seiner schöpferischen und psychischen Fähigkeiten und Kompetenzen erleichtern bzw. ermöglichen erst die charismatische und kryptoerotische Inszenierung, in der naturwissenschaftliche Erkenntnisse einzig und allein der Legitimierung einer neuen spirituellen Sinnordnung, einer absoluten Wahrheit, einer Ideologie dienen, damit deren *Feinde* (Vernunft und Wissenschaft) überwunden werden können. Sie pflegt auch den Glauben an sich selbst, den Glauben, andere glaubten an ihn, und den Glauben der Anhänger an seine Kompetenzen. Er betrachtet sich nicht nur als Auserwählten, der ein Beispiel für alle anderen darstellen kann, da er Erfahrungen im Umgang mit Energie besitzt, nein, er ist auch der Wissende, der sich mit der Natur und den Bewegungsgesetzen beschäftigte, die ihn natürlich bestätigten, weil nur eines wahr sein kann, und das ist sein Verständnis von Prozessen und ihre Beziehung zur Ganzheit, durch die kosmische Erfahrung mit Energie.

Er, der die kulturellen Grenzen überschritten hat, zum Auserwählten erkoren scheint, erlaubt sich, "seinen *Sinn*", den Erwartungshaltungen seiner *Anhänger (Gläubigen, Klienten, Patienten), die durch ein wissenschaftsgläubiges Zeitalter gegangen sind, entsprechend über eine Wissenschaft, die "grenzwissenschaftlich" ist*, zu legitimieren. *Im Selbstverständnis heißt das: die Begrenzung der herkömmlichen, der empirischen Wissenschaften überschreitend (transzendierend)-grenzüberschreitend sein.* (vgl. Greverus 1987, 143).

Regina Koy-Redemann

Liselotte Schür

Heilung durch Gedankenenergie
Vortrag von Heilpraktikerin Liselotte Schür

Universelles Leben
29.10.1986

Die Veranstaltung fand im Bürgerhaus Südbahnhof statt. Der Altersdurchschnitt des Publikums lag bei gut fünfzig Jahren. Es waren auch ältere Menschen dabei, in der Mehrzahl alte Frauen.

Die Referentin hielt ihren Vortrag frei und fixierte dabei immer Leute aus dem Publikum, ihr Blick schweifte also nicht im Raum umher. Ab und zu gestikulierte sie mit ruhigen, langsamen Bewegungen. Sie wirkte sehr natürlich, leicht graues gewelltes Haar, ungeschminkt. Sie trug keinen Schmuck, nichts, was von ihr hätte ablenken können, und war ganz in Weiß gekleidet.

Transkription:

Heilung durch Gedankenenergie - dieses Thema hat bereits Eingang gefunden in die Medien, es beschäftigt uns mehr und mehr. Was steht dahinter, ist da wirklich was dran? Wir wollen uns erst einmal der Gedankenenergie zuwenden und etwas darüber hören. Damit es uns leichter fällt, beginne ich mit Tatsachenberichten, aus denen offenkundig ist, daß Gedanken die Geschehnisse zu einer Wende brachten.

Ein Mann, unheilbar an Krebs erkrankt, beschloß gesund zu werden. Er setzte sich von da an drei mal täglich zehn Minuten hin, bejahte seine innere Lebenskraft, bejahte alles Positive und machte das eine sehr lange Zeit. Nach zwei Jahren - Sie haben richtig gehört - nach zwei Jahren ging er zum Arzt und ließ sich untersuchen: der Arzt stellte fest, daß er gesund war.

Ähnlich erging es einer Frau, die an Kehlkopfkrebs litt und der es bereits sehr schlecht ging. Auch sie faßte den Entschluß, die Krankheit zu besiegen, auch sie richtete sich von da an positiv aus, war überzeugt, daß ihre Lebenskraft sie stärkt und ihr Gesundheit bringt. Es ging ihr von da an auch ein wenig besser. Voller Freude erzählte sie es einer Bekannten. Die Bekannte war skeptisch, sie zweifelte, daß dieses Tun von Erfolg gekrönt sein könne. Und nun trat wieder eine Wende zum Schlechten ein. Die Patientin erzählte dies ihrem Arzt. Der Arzt riet ihr, den Kontakt zur

Bekannten abzubrechen, sie tat es. Nun arbeitete sie eifrig an der positiven Ausrichtung, und auch ihr gelang es, die Krankheit zu überwinden.
Das waren jetzt Tatsachenberichte, aus denen wir erkennen konnten, daß Gedanken eine Wende zum Guten herbeiführten. Wir wollen uns nun einmal die Frage stellen, ob Gedankenenergien immer nur zum Positiven, zum Guten wirken, oder ob sie auch zum Negativen wirken. Und auch das wollen wir anhand von Tatsachenberichten überprüfen.
Ein junger Mann verbüßte eine geringfügige Haftstrafe, und als er aus dem Gefängnis entlassen wurde und nach Hause ging, brach er auf der Straße tot zusammen. Er starb an einem Insulinschock, nicht weil er etwa zuckerkrank gewesen wäre, sondern er hatte sich zu Tode geschämt.
Ein Elektriker war an einer Starkstromleitung beschäftigt, von der er annehmen mußte, daß sie unter Strom stand. Er sah sich also vor, diese Leitung nicht zu berühren. Nun geschah ihm das Mißgeschick, daß er mit der Hand ausrutschte und an den Draht kam, den er nicht berühren wollte. Was geschah? Er erlitt auf der Stelle einen tödlichen Stromschock - die Leitung hatte keinen Strom geführt!
Ein Arbeiter auf der Bahn wurde versehentlich in einen Tiefkühlwaggon eingeschlossen, aus dem er sich von innen nicht befreien konnte. Es herrschte jedoch in dem Waggon die gleiche Temperatur wie draußen, weil das Aggregat nicht in Betrieb war. Als man wenige Stunden später dieses Versehen entdeckte, war er in der Zwischenzeit erfroren.
Wir sehen aus diesen Tatsachenberichten, daß Gedankenenergien auch zum Negativen wirken und das u.U. mit ganz, ganz starker Heftigkeit, Intensität, daß sie sogar auf der Stelle den Tod auslösen können.
Viele Forscher, viele Physiker befassen sich bereits mit Gedankenenergie, beispielsweise machte Paul Kaufmann aus Zürich folgendes Experiment: er lud Beteiligte ein und bat sie, sich auf eine geometrische Figur zu einigen, während er den Raum verlassen wollte. Diese geometrische Figur sollte man dann auf ein leeres Blatt Papier denken. So geschah es, und Paul Kaufmann fand ausschließlich mit Hilfe eines Pendels auf dem scheinbar leeren Blatt Papier wirklich die Gedanken-geometrische Figur. Nun waren die Teilnehmer aber skeptisch und meinten, er könne doch telepathisch ihre Gedanken aufgenommen haben. Man wandelte also das Experiment ab. Wiederum einigte man sich auf eine Figur und dachte diese auf ein Blatt Papier. Dieses Papier sandte man nun drei anderen, die mit dem Pendel umzugehen wüßten, die aber voneinander nichts wußten, und die dennoch zu dem gleichen, richtigen Ergebnis kamen. Sie fanden also, daß das

vermeintlich leere Blatt Papier mit der geometrischen Figur imprägniert war.

Wir haben heute auch einen Zweig der Wissenschaft, der sich mit Gedankenenergie befaßt. Ich spreche von Gedankenwissenschaft. Ich will heute aber nicht von dieser sprechen, sondern darlegen, was wir aus geistigen Quellen über Gedankenenergie wissen.

Gedanken sind Energien von unterschiedlicher Frequenzstärke, die unter gegebenen Umständen auch meßbar sind, feststellbar. Jeder Gedanke, den wir denken, bewirkt also ein energetisches Feld. Wir wissen, daß keine Energie verloren geht.

Wo werden Gedankenenergien wirksam? Welchen Gesetzmäßigkeiten folgen Gedankenenergien?

Gedankenenergien werden in jeder Lebensweise wirksam. Einige wenige möchte ich bewußt ansprechen.

Wenn ich also ein Gedankenenergiefeld produziere, findet diese Gedankenenergie den Ort des Empfängers. Ich wähle ein Beispiel, um es nicht so kompliziert zu machen. Ich mag in meinem Beispiel einen Mitmenschen von Herzen gerne. Ich denke an diesen, sende ihm Empfindungen und Gedanken der Liebe. Damit baue ich also eine ganz bestimmte Energie auf, ein Energiefeld. Dieses Energiefeld findet genau den richtigen Empfänger. Es findet den Menschen, an den ich dachte.

Es mutet uns beim ersten Hören vielleicht etwas seltsam an, daß das möglich ist. Denken wir doch daran, daß jede Mutter die Stimme ihres Kindes kennt, auch wenn jedes Kind "Mama" sagt. Wenn in diesem Raum nur Kinder sitzen würden, und die Mütter dieser Kinder wären in einem angrenzenden Raum, wo sie ihre Kinder wohl hören, aber nicht sehen könnten, und eines dieser Kinder würde "Mama" rufen, dann wüßte genau die richtige Mutter, daß ihr Kind gerufen hat. Die Gedankenenergien sind in der Lage, den richtigen Empfänger zu finden.

Wie ist es überhaupt möglich, daß sie Handlungsquelle sind? Das ist ein Phänomen für sich. Gedankenenergien sind tatsächlich für sich handlungsfähig. Man könnte sagen, daß sie mit einer Art Mini-Bewußtsein ausgestattet sind. Die Energien sind sich ihrer Existenz bewußt, sie sind sich ihrer Natur bzw. ihres Auftrags bewußt. Meine Gedankenenergie der Liebe weiß also, daß sie eine Kraft der Liebe ist und bei wem sie wirken soll. Sie findet also den Empfänger, unabhängig davon, ob er in meiner unmittelbaren Nähe ist oder ganz weit weg von mir, auf der anderen Seite

der Erdkugel. Ist sie dort wirksam geworden, dann geht der Auftrag weiter. Sie kehrt zurück und wird nun bei mir auch wirksam.
In den Beispielen waren es positive Gedankenenergien, Gedanken der Liebe. Wir können alle nachempfinden, was es heißt, von jemanden geliebt zu werden. Es tut richtig gut, Liebe, Energie zu empfangen. Wir werden freudig darüber, dynamisch und glücklich. Auch wenn wir gar nicht wissen, daß uns jemand diese Liebesenergie zudenkt. Die Energien folgen weiteren Gesetzmäßigkeiten, sie tendieren nämlich zu gleichen, ähnlichen Energien: Liebe-Energie tendiert zu Liebe-Energie, Haß-Energie zu Haß-Energie. Sie haben die Tendenz, sich mit ähnlichen oder gleichen Kraftregeln zu vereinen. Das ist nun entscheidend wichtig bei dem Wirksamwerden der Energien, denn auch ein Empfänger denkt ja, auch er schafft ja Gedankenenergien, und diese Gedankenenergie, die er bildet, die befindet sich erst mal in seinem Umkreis, haftet auch an ihm.
Es kommt nun darauf an, was mein Gedankenfeld dort findet. Denkt der Empfänger selbst liebevoll, ist es für meine Energie kein Problem, gleiches tendiert zu gleichem. Es kann seine Wirkung voll entfalten. Auch bei mir wird es dies können, denn ich dachte ja liebevoll.
Wie verhält es sich aber nun, wenn mein Empfänger andere Gedankenenergien aufbaut, bzw. Gedanken des Hasses, Neides, die denen der Liebe ja völlig entgegengesetzt sind. Hier findet also mein Energiefeld der Liebe etwas, das seiner Natur gar nicht entspricht, und es hat die Tendenz, sich nicht mit diesem zu vereinigen.
Nun, da ist eine weitere Gesetzmäßigkeit: positive Gedanken - das ist ganz entscheidend - positive Gedanken haben stärkere Macht und Kraft als gegensätzliche Gedanken. Mein Kraftfeld der Liebe, eine positives Liebekraftfeld hat also nun die größere Kraft, steht im Auftrag und wird den Auftrag erfüllen, auch wenn der Empfänger Haß- und Neidgedanken aufbaut. Das heißt, mein neidischer Empfänger der Gedanken wird trotz seines Hasses und Neides Impulse der Liebe empfangen und eines Tages selbst Impulse der Liebe aussenden und aufbauen, weil meine ihm zugedachte Gedankenenergie der Liebe stärker ist als die Energie, die er selber produziert.
Gedanken folgen noch anderen Gesetzmäßigkeiten, Gedankenenergie sage ich, damit es deutlicher im Bewußtsein ist. Jeder Gedanke, den ich produziere, prägt auch meine Seele, man könnte sagen, magnetisiert meine Seele. Das verstehen wir heute im Zeitalter der Computertechnik recht gut. Auch Tonbänder werden durch magnetische Impulse beschriftet. Und solange diese Beschriftung nicht korrigiert wird, hören wir dann beim

Abspielen des Bandes immer wieder dasselbe, was wir einmal als magnetischen Impuls auf dieses Tonband eingaben. So ähnlich ist es mit unserer Seele, wir prägen also mit jedem Gedanken, den wir senden, unsere Seele, und wir hörten schon: gleiches zieht gleiches an.
Wir sind uns, wenn wir dies alles für uns aufgenommen haben, einer ganz entscheidenden Gesetzmäßigkeit bewußt: nichts kann auf mich zukommen, was wir nicht einmal in unsere Seele eingetragen haben. Anders ausgedrückt: wir stehen im Gesetz von Ursache und Wirkung.

Nach einem kurzen Applaus gab sie Gelegenheit zu Fragen. Es kamen gleich mehrere Meldungen. Sie wiederholte jede Frage laut und klar, wie überhaupt ihre Stimme sehr beruhigend wirkte; ihre Aussprache war sehr deutlich.

Was nützen bestimmte Gedanken, wenn der Weltuntergang in Sicht ist?

- Alles was wir mit Händen und Verstand dagegen tun, ist schwach. Die positive Empfindung hat Macht und Stärke. Wir müssen Politiker annehmen und lieben, dann kommt ihnen ein Lichtimpuls zu.

Dann müßten aber die Leute teilnehmen, die kompetent sind, also auch Politiker.

- Wir müssen umdenken, wir greifen ein, *wenn wir die Politiker, die nicht hier sind, lieben - dann ändern sie sich.* Wir dürfen Personen nicht mit unseren Gedanken vergewaltigen.

Ein weiteres Beispiel: Ein Kutscher peitschte ein Pferd den Berg hoch. Am Fenster stand eine Frau, die dies beobachtete und sich angeblich richtig verhielt, indem sie dem Kutscher keine Haßempfindungen sandte, sondern Liebesempfindungen, woraufhin er das Pferd freiließ, welches dann auf das Fenster zuging und seine Nüstern daran rieb.

Es kamen noch weitere Beiträge, die immer emotionaler wurden. Ich war überrascht über die Offenheit einiger Teilnehmer, zumal es sich hier um kein Seminar handelte, sondern Anonymität vorherrschte (vielleicht war gerade das wichtig) und die Atmosphäre in diesem Bürgerhaus, das in den Südbahnhof eingegliedert ist, auch nicht gerade entspannend wirkte.

Ein jüngerer Mann dankte der Referentin: *Ich danke Ihnen. Ich habe mich sehr über diesen Vortrag gefreut. Ich glaube an Gott - an seinen Sohn, Jesus von Nazareth. Ich betete, daß mein Arbeitsvertrag um ein halbes Jahr verlängert würde, ursprünglich sollte ich entlassen werden. Er wurde verlängert.*

Die Atmosphäre während des Vortrags und besonders danach war bestimmt von tiefer religiöser, emotionaler Bewegtheit. Ich hatte noch nie so eine Stimmung erfahren.
Eine weinende Frau erzählte, daß ihr ein eineinhalbjähriges Kind gestorben sei. *Ich hab' Schuld*, sagte sie immer wieder. *In dieser Nacht hatte ich Schlaftabletten genommen. Am Morgen fand ich es, es war warm - zugedeckt. Seit vierzig Jahren lebe ich nur noch mit Beruhigungsmitteln und Schlaftabletten.*
Die Referentin brachte ganz nüchtern wieder ein Beispiel (im Nachhinein wurde mir klar, daß sie mit diesen dauernden Beispielen und Wiederholungen spielte), diesmal von ihrem eigenen Sohn, der im Alter von siebzehn sterben sollte. Sie setzte sich solange für ihn ein, bis sie das benötigte Medikament endlich in einer Klinik bekam - er überlebte. Mit vierunddreißig wurde er ins Krankenhaus auf die Intensivstation eingeliefert. Er meinte, daß ihm nichts fehle, sie behielten ihn aber trotzdem da und er wurde in ein Schwesternzimmer gelegt. Am nächsten Morgen war er tot. *Er hatte keine schöne Zeit in den siebzehn Jahren. Ihr Kind durfte hinübergehen, womöglich hätte es sonst viel Leid erfahren ....* Die ältere Frau fing wieder an zu weinen, die Leute sahen sich nach ihr um, beim Hinausgehen blieben dann einige bei ihr stehen.
Ich hatte den Eindruck, daß die Leute gar nicht gehen wollten. Es war ziemlich ruhig, kein Rausgedrängel. Auch während des Vortrags saßen einige mit geschlossenen Augen da, andere nickten ab und zu zustimmend und lachten die Referentin an, die die ganze Zeit über sehr ernst und nüchtern blieb.
Ich ging dann nach Hause, war in einer seltsamen Stimmung. Irgendwie machte mir diese Demut vieler Leute Angst, dann war ich wieder beeindruckt von der Offenheit, spürte, wie die Verzweiflung der alten Frau ihre emotionale Wirkung bei mir hinterließ.

Birgit Weiß

Loslassen, Loslassen, Loslassen
Einführungsabend mit Ruth und Doc Lindwall

Frankfurter Ring
31.10.1986

Die Veranstaltung fand zwar im Senckenbergmuseum statt, nicht aber wie üblich oben im 1. Stock, sondern weil dieser nicht frei war, im Erdgeschoß in einem Raum, der etwas kleiner ausfiel. Es kamen etwas mehr als 150 Personen nach und nach herein, und was oben vielleicht nur halb gefüllt gewirkt hätte, nahm sich hier eng gedrängt aus. Einige mußten sich auf Tische setzen, die an den Wänden entlang aufgestellt waren. Vor dem Eingang befand sich ein Bücherstand mit Literatur zur ganzheitlichen Gesundheit und ihren verschiedenen Techniken. Der Bücherstand lotste die Leute, die schon aus Gewohnheit nach oben gehen wollten, in die richtige Richtung. Die Kasse war hinter der Tür im Raum selbst, und ich fand ein Publikum auf den Stühlen, das ich nicht anders als "bunt gemischt" bezeichnen kann: ziemlich jedes Alter war vertreten, es dominierte nicht eine bestimmte Gruppe. Während noch allgemeines Gemurmel herrschte und immer noch Leute kamen, trieben sich Brita Dahlberg und ein älteres Paar neben der Kasse auf einer Art kleinen Bühne rum: der Boden war nämlich an der Wand, wo sich der Eingang befand, etwas erhöht, und sie standen auf dieser Erhöhung hinter einem länglichen Tisch mit Decke, auf dem ein Strauß gelber Chrysanthemen in einer Vase steckte, zwei Kerzen brannten und das Mikro lag. Das ältere Paar umarmte sich ständig, lange und intensiv.

Dann ergriff Brita Dahlberg irgendwann das Wort, obwohl immer noch vereinzelt Leute reinkamen und stellte die beiden vor. Sie sagte, daß ihr Mann und sie von der großen Herzlichkeit dieses amerikanischen Heilerpaars, das praktisch das weibliche und männliche Prinzip verkörperte und sich so trefflich ergänzte, tief beeindruckt wären. Plätze für die Reinkarnationstherapie am Wochenende (für die diese Einführungsveranstaltung ja stattfand) wären leider nicht mehr frei.

Übersetzen sollte ein Jüngling Mitte zwanzig.

Zuerst stand Ruth auf und begrüßte das Publikum, erklärte, daß sie demonstrieren wollten, was sie in ihren amerikanischen und deutschen Heilzentren täten und gab dann das Wort an ihren *wonderful, so beloved husband* weiter, nicht ohne ihn noch einmal innig zu umarmt zu haben. Doc wandte sich ans Publikum: *it's so nice to see all this smiling faces and wonderful auras.* Und ein kleiner Scherz: er wußte früher nicht, was er werden sollte, *minister or a doctor*, Priester oder Arzt, und nun sei er beides. Dann begann er mit einer Erläuterung seines Weltbildes, auf Grund dessen er heilt. Während er redete, malte er nach und nach eine Skizze an die Tafel. Er begann mit dem großen X: das, was uns und alles geschaffen hat, und weil's dafür so viele Namen gibt und keiner eigentlich was genaues darüber weiß, nenne er es einfach mal *Groß X*. Es folgte das *kleine x*: das, was wir vom *großen X* in uns haben.

Er malte einen Kopf um das *kleine x* herum und teilte ihn in der Mitte durch eine Linie. In der oberen Hälfte sei *consciousness*, der *Thinker*, in der unteren das Unterbewußtsein, der *Doer*. Die Barriere zwischen beiden Hälften wäre üblicherweise ziemlich undurchlässig, beim Träumen würde sie allerdings durchbrochen werden.

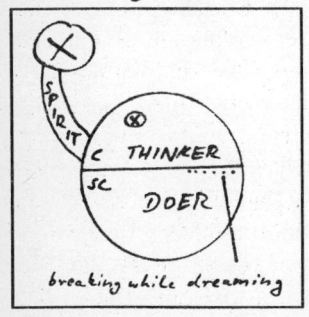

Die Verbindung zwischen *klein* und *groß X* über den Geist (*spirit*) findet durch das Unterbewußtsein statt. Unten hängt dann der Körper dran. Das Erinnerungsvermögen wirkt auf den Körper. Derer gibt es drei: das Erworbene (*aquired*); so schlägt sich Ärger zum Beispiel auf die Lunge und/oder Nieren; die vererbte (*inherited*), die Vererbung von den Vorfahren; die dritte Art sind die vergangenen Leben (*past lives*). Bei seinen weiteren Ausführungen unterbrach er sich aber und sagte, daß er seine Arbeit am besten mal demonstriere.

Die Blumen und Kerzen wurden vom Tisch geräumt, eine Wolldecke darübergelegt, und Doc suchte sich ein paar Leute aus dem Publikum, die bereit waren, nach vorne zu gehen. - Jedes Organ besäße nämlich einen ihm zugeordneten Muskel, begann er seine Demonstration an einer jungen Frau. Doc sagte, daß sie schwache Knie hätte. Er ergriff das rechte Bein, bat die Frau, die Muskeln anzuspannen und drückte gegen ihre Spannung. Es bereitete ihm keine Mühe, das Bein herunterzudrücken, ebensowenig beim linken. Doc trat einen Schritt zurück, senkte den Kopf und konzentrierte sich. Dann sagte er, daß die Schwäche im Oberschenkel mit dem früheren Leben der Frau in Ägypten zu tun hätte: sie wäre immer fortgelaufen vor sich selbst. Es schloß sich das Zeremoniell an, daß sich den ganzen Abend wiederholte: Doc sprach vor, der Dolmetscher übersetzte und der "Patient" wiederholte. *Ich lasse los, immer weglaufen zu wollen in meinem früheren Leben in Ägypten.* Doc ließ die Frau die Beinmuskeln wieder anspannen, und jetzt konnte er sie fast in den aufrechten Sitz pressen.

Er wiederholte das mit verschiedenen Muskelpartien und erklärte die Verspannungen, Schwächen und Knochenverschiebungen mit Episoden aus früheren Leben, häufig tauchte Ägypten auf. Sie sollte loslassen von dem Wunsch, ein Mann zu sein, vom Haß auf Gott, nicht genug Macht von ihm erhalten zu haben, vom Haß auf die Männer (in Ägypten! Doc legte auf diesen Zusatz immer großen Wert, wenn er mal vergessen wurde).

Eine Knochenverschiebung an den Wirbeln erklärte Doc mit einer Vergewaltigung der Frau durch ihren Vater in einem früheren Leben in England. Sie hätte ihn schlagen wollen, empfand ihr Verhalten aber gleichzeitig als Sünde. Sie sollte ablassen von ihrem Haß gegen ihren Vater (in England), ihm verzeihen, Gott verzeihen. Wie schon vorher hatte die Patientin bei der Muskelprobe unwahrscheinliche Kräfte entwickelt. Andere Sachen wurden durch *die Mutter der Mutter Ihres Vater* oder durch *den Vater der Mutter ihrer Mutter* usf. erklärt.

Leute in der ersten Reihe fingen an zu stöhnen, und Doc fragte, ob sie die Energie spüren könnten, die durch das *Loslassen* freiwerde und sich als Wärme äußere. Das wurde ihm bestätigt. Ich saß weiter hinten und mir war eh warm, allerdings bekam ich jedesmal nach der *Loslassen*-Prozedur wie in einem Schwall leichte Kopfschmerzen.

Bei einer weiteren, männlichen Versuchsperson verfuhr er ebenso und erhielt Lacher, als er Symptome auf ein früheres Leben wieder in Ägypten zurückführte. Doc erklärte, daß diese ägyptische Zeit eine Zeit voller Machtkämpfe zwischen den Menschen war, Gott hatte ihnen Macht geschenkt, um zu sehen, wie sie mit ihr umgingen. Deshalb würde noch so vieles aus dieser Zeit rühren.

Dann pickte sich Doc jemanden aus dem Publikum und holte ihn auf die Bühne. Er hätte einen wundervollen Körper, ihm würde nichts fehlen; aber irgendwas hätte ihn bewogen, ihn heraufzuholen. Doc konzentrierte sich, schüttelte dann aber den Kopf: er könnte nichts finden. Der Typ setzte sich wieder, sagte dann aber, daß er sich gar nicht so gesund fühle: Herzstörungen etc. Doc winkte ab, daß wären harmlose karmische Störungen, die aus seinem Lebenswandel rührten.

Dann fragte er, ob jemand ein großes Problem hätte, daß er heilen könne. Es meldeten sich drei, vier. Doc nahm eine ältere Frau, die ihm erklärte, daß sie seit ihrem 18. Lebensjahr ihre Fingergelenke nicht bewegen könnte. Die *Loslassen*-Prozedur erfolgte, mit mäßigem Erfolg. Doc sagte, daß dies eine längere Behandlung erforderte.

Doch machte auf das Wochenendseminar aufmerksam, bei dem leider nichts mehr frei wäre. Es gäbe aber auch hier in Deutschland schon etliche

Heilschulen bzw. -zentren, die das Paar eingerichtet hätte. Einige seiner Helfer wären hier, die er instruiert und ausgebildet hätte, sie sollten doch mal aufstehen.
Es erhoben sich einige junge Männer und Frauen, nicht älter als fünfundzwanzig. Dann stellte er sich dem Publikum für Fragen zur Verfügung, die aber mehr oder weniger dumm waren und zudem im allgemeinen Aufbruchschaos untergingen. Doc warf die Arme hoch und rief: *I love you all!* Dann erfolgten Umarmungen Brita/Ruth, Brita/Doc, Doc/Ruth.

Klaus Bischoff

Lieben und Freiwerden
Ein Abend mit Rickie Moore

Frankfurter Ring
12.11.1986

Der Abend begann wie die meisten der *Frankfurter Ring*-Veranstaltungen. In einem Raum im Dachgeschoß des Bürgerhauses Westend mußte der Eintretende zunächst einen Tisch passieren, auf dem Programme lagen und wo das Eintrittsgeld von zehn Mark (acht Mark für Mitglieder) erhoben wurde. Die Stühle waren in einem Halbkreis angeordnet. Es war schon ziemlich voll; zusätzliche Stühle wurden von einem bereitstehenden Stapel genommen.
Ich hörte, wie Britta Dahlberg zu einer anderen Frau sagte *wir werden uns nachher ein bißchen bewegen* und registrierte, daß einige Leute Decken und Handtücher dabei hatten.
Während das Publikum noch dabei war, sich Plätze zu suchen, kam eine Gruppe herein, die ich als Rickie Moore mit Partner und Gefolge identifizieren konnte, da zunächst Britta Dahlberg und dann eine Reihe anderer Leute, zum Teil aus der hintersten Ecke des Raumes nach vorne kamen, um sie sehr zärtlich zu begrüßen. Es dauerte fast eine Viertelstunde, bis sich alle Beteiligten umarmt und geküßt hatten. Ein Herr neben mir sagte (sichtlich peinlich berührt), das sehe ja sehr übertrieben aus.
Endlich begab sich Rickie Moore in die Mitte des Raumes und rief laut *hello*. Sie wurde von einer jungen Frau, die als Dolmetscherin fungierte, begleitet.
Als alle ruhiger wurden, fragte Rickie Moore, was wir für einen Tag hinter uns hätten, und forderte uns auf, unser Gefühl durch einen Laut ausdrücken. Ein kollektives Stöhnen folgte. Dann stellte Rickie Moore fest,

daß der Raum für ihre Absichten ungeeignet sei und machte sich auf die Suche nach einem besseren. So kam es, daß alle vom Dachboden in den Keller mußten, was den Veranstaltungsbeginn um eine weitere Viertelstunde verzögerte.

Der Kellerraum war, ähnlich dem im Dachgeschoß, langgestreckt und hatte an den Seitenwänden angebrachte Bänke. Diese wurden als erstes besetzt, die Nachfolgenden setzten sich auf den Fußboden. Rickie Moore begab sich wieder in die Mitte und begann zu sprechen. Zunächst wollte sie, daß ein paar Leute ihren Namen nannten und ihre Erwartungen an diesen Abend aussprachen. Einige äußerten sich: zwei erhofften sich *Inspiration*, einer wollte sich gut fühlen, eine andere kannte Rickie Moore schon und wollte sie wiedersehen, Rickie Moores Partner Henry Marshall sagte: *I'm here to make this evening happen*. (Er trug während der ganzen Veranstaltung ein Aufnahmegerät am Handgelenk).

Rickie Moore hielt nun ein kurze Ansprache, die ungefähr so lautete:

> *Ich weiß nicht viel, aber ich weiß, daß ich keine Hierarchien mag. Wenn man einen Guru hat, macht man ihn groß und sich selber klein ... Ich glaube an die Magie des Kreises. Jeder, der schon einmal ein Wochenende mit uns verbracht hat, weiß, daß es die Magie des Kreises gibt. Versucht, auch hier einen Kreis zu bilden. Das wird zwar ein ziemlich großer und langer Kreis, aber es geht.*

Rickie Moore sprach immer einen halben Satz, der dann übersetzt wurde. Ihre sehr deutliche und eindringliche Sprechweise, die sie zudem durch eine weit ausholende Gestik verstärkte, wurde von der Übersetzerin übernommen, was in dieser "Doppelung" sehr suggestiv wirkte. Nach dieser Einleitung forderte Rickie Moore alle auf, sich hinzustellen und tief einzuatmen (das wiederholte sie in unregelmäßigen Abständen während des ganzen Abends). Dann sollte man sich einer Person zuwenden, die gerade in der Nähe war und deren Hände nehmen. So fand ich mich plötzlich Hand in Hand mit einer Unbekannten, was mir eher unangenehm war. Rickie Moore wies alle an, sich gegenseitig in die Augen zu sehen. *Don't be afraid! You don't have to marry them!* Man sollte ganz ruhig sein. Viele Leute kicherten aber und machten Verlegenheitswitze. Als es etwas ruhiger wurde, sollte man versuchen, sich seinem Gegenüber durch Laute mitzuteilen. Es erhob sich ein allgemeines Gesumme, in dem man einzelne Laute nur mit Mühe wahrnehmen konnte. Dann sollte man die Augen schließen, um mit den Händen zu erfühlen, was für ein Mensch der Partner ist. Das alles erregte in mir einen ziemlichen Widerwillen.

Danach sollte man sich zusammensetzen und übereinander austauschen. Die Frau, an die ich geraten war, fand die Veranstaltung auch eher gezwungen, und wir fragten uns, was das ganze wohl bezwecken sollte. Sie erzählte, sie sei mit ihrer Schwester hergekommen, die schon zweimal in den USA Seminare bei Rickie Moore und Henry Marshall gemacht hatte. Beim ersten Mal sei es toll für sie gewesen, beim zweiten Mal entsetzlich. Jetzt wollte sie die beiden noch einmal sehen und habe sich, quasi als moralische Unterstützung, die Schwester mitgenommen. Dann unterhielten wir uns über andere Sachen; sie erzählte von Mann und Sohn, und ich lüftete meine Identität als feldforschende Studentin.
Rickie Moore forderte nun alle auf, sich einen neuen Partner zu suchen und das gleiche noch einmal zu machen. An diesem Punkt war mein Widerwille so stark, daß ich eigentlich gehen wollte, aber meine Zufallspartnerin sagte, sie hätte dazu auch keine Lust und wir könnten doch auch einfach sitzenbleiben und uns weiter unterhalten, was wir dann auch taten. Wir blieben also als einzige auf der Bank an der Wand sitzen und verfolgten von da aus den weiteren Verlauf des Abends.
Die anderen waren inzwischen wieder damit beschäftigt, jemandem tief ins Auge zu blicken, wobei Rickie Moore die ganze Zeit herumging und in beschwörendem Tonfall immer denselben Spruch paraphrasierte: *Look at your partner! Is this a human being? It is a human being. Don't be afraid. Try to see the stars in the other's eyes* usw.
Die nächste Übung bestand darin, sich mit jemandem zusammenzusetzen und Gründe aufzuzählen, aus denen man nicht geliebt werden könnte. Nach einer Weile unterbrach Rickie Moore die Gespräche und fragte in einem gespielt-entsetzten Tonfall, sie könne sich gar nicht vorstellen, was einem dazu einfallen könnte, sie selbst wüßte nicht einen einzigen Grund, aus dem sie nicht geliebt werden könnte. Sie fragte nach Beispielen und eine Frau sagte von sich, sie sei zu egoistisch, eine andere bezeichnete sich als *viel zu launisch und fordernd*; eine dritte gab Plattfüße als Grund an, was allgemeine Heiterkeit auslöste.
Rickie Moore forderte nun alle dazu auf, nun diejenigen Eigenschaften aufzuzählen, die einen selbst liebenswürdig machten. Auch dieser Austausch wurde nach einigen Minuten wieder unterbrochen. Sie fragte nun: *Do you know Sufis? Is there anybody who heard about Sufis?* und nachdem einige nickten und andere den Kopf schüttelten: *The Sufi priests are doing wonderful things with music and dance* und das wolle man jetzt auch probieren. Alle sollten sich, unter Wahrung der Kreisform, in zwei Reihen aufstellen, so daß ein äußerer und ein innerer Kreis entstanden,

wobei sich jeweils zwei Personen gegenüberstanden. Ein Lied mit einer schlichten Melodie, das ein Mädchen mit Gitarre begleitete, wurde eingeübt; jeder hielt sein Gegenüber an den Händen und sah ihm in die Augen.
Die Leute im inneren Kreis sangen dann:

Vertraue mir, ich bin dein Nachbar
vertraue mir, ich bin dein Freund.

Worauf der äußere Kreis "antwortete":

Vertraue mir, zusammen können wir leben
vertraue mir, ich bin dein Freund.

Nach jedem Absingen forderte Rickie Moore die Leute im inneren Kreis dazu auf, eine Person weiterzugehen. Das geschah insgesamt ungefähr fünfmal. Sie selbst sang mit, lief im Kreis hin und her und forderte dazu auf, den Partner den Sinn des Liedes wirklich spüren zu lassen.
Da war doch mal jemand, der gesagt hat, liebe deinen Nächsten wie dich selbst. Hey, ich glaube, dieser Typ hatte eine wirklich gute Idee! usw., so wie ich mir einen Fernsehprediger vorstelle. Nach jeder "Runde" befahl sie *Thank your partner!* woraufhin sich die meisten umarmten.
Im Anschluß daran sprach sie darüber, daß viele Menschen mit sich unzufrieden wären, andere Eigenschaften hätten als die, die sie haben wollten und sich ändern möchten. Dabei sei doch jeder Mensch einmalig und als solcher gut so. Das gipfelte in einem neuen Lied. Jeder stand wieder einem Partner gegenüber, faßte ihn an der rechten Hand und sang (zur Melodie von "Ach du lieber Augustin"):

Ich muß mich nicht verändern, verändern, verändern.
Ich muß mich nicht verändern, ich lieb' mich hier und jetzt.
Ich lieb' mich, ich lieb' mich, ich lieb' mich, ich lieb' mich, ich lieb' mich.
Ich muß mich nicht verändern, ich lieb' mich hier und jetzt.

Viele Leute begriffen erst nicht, daß es *ich lieb' mich* und nicht *ich lieb' dich* hieß und fragten ihre Partner.
Nun wurde auch getanzt, und zwar volkstanzartig, indem man sich beim Partner einhakte, umeinander herumhüpfte und dann den nächsten einhakte. Hier hörte ich zum ersten Mal leise Proteste. Eine Frau sagte: *Das kann ich ja morgen niemandem erzählen* und ein älterer Mann schimpfte *Das ist ja wie im Kindergarten!* aber alle machten weiter mit. Keiner ließ sich von uns beiden "Distanzierten" anstecken. Manche guckten uns feindselig an

und sofort wieder weg, wenn wir den Blick erwiderten. Andere versuchten, uns durch auffordernde Gesten miteinzubeziehen, meine Bekanntschaft tanzte zum Schluß auch mit.
Nach dem Tanz begann wieder eine ruhige Phase. Wieder stand man einem Partner gegenüber. Diesmal sollte man die eigene rechte Hand auf die Brust des Partners legen (*da wo das Herz ist*) und die linke Hand auf die Hand des Partners, die auf der eigenen Brust lag. Ich beobachtete, daß viele Leute recht unsicher und verlegen aneinander herumtasteten. In dieser Stellung verharrten alle einige Minuten lang, während Rickie Moore immer weiter auf die Leute einredete und immer wieder das gegenseitige Vertrauen beschwor; man sollte ganz offen sein, keine Angst haben usw. Dann wurden erneut die beiden Kreise gebildet, man faßte sein Gegenüber an den Händen und es wurde ein Lied mit einer schön harmonischen (um nicht zu sagen kitschigen) Melodie angestimmt, das vom Frieden handelte. Damit war der Abend beendet. Rickie Moore rief noch allen zu, sie sollten sich so viele Umarmungen holen wie möglich, *it's good for your health*.

Katja Werthmann

Ein Treffen der Esoterischen Union

14.11.1986

Die Veranstaltung im Clubraum des Bürgerhauses Südbahnhof, die in der Zeitung als Vortrag angekündigt war, entpuppte sich nach und nach als eine Parteiveranstaltung zum Anwerben neuer Mitglieder.

Ich kam zu spät, hatte also den Vortrag schon verpaßt. Als ich eintrat, war man gerade am Diskutieren, was für einen Sinn und Zweck eine esoterische Partei habe. Es gab keine besonderen Kennzeichen im Raum, die auf eine "spirituelle" Veranstaltung hingedeutet hätten.

Beim Eintreten wurde ich mit einem freundlichen Lächeln von einer Frau begrüßt, die - soweit ich das feststellen konnte - die Kontaktperson der Partei in Frankfurt ist. Die Veranstaltung war gut besucht, mit ca. 40 Leuten war der Raum voll besetzt. Soweit sich dies an der Kleidung festmachen läßt, gehörte der Großteil der Teilnehmer eher einer finanzschwachen Schicht an, viele Besucher waren (weit) über vierzig. Die Diskussion wurde jedoch eher von Leuten bestritten, die etwas jünger (zwischen dreißig und vierzig) waren. Das Niveau der Diskussion war - meiner Meinung nach - ziemlich niedrig; es wurde viel Halbwissen vorgebracht. Selbst der Referent glänzte eher durch seine Versuche, die Liebe

Esoterische Union

und Toleranz zwischen den Menschen zu wecken, als durch gehaltvolle Aussagen. Überhaupt spielten die Gefühle (Liebe!) eine große Rolle, wenn es darum ging, Sinn und Zweck der Partei zu erklären.
Als ich den Raum betrat, stellte ein Mann, der sagte, er käme von den Grünen, die Frage, wie denn die Vorstellung der EU von Esoterik und New Age aussähen. Dem schickte er voraus, daß diese Dinge (Spiritualität) im Moment in seiner Partei heftig diskutiert würden, man versuche jedoch, einen neuen Weg einzuschlagen und nicht unbedingt an alte Werte, Vorstellungen usw. anzuknüpfen, die gelte es nämlich zu überwinden. (In der Diskussion vorher war von Gott gesprochen worden und relativ viele Bibelzitate gefallen). Ein Herr - der, soweit ich verstanden habe, im Bundesvorstand ist - antwortete: gewisse Dinge wie z.B. Karma oder die Bestimmung der Menschheit könne man nicht überwinden, da sie ja eine Voraussetzung des Menschseins darstellten. Er sagte außerdem, daß die Grünen zwar einerseits sehr gute Absichten und Ziele hätten, aber eine *säkulare Ausrichtung*, d.h. die Erde und was dort passiert, ist ihnen wichtiger als die Spiritualität. Im Gegensatz dazu habe die EU einen transzendenten Hintergrund (z.B. Reinkarnationsvorstellung). Politische Arbeit zielt darauf ab, die Zustände in der Welt zu verbessern (Umwelt, geistiges Leben, mehr Nächstenliebe), weil dies Aufgaben sind, die sich der wiedergeborenen Seele stellen. Er erzählte, daß ein Großteil der Gründungsmitglieder, die 1972 zum erstenmal zusammenkamen, sich aus den Reihen der Grünen rekrutiert hätten, die nicht damit einverstanden waren, wie wenig diese "spirituelle Komponente" in der Parteiarbeit berücksichtigt wurde.
Die am Anfang erwähnte Frau sagte, daß sich die Partei aus sehr unterschiedlichen Leuten zusammensetze, die alle versuchten, ihren Weg zu gehen und aus ihren Fehlern zu lernen. Der Herr aus dem Bundesvorstand meinte dazu, daß es auch darum ginge, daß man diese Haltung in die Politik einbringe. Auch dort solle man aus Fehlern lernen, in Liebe und Harmonie zusammenarbeiten, positiv denken und brüderlich Entscheidungen treffen. Eine anderer Mann sagte, Esoterik bedeute, daß Erkenntnis bei einem selbst anfange und daß man von einem anderen Menschen nicht mehr erwarten könne, als man selbst bereit sei, zu geben - dies gelte auch für Politiker. Alle in der Gruppe waren sich über diese Aussage ziemlich einig. Eine Krise gab es kurzzeitig, als der Bundesvorstand anmerkte, es sollte in der Politik nicht mehr darum gehen, gegeneinander zu kämpfen, sondern gemeinsam sich für die bessere Sache zu entscheiden. Ein Pragmatiker der anwesenden Parteimitglieder (vielleicht ein Realo?) meinte

dazu, man müsse doch schließlich kämpfen, um seine Interessen durchzusetzen, schließlich hieße das ganze auch "Wahlkampf". Diese Zwischenbemerkung war einem Teil der Leute, vor allem dem Bundesvorstand, sichtlich peinlich, und er sagte dazu, daß Kampf eine Frage der Definition sei, und vor allem eine Frage der Mittel. Wenn es so weit wäre, daß der EU Erfolg beschieden sei, dann wäre es soweit; das ließe sich nicht erzwingen. Der aufsässige "Realo" wollte sich jedoch mit dieser Antwort nicht zufriedengeben, sondern meinte, man müsse doch darum kämpfen, daß mehr Leute überhaupt die Möglichkeit hätten, von all diesen Dingen etwas zu erfahren. Dies verknüpfte er sofort mit der Aufforderung an alle Anwesenden, die zum erstenmal da waren, doch das Formblatt zu unterschreiben, in dem man erklärt, daß man die EU für wählbar hält (als Voraussetzung für die Wahlzulassung). Auch dies war dem Bundesvorstand ziemlich peinlich; er meinte, man könne schließlich keinen Druck ausüben, als Esoteriker schon gar nicht, und wenn es sein solle, daß eine Partei gewählt wird, dann kämen schon genug Unterschriften zusammen. Darauf meinte der "Realo", dies wäre doch eine einmalig gute Gelegenheit, die es zu nutzen gelte. Er hätte in seinem Bekanntenkreis schon alle angesprochen, aber keiner würde sich für die Sache interessieren. Er sei darüber eigentlich ganz froh, von denen wolle er sowieso niemanden in der Partei haben (der Mann war etwa fünfzig und recht drall - sowohl vom Aussehen her wie von der Wortwahl).
Die Anwesenden wurden aufgefordert, Fragen zu stellen. Dabei wurde meine Frage, ob sie denn eventuell mit dem *Frankfurter Ring* zusammenarbeiten, ziemlich abgewürgt, der Bundesvorstand sagte dazu nur, daß man schon mal Kontakt aufgenommen habe - woraus ich schließe, daß die EU vom *Frankfurter Ring* ziemlich abgeblockt worden ist. Der "Realo" bedauerte, daß auch die esoterischen Buchläden keinerlei Werbung für die Partei machen würden. Der Vorstand erklärte dann, daß es am Anfang heftige Kontroversen um die Namensgebung der Partei gegeben hätte. *Esoterisch* fand man am Anfang zu irreführend. *Dann schlagen die Leute das Lexikon auf, wenn sie nicht wissen, was Esoterik ist und lesen dann dort 'Geheimlehre'. Das macht denen dann Angst* (neben mir sagt ein Pärchen zustimmend: *Jaja, dat kenne ma, die Spinner heißt es dann*). Er sagt weiter, daß sie Esoterik anders verstehen: als das Wissen um die die Dinge aus der sichtbaren und unsichtbaren Welt. *Das praktische Leben eines Esoterikers stellt man sich so vor, wie es ein bißchen in den frühchristlichen Lehren verbreitet war: liebe deinen Nächsten wie dich selbst, Toleranz, Brüderlichkeit. Es gehe darum, daß das New Age anbricht, das

neue Zeitalter, in dem die Menschen ein neues Bewußtsein entwickeln, für sich und die Umwelt. Manche - die Esoteriker - sind schon so weit, das Gros der Leute leider noch nicht, aber wenn die Zeit reif ist ... .
Gegen Ende der Veranstaltung tauchten noch zwei jüngere Leute auf, die sich ganz nach vorne setzten. Einer von beiden brachte sich stark in die Diskussion ein und erklärte nochmals recht wortgewandt, was unter Karma zu verstehen sei. Der Referent meinte dazu, es sei wohl das beste, wenn er einmal seine Lebenseinstellung darstelle, um verständlich zu machen, was er unter Karma verstehe und was Inkarnation für ihn bedeute. Früher habe er immer geglaubt, man würde wiedergeboren, um auf der Erde bzw. in seinem Leben etwas zu leisten. Heute ginge er davon aus, daß man den alt gewordenen *Regenmantel* (seinen Körper) wieder ablegt, um in eine andere Ebene einzutreten, die eine bessere Welt darstellt. Nach einigen weiteren Mißverständnissen darüber, was denn nun Esoterik sei, wie ein *esoterisches Leben* auszusehen habe usw. wurde die Versammlung recht abrupt abgebrochen. Die Versammlung löste sich auf, einige Leute wollten die Unterschriftsbögen haben, die Zeitprogramme wurden verteilt etc. Außerdem wurden die Anwesenden am Schluß der Veranstaltung noch auf den notorischen Geldmangel hingewiesen und um eine kleine Spende gebeten, die es der Partei erlauben würde, öfter solche Veranstaltungen anzubieten.
Nach Auflösung der Versammlung ging ein Großteil der Anwesenden noch in das Café, das sich ein Stockwerk tiefer im Bürgerhaus befindet. Dies war meiner Meinung nach ein wichtiger Faktor im Verlauf dieses Abends.
Zur Struktur der Partei: die Esoterische Union ist eine bundesweit organisierte Partei, d.h. es gibt Vorstände in allen Bundesländern. Großen Wert wurde in der Darstellung (mir gegenüber?) darauf gelegt, daß die Vorstände, wenn möglich, von Frauen und Männern paritätisch besetzt sind, also Gleichberechtigung eine große Rolle spiele. Dazu sollte ich erwähnen, daß nach meiner Beobachtung die Männer in der Diskussion viel öfter das Wort ergriffen als die Frauen, die oft übertönt wurden. Die Frauen, die etwas sagten, taten dies eher affirmativ.

Cornelia Rohe

Das Wagnis der Wandlung
Peter und Eileen Caddy von der Findhorn Community

Frankfurter Ring
18.5.1987

Auf der Bühne im Saal des Senckenbergmuseums befinden sich Peter und Eileen Caddy, ein drittes Mitglied der Findhorn Community und Wolfgang Dahlberg, der als Übersetzer fungierte. Als Hauptthemen waren angekündigt: Die Geschichte Findhorns, der Weg des Herzens und Wandlungen - der geistige Pfad. Peter Caddy leitete den folgenden Dia-Vortrag damit ein, daß er in sehr humorvollem Ton erzählte, daß ihnen ihr Auto mitsamt Dias und Projektor gestohlen worden sei. Zufällig hätten sie aber in München einen Mann getroffen, der schon in Findhorn gewesen sei und ihnen seine Dias zur Verfügung gestellt hätte. Worauf Eileen Caddy hinzufügte, sie sei ja schon Mutter und Großmutter von acht Kindern und vierzehn Enkeln, aber die Findhorn-Familie umfasse die ganze Welt - dies sei ein wundervolles Gefühl.

Der Diavortrag begann, begleitet von Erläuterungen: Findhorn wurde vor 35 Jahren als kleine Wohnwagensiedlung gegründet. Vorher habe Peter in einem Hotel der Gegend als Verwalter gearbeitet, mußte dann aber aufhören und blieb mit seiner Frau und seinen Kindern dort, weil Eileen eine Vision hatte, die besagte, daß sie das Hotel später einmal erwerben würden; was aber dann erst nach 15 Jahren geschah. Die Familie lebte zu sechst in einem Wohnwagen und begann, Gärten anzulegen. Angezogen von Eileens Visionen (guidances), stießen immer mehr Leute hinzu.

Unter ihnen ein Mann namens Rock, der Kontakt zu Naturgeistern hatte. Er war Wissenschaftler und besaß eine riesige Bibliothek mit okkulter Literatur. Eines Tages saß er im botanischen Garten von Edinburgh und erblickte einen Faun, der wiederum sehr erstaunt war, daß Rock ihn sehen konnte. Durch Rock kamen die Findhorner in Kontakt zu den Naturgeistern, was ihren Gärten sehr zustatten kam. Außerdem hatte eine Frau namens Dorothy die Fähigkeit, Devas - das sind Lichtwesen, die zu einer bestimmten Pflanzenart gehören - wahrzunehmen. Das Wachstum der Findhorner Gärten beruht auf dem Zusammenwirken von Devas, Naturgeistern und Menschen.

Heute gibt es in Findhorn verschiedene Gruppen, die bestimmte professionelle Aufgaben übernommen haben, z.B. eine Filmgesellschaft, eine Softwaregruppe, ein Gesundheitszentrum usw. Eileen meint, daß dadurch

Peter und Eileen Caddy

der Anschluß von Findhorn an den Rest der Welt intensiver geworden sei, früher war es eine relativ isolierte Gemeinschaft.
Die Findhorn-Foundation ist der eigentliche Kern der Gemeinschaft, deren ursprüngliches Ziel die Erziehung und Bildung im Hinblick auf das Wassermannzeitalter ist. Das verbindende Element zwischen den Gruppen ist "spirit" und Liebe, das Prinzip, welches die ganze New Age-Bewegung durchzieht. Es gibt keine Doktrin.
Heute leben ca. 270 Menschen in Findhorn, außerdem an die 150 Besucher. Zu Findhorn gehört mittlerweile auch eine Insel an der Westküste, auf der eine kleine Gemeinschaft lebt. Nach dem Dia-Vortrag erzählten Peter und Eileen Caddy von sich: Sie beschreibt die Schwierigkeiten, Zeit, Ruhe und vor allem einen Ort zum Meditieren zu finden, als sie damals zu sechst in einem Wohnwagen lebten. Sie bekam schließlich die Anweisung: *Go to the public toilet!*, die sie dann tatsächlich zum Meditieren benutzte. Diese Erfahrung zeigte, daß der Ort und die äußeren Umstände nicht so wichtig seien. Meditation ist nach Eileens Worten ihr *Herzblut*. Ihre spirituelle Geschichte begann damit, daß sie vor ca. 35 Jahren in eine schwere Krise geriet. Sie war damals in Glastonbury in einer kleinen Kapelle; zwar wußte sie nicht, wie man meditiert, aber wie man betet. Das tat sie nun sehr intensiv und vernahm in sich eine stille Stimme, die sagte: *I know that I am God.* Gott sagte, sie solle sich auf ihn verlassen.
Das war der Beginn der *guidances*. Peter fiel die Aufgabe zu, für die Realisierung der Visionen zu sorgen. So begann, auf spiritueller Ebene, die Gechichte von Findhorn. 1972 erging an Peter die Anweisung, sich von seiner zentralen Position zurückzuziehen und Verantwortlichkeiten abzuweisen. Eileen sollte ihre *guidances* nicht mehr öffentlich bekanntgeben. Es wurde eine große Versammlung einberufen, auf der Peter seinen Weggang und die Trennung von Eileen ankündigte. Eileen beschreibt, daß es sehr schwer für sie war, sich mit der Trennung abzufinden. Sie hatte gedacht, daß sie bedingungslos lieben könne, mußte nun aber große Schwierigkeiten überwinden, ehe sie Peter und der neuen Familie ohne Vorbehalte begegnen konnte.
Eine der Voraussetzungen für bedingungslose Liebe sei, daß man sich selbst liebt. Gott habe zu ihr gesagt, sie solle sich weder selbst bemitleiden noch selbst verurteilen. Bedingungslose Liebe sei kein Geschenk, sondern ihre Voraussetzung ist Arbeit, Meditation, Gebet und "Affirmation". Wenn man z.B. einer Person begegnet, die einem nicht sympathisch ist, solle man

im Inneren immer den Satz sagen: *Ich liebe dich, ich segne dich, ich sehe das Göttliche in dir!*
Je länger und je öfter man das wiederhole, desto mehr könne man die Wahrheit dieser Worte erkennen und ihre Bedeutung würde sich zur tatsächlichen Fähigkeit, eine Person zu lieben, verwirklichen. Man dürfe aber nicht versuchen, die Person zu beeinflussen.
Auf die Frage, was für sie Gott sei, antwortete Eileen, Gott sei ebenso wie Christus eine Transformationsfigur im Inneren jedes Menschen, die man erkennen, annehmen und verwenden müsse. Eine weitere Frage lautete, was für Peter und Eileen weiblich und männlich bedeute, da diese Begriffe öfter gefallen waren. Eileen erwiderte, es sei eine Energie in uns. Man kann in der Meditation eine Ausgewogenheit beider Teile erreichen. Sie stelle sich z.B. das Symbol des Männlichen vor: ein Löwe, stark und kraftvoll, und das Symbol des Weiblichen: ein Einhorn, sanft, scheu und rein. Wenn man diese Symbole meditativ vereinige, entstünde das Symbol der Liebe, eine rosa Rose mit goldenem Zentrum. Peter erläuterte, die gegenwärtige Zivilisation, das Fische-Zeitalter, sei maskulin: mental, wissenschaftlich, aktiv. Die Frauen bekommen nur den Bereich des Inneren, die Männer den des Äußeren zugewiesen. Das münde in Selbstzerstörung. Im Wassermannzeitalter werden diese Zuordnungen aufgelöst. Das Pendel könne aber zu weit ausschlagen; zwar gebe es männliche und weibliche Elemente in jeder Person, aber man dürfe keine Seite übertreiben. Es gebe schon viele Frauen, die zu männlich seien und jetzt wieder zurück zu weiblichen Qualitäten finden müßten. Ebenso würden Männer, die weiblichen Seiten zu stark betonen, zu Waschlappen.
Auf die Frage, was Peter, bzw. die New Age-Bewegung der Angst vor dem Tod entgegenzusetzen habe, antwortete er, daß der Tod nur bedrohlich sei, wenn man nicht in Harmonie mit dem Kosmos lebe. Dann sei das Leben schmerzhaft und der Tod beängstigend. Ist die Harmonie aber gegeben, bedeutet der Tod den Übergang in eine Sphäre des Lichts, eine Erhöhung.
Jemand fragte nach dem praktischen Umgang mit den Devas. Die Antwort war, man müsse Pflanzen lieben und sich auf sie einschwingen. Ob man Devas kontaktieren könne oder nicht, sei nicht so wichtig, Hauptsache sei, man glaube an sie. Zuletzt kam Eileen noch einmal auf die Affirmation zu sprechen. Diese sei wichtig, um eine Transformation zu unterstützen. Erst sind es Worte, dann Bedeutung, schließlich verschmelzen sie mit einem selbst. Ihr wichtigster Satz sei: *Ich bin ein wunderschönes, christuserfülltes*

Wesen. Je mehr Menschen das fühlen würden, desto schneller könnte die Vibration des Planeten gesteigert werden.
Auf die Frage, ob Peter glaube, daß der Planet noch zu retten sei, antwortete er, im Brustton der Überzeugung: *Yes, indeed!*. Wir würden jetzt in einer sehr aufregenden Zeit leben. Es entstünde eine neue Vitalität. Für Frieden müsse man nicht kämpfen, er kann nur im Inneren jedes einzelnen entstehen.
Zum Schluß rief er zu einer kleinen Meditation auf: Sofort setzten sich alle aufrecht hin, legten die Hände auf die Knie und schlossen die Augen. Nun sollte man seine positiven Gefühle auf den Raum ausdehnen, dann auf Frankfurt, auf Europa, schließlich auf die ganze Erde.

Katja Werthmann

Dina Rees
Gottesdienst der Gebetsgemeinschaft

Freiburg, 8.7.1987

Als ich eintreffe, stehen vor einem einstöckigen Barackenbau im Hinterhof einer Villa, wo laut Schild *Hatha Yoga* gelehrt wird, viele Frauen, einige Kinder und Männer, die meisten der Erwachsenen dreißig Jahre alt oder jünger. Von der Kleidung und vom Habitus her "alternativ", Mittelschicht, vor allem die Frauen hätte ich vielleicht auch der Anthroposophie zugeordnet, bunte, unkonventionelle Kleidung. Innen eine Turnhalle, im Vorraum die Möglichkeit, Schuhe und Taschen abzulegen. Die Teilnehmer setzen sich in Reihen auf den Boden, mit dem Gesicht zum hinteren Teil. Dina Rees tritt ein, imponierend, irritierend auch in ihrem weiten Gewand und barfuß.
Sie hat ein Gefolge: ein junger Mann trägt zwei in Decken gehüllte Bilder (Christus, Sai Baba - sie werden auf dem Altar aufgestellt, davor Kerzen in schönen Leuchtern, die sie mitgebracht hat in einer Papiertüte, die ihr gleich ein Mann abnimmt und für sie trägt), eine junge Frau mit verzücktem Gesicht trägt eine Vase mit roten Rosen und weißen Lilien. Vorne links sitzen weitere junge Menschen aus ihrem "Gefolge", sie haben Musikinstrumente, an sie verteilt sie Bücher mit offenbar markierten Textstellen, die später verlesen werden. Ansonsten wenig Interaktion zwischen ihr und Leuten aus dem Publikum. Sie sitzt dann auf einem Stuhl rechts, abseits vom Altar.

Der Gottesdienst ist lang und für mich anstrengend. Die Dankgebete und die Fürbitten, die sie spricht, erinnern mich in der Wortwahl an das, was ich in ihrem kleinen Büchlein gelesen habe. Es wird viel gesungen, christliche Kirchenlieder ebenso wie Lieder aus der Sai-Baba-Bewegung, deren indische Texte alle Anwesenden auswendig können. Von der Monotonie der Wiederholungen (ganz am Anfang eine indische Strophe, die inbrünstig über eine halbe Stunde lang wiederholt wird, oder den Rosenkranz beten mit *Gott ist Liebe*), der allmählich einsetzenden Dunkelheit, der Wärme, die in der hoffnungslos überfüllten Halle entsteht, dem rhythmischen Klatschen und Singen geht eine hypnotische Wirkung aus, der sich viele der Anwesenden (mit geschlossenen Augen, wiegendem Körper) hingeben. Der Synkretismus schließt auch eine Textlesung über Tolstoi und das Lied *We shall overcome* ein.

Wünsche und Fürbitten *Gott segne Freiburg und die ganze Welt* werden ganz explizit ausgedehnt auf Menschen anderer Völker und Regionen. Im Rahmen der Gruppenaktivität gibt es auch eine Phase, in der die einzelnen die Möglichkeit zum individuellen Gebet haben - still oder mit halblauter Stimme.

Insgesamt eine "starke" Erfahrung, ich war längst aber nicht mehr so aufnahmebereit für alle Details von Inhalt und Form dieses Rituals ...

Gisela Welz

Tarotseminar
Einführung in die Großen Arkana

Freiburg, 9./10.10.1987

In der Schwarzwaldstr. 9-11 ist der Treffpunkt für den Tarotkurs. Wir treten in den als Sprachzentrum gekennzeichneten Raum. Laut einem Schild an der Eingangstüre befindet sich der Kurs im ersten Stock. Gleich als "die Frankfurter" erkannt, da außer uns nur noch eine Teilnehmerin und eine Sprachzentrumsmitarbeiterin anwesend sind. Wir zahlen an den, wie uns schien, enttäuschten Veranstalter Herrn M. unsere 80 DM Studentenbeitrag für diesen Kurs.

Dann werden wir in die Unterrichtsräume geführt. Ein Blumenstrauß steht auf dem Tisch am Eck vorm Eingang, auf dem sich eine lila Decke sowie Tarotkarten befinden. Wir sitzen rund um den Tisch und werden mit Frau D., einer ca. 60jährigen Dame bekannt gemacht. Herr M. weist uns noch darauf hin, daß die Karten und Bücher von der *Labyrinth* Buchhandlung

sind, da dort ihre Prospekte ausliegen können und dies nun eine Gegenleistung für diese Freundlichkeit darstelle.
Frau D. verkauft uns nun - für 20 DM - ihre Unterlagen, die aus einem kleinen Stoß kopierter Papiere bestehen. Wie zur Entschuldigung erklärt sie uns, daß sie diese ja auch selbst erarbeiten mußte. Nachdem sie fragte, wer nun noch Tarotkarten kaufen möchte, fängt sie an, die Symbolik der auf den einzelnen Karten abgebildeten Bilder zu erklären und mit kleinen Geschichten zu untermalen. Nach der vierten Stunde sind wir bei der siebten Karte angelangt, allerdings haben wir auch erfahren, daß Frau D. eigentlich aus Frankfurt stammt und dort als Grundschullehrerin gearbeitet hat, jetzt aber in Pension ist.
Diese Tarotkurse kann sie jedoch schlecht in Frankfurt anbieten, da ihr Mann kirchlich tätig ist, erklärt sie uns. Zwar hält sie regelmäßig mit ihren Freundinnen ein Tarot-Kaffeekränzchen, aber die dort stattfindenden Tarotkurse werden von Peter Orbans[3] Freundin geleitet, mit der sie bekannt ist.
Die letzten zehn Minuten wurde noch meditiert: wir nahmen die Tarotkarte, auf der die Hohepriesterin abgebildet war und sie versuchte uns in eine *esoterische Meditationsreise* zu führen, in der wir mit der Hohepriesterin Kontakt aufnehmen sollten. Über diese individuelle Erfahrung sollte anschließend nicht gesprochen werden, um nichts zu zerreden.
Danach verabschiedeten wir uns. Die andere Teilnehmerin hat sich ihr Wissen über Tarot aus Büchern selbst erarbeitet, dies ist aber ihr erster Kurs in die spirituelle Richtung. Am nächsten Tag erfuhren wir bei einer Tasse Kaffee, daß sie bereits bei einer Astrologin war und dort schlechte Nachrichten erhalten hatte: ihre Mutter würde sterben. Dies hatte sich jedoch nicht bewahrheitet. Dem nächsten Tag blickte ich etwas unruhig entgegen, nochmals sechs Stunden in diesem Stil glaubte ich nicht mehr ertragen zu können, ohne einzugreifen.
Am zweiten Tag erging es uns nicht viel besser. Nachdem nun schon zwei Teilnehmerinnen vor mir gefragt hatten, ob wir denn noch zum Kartenlegen kämen und eventuell verschiedene Methoden des Kartenlegens lernen könnten, gab Frau D. äußerst ausweichende Antworten und fuhr in ihrem langsamen und abschweifenden Stil fort. Ich sprach sie nun direkt darauf an. Sie sagte, man müsse Rücksicht auf die anderen Anwesenden nehmen und ohne diese Kenntnisse sei es einfach nicht möglich, in die Kartenlegetechnik überzugehen.

---

[3] Bekannter New Age-Therapeut

Sie belehrte uns, daß diese Techniken nur zehn Minuten dauern werden und jeder selbst in die Karten hören müßte, was sie ihm individuell mitteilten. Sie könne hierbei keine Hilfstellung geben. Etwas ungehalten, aber ohne ihre abschweifenden Kommentare fuhr sie in ihrem Programm fort. Tatsächlich konnten wir noch die letzten zehn Minuten Versuche des Kartenlegens erproben, jedoch ohne jegliches Zutun unserer Lehrerin. Diese erklärte uns, die Techniken sowie die weiteren Arkanen sollten in einem Fortsetzungskurs, der ebenfalls hier stattfinde, erlernt werden.

Die Verabschiedung war wider Erwarten äußerst freundlich, besonders mir gegenüber, nachdem sie auf meine Frage äußerst ärgerlich reagiert hatte.

Unsere Erwartung an dieses Tarotseminar war wesentlich zu hoch, wir alle waren enttäuscht!

Christine Blaser

Literatur

Adorno, Theodor W.: Eingriffe. Neun kritische Modelle. Frankurt/M. 1963

Adorno, Theodor W.: Minima Moralia. Reflexionen aus dem beschädigten Leben. Frankfurt/M. 1987

Aitken, Robert: Zen als Lebenspraxis. München 1988

Bargatzky, Thomas: Einführung in die Kulturökologie. Umwelt, Kultur und Gesellschaft. Berlin 1986

Barth, Hans-Paul: Humaner Städtebau. Überlegungen zur Wohnungspolitik und Stadtplanung für eine nahe Zukunft. München 1973

Barz, Brigitte: Feier der Jahresfeste mit Kindern. Stuttgart 1987

Bateson, Gregory: Ökologie des Geistes. Anthropologische, psychologische, biologische und epistemologische Perspektiven. Frankfurt/M. 1981

Baudrillard, Jean: Die Seele: Vom Exil zur reinen Distanz. In: Dietmar Kamper und Christoph Wulf (Hrsg.): Die erloschene Seele. Disziplin, Geschichte, Kunst, Mythos. Berlin 1988, 415-421

Beck, Ulrich: Risikogesellschaft. Auf dem Weg in eine andere Moderne. Frankfurt/M. 1986

Becker, Kurt E., Friedrich Hiebel und Hans-Peter Schreiner (Hrsg.): Rudolf Steiner: Der anthroposophische Weg. Frankfurt/M. 1983

Benoit, Hubert: Die hohe Lehre. Über den Sinn des Zen-Buddhismus. München 1958

Benz, Ernst: Zen in westlicher Sicht. Zen-Buddhismus - Zen-Snobismus. Weilheim/Obb. 1962

Berger, Peter L. und Thomas Luckmann: Die gesellschaftliche Konstruktion der Wirklichkeit. Eine Theorie der Wissenssoziologie. Frankfurt/M. 1971 (1980)

Bericht der Gründungsinitiative BAG "Spirituelle Wege in Wissenschaft und Politik", 18./19.11.1986 (hektographiert)

Bergler, Manfred: Die Anthropologie des Grafen Karlfried von Dürckheim im Rahmen der Rezeptionsgeschichte des Zen-Buddhismus in Deutschland. Ein Beitrag zur Begegnung von Christentum und Buddhismus. Erlangen/Nürnberg 1981 (Diss.)

Beschreibung der PUEBLO-Angebote (Auszüge). Von Frederic Vester. Zusammengestellt von Snajberk, Georg und Storp, Monika (Studiengruppe für Biologie und Umwelt GmbH, München) für die Mitarbeiter des Freizeit-Pueblo in Frankfurt-Niederrad o.J.

Betz, Klaus: Nur für die Wurst zum Münsterplatz. Wer Freiburg besucht, sollte neugierig sein. In: Frankfurter Rundschau, 26. Sept. 1987

Blaser, Katharina und Peter Blaser: Und dann entsteht eine Hofindividualität. In: Ina-Maria Greverus und Erika Haindl: Ökologie - Provinz - Regionalismus. NOTIZEN 16: 1984, 181-214

Bloch, Ernst: Das Prinzip Hoffnung. 3 Bde. Frankfurt/M. 1967

Bloedner, Michael: Urbane Wohnexperimente - Geplante Integration? In: Bewohnte Umwelt. Betrachtungen zum Bauen und Wohnen in den Niederlanden. NOTIZEN 4: 1976

Bockemühl, Michael: Die Goetheanumbauten in Dornach. Aspekte einer konkreten Architektur. Stuttgart 1985

Boesch, Ernst E.: Das Magische und das Schöne. Stuttgart-Bad Cannstatt 1983

Bourdieu, Pierre: Die feinen Unterschiede. Frankfurt/M. 1987

Bruckner, Pascal: Das Schluchzen des Weißen Mannes. Europa und die Dritte Welt - eine Polemik. Berlin 1984

Brüll, Dieter: Der anthroposophische Sozialimpuls - ein Versuch seiner Erfassung. Schaffhausen 1984

Bürgerbuch Freiburg 87, Verlagshaus Rombach (Hrsg.), Freiburg i.Br. 1987

Capra, Fritjof: Der kosmische Reigen. Physik und östliche Mystik - ein zeitgemäßes Weltbild. Bern 1977

Capra, Fritjof: Wendezeit. Bausteine für ein neues Weltbild. Bern u.a. 1983

Capra, Fritjof: Wendezeit. Bausteine für eine neues Weltbild. Bern 1987

Capra, Fritjof: Das neue Denken. Die Entstehung eines neuen Weltbildes zwischen Naturwissenschaft und Mystik. Bern u.a. 1987

Castel, Robert: Der Markt der Seele. In: Dietmar Kamper und Christoph Wulf (Hrsg.): Die erloschene Seele. Disziplin, Geschichte, Kunst, Mythos. Berlin 1988, 38-49

Clifford, James: Über ethnographische Autorität. In: Trickster 16: 1988, 4-35

Czikszentmihalyi, Mihalyi: Das flow-Erlebnis. Jenseits von Angst und Langeweile: im Tun aufgehen. Stuttgart 1987

Dahlberg, Brita u. Wolfgang Dahlberg: Frankfurt - eine Stadt großer Gegensätze, in: Die Neue Zeitung, 1. Jg., 7: 1985, 29

Das PUEBLO-Freizeit-Konzept (Auszüge). Grundlagen einer modernen Freizeitphilosophie und ihre Anwendung auf ein humanökologisches Angebotmix. Zusammengestellt von Snajberk, Georg und Storp, Monika (Studiengruppe für Biologie und Umwelt GmbH, München) für die Mitarbeiter des Freizeit-Pueblo in Frankfurt/ Niederrad o. J.

Devereux, George: Angst und Methode in den Verhaltenswissenschaften. München 1967

Devereux, George: Ethnopsychoanalyse. Die Komplementarische Methode in den Wissenschaften vom Menschen. Frankfurt/M. 1984

Die Wende, das Heil. In: Frankfurter Allgemeine Magazin, 367: 1987, 68-78

Die Kernpunkte der sozialen Frage in den Lebensnotwendigkeiten der Gegenwart und Zukunft. Dornach 1973

Die Atelier- und Werkstättengemeinschaft in "der hof" - Kunst und Handwerk mit neuen Zielen. (Faltblatt)

Diktatur der Freundlichkeit. Über Bhagwan, die kommende Psychokratie und Lieferanteneingänge zum wohltätigen Wahnsinn. Hrsg. Initiative Sozialistisches Forum. Freiburg i. Br. 1984

Documents. Archéologie, Beaux-Arts, Ethnographie, Variétés. Magazine illustré. Paris 1929

Dumoulin, Heinrich: Zen - Geschichte und Gestalt. Bern 1959

Dürckheim, Karlfried Graf: Erlebnis und Wandlung. Grundfragen der Selbstfindung. o.O. 1986

Eliade, Mircea: Das Heilige und das Profane. Vom Wesen des Religiösen. Hamburg 1957

Eliade, Mircea: Yoga, Unsterblichkeit und Freiheit, Frankfurt/M. 1977

Enomiya-Lassalle, Hugo M.: Zen und christliche Mystik. Freiburg i.Br. 1986

Enomiya-Lassalle, Hugo M.: Zen - Weg zur Erleuchtung. Einführung und Anleitung. Freiburg i.Br. 1987

Erdheim, Mario und Maya Nadig: Größenphantasien und sozialer Tod. In: Kursbuch 58: 1979

Erdheim, Mario: Die gesellschaftliche Produktion von Unbewußtheit. Frankfurt/M. 1984

Ferguson, Marylin: Die sanfte Verschwörung. Persönliche und gesellschaftliche Transformation im Zeitalter des Wassermanns. Basel 1982

"Frankfurt", GEO-Special, 5: 1988

Friedrich, Adolf: Das Bewußtsein eines Naturvolkes vom Haushalt und Ursprung des Lebens. In: W.E. Mühlmann und E.W. Müller (Hrsg.): Kulturanthropologie. Köln/Berlin 1966, 186-194

Frohnhofen, H.: Gnosis und New Age. In: Informationen für Religionslehrer. Christen und New Age. Limburg 3: 87

Gehlen, Arnold: Studien zur Anthropologie und Soziologie. Berlin-Neuwied 1963

Geppert, Hans J.: Götter mit beschränkter Haftung. München 1985

Gerner, Manfred: Niederursel. Chronikalische Aufzeichnungen zu einem Dorf. Frankfurt 1976

Gräser, Jürgen u.a.: Unheimliche ökologische Begegnungen der dritten Art. In: Diktatur der Freundlichkeit. Über Bhagwan, die kommende Psychokratie und die Lieferanteneingänge zum wohltätigen Wahnsinn. Hrsg. Initiative Sozialistisches Forum Freiburg. Freiburg i. Br. 1984, 177-184

Greverus, Ina-Maria: Brauchen wir Feste? In: Hessische Blätter für Volks- und Kulturforschung 4: 1977, 1-9

Greverus, Ina-Maria: Kultur und Alltagswelt. München 1978

Greverus, Ina-Maria: Tourismus und interkulturelle Kommunikation. In: Heinz Schilling (Hrsg.): Aspekte der Freizeit. Hessische Blätter für Volks- und Kulturforschung 7: 1978, 101-118

Greverus, Ina-Maria: Kulturökologische Aufgaben im Analyse- und Planungsbereich Gemeinde. In: Günter Wiegelmann (Hrsg.): Gemeinde im Wandel. Volkskundliche Gemeindestudien in Europa. Münster 1979, 87-99

Greverus, Ina-Maria: Die Sehnsucht des Forschers nach dem Feld. In: Heide Nixdorff und Thomas Hauschild (Hrsg.): Europäische Ethnologie. Theorie- und Methodendiskussion aus ethnologischer und volkskundlicher Sicht. Berlin 1982, 207-219

Greverus, Ina-Maria: ÖKO PRO REGION. In: Ina-Maria Greverus und Erika Haindl (Hrsg.): ÖKOlogie PROvinz REGIONalismus. Notizen 16: 1984, 15-35

Greverus, Ina-Maria: Zur Frage der Effizienz ökologischer Nischen im universitären Bereich. Gefragt aus dem Institut für Kulturanthropologie und Europäische Ethnologie. In: Kulturanthropologie und Europäische Ethnologie in Frankfurt. Eine Zwischenbilanz forschenden Lernens nach 10 Jahren. NOTIZEN 20: 1984, 7-23 (=1984a)

Greverus, Ina-Maria: Wohnstätten des Seins. Zur Raumorientierung in alternativen Projekten. In: Workshop "Heimat". Hochschule der Künste, Fachbereich Architektur. Berlin 21.-23.6.1984 (=1984b)

Greverus, Ina-Maria: "Wohnstätten des Seins". Zur Raumorientierung in alternativen Projekten. In: E. Führ (Hrsg.): Worin noch niemand war: HEIMAT. Eine Auseinandersetzung mit einem strapazierten Begriff. Historisch - philosophisch - architektonisch. Wiesbaden 1985, 42-52

Greverus, Ina-Maria: Spiritualität als Collage. Versuch einer Deutung symbolischer Prozesse neuer westlicher Seinsorientierungen. Unveröffent. Ms. o. J.

Greverus, Ina-Maria und Christian Giordano: Vorwort. In: Ch. Giordano und I.-M. Greverus (Hrsg.): Sizilien - die Menschen, das Land und der Staat. NOTIZEN 24: 1986, 7-14

Greverus, Ina-Maria: Kultur und Alltagswelt. Eine Einführung in Fragen der Kulturanthropologie. NOTIZEN 26: 1987

Greverus, Ina-Maria: Kulturdilemma. Die nahe Fremde und die fremde Nähe. In: Ina-Maria Greverus, Konrad Köstlin, Heinz Schilling (Hrsg.): Kulturkontakt-Kulturkonflikt. NOTIZEN 28: 1988, Bd. 1, 27-48

Greverus, Ina-Maria: Kommunität: Modelle und Redefinition einer Lebensform. In: Nils-Arvid Bringéus u.a. (Hrsg.): Wandel der Volkskultur in Europa. Festschrift für Günther Wiegelmann zum 60. Geburtstag. Münster 1988, Bd. 1, 193-204 (=1988a)

Greverus, Ina-Maria: Neues Zeitalter oder Verkehrte Welt. Anthropologie als Kritik. Darmstadt 1990

Greverus, Ina-Maria und Heinz Schilling (Hrsg.): Heimat Bergen-Enkheim. Lokale Identität am Rande der Großstadt. NOTIZEN 12: 1982

Grimes, Ronald L.: Beginnings in ritual studies. Washington 1982

Gronemeyer, Marianne: Wohnzufriedenheit. Denn sie wissen nicht, was sie wollen. In: Reimer Gronemeyer und Hans-Eckehardt Bahr (Hrsg.): Nachbarschaft im Neubaublock: empirische Untersuchungen zur Gemeinwesenarbeit, theoretische Studien zur Wohnungssituation. Weinheim/Basel 1977

Gronemeyer, Reimer: Neubauwohnungen - Bausteine der Versorgungskultur. In: Gronemeyer, Reimer; Bahr, Hans-Eckehardt (Hrsg.): Nachbarschaft im Neubaublock: empirische Untersuchungen zur Gemeinwesenarbeit, theoretische Studien zur Wohnungssituation. Weinheim/Basel 1977

Gruber E. und Fassberg S.: NEW-AGE-Wörterbuch, Freiburg 1986

Gugenberger, Eduard u. Roman Schweidlenka: Mutter Erde, Magie und Politik. Zwischen Faschismus und neuer Gesellschaft, Wien 1988

Haack, Friedrich-W.: Führer und Verführte. München 1980

Haack, Friedrich-W.: Jugendreligionen, Gurubewegungen, Psychokulte und ihre Tarn- und Unterorganisationen. München 1985

Hall, Edward T.: Die Sprache des Raumes. Düsseldorf 1976

Handwörterbuch des deutschen Aberglaubens. Berlin/Leipzig 1930/31

Hanefeld, Erhardt: Was ist New Age? In: Esotera 2: 1980, 141-146

Hannerz, Ulf: Exploring the City. Inquiries Toward an Urban Anthropology, New York 1980

Harlacher, W.: Materialisationen vom Meister. In: Esotera 5: 1979

Heinrichs, Hans Jürgen: Die katastrophale Moderne. Frankfurt/M. 1984

Heise, Gabriele: Ausgestiegen? Frankfurt/M. 1984

Herterich, Frank: Symbole als Mittel der Politik. In: Pflasterstrand, 12.5.1988, 40-44

Hofstätter, Fischer Lexikon Psychologie, Frankfurt/M. 1970

Holl, Adolf: Das Heilige. Nachruf auf eine Kopfgeburt. In: Kursbuch 93: 1988, 17-25

Hoover, Thomas: Die Kultur des Zen. Malerei und Dichtung, Architektur und Gärten, Sport, Ikebana, Keramik und Kochkunst. Düsseldorf/Köln 1978

Horx, Matthias: Die Zukunft ist unklar. Schöne neue Öko-Welt im Freizeit-Paradies. In: DIE ZEIT 43: 1985

Horx, Matthias: Stadt der unbegrenzten Möglichkeiten, in: Die ZEIT, 10: 1989

Huang-Po: Der Geist des Zen. Bern u.a. 1983

Hummel, Reinhart: Indische Mission und neue Frömmigkeit im Westen. Stuttgart u.a. 1980

Info 3 - Extra. Das Magazin der Zeitschrift "Info 3". Roman Brüll (Hrsg.), IV: 1989

Info 3 - Extra. Das Magazin der Zeitschrift "Info 3". Roman Brüll (Hrsg.), I: 1990

Ital, Gerta: Der Meister, die Mönche und ich. Eine Frau im Zenbuddhistischen Kloster. München 1987

Izutsu, Toshihiko: Philosophie des Zen-Buddhismus. Hamburg 1979

Kamper, Dietmar und Christoph Wulf (Hrsg.): Die Wiederkehr des Körpers. Frankfurt/M. 1982

Kamper, Dietmar und Christoph Wulf (Hrsg.): Die erloschene Seele. Disziplin, Geschichte, Kunst, Mythos. Berlin 1988

Kapleau, Philip: Die drei Pfeiler des Zen. Lehre, Übung, Erleuchtung. Weilheim/Obb. 1972

Keil, Roger und Peter Lieser: Das Neue Frankfurt - zwischen Zitadelle und Getto. Frankfurter Rundschau 11.7.1988

Keim, Dieter: Ökologische Stadtentwicklung in soziologischer Sicht. In: J. Winter und J. Mack (Hrsg.): Herausforderung Stadt. Aspekte einer Humanökologie. Frankfurt/Berlin 1988, 101-114

Kein Thron im Knast. In: Der Spiegel 45: 1985, 160-167

Kerouac, Jack: Gammler, Zen und hohe Berge. Frankfurt/M. 1971

Keyserling, Arnold Graf: Kritik der Mystischen Erfahrung. Tonbandkassette Nr. 128. Transmitter Werner Pieper. Löhrbach i. Odenwald o.J.

Klosinski, Gunther: Warum Bhagwan. München 1985

Kugler, Walter: Rudolf Steiner und die Anthroposophie. Wege zu einem neuen Menschenbild. Köln 1979

Kükelhaus, Hugo und Rudolf zur Lippe: Entfaltung der Sinne. Ein "Erfahrungsfeld" zur Bewegung und Besinnung. Frankfurt/M. 1982

Lepenies, Wolf: Melancholie und Gesellschaft. Frankfurt/M. 1972

Lévi-Strauss, Claude: Strukturale Anthropologie. Frankfurt/M. 1972

Lévi-Strauss, Claude: Das wilde Denken. Frankfurt/M. 1973

Lévi-Strauss, Claude: Traurige Tropen. Köln 1974

Lévi-Strauss, Claude: Der Blick aus der Ferne. München 1985

Lexikon für Theologie und Kirche. Freiburg 1937

Lichtnetz Frankfurt. Die spirituelle Stadtzeitung für das Rhein-Main-Gebiet. Frankfurt/M.

Limbacher, Max V. und Corinna Pathé: Für eine "Zivilisation der Zukunft". Vom spiritual-humanökologischen Konzept der Anthroposophie. In: Ina-Maria Greverus und Erika Haindl (Hrsg.): ÖKOlogie - PROvinz - REGIO-Nalismus. NOTIZEN 16: 1984, 155-180

Lindner, Rolf: Wer wird Ethnograph? Biographische Aspekte der Feldforschung. In: Ina-Maria Greverus, Konrad Köstlin, Heinz Schilling (Hrsg.): Kulturkontakt-Kulturkonflikt. NOTIZEN 28: 1988, Bd. 1, 99-108

Lindner, Rolf: Kulturelle Randseiter. Vom Fremdsein und Fremdwerden. In: Christian Giordano u.a. (Hrsg.): Kultur anthropologisch. Eine Festschrift für Ina-Maria Greverus. NOTIZEN 30: 1989, 15-28

Linkenbach, Antje: Opake Gestalten des Denkens. Jürgen Habermas und die Rationalität fremder Lebensformen. München 1986

Lynch, Kevin: Das Bild der Stadt. Berlin u.a. 1965

Marcus, George E. and Michael M.J. Fischer: Anthropology as Cultural Critique. An Experimental Movement in the Human Sciences. Chicago-London 1986

Maslow, Abraham A.: Psychologie des Seins. Ein Entwurf. München 1981 (^{1}1968)

Mehrbach, Rüdiger und Ulf Biber: "Eine arg liberale Stadt". Berichte aus dem Innenleben der Szene. In: Stadtzeitung, März 1988, Freiburg i. Br.

Ministerium für Kultus und Sport Baden Württemberg: Über Aufbau und Tätigkeit der sogenannten Jugendsekten. Freudenstadt 1987

Moore, Sally F. und Barbara Myerhoff (Hrsg.): Secular Ritual. Assen 1977

Mühlmann, Wilhelm E.: Nativismus und Chiliasmus. Berlin 1964

Mühlmann, Wilhelm E.: Homo Creator. Wiesbaden 1962

Mühlmann, Wilhelm E.: Die Metamorphose der Frau. Weiblicher Schamanismus und Dichtung. Berlin 1981

Muller, Robert: Die Neuerschaffung der Welt auf dem Weg zu einer globalen Spiritualität. München 1985

Mumford, Lewis: Megapolis. Gesicht und Seele der Groß-Stadt. Wiesbaden 1951

Mumford, Lewis: Die Stadt. Geschichte und Ausblick. München 1980

Mumford, Lewis: Hoffnung oder Barbarei: Die Verwandlungen des Menschen. Frankfurt/M. 1981

Myrell, Günter, Walther Schmandt und Jürgen Voigt: Neues Denken - Alte Geister. New Age unter der Lupe. Niedernhausen/Ts. 1987

"Mythos Weltstadt - Modernisierungsprozeß und städtische Kultur in Frankfurt". Sonderteil, Konzeption Walter Prigge, Frank Herterich, Peter Lieser für die Gruppe urbi et orbi. In: Pflasterstrand 12.5.1988, Frankfurt/M. 1988

Nelles, Winfried: Das rote Tuch. Bhagwan-Kommunen in Deutschland, München 1985

Oevermann Ulrich: Eine exemplarische Fallrekonstruktion zum Typus versozialwissenschaftlichter Identitätsformation. In: H.-G. Brose und B. Hildenbrand (Hrsg).: Vom Ende des Individuums zur Individualität ohne Ende. Opladen 1988, 243 ff.

Om Shanti, Lernprogramm der Brahma Kumaris World Spiritual University

Oppitz, Michael: Schamanen, Hexen, Ethnographen. In: Hans Peter Duerr (Hrsg.): Der Wissenschaftler und das Irrationale. Frankfurt/M. 1981, Bd. 1, 37-59

Parodie eines Gottesstaates in Oregon. In: Der Spiegel 32: 1985, 94-99

Pestalozzi, Hans A.: Die sanfte Verblödung: Gegen falsche New Age-Heilslehren und ihre Überbringer - Ein Pamphlet. Düsseldorf 1985

Peuckert, Will Erich: Astrologie. Stuttgart 1960

Posener, Julius: Eine Architektur für das Glück? In: Was ist Glück? Ein Symposion. München 1980, 149-170

Rajneesh, Bhagwan Shree: Méditation. München 1981

Rajneesh Times, deutsche Ausgabe, 31. Januar 1986

Rajneesh Times, deutsche Ausgabe, 5. Jg., Nr. 38: 1987

Rajneesh Times, deutsche Ausgabe, 6. Jg., Nr. 9: 1988

Reiche, Reimut: Poona oder: Der latente Faschismus. In: Initiative Sozialistisches Forum (Hrsg.): Diktatur der Freundlichkeit. Über Bhagwan, die kommende Psychokratie und Lieferanteneingänge zum wohltätigen Wahnsinn. Freiburg i. Br. 1984, 37-41

Rieche, Herbert und Wolfgang Schuchardt (Hrsg.): Zivilisation der Zukunft. Arbeitsfelder der Anthroposophie. Stuttgart 1981

Rittelmeyer, F.: Vom Lebenswerk Rudolf Steiners. Eine Hoffnung neuer Kultur. München 1921

Roszak, Theodore: Das unvollendete Tier. Eine neue Stufe in der Entwicklung des Menschen. München 1982

Roszak, Theodore: Mensch und Erde auf dem Weg zur Einheit. Soyen 1982

Roszak, Theodore: Das unvollendete Tier. Eine neue Stufe in der Entwicklung des Menschen. Hamburg 1985

Roszak, Theodore: Erde und Mensch. Hamburg 1986

Schaer, Bernhard: Die Kraft des Regenbogens. Spirituelle, ökologische und politische Modelle zur Vernetzung des Bewußtseins. Wald/Im Waldgut 1986

Scherer, Georg: Anthroposophie als Weltanschauung. Information und Kritik. In: Georg Scherer, F.J. Krämer und F.-J. Wehnes: Anthroposophie und Waldorfpädagogik. Annweiler 1987

Schilling, Heinz: Eigene Fremde oder: Die Chance des Fremden, fremd zu bleiben. In: Ina-Maria Greverus; Konrad Köstlin; Heinz Schilling (Hrsg.): Kulturkontakt - Kulturkonflikt. Zur Erfahrung des Fremden. NOTIZEN 28: 1988, Bd. 2, 585-602

Schülein, Johann, A.: Zur Konzeptualisierung des Sinnbegriffs. In: Kölner Zeitschrift f. Soziologie und Sozialpsychologie 4: 1982, 649-664

Schülein, Johann, A.: Sinnprobleme in Industriegesellschaften am Beispiel der Jugendsekten. In: Johann August Schülein u.a.: Politische Psychologie. Frankfurt/M. 1981

Schüttler, Günter: Die Erleuchtung im Zen-Buddhismus. Gespräche mit Zen-Meistern und psychopathologische Analyse. Freiburg/München 1974

Sellner, Albert: Freiburg - locus occultus. In: Kursbuch "Esoterik". 86: 1986, 109-119

Sennett, Richard: Verfall und Ende des öffentlichen Lebens. Die Tyrannei der Intimität. Frankfurt/M. 1983

Sennett, Richard: Verfall und Ende des öffentlichen Lebens. Die Tyrannei der Intimität. Frankfurt/M. 1986

Sens, Eberhard: Der Traum von der Metropole. Zur neuen Sehnsucht nach Urbanität. In: Ästhetik und Kommunikation "Urbanität". 61/62: 1986

Solomon, Paul: Earth Changes and the New Planet Earth. How and why the earth will change between now and the year 2000 - and how to prepare yourself to meet these changes. Readings from the Paul Solomon Source. New Market/Virg. 1979

Stagl, Justin: Kulturanthropologie und Gesellschaft. Eine wissenschaftssoziologische Darstellung der Kulturanthropologie und Ethnologie. Berlin 1981

Steindl-Rast, David: Die Religionen religiös machen. In: Rainer Kakuska (Hrsg.): Andere Wirklichkeiten. München 1984, 195-204

Steiner, Rudolf: Die Philosophie der Freiheit. Grundriß einer modernen Weltanschauung. Dornach 1977

Steiner, Rudolf: Die Geheimwissenschaft im Umriss. Dornach 1985

Steiner, Rudolf: Theosophie. Einführung in übersinnliche Welterkenntnis und Menschenbestimmung. Dornach 1986

Stil. Goetheanistisches Bilden und Bauen. 8: 1986/87, 2

Streck, Bernhard (Hrsg.): Wörterbuch der Ethnologie. Köln 1987

Suzuki, Daisetz Teitaro: Die große Befreiung. Konstanz 1947

Tertilt, Hermann: Intellektuellenkultur. Zum Verständnis intellektueller Lebensweise aus der Sicht des Bourdieuschen Habituskonzepts. Frankfurt/M. 1988 (Unveröffentliche Magisterarbeit)

Thoden, Anna u. Ingemarie Schmidt: Der Mythos um Bhagwan. Die Geschichte einer Bewegung. Reinbek 1987

Trigonal. Berichte und Veranstaltungen von Einrichtungen auf anthroposophischer Grundlage in der Rhein-Main-Region. Hrsg. v. Max V. Limbacher

Turner, Victor: The Ritual Process. Structure and Antistructure. Ithaca 1969

Ullrich, Heiner: Waldorfpädagogik und okkulte Weltanschauung. Weinheim/ München 1986

UTA. Programm des UTA Rajneesh Meditation Center. Köln 1989

Van Gennep, Arnold: Übergangsriten. Frankfurt/M. 1986

Vester, Frederic: Phänomen Streß. Wo liegt sein Ursprung, warum ist er lebenswichtig, wodurch ist er entartet? Stuttgart 1976

Vester, Frederic: Neuland des Denkens. Vom technokratischen zum kybernetischen Zeitalter. Stuttgart 1980

Vester, Frederic: Ballungsgebiete in der Krise. Vom Verstehen und Planen menschlicher Lebensräume. München 1983

Vittorini, Elio: Gespräche in Sizilien. München 1966

Vorschau Freie Bildungsstätte "der hof". 1. Halbjahr 1988

Weber, Rainer: Frankfurt - die Hauptstadt der Wende, in: Der SPIEGEL 3: 1988

WEGE. Zeitschrift des Frankfurter Ring e.V. Hrsg. v. W. Dahlberg. 2: 1987 (Sonderheft)
- 2: 1988
- 2: 1989

Welz, Gisela: Räume lokaler Öffentlichkeit: die Wiederbelebung historischer Ortsmittelpunkte. NOTIZEN 23: 1986

Welz, Gisela: Raumgrenzen und Verhaltensspuren. Zu alltäglichen und rituellen Transformationen der städtischen Umwelt. Vortrag. Bad Homburg 1986 (= 1986a)

Werkstattberichte "der hof" Niederursel:
- Oktober 1975
- November 1977
- April 1979

Whitman, Walt: Grashalme. In Auswahl übertragen von Johannes Schlaf. Stuttgart 1980

Wiesendanger, Harald: Hilfe, wenn die Geister kommen. In: Esotera 10: 1989, 18-25

Wilber, Ken: Halbzeit der Evolution. Der Mensch auf dem Weg vom animalischen zum kosmischen Bewußtsein. Eine interdisziplinäre Darstellung der Entwicklung des menschlichen Geistes. Bern u.a. 1987

Wörterbuch der deutschen Volkskunde. Hrsg. v. Richard Beitl. Stuttgart 1955

Wüstkamp, Horst: Interview in NGZ SERVICE MANAGER 3: 1987

Zündel, Edith: Die Wandlungen des Bewußtseins. Ken Wilber - Vordenker der transpersonalen Psychologie. In: Die ZEIT 49: 1986, 45-46

Abbildungsnachweise

Teilnehmendes SitZen

Abb. Nr. 1, 2, 5, 6, aus: Kosho Uchiyama Roshi, Weg zum Selbst. Zen-Wirklichkeit. Weilheim/Obb. 1973, S. 47, S. 133

Abb. Nr. 3, 9, 12 aus: Hugo Makibi Enomiya-Lassalle, Zen - Weg zur Erleuchtung. Freiburg i. Br. 1987, S. 105, S. 108

Abb. Nr. 7, 8, 10, 11 aus: Robert Aitken: Zen als Lebenspraxis. München 1988

Pueblo

Abb. Nr. 4 aus: Das PUEBLO-Freizeit-Konzept (Auszüge), S. 278